21 世纪应用型精品规划教材·旅游管理专业

新旅游学概论

刘迎华　主　编

石媚山　张　圆　万　蕾　张晓剑　副主编

清华大学出版社

北　京

内 容 简 介

旅游学概论是旅游管理专业的基础专业课程，其内容体系完全打破了传统教材的理论体系，分别从理论、产业、行业、职业四个方面对旅游的相关基础知识进行阐述和展示，使学生既能在理论方面认知旅游，又能初步了解旅游产业和行业的发展现状，还能为将来的职业发展抛砖引玉。本教材主要包括旅游概论篇、旅游产业篇、旅游业态篇以及旅游职业篇四部分，而旅游概论篇包括旅游概论、旅游发展新趋向；旅游产业篇包括旅游产业概述、旅游组织与行业管理两章；旅游业态篇包括旅行社、旅游景区、旅游交通、旅游饭店以及其他旅游业态；旅游职业篇包括旅游职业道德与职业精神以及旅游行业相关证书。

本书主要适用应用型本科学校教学，也可作为应用型高职高专的教材。

图书在版编目(CIP)数据

新旅游学概论/刘迎华主编. --北京：清华大学出版社，2013（2019. 9重印）
(21 世纪应用型精品规划教材・旅游管理专业)
ISBN 978-7-302-32860-5

Ⅰ. ①新…　Ⅱ. ①刘…　Ⅲ. ①旅游学—高等学校—教材　Ⅳ. ①F590

中国版本图书馆 CIP 数据核字(2013)第 136569 号

责任编辑：曹　坤　李玉萍
封面设计：杨玉兰
责任校对：周剑云
责任印制：杨　艳
出版发行：清华大学出版社
　　网　　址：http://www.tup.com.cn, http://www.wqbook.com
　　地　　址：北京清华大学学研大厦 A 座　　**邮　　编：**100084
　　社 总 机：010-62770175　　**邮　　购：**010-62786544
　　投稿与读者服务：010-62776969, c-service@tup.tsinghua.edu.cn
　　质量反馈：010-62772015, zhiliang@tup.tsinghua.edu.cn
　　课件下载：http://www.tup.com.cn, 010-62791865

印 装 者：北京富博印刷有限公司
经　　销：全国新华书店
开　　本：185mm×230mm　　**印　张：**20.75　　**字　数：**450 千字
版　　次：2013 年 8 月第 1 版　　**印　次：**2019 年 9 月第 4 次印刷
定　　价：46.00 元

产品编号：053836-02

前　言

旅游学概论是高等院校旅游管理专业的一门非常重要的专业基础课程，是该专业学生学习和掌握旅游管理专业知识的入门课程。通过对本门课程的学习，学生能掌握旅游学基础知识，具备一定的发现问题、分析问题的能力，能为进一步学习旅游管理专业的各分支学科奠定专业基础。

旅游学概论作为旅游管理专业的入门课程，在让学生理解相关旅游学基本理论的基础上，有必要让他们对旅游行业有一定的基本了解，知道旅游行业包括哪些分支部门，这些分支部门的行业现状是什么，特点是什么，从而激发学生的学习兴趣和积极性，做到理论学习与实践技能并重，并为学生以后从事相关旅游行业奠定一定的基础。

本教材经过编者团队多年的不懈思考与实践，从基础专业课程开始进行全方位的知识体系构造，使本教材具有如下鲜明特点。

(1) 实用性。

本教材紧紧围绕行业的实际需要，贴近学生学习需要，满足后续课程知识储备需要，将行业标准融合、工学结合理念的应用、行业最新发展的风向标都渗透其中，为学生了解旅游和旅游行业做了很好的铺垫。

(2) 创新性。

本教材对传统旅游学概论教材进行了大胆的改革与创新，在框架体系、教学内容、案例等方面都进行了重新构思与编排，它呈现的不仅仅是知识，更重要的是一种理念。

(3) 层次性。

本教材理论与实践并重，注重理论，贴合实际，因此能满足不同层次学生的个性化学习需要。

本教材主要包括旅游概论篇、旅游产业篇、旅游业态篇以及旅游职业篇四部分，而旅游概论篇包括旅游概论、旅游发展新趋向两章内容；旅游产业篇包括旅游产业概述、旅游组织与行业管理两章内容；旅游业态篇包括旅行社、旅游景区、旅游交通、旅游饭店以及其他旅游业态五章内容；旅游职业篇包括旅游职业道德与职业精神以及旅游行业相关证书两章内容。分别从旅游的基本概念、宏观旅游产业、微观旅游企业以及旅游职业发展进行了阐述与探讨。

感谢编者团队老师的辛勤付出，他们的劳动让《新旅游学概论》得以顺利完成。当然，由于编写人员的知识水平和教学经验有限以及编写时间仓促，本教材难免存在不足，希望广大读者能够提出意见，我们将会不断修订和完善。

编　者

目　录

旅游概论篇

旅游产业篇

旅游业态篇

旅游职业篇

旅游概论篇

第一章

旅游概论

【学习目标】

通过本章的学习，要求学生理解旅游、旅游者、旅游资源、旅游产品、旅游市场等相关概念；掌握旅游者的分类、旅游资源的类型以及旅游市场的划分方法；了解早期、近代、现代及中国旅游业的产生及发展过程。

【关键词】

旅游　旅游者　旅游资源　旅游产品　旅游市场　旅游的发展

案例导入

建设美丽中国 旅游业大有可为[①]

中国社科院旅游研究中心研究员戴学锋指出，旅游业使美丽中国变得可感、可知、可评价。中国社科院旅游研究中心宋瑞则表示：当“美丽中国”成为中国的发展目标和历史使命之时，旅游业更应当担起其中的责任。

日前，国家旅游局将“美丽中国之旅”正式确定为中国旅游整体形象。旅游业发展与建设美丽中国是什么关系？旅游业在建设美丽中国的过程中又应该发挥怎样的作用？带着这些人们关注的问题，记者日前采访了部分知名旅游专家学者。在他们看来，建设美丽中国，旅游业大有可为。

“美丽中国之旅”将成为国家名片

旅游业是典型的绿色经济，是公认的“朝阳产业、无烟工业、幸福产业”，这与十八大提出的建设“美丽中国”的要求是一致的。旅游业是与“美丽”关联度较高的产业，是建设“美丽中国”的优势产业和潜力产业。国家旅游局负责人向记者表示，“美丽中国之旅”其内涵丰富，它代表着中国博大精深的文化底蕴和极为富集的自然、人文旅游资源，也代表着中国旅游业以生态文明为核心理念来引领和影响全球旅游业发展方向的努力，有助于向国际社会传递清晰的中国旅游整体形象和正面信息，增强中国旅游在国际市场上的品牌吸引力和核心竞争力，进一步扩大中国旅游业的影响力。

中国旅游研究院院长戴斌认为，旅游形象是一个国家或地区在世界游客心目中综合形成的独特吸引力，是对一个国家或地区旅游资源、服务与产业综合发展水平的高度浓缩与凝练，是宣传国家形象的有效载体。而“美丽中国之旅”必将为中国旅游业增加吸引力，为旅游业发展和旅游市场的开发奠定良好的形象基础。

“美丽中国不仅是我国的旅游形象，也是对世界的一种庄严承诺。”北京交通大学教授石培华认为，“美丽中国”符合中国旅游的本质特征和核心优势，反映了中华山川的自然特征和文化本质，符合旅游追求美好、追求美丽的本质要求，能吸引入境游客。以美丽中国作为旅游形象有利于全面优化和提升我国的国际形象，提升我国的国际亲和力，有利于提升我国软实力。

旅游使美丽中国可感可知

戴斌说，目前，我国已经成为世界第三位的入境旅游接待大国，年接待入境旅游者近5800 万人次，中国是否美丽，这些拥有实地旅游体验的人最有发言权。我国还是全球第四大出境旅游国，年出境旅游超过 7000 万人次，他们都是中国旅游形象对外展现的载体，“美

---

① 资料来源：http://www.chinadaily.com.cn/micro-reading/dzh/2013-03-11/content_8460055.html

丽中国”是否恰如其分，从他们身上也能看到几分。“旅游能让人们最直接地感受和体验到‘美丽中国’的涵义，它包括自然美、人文美、历史美、生活美、购物美、饮食美等多个方面。”

旅游业应当成为建设美丽中国的重要力量

建设“美丽中国”，赋予旅游业在新时代背景下的崭新意义。发展旅游就是建设生态文明和美丽中国，旅游业因此成为一项“美丽事业”。戴斌认为，建设美丽中国需要旅游从业人员、社区居民以及游客的共同努力，旅游业应当成为建设美丽中国的重要力量。

因此，我们有理由期待“美丽中国”能成为所有地方政府的职责所在，在旅游发展中重视保护而不是一味追求经济效益；期待“美丽中国”能成为所有旅游经营者的职责所在，在日复一日的运营中呵护环境、敬重文化、尊重顾客；期待“美丽中国”能成为所有游客的职责所在，在点滴的小事、细节中注重环保、崇尚美德。

石培华建议将旅游业作为建设美丽中国的基础工程和核心产业。“旅游业要率先建设美丽产业，使旅游产品美在自然，美在历史，美在文化，美在独特，不断满足人民群众日益增长的绿色、生态、环保的旅游消费需求，率先鲜明提出打造美丽产业和美丽经济。以美丽中国作为引领，推动旅游业形成新的增长点。”

辩证性思考

1. 旅游业的发展对国家社会经济会产生什么样的影响？
2. 旅游业在建设美丽中国方面有哪些优势？

第一节　旅游的相关概念

一、旅游

(一)旅游概念的形成

旅游作为人类社会生活的一项重要内容，是从人类早期的旅行发展而来的，起源非常久远。从全球历史考察来看，中国人和印度人可能是最早的旅游者。大约在公元前四千年左右他们就到处周游进行贸易交往。由于人类早期的旅行主要是出于经商和贸易的需要，旅行目的和内容单一，旅行人数规模和范围有限，社会影响也较小，因此，在相当长的时期内，“旅行”一词没有明确的科学概念的界定，只是作为一个日常用语。在我国古代，“旅”和“游”是两个各自独立的概念。古书曰：“旅者，客寄之名，羁旅之称。失其本居而寄他方，谓之旅。”而“游”即遨游、游览。《礼记·后记》中有“息焉游焉”语，此外，还有“闲暇无事谓之游”。可见“旅游”就是旅行游览，是“旅行”和“游览”两种活动的有机统一。在中国，“旅游”一词始见于南朝梁代诗人沈约的《悲哉行》一诗中：

"旅游娟年春，年春娟游人。"20世纪70年代以前很少用到"旅游"一词，常见的是"旅行"。与"旅游"意义相似的还有"观光"一词，远在3000年前《易经》一书"观"卦中就有"观国之光，利用宾于王"的句子。观光，即观看、考察。目前，我国台湾地区及受汉文化影响的日本、韩国都在文献中使用"观光"一词。在西方国家，"Tourism"一词最早出现在1811年出版的《牛津词典》中，用于指因消遣目的而离家外出的旅行和逗留。

(二)旅游概念的类型

不同时代的旅游学家根据当时旅游发展的情况，对旅游做出了相应的定义，目前来说主要有以下几种说法。

1. 交往概念的定义

1927年，德国的蒙根·罗德(Mon Gen Rod)对旅游作了交往概念的定义，认为旅游从狭义的角度理解是那些暂时离开自己的住地，为了满足生活和文化的需要或各种各样的愿望，而作为经济和文化商品的消费者逗留在异地的人的交往。可以看出，这个定义强调旅游是一种社会交往活动。

2. 综合性的定义

1942年，瑞士学者沃特尔·汉兹克尔(Walter hands kerr)和库特·克拉普夫(Kurt Klapf)对旅游作了很重要的概念性定义，即"旅游是由非本地居民的旅行和暂时居留所引起的各种现象和关系的总和，其前提是这些旅行和短暂停留不会导致他们长期地居住或从事任何赚钱的活动。"这个定义强调了旅游引发的各种现象和关系，即强调了旅游的综合性内涵。

由于这个定义于20世纪70年代为国际旅游科学专家联合会(AIEST)所接受，因此，这一定义也被称为"艾斯特(AIEST)定义"，国际上普遍接受。

3. 消遣概念的定义

1979年，美国通用大西洋有限公司的马丁·普雷(Martin Poulet)博士在中国讲学时，对旅游也作了定义，认为"旅游是为了消遣而进行的旅行，在某国逗留的时间至少超过24小时"。这个定义无疑又强调了消遣意义。

4. 空间流动定义

李天元在其《旅游学概论》中认为："旅游是人们出于移民和就业任职以外的其他原因离开自己的常住地前往异国他乡的旅行和逗留活动，以及由此所引起的现象和关系的总和。" 该定义突出了旅游的非移民和就业目的，以及在异地的活动。

5. 经历的定义

谢彦君在《基础旅游学》中对旅游给出了一个简洁而明确的定义："旅游是个人以前往异地寻求愉悦为主要目的而度过的一种具有社会、休闲和消费属性的短暂经历。"该定义强调了旅游的目的性和属性，突出说明旅游是个人的经历。

6. 旅游的技术性定义

世界旅游组织于 1991 年 6 月 25 日，在加拿大首都渥太华召开了旅游统计国际大会，会上通过了一系列决议。世界旅游组织在技术层面上对旅游进行了界定："旅游是指人们为了休闲、商务或其他目的离开他们的惯常环境，去往他处并在那里逗留连续不超过一年的活动。"同时强调"访问的目的不应是通过所从事的活动从访问地获取报酬"。

上述综述了国内外具有代表性的旅游定义，尽管表述不一，各有看法，但所有的观点还是存在许多共同之处的，如离开常住地、前往异地逗留一段时间及其相关活动等。因此，笔者认为：旅游是人们出于移民和就业任职以外的其他原因，暂时离开自己的常住地，前往异国他乡旅行游览和逗留的活动。

二、旅游者

旅游者的定义分为以下两类。

一类是概念性定义(Conceptual Definition)，旨在对旅游者概念提供一般性描述。1811 年英文版的《牛津词典》中，第一次出现了旅游者(Tourist)一词，其意为"以观光游览为目的的外来旅客"。另外，也有人将旅游者解释为出于一种好奇心，为了得到愉快而进行旅行的人。这种认识比较简单，它未将非消遣性的旅游者包括进去。随着社会的发展，商务旅游、宗教旅行、军事旅行、科学考察旅行等非消遣性旅游的规模逐渐扩大，人们对旅游者也有了新的认识。简单地说，旅游者就是离家外出到异国他乡旅行访问的人。以上这些定义都属于概念性定义。

还有一类就是关于旅游者的技术性定义(Technological Definition)。这类定义主要是为了满足实际工作的需要。与概念性定义相比较，技术性定义具有较高的可操作性。同时，依照一个为世界各国所共同认可的技术性定义统计出来的旅游数据，也具有更高的国际间可比性。基于这一原因，国际联盟(the League of Nations)、联合国(UN)、世界旅游组织(WTO)等国际组织乃至各国的旅游组织从很早就开始了对这一问题的研究，进行了大量的工作。目前，对于国际旅游者的界定，国际上已基本形成了共识。

(一)国际旅游者

1. 国际联盟的规定

1937 年，国际联盟的统计专家委员会(Committee of Statistics Experts of the League of Nations)对"国际旅游者"解释如下：国际旅游者是指"离开定居国到其他国家访问超过 24 小时的人"。可列入国际旅游者统计范围的人员包括以下几种。

(1) 为消遣、家庭事务或健康原因而出国旅行的人。

(2) 为出席国际会议或作为公务代表而出国旅行的人(包括科学、行政、外交、宗教、体育等会议或公务)。

(3) 为工商业务原因而出国旅行的人。

(4) 在海上巡游途中停靠某国，登岸访问的人员，即使其停留时间不足24小时的人(停留时间不足24小时的应另外分为一类，必要时可不管其长居何处)。

不可列为旅游者的人员包括以下几种。

(1) 到某国就业谋职的人，不管其是否订有合同。

(2) 到国外定居者。

(3) 到国外学习、寄宿在校的学生。

(4) 居住在边境地区、日常跨越国境到邻国工作的人。

(5) 临时过境但不作法律意义上停留的人，即使在境内时间超过24小时。

2. 罗马会议的规范

1963年，联合国在罗马举行的国际旅行与旅游会议(又称罗马会议)，对上述定义进行了修改和补充，对旅游统计中来访人员的范围作了新的规范。这就是通常所说的界定旅游者的罗马会议定义，具体内容如下。

凡纳入旅游统计中的来访人员统称为“游客”(Visitor)，指除为获得有报酬的职业外，基于任何目的到一个不是自己常住国家访问的人。

游客又分为两大类。

一类是在目的地停留过夜的游客，称为“旅游者”(Tourist)，指到一个国家短期访问至少逗留24小时的游客。其旅行目的可为以下之一。

(1) 消遣(包括娱乐、度假、疗养、保健、学习、宗教、体育活动等)。

(2) 工商业务、家务、公务出使、出席会议。

另一类是在目的地不停留过夜，当日往返的游客，称为“短程游览者”(Excursionist)，又称“一日游游客”，指到一个国家作短暂访问，停留时间不足24小时的游客(包括海上巡游中的来访者)。

这一定义不包括那些在法律意义上并未进入所在国的过境旅客(例如未离开机场中转轴区域的航空旅客)。国际联盟的统计专家委员会界定的不属于旅游者的五种人员继续适用。

这一定义的基本特征如下。

第一，将所有纳入旅游统计的人员统称为游客，并具体规定包括消遣和工商事务两种目的的旅游者，从而使得旅游(Tourism)和旅行(Travel)这两个涵义原本不同的术语趋于同化。扩大了旅游者的外延，有利于发展旅游产业。

第二，对游客的界定不是根据其国籍进行的，而是依据其定居国或常住国界定的。

第三，根据其在访问地的停留时间是否超过24小时，即是否过夜为标准，将游客划分为旅游者和短程游览者，在旅游统计中分别进行统计。

第四，根据来访者的目的界定其是否应该纳入旅游统计之中。

1967 年，联合国统计委员会召集的专家统计小组采纳了 1963 年罗马会议的定义，并建议各国都采用这一定义。世界旅游组织(WTO)成立后，也将罗马会议的定义作为本组织对应纳入旅游统计人员的解释。因此，在学术界又将其称为世界旅游组织的解释。

3. 我国的规定

随着 1978 年中国对外开放政策的实施，接待入境旅游迅猛发展的形势，旅游统计工作也纳入政府的工作范畴。在我国的旅游统计工作中，1979 年，国家统计局和国家旅游局曾对应纳入统计范围的人员做过一系列的界定和规定。目前在我国来华旅游人次统计方面，现行界定如下。

凡纳入我国旅游统计的来华旅游入境人员统称为(来华)海外游客。

海外游客包括来我国大陆观光、度假、探亲访友、就医疗养、购物、参加会议或从事经济、文化、体育、宗教活动的外国人、华侨、港澳台同胞。也就是指因上述原因或目的，离开其常住国(或地区)到我国大陆访问，连续停留时间不超过 12 个月，并且在我国大陆活动的主要目的不是通过所从事的活动获取报酬的人。其中，常住国(或地区)是指一个人在近一年的大部分时间所居住的国家(或地区)，或者虽然在一个国家(或地区)只居住了较短时间，但在 12 个月内仍将返回的这一国家(或地区)。在这一界定中，外国人指属于外国国籍的人，包括加入外国国籍的中国血统的华人；华侨指持有中国护照但侨居外国的中国同胞；港澳台同胞指居住在我国香港、澳门地区和台湾地区的中国同胞。

按照在我国大陆访问期间停留时间的差别，海外游客可划分为以下两类。

(1) 海外旅游者，即在我国大陆旅游住宿设施内停留至少一夜的海外游客，又称为过夜游客。

(2) 海外一日游游客，即未在我国大陆旅游住宿设施内过夜，而是当日往返的海外游客，又称为不过夜游客。

下列人员不属于海外游客。

(1) 应邀来华访问的政府部长以上官员及随从人员。

(2) 外国驻华使、领馆官员，外交人员及随行的家庭服务人员和受赡养者。

(3) 在我国驻期已达一年以上的外国专家、留学生、记者、商务机构人员等。

(4) 乘坐国际航班过境，不需要通过护照检查进入我国口岸的中转旅客。

(5) 边境地区(因日常工作和生活而出入境)往来的边民。

(6) 回大陆定居的华侨、港澳台同胞。

(7) 已经在我国大陆定居的外国人和原已出境又返回我国大陆定居的外国侨民。

(8) 归国的我国出国人员。

对比前述国际组织对应纳入旅游统计人员的界定和我国对来华海外游客的现行解释，

可以看出，除了在各自的表述以及对某些术语的解释有所不同之外(如我国界定的海外旅游者实际将在亲友家过夜的来华旅游者排除于统计范围之外)，这些定义及解释的内容都大致相同。世界各国的情况也大都如此。可以说，世界上目前对国际旅游者的界定原则上已经有了统一的认识。

当然，在旅游统计的具体工作中，不同的国家可能会有不同的执行标准。以西班牙为例，西班牙接待的绝大部分旅游者都来自于欧洲，由于交通便利等因素，当日往返的游客在其中占了很大部分，因此在其旅游统计中，采用的标准并非过夜与否，而是以入境为标准。

(二)国内旅游者

1. 概念的众说纷纭

与国际旅游者的定义全世界基本趋于认识统一相比，国内旅游者的概念解释更多。世界上不同国家所给出的定义，多是依照本国的理解，按本国的情况给出的，可以说各不相同。

加拿大政府部门对国内旅游者的定义是：旅游者指到离开其所居社区边界至少 25 英里以外的地方去旅行的人。这个定义同美国劳工统计局(USBLS)在其“消费者开支调查”中所使用的旅游者概念基本一致。

美国使用较广的旅游者定义是 1978 年美国国家旅游资源评审委员会(the National Tourism Resource Review Commission)提出的定义：旅游者指为了出差、消遣、个人事务或者由于工作上下班之外的其他任何原因而离家外出旅行至少 50 英里(单程)的人。而不管其是否在外过夜。

世界旅游组织关于国内旅游者的定义，是世界旅游组织在 1984 年参照国际旅游者的定义做出的，采用的界定标准与国际旅游者的界定标准基本一致。在这一定义中，与国际旅客的划分类似，国内游客也被区分为国内旅游者(Domestic tourists)和国内短程游览者(Domestic excursionists)。国内旅游者指在其居住国国内旅行超过 24 小时，但不足一年的人，其目的可以为消遣、度假、体育、商务、公务、会议、疗养、学习和宗教等。此后又补充规定，国内旅游者不包括那些外出就业的人。国内短程游览者指基于任何以上目的在访问地逗留不足 24 小时的人。

2. 我国的规定

我国的国内旅游统计中，旅游者是指任何因休闲、娱乐、观光、度假、探亲访友、就医疗养、购物、参加会议或从事经济、文化、体育、宗教活动而离开常住地到我国境内其他地方访问，连续停留时间不超过 6 个月，并且访问的主要目的不是通过所从事的活动获取报酬的人。在这一定义中，所谓常住地指的是在近一年的大部分时间内所居住的城镇(乡村)，或者虽然在这一城镇(乡村)只居住了较短时间，但在 12 个月内仍将返回的这一城镇

(乡村)。

国内游客分为以下两类。

(1) 国内旅游者，指我国大陆居民离开常住地，在我国境内其他地方的旅游住宿设施内停留至少一夜，最长不超过6个月的国内游客。

(2) 国内一日游游客，指我国大陆居民离开常住地10公里以外，出游时间超过6小时但又不足24小时，并未在我国境内其他地方的旅游住宿设施内过夜的国内游客。

下列人员不属于国内游客。

(1) 到各地巡视工作的部级以上领导。

(2) 驻外地办事机构的临时工作人员。

(3) 调遣的武装人员。

(4) 到外地学习的学生。

(5) 到基层锻炼的干部。

(6) 到其他地区定居的人员。

(7) 无固定居住地的无业游民。

我国对国内游客的定义和世界旅游组织的定义基本是一致的，但是我国对国际旅游统计方面所做的统计并未将在亲友家过夜的国内旅游者包括进去，所以，我国关于国内游客人次的统计数字可能低于实际规模。

知识拓展 1-1

2012年旅游业发展概况[①]

2012年全球旅游人数达到10亿人次，再创新高。其中，中国游客是最大的增长动力。旅游业总收入达2.57万亿元，同比增长14%，三大旅游市场呈“两增一平”格局，国内、出境旅游保持较快增长，入境旅游基本持平。2012年，在严峻的国际经济形势和国内经济下行压力加大的影响下，中国旅游行业坚持主题主线，稳中求进，为扩大内需作出新贡献，推动发展方式转变取得新进步。

1. 国内游市场：2012年国内旅游人数达到30亿人次

2012年，我国全年国内旅游人数达到30.0亿人次，同比增长13.6%，国内旅游收入达2.3万亿元，同比增长19.1%。

2. 入境游市场：入境旅游人数同比下降2.23%

2012年，我国全年累计入境旅游人数达到13 240.53万人次，同比下降2.23%。其中，外国旅游者 2719.16万人次，同比增长0.29%；香港同胞7871.30万人次，同比下降0.81%；

① 资料来源：http://news.winshang.com/news-154889.html

澳门同胞 2116.06 万人次，同比下降 10.68%；台湾同胞 534.02 万人次，同比增长 1.47%。

2012 年，全国实现旅游(外汇)收入 500.28 亿美元，同比增长 3.23%。其中，来自外国旅游者的旅游(外汇)收入达 301.88 亿美元，同比增长 5.365%；香港同胞为 109.08 亿美元，同比下降 1.40 %；澳门同胞为 27.87 亿美元，同比下降 0.86%；台湾同胞为 61.45 亿美元，同比增长 2.68 %。

3. 出境游市场：出境旅游人数同比增长 16%

2012 年，我国全年出境旅游人数达 8200 万人次，同比增长 16.7%，在欧美日等国出境旅游持续低迷的情况下，我国出境游以高增长率成为全球跨境旅游的领跑者。2012 年出境旅游花费 980 亿美元，同比增长 35.2%，该数据相当于全球营收最高企业石油巨头埃克森美孚公司全年营收额的两倍。2012 年我国出境游客的现场满意度为 85.26，近年来首次进入“比较满意”水平，比 2010、2011 年的 84.67、81.54 分别高 0.59 和 3.72。

三、旅游资源

(一)旅游资源的概念

旅游资源是旅游业发展的基础，关于旅游资源的定义有很多不同的观点，主要有以下几种。

(1) 凡是足以构成吸引旅游者的自然和社会因素，亦即旅游者的旅游对象或目的物都是旅游资源。(邓观利，《旅游概论》，天津人民出版社，1983)

(2) 旅游资源是指对旅游者具有吸引力的自然存在和历史文化遗产，以及直接用于旅游目的的人工创造物。(保继刚，1993)

(3) 自然界和人类社会凡能对旅游者产生吸引力，可以为旅游业开发利用，并可产生经济效益、社会效益和环境效益的各种事物现象和因素，均称为旅游资源。(国家旅游局 2003 年颁布的《旅游规划通则》)。

对旅游资源的定义比较确切和规范的是“所谓旅游资源是指：自然界和人类社会，凡能对旅游者有吸引力、能激发旅游者的旅游动机，具备一定旅游功能和价值，可以为旅游业开发利用，并能产生经济效益、社会效益和环境效益的事物和因素”。(国家旅游局和中国科学院地理研究所制定的《中国旅游资源普查规范(试行稿)》)

(二)旅游资源的分类

一般将旅游资源按属性分为自然旅游资源与人文旅游资源两大类，即所谓的二分法。具体分类如下。

1. 自然旅游资源

自然旅游资源是指自然天成的、存在于自然环境中，能够吸引人们前往旅游的天然景观。主要包括：①地表类，包括典型地质构造、标准地层剖面、古生物化石点、山岳、峡谷、峰林、石林、土林、火山、沙漠、沙滩(海、河滩)、岛屿、洞穴、丹霞景观、风蚀风光、海蚀风光等。②水体类，包括海洋、冰川、河湖、瀑布、溪潭、名泉、浪潮等。③生物类，包括森林、草原、古树名木、花卉、园艺、珍稀植物群落、特殊物候景观、野生动物(群)栖居地等。④气象气候类，包括宜人气候旅游资源(如避暑胜地、避寒胜地、空气清新地)及冰雪、佛光、蜃景、云海、雾海、雾凇、雪景、雨成景观、风成景观等气象类旅游资源。⑤太空天象胜景类，如极光、日出(落)、日(月)食、彗星、流星雨等奇观。

知识链接 1-1

石林风景名胜区①

石林彝族自治县有闻名世界的石林风景区，周围还有九乡、阿庐古洞、白龙洞等省级风景名胜区，加之区里气候四季如春，舒适宜人，是一个旅游观光、休闲度假的好地方，如图 1-1 所示。

图 1-1　石林风景

石林风景名胜区是一个以岩溶地貌(喀斯特地貌)为主体的风景名胜区，位于昆明市东，距昆明市 86 公里，景区由大小石林、乃古石林、大叠水、长湖、月湖、芝云洞、奇风洞 7 个风景片区组成。在石林广达 400 平方公里的区域内，遍布着上百个黑色大森林一般的巨石群。有的独立成景，有的纵横交错，连成一片，占地数十亩、上百亩不等。最典型的一片叫李子营石林，奇石拔地而起，参差峰峦，千姿百态，鬼斧神工，被人们誉为“天下第一奇观”。

---

① 资料来源：http://baike.baidu.com/view/481169.htm

在距今约 3.6 亿年前的古生代泥盆纪时期，石林一带还是滇黔古海的一部分。大约在 2.8 亿年前的石炭纪，石林才开始形成。大海中的石灰岩经过海水流动时不断冲刷，留下了无数的溶沟和溶柱。后来，这里的地壳不断上升和长时间的积淀，才逐渐变沧海为陆地。海水退去后，又历经了亿万年的烈日灼烤和雨水冲蚀、风化、地震，就留下了这一童话世界般的壮丽奇景。远远望去，那一支支、一座座、一丛丛巨大的灰黑色石峰石柱昂首苍穹，直指青天，犹如一片莽莽苍苍的黑森林，故名“石林”。

石林的主要游览区李子营石林，面积约 12 平方公里，游览面积约 1200 亩。它主要由石林湖、大石林、小石林和李子园几个部分组成，游路 5000 多米，是石林景区内单体最大，也是最集中、最美的一处。进入景区内，但见石柱、石壁、石峰千姿百态，争奇竞丽。有的石柱高达 40～50 米，乍一看，正如一首佚名的打油诗所云：“远看大石头，近看石头大。石头果然大，果然大石头。”但这里的石头与众不同，它是一幅绝妙的画，每天吸引着五湖四海的游人前来驻足观赏；它是一首优美的诗，古往今来有无数骚人墨客为它咏叹吟哦；它又是有灵性和生命的，有双马渡食、孔雀梳翅、凤凰灵仪、象距石台、犀牛望月，有唐僧石、悟空石、八戒石、沙僧石、观音石、将军石、士兵俑、诗人行吟、母子偕游、阿诗玛等无数象生石，无不栩栩如生，惟妙惟肖，令人叹为观止。除了动物外，还有许多酷似植物，如雨后春笋、蘑菇、玉管花等。有一处“钟石”，能敲出许多种不同的音调。整个李子营石林就是一座巨大的自然石景艺术宝库，任凭游客去观察，去发现，去自由地想象。景区内峰回路转，曲径通幽，移步易景，使人如入迷宫仙境，游者莫不流连忘返，赞不绝口。景区内建有狮子亭、望峰亭、石台、石凳等供人小憩。彝族服饰、路南卤腐、宜良烤鸭、油炸蜂蛹是游览石林值得购买或品尝的特色产品。彝族的歌舞也具有较高的欣赏价值和文化内涵。

早在明代，石林即已成为名胜，但直到 20 世纪 50 年代以后，政府才组织有关单位和人员认真进行勘察、设计、施工，修筑游路和外面的公路、宾馆、饭店、商场等，给一些象生石取了名，石林才逐渐名扬五洲，成为世界著名的旅游胜地。1982 年，经国务院批准石林被定为第一批国家级重点风景名胜区。

2. 人文旅游资源

人文旅游资源是指吸引人们产生旅游动机的人为因素形成的物质形态与精神形态旅游资源。主要包括：①历史类，包括人类历史遗址、古建筑、古园林、古陵墓、石窟岩画、古代工程遗迹等。②民俗民情类，包括有地方特色和民族特色的建筑(村寨、民居)、服饰、歌舞、节庆、集市、风俗等。③宗教类，包括宗教建筑、宗教活动、宗教园林、宗教艺术、宗教文化等。④休憩服务类，包括现代园林、休疗养设施、名菜美食、特殊医疗等。⑤文化娱乐类，包括文化设施、娱乐设施以及相关活动。⑥近现代人文景物类，包括近现代革命活动遗址、纪念塔(馆)、有意义的近现代建筑及造型艺术作品，以及交通、购物、体育、商务与会议旅游资源。

知识链接 1-2

故宫①

故宫(见图 1-2)位于北京市东城区长安街上，是北京市的中心。人们今天称它为故宫，意为过去的皇宫。故宫是明代永乐十八年(1420 年)建成的建筑群，是明永乐十八年到清朝(公元 1420—1912 年)的皇宫，是无与伦比的古代建筑杰作，是世界现存最大、最完整的木质结构的古建筑群。

图 1-2 故宫

自明成祖朱棣夺取帝位后，决定迁都北京，于是于 1406 年(永乐四年)，明成祖下令仿照南京皇宫营建北京宫殿，动用工匠 23 万、民夫百万，至明永乐十八年(1420 年)落成。故宫又名紫禁城，依照中国古代星象学说，紫是紫微垣，位于天的中央最高处，共有 15 颗恒星，被认为是“运乎中央，临制四方”的宫殿，乃天帝所居，天人对应，故名之。故宫占地 72 万平方米，建筑面积约 15 万平方米，共有殿宇 8707 间，都是砖木结构、黄琉璃瓦顶、青白石底座饰以金碧辉煌的彩绘。

故宫四面环有高 10 米的城墙，南北长 960 米，东西宽 753 米，面积达到 72 万平方米，为世界之最。故宫的整个建筑被两道坚固的防线围在中间，外围是一条宽 52 米，深 6 米、长 3800 米的护城河环绕；接着是周长 3 公里的城墙，墙高近 10 米，底宽 8. 62 米。城墙上

① 资料来源：http://baike.baidu.com/view/5681.htm

开有4门，南有午门，北有神武门，东有东华门，西有西华门，城墙四角，还耸立着4座角楼，角楼有3层屋檐，72个屋脊，玲珑剔透，造型别致，为中国古建筑中的杰作。

故宫的建筑依据其布局与功用分为“外朝”与“内廷”两大部分。“外朝”与“内廷”以乾清门为界，乾清门以南为外朝，以北为内廷。故宫外朝、内廷的建筑气氛迥然不同。外朝以太和殿、中和殿、保和殿三大殿为中心，位于整座皇宫的中轴线。其中三大殿中的“太和殿”俗称“金銮殿”，是皇帝举行朝会的地方，也称为“前朝”，是封建皇帝行使权力、举行盛典的地方。此外两翼东有文华殿、文渊阁、上驷院、南三所；西有武英殿、内务府等建筑。

内廷以乾清宫、交泰殿、坤宁宫后三宫为中心，两翼为养心殿、东六宫、西六宫、斋宫、毓庆宫，后有御花园，是封建帝王与后妃居住、游玩之所。内廷东部的宁寿宫是当年乾隆皇帝退位后养老而修建。内廷西部有慈宁宫、寿安宫等。此外还有重华宫、北五所等建筑。

四、旅游产品

(一)旅游产品的含义

市场营销大师菲利普·科特勒指出：“产品是指人们为留意、获取、使用或消费而提供给市场的一切东西，以满足某种欲望和需要。产品包括有形的物体、服务、人员、地点、组织和构思。”比如滑雪橇、理发、摇滚音乐会以及夏威夷度假都是产品。可见，产品这一概念在现代市场中拥有丰富的内涵和形式，既有有形的实物产品，也有无形的服务产品，还有些产品甚至只是一个概念、一种感受或者一段经历。同其他产业一样，旅游业以及其中的旅游企业都有自己的产品，这些产品从实践角度都可被界定为旅游产品。对旅游学进行研究需要从理论上回答什么是旅游产品，旅游产品不同于其他产品的特殊性等相关问题。那么，什么是旅游产品呢？研究者从不同的角度出发予以其不同的定义。

例如，从旅游者的角度，林南枝和陶汉军认为，旅游产品是指“旅游者花费了一定的时间、费用和精力所换取的一项经历”。从旅游目的地的角度，旅游产品是指“旅游经营者凭借着旅游吸引物、交通和旅游设施，向旅游者提供的用以满足其旅游活动需求的全部服务”；也有的表述为“旅游产品是旅游目的地为游客提供一次旅游活动所需要的各种单项产品和服务的总和”。

从旅游经营者的角度，申葆嘉指出，旅游产品是指“旅游服务诸行业为满足旅游者游程中的生活和旅游目的的需要所提供的各类服务的总称”。除此之外，还有广义和狭义旅游产品的区分。广义的旅游产品是指上文从经营者角度所界定的概念；狭义的旅游产品即旅游商品，也就是旅游购物品。

李天元指出，国际旅游学术界的有关研究普遍认为，对于旅游产品的概念，需要从两个层次上理解：一是总体旅游产品(the total tourist product)，二是单项旅游产品(the specific tourist product)。总体旅游产品的概念首先从需求方提出，从需求角度看，它是旅游者从离家外出开始直至完成全程旅游活动并返回家中为止这一期间的全部旅行经历的总和。从供给角度看，总体旅游产品是指旅游目的地为满足来访旅游者的需要而提供的各种旅游活动接待条件和相关服务的总和。那么综合来看，所谓总体旅游产品就是旅游者在离家外出期间，以在旅游目的地的访问活动为核心，构成一次完整旅游经历的各种有形因素和无形因素的集成或总和。在旅游者看来，这一总体产品乃是通过支付其价格便可获得的一次完整的旅游经历。单项旅游产品，也称具体的旅游产品，是基于旅游企业的立场而提出来的，它是指旅游企业借助一定的设施和设备面向市场提供的服务项目。

(二)旅游产品的分类

从不同的角度对旅游产品进行划分，可以有不同的分类，这反映了不同的观察角度，也反映了旅游产品本身的综合性特征。

1. 从旅游服务企业销售方式和价格的形式来看，旅游产品可分为包价旅游产品和单项服务产品

包价旅游又可分为团体包价旅游和散客包价旅游。团体包价旅游是指 15 人以上的旅游者组团，将行、游、住、食、娱等活动以包价形式支付，由旅游企业统一进行接待服务。散客包价旅游是指单个或几个旅游者或家庭旅游者通过旅游企业的外出旅游全包价或有选择的部分包价。团体旅游者和散客旅游者所需的服务通常有一定差异，前者多选择综合性服务，后者的选择比较灵活。单项服务产品是指旅游企业为旅游者提供的诸如住宿、餐饮等单项服务或者票务等委托代办服务。一般来说，包价旅游产品的购买形式表现为旅游者一次性购买，逐步消费，即游客在向组团社交纳团费之后，按照约定好的旅游线路和日程安排依次享受旅游产品供给者所提供的服务。散客包价旅游虽然有较大的灵活性，但整体的形式大致相同，单项旅游产品的购买是游客根据其需要向旅游目的地不同的旅游供给部门进行分别购买，如向饭店订购房间、向餐饮部门购买食物、向景点购买门票等。单项旅游产品的购买者大多是真正意义上的散客，这种散客不同于散客包价旅游中的散客，他们对旅游产品的购买往往不通过其常住地的旅行社。需要说明的是，随着旅游发展水平的不断变化，旅游企业的产品形式也会随着市场需求的变化而不断调整。

2. 按照游客需要程度划分，旅游产品可分为基本旅游产品和非基本旅游产品

基本旅游产品是指大多数游客在旅游过程中都需要或者说需要程度差异较小的产品和服务，主要包括：住宿、交通、餐饮、游览等。这部分产品和服务在游客的旅游活动中占据着重要的地位，对大多数游客来说都是必不可少的，在需要程度上的收缩性较小，即需求弹性小。非基本旅游产品是指并非大多数游客都需要或者说需要程度差异较大的产品和服务，例如购物、医疗、邮电通信、美容美发、修理等。这部分产品和服务在游客的旅游活动中不占主要地位，对不同的游客来讲，其需要程度的伸缩性很大。但在有些情况下，非基本旅游产品也可能成为旅游活动中大部分游客的通常性需求，例如，人们前往购物天堂香港旅游时，购物就可能成为该旅游活动中不可或缺的重要构成。又如，对疗养旅游者而言，作为非基本旅游产品的医疗服务就成为其主要的需求。这些例子告诉我们，在一些情况下，非基本旅游产品也可能成为一种重要的甚至是基本的需求。

3. 按照旅游产品和旅游资源的结合紧密程度，旅游产品可分为资源依托型旅游产品和资源脱离型旅游产品

资源依托型主要是指由已有的旅游资源开发而形成的，构成这种旅游产品的主体成分不是人们追加的劳动，而是自然或社会的既有赋予。资源脱离型旅游产品是在缺少自然或社会留存的条件下，通过人为的努力而创造出来的。典型的例子包括深圳的世界之窗、锦绣中华，美国的迪士尼乐园等主题公园。

知识链接 1-3

深圳世界之窗[①]

深圳世界之窗的英文为 Window of the World。世界之窗是位于中国广东省深圳市南山区华侨城的大型文化旅游景区，是深圳最为著名的旅游景点之一，如图 1-3 所示。深圳世界之窗文化旅游景区，占地 48 万平方米，集世界奇观、自然风光、民俗风情、民间歌舞表演于一园，再现了一个美妙的世界。世界广场、世界雕塑园、巴黎之春购物街和侏罗纪天地共同构成千姿万态、美妙绝伦，让人惊叹的人造主题公园。

图 1-3　深圳世界之窗

深圳世界之窗位于深圳湾畔，以弘扬世界文化为宗旨，把世界奇观、历史遗迹、古今

① 资料来源：http://baike.baidu.com/view/15797.htm

名胜、民间歌舞表演汇集一园，营造了一个精彩美妙的世界。世界之窗景区按五大洲划分，与世界广场、世界雕塑园、国际街、侏罗纪天地共同构成千姿万态、美妙绝伦、让人惊叹的人造主题公园。世界之窗的一个个景点都是一首首凝固的交响诗，那些异彩纷呈的民俗表演则是一幅幅活泼生动的风情画。

深圳世界之窗其中包括世界著名景观埃及金字塔、阿蒙神庙、柬埔寨吴哥窟、美国大峡谷、巴黎雄狮凯旋门、梵蒂冈圣彼得大教堂、印度泰姬陵、澳大利亚悉尼歌剧院、意大利比萨斜塔等。这些景点分别以 1∶1、1∶5、1∶15 等不同比例仿建，精致绝伦，惟妙惟肖。有些景点气势非常壮观。如缩小为三分之一比例的法国埃菲尔铁塔高 108 米，巍然耸立，游人可乘观光电梯到塔顶饱览深圳市和香港风光。缩小的尼亚加拉大瀑布面宽有八十多米，落差十多米，水流飞泻，吼声震天，声势浩大。喷吐岩浆的夏威夷火山以及百米喷泉令游客叹为观止。作为景区活动中心的世界广场可容纳游客万余人，正面有十尊世界著名雕塑，广场四周耸立着 108 根不同风格的大石柱和近两千多平方米的浮雕墙，还有象征世界古老文明发祥地的六座巨门，一座华丽的舞台将有来自世界各地的艺术家在此表演精彩的节目，让游客在文化和艺术的氛围中尽情享受。 在一片浓郁的荔枝园里，有五十多尊世界名雕，如有“约翰·施特劳斯纪念碑”、“掷铁饼者”、“阿波罗太阳神”、“思想者”等，形象生动，栩栩如生。景区内交通设施齐备，有高架单轨环游车、游览车、古代欧式马车、吉普赛大篷车、老爷车、单桨木船、橡皮筏，为游客提供多种趣味的观赏活动设施。

4. 从旅游者活动与旅游资源的结合方式及旅游目的的差异来看，旅游产品可以分为观光旅游、度假旅游、特种旅游、专项旅游

观光旅游产品以参观游览各种自然与文化景观为主，旅游者通过视觉观察来满足自己的旅游需求；度假旅游产品更注重旅游者对旅游资源的享受，如享受阳光、海水、沙滩，在旅游地的娱乐与休闲中度过假期；特种旅游产品的形式很多，例如组织旅游者自备或自驾交通工具，通过非开放地区作长距离观光旅行等；专项旅游产品包括组织旅游者参加以科学研究、文化交流、考察探险、体育竞技等为主要目的的旅游服务项目。

五、旅游市场

(一)市场与旅游市场的概念

市场是一个商品经济的范畴，凡是存在社会分工和商品交换的地方，就有市场。对于市场的概念有不同的解释，通常有以下几种。

(1) 市场是商品买卖的场所。

(2) 市场是商品交换关系的总和，是不同的生产资料所有者之间经济关系的体现。它反映了社会生产和社会需求之间、商品供求量和有支付能力的需求之间、生产者和消费者之间及国民经济各部门之间的关系。

(3) 市场是在一定的时间、地点以及在一定的人群或企业之间决定商品交易数量与性质的条件。这种条件包括：可供商品量(或可供的服务能力)、对可供商品的需求、价格，以及有政府或其他组织机构参与的管理。

(4) 市场指某一特定产品的经常购买者或潜在购买者。

(5) 市场指具有某些相同特点、被认为是某些特定产品的潜在购买者的人群。

旅游市场是随着旅游经济活动的产生而产生的。在旅游业和旅游研究中，旅游市场有狭义和广义之分。广义的旅游市场是指旅游者和旅游经营者之间围绕旅游商品交换所产生的各种现象和关系的总和；狭义的旅游市场是指旅游商品的实际购买者或潜在购买者，也就是我们所说的旅游客源市场或旅游需求市场，偶尔也指旅游供给市场。

(二)旅游市场的划分方法

1. 以地理因素为标准进行划分

根据地理因素划分是一种传统的至今仍普遍使用的旅游市场划分方法。这种划分方法比较简单易行。旅游企业的接待对象都是来自世界各地的，各个国家和地区的旅游者对旅游产品和服务的需求具有很大的差别性。因此，了解一个国家或地区的地理环境因素对选择旅游市场起着重要的作用。地理细分因素包括地区、气候、环境、人口密度及城市规模等。

1) 按地区细分

从国际旅游市场来看，世界旅游组织(WTO)将世界旅游市场划分为六大旅游区域，即东亚及太平洋旅游市场、南亚旅游市场、中东旅游市场、欧洲旅游市场、美洲旅游市场和非洲旅游市场。在这六大旅游市场中，欧洲旅游市场与美洲旅游市场最为繁荣，东亚及太平洋地区的旅游市场发展速度最快。

从客源国和接待国之间的距离来看，旅游市场可分为远程市场和近程市场。一般而言，远程旅游需要的时间较长，旅游消费较高，游客多属于经济较富裕、休假时间较充裕、生活条件优越的中上层人士。远程旅游会给旅游目的地带来较高的旅游收入。随着交通工具的日益现代化，旅游空间距离和时间距离相对缩短，远程旅游也有了很大的发展。近程旅游是指各旅游客源国和目的国之间短距离的旅游活动，甚至是相邻国家的旅游活动。短程旅游由于旅途时间短，旅游花费少，已成为世界旅游市场中最为活跃的旅游市场，特别是邻国旅游市场。无论远程旅游或邻国旅游都很有潜力，片面追求远程旅游或近程旅游的观点都是不对的，应在大力发展邻近国旅游市场的同时，有针对性地扩大远程旅游市场，挖掘潜在旅游市场。

从游客国别来看，旅游市场可分为国内旅游市场和国际旅游市场。国内旅游是指组织国内居民在国内进行游览旅行的活动。国际旅游是指接待外国旅游者到本国及本国居民出境进行游览的活动。国内旅游市场与国际旅游市场是相互联系、相互制约的统一的市场。

国内旅游市场是国际旅游市场的基础，国际旅游市场是国内旅游市场的延伸。

从国际游客流向来看，旅游市场可分为一级市场、二级市场和机会市场。一级市场是指一个目的地国家接待的旅游者人数在接待总人数中占比例最大的两三个国家或地区的旅游市场；二级市场是指在目的地接待国家接待总人数中占相当比例的旅游市场；机会市场是指到某目的地国家的人数很少，有待于进一步开发的旅游市场。

2) 按气候环境因素细分

在构成自然旅游资源的重要因素中，地形地貌与气候起主导作用。往往以气候为主导因素的自然旅游资源是最具有吸引力的。许多地处寒冷地带的国家或地区的旅游者，他们把寻找阳光、温暖和湿润空气作为主要旅游目的，如地中海地区、加勒比海地区、夏威夷等地每年吸引成千上万的旅游者前往，主要是因为那里气候宜人，并能为旅游者提供海滩、阳光等良好的自然条件。相反，生长在南方的旅游者对北方的冰雪风光感兴趣。

3) 按人口密度和城乡差别细分

世界各国人口密度悬殊，即使同一国家和地区人口密度也不均匀。一般来说，人口众多、空间狭小、人口密度大的地区出外旅游的可能性要大得多。按城乡差别可将旅游市场细分为城市旅游市场和乡村旅游市场。城市居民要求旅游的人数比乡村多，占城市总人口的比例也比乡村多，主要原因是：第一，城市居民收入水平高，出游经济条件较好；第二，城市交通发达，信息灵通；第三，城市环境质量差，迫使人们出外调节身心。

2. 以旅游消费者的某些特点为标准进行划分

1) 按人口统计因素划分

(1) 按年龄细分。不同年龄阶段的旅游者对旅游内容、旅游价格、旅游时间、旅游方式等有明显的需求差别，并随着年龄的增长而不断发生变化。根据旅游者年龄结构，将旅游市场细分为老年旅游市场、中年旅游市场、青年旅游市场和儿童旅游市场。

(2) 按性别细分。按性别分，旅游市场可细分为男性旅游市场和女性旅游市场。男性旅游者与女性旅游者对旅游服务和项目的需求表现出一定的差别。女性喜结伴出游，喜好购物，对价格较敏感。女性将成为旅游市场的重要客源目标。据有关资料表明，家庭旅游决策常由女性决定。近年来，众多旅游企业大力开发女性旅游市场，尤其是女青年旅游市场，组织她们到世界著名的旅游胜地观光和购物旅游。甚至一些度假地开办了专为女性服务的饭店。

(3) 按收入、职业、受教育程度细分。可自由支配收入是旅游的必要条件，从这一点来看，对于一个旅游者，收入在很大程度上决定着他的旅游活动的最终实现，同时也会影响他对于旅游目的地和消费水平的选择。职业对旅游需求的影响也较大，主要影响着旅游时间和方式的选择。如教师、学生一般会利用寒暑假旅游；管理人员、技术人员、商务人员则多具有公务和商务旅游的需求。个人受教育程度对旅游的需求也有影响。受教育的程度越高，旅游需求的层次越高。

(4) 按家庭结构细分。家庭是消费的基本单位，家庭结构、规模和总收入等状况都会直接影响旅游需求。

2) 按旅游心理特征划分

(1) 按生活方式细分。所谓生活方式是指人们的生活格局与格调，集中表现在他们的活动、兴趣和思想见解模式上，是人们在所处社会环境中逐渐形成的。按生活方式来划分旅游市场主要根据人们的不同生活习惯、消费倾向、对周围事物的看法及人们所处生命周期来决定，由于人们的生活方式的不同必然带来旅游需求的差异性，因此，把生活方式雷同的旅游者作为一个市场群体，有计划地提供符合该市场需求的旅游产品和服务，有针对性地满足顾客需要，从而扩大市场占有率。

(2) 按社会阶层细分。各社会阶层的区别主要表现在各自具有不同的心理行为上，也就是说，每一阶层的成员都具有类似的价值观、兴趣和行为。不同的阶层对旅游活动、旅游消费水平和档次的选择也表现不同。如上层是旅游者中最富有的阶层，他们希望获得他人的承认，希望旅游活动能反映出他们日常的生活水平，喜欢和具有同等社会和经济地位的人一起旅游；中层是旅游者中最广泛的阶层，是旅游市场中的主要客源组成。

(3) 按性格细分。所谓性格就是导致一个人对其客观环境作一贯、持久反应的明显特征。如刚强或懦弱、热情或孤僻、外向或内向、主动或被动、自恃或谦逊等。性格也是影响旅游动机的重要因素之一。在划分市场时，按性格划分是很有必要的，有助于我们根据客人的不同需求开发新的旅游项目，如针对部分性格刚强、富于冒险的游客，可以开发探险与猎奇旅游项目，以满足这部分游客的需要。

3) 按旅游者的旅游行为划分

(1) 按购买时间和方式细分。即根据旅游者出游的时间、购买旅游产品的渠道及旅游方式来划分旅游市场。由于旅游活动的时间性、季节性非常突出，按购买时间可划分为旺季、淡季及平季的旅游市场，还可分出寒暑假市场，以及节假日市场(如春节、元旦、双休日等)。购买方式是指旅游者购买旅游产品过程的组织形式和所通过的渠道形式。依此可分为团体旅游市场和散客旅游市场。其中散客旅游已发展成为世界旅游市场的主体，在这一市场中，旅游形式也日益复杂多样，包括独自旅游、结伴同游、家庭旅游、小组旅游、驾车旅游、徒步旅游，等等。

(2) 按旅游者的目的细分。按旅游者出游的主要目的，可将旅游市场细分为以下几种。

- 观光旅游市场。这类旅游者的旅游目的主要是了解异国他乡的历史、文化、风俗风情以及参观游览当地的自然景观。观光旅游市场是传统的旅游市场。
- 会议、商务旅游市场。这类旅游者的需求量受价格影响较小，消费水平高，目的地则以大城市为主。
- 休闲度假旅游市场。休闲度假旅游是当今旅游市场中的主流旅游活动方式，其主要目的是休养生息。这一市场的旅游者停留时间长，且重复旅游者占比例很大。

- 探亲访友旅游市场。这一市场旅游者的目的是探亲访友或寻根问祖，不太受各种营销活动的影响。

相关案例 1-1

“三八节”催热女性游 旅游市场迎小阳春①

距离三八国际妇女节不到一周的时间，各大商家纷纷打起“女人牌”。记者昨天了解到，目前我市多家旅行社已经推出女性旅游专线，其中以“母女游”和“减压游”为主题的特色产品颇受市民青睐。

记者了解到，三八节旅游市场多被当成五一前的市场试水，被看作全年旅游市场的“晴雨表”。“三八节如能取得开门红，将对全年旅游市场产生极大的提振与刺激作用。”途牛旅游网宁波分公司相关负责人认为，今年三八节恰逢周五，与周末拼连成 3 天假期，是上班族进行减压出游的好机会。

记者从宁波中青旅、浙仑海外、中旅等旅行社发布的线路清单上发现，相比往年，今年三八节旅游线路更趋多元化，部分线路设计很“女人”。“主要以踏青赏花、养生美容、温泉、登山、采摘等主题线路为主，还针对一些年轻女白领的需求，在部分线路中加入一些‘减压’概念。出游行程多为 1～3 天。”浙仑海外旅行社经理助理陈燕告诉记者，随着女性旅游市场的不断完善，相关旅游产品日渐成熟，富有女性专属特色和性价比较高的短途旅游产品已经成为今春主打。

从目前咨询和报名情况来看，相比去年，不少旅游机构都有接近两成涨幅，出游群体构成也有新的变化。多家旅行社出境部负责人称，由于预订妇女节团期的游客可享受优惠，因此，由宁波前往香港四日自助旅游等线路，3 月 8 日出发的团期仅剩下少量余位。“报名情况确实不错，小旺季苗头已经显现。”宁波中旅地接部经理江岗告诉记者，该部门的 6 名导游，在三八妇女节期间需要全部总动员，前往普陀溪口一线带团。另据陈燕反映，今年女儿与母亲，或是媳妇与婆婆结伴出游过节的情况比较多见，“比如以往港澳出游多见‘姐妹淘’，今年三八节更多的则是‘母女淘’。”

“元宵节过后，旅游市场进入两个多月的传统淡季，出游性价比高，发放‘旅游福利’成为不少企业的选择，从而形成旅游市场的一个小高峰。”旅行社人士称。

第二节 旅游的产生与发展

纵观世界旅游发展的历史，旅游活动从早期人类的迁徙活动开始萌发，历经古代、近

---

① 资料来源：http://news.ifeng.com/gundong/detail_2013_03/04/22697719_0.shtml

代和现代社会的不断演进和发展，已形成综合性和产业化发展规模的现代旅游活动，成为世界经济社会发展的一个潜力巨大的重要的产业集群领域。

一、早期的人类迁徙

现代意义的旅游既与早期的人类迁徙活动有着本质的不同，也与古代的旅行活动有着严格的区别。然而，我们要探索旅游的产生和发展又不能不谈到早期人类的迁徙活动和古代的旅行活动。

(一)迁徙与旅行的出现

众所周知，在原始社会的早期，由于劳动工具极其简陋，生产力水平非常低下，人类只能靠狩猎和采集艰难地维持生存，其生计尚处于无法保障的状态。因此，这种低下的生产方式决定了人类最基本的生存方式——逐水草而迁徙。在这一历史演变过程中，人类不得不依靠集体的力量来抗衡自然，维持生计。在这种状况中，尽管人类不断出现从一个地方迁徙到另一个地方的活动，但都是因为自然因素(如气候、自然灾害等)和特定的人为因素(如部落纷争等)被迫进行的，都是为了最基本的生存需要。这种迁徙显然不是旅行活动，而是古代生产活动的构成部分。直到新石器时代，随着生产工具的改进、生存方式的变化，开始出现了原始饲养业和原始农业，并最终导致人类历史上第一次社会分工的出现——农业和畜牧业开始分工。在后来的发展中，随着劳动工具的改进和原始手工业的出现和发展，手工业又一次从农业和畜牧业中分离出来。正是由于生产力的不断发展，使得劳动剩余出现并不断增多，进而促使了交换的出现，且交换的种类和数量也随之逐步扩大。在这种情况下，交换本身已经演变成一种重要的社会职能，促使原始商业出现，并在发展中从农业、畜牧业和手工业中分离出来。无疑，古代社会的三次大分工促进了人类社会的发展，尤其是古代商业的出现和发展，孕育着古代旅行活动的出现和发展。因为人们需要通过旅行来了解其他地区的生产和需求情况，并通过旅行活动与其他地区交换各自所需要的物品，维持自己的生活所需。可见，人类最初的旅行活动只是出于物品交换性质的易货贸易和了解异地情况的基本需要。用今天的眼光来看，它主要是一种经济目的的旅行活动。

(二)奴隶社会的旅行活动

在人类社会发展史上，尽管奴隶制社会是一个非常残酷的社会，但也是人类社会发展的一个巨大进步。正如马克思所说："在当时的条件下，采用奴隶制是一个巨大的进步。"因为它实现了社会生产在各行业之间、体力劳动和脑力劳动之间更深入更细致的分工，提高了生产力水平，促进了商业交换的扩大，促使艺术和科学的进一步发展，客观上也为旅行的发展提供了一定的物质条件。关于奴隶制社会中旅行的发展，最典型的是古罗马帝国时期，这是西方奴隶制社会旅行发展的鼎盛时期。这一时期，古罗马帝国的对外扩张已告结束，疆域面积空前扩大，社会秩序相对稳定，社会经济有了较快的发展。尤其是修筑了规模庞大的道路网络，使得陆路和水路交通空前便利，加之客栈和旅店的快速发展，以及货币的统一都给旅行带来了极大的方便，大大促进了旅行的快速持续发展。当然，当时的旅行基本上都是在国境内进行，而且大多数都是经商性质的旅行。但这一时期也有国家之间的商业旅行活动，如北欧的琥珀、非洲的象牙、东方的香料及宝石等奢侈品的贩运旅行。我国的丝绸当时就是通过有名的“丝绸之路”远销罗马帝国各地的。然而，从公元 5 世纪开始，随着罗马帝国的逐渐衰亡和社会秩序的动荡，旅行的条件陆续丧失。这不仅表现在贸易数量和旅行者数量不断减少，还表现在道路日渐毁坏，盗匪横生。正如西方学者诺沃尔 1936 年在其《旅游业》一书中所说的那样，在欧洲有可靠的证据表明，从古罗马帝国衰落直到 19 世纪中叶之前是没有人外出旅行的。尽管诺沃尔的说法肯定有言过其实之处，但却说明当时旅行活动的衰败状况。中国的奴隶制社会时期，旅行的出现和发展与西方大体相同，但中国奴隶制社会的形成要早于西方国家。在中国奴隶制社会鼎盛时期的商代，由于生产工具和生产技术的进步，社会分工的细化，使得劳动效率大大提高，从而使商朝成为我国历史上奴隶制社会经济发展比较繁荣的一个时期。正是由于剩余劳动产品的不断增多，刺激了交换活动的较快发展，进而也促进了以交换为目的的生产活动的开展和不断扩大。在这一发展过程中，尤其是商人阶层的不断壮大，使得以贸易经商为主要目的的旅行活动有了很快的发展，也使商代成为我国古代旅行发展最活跃的一个时期。当然，在奴隶制社会除了这种以产品交换和易货经商为目的的旅行活动外，奴隶主阶层的享乐旅行也比较盛行，如包括“天子”在内的奴隶主阶层的外出巡视和游历，无疑就是以消遣为主要目的的旅行活动。我国《易经》上记载的“观国之光”等语，就是反映这种享乐旅行的。

(三)封建社会时期旅行活动的发展

无论是中国的封建社会还是西方的封建社会，都经历了一个漫长的发展过程，旅行活动在这一时期也经历了曲折的发展过程。

中国的封建社会经历了 2000 多年的历史，其间除了分裂和战乱的年代之外，各统一朝代的社会政治相对比较稳定，生产技术和社会经济较前都有了很大的发展。无论在农业生产技术、水利工程技术方面，还是在手工业、冶炼、纺织、造纸、瓷器生产等方面，都曾领先于当时的西方世界，这些都为当时社会旅行的发展提供了物质基础和社会条件。从我国的历史典籍和有关文学作品中所描述的“商旅”一词的广泛使用情况来看，这一时期以经商为目的的旅行活动仍然占据主导地位。当然，这一时期的宗教旅行和专门的考察旅行也比较盛行，如西汉历史学家和文学家司马迁的游历活动和张骞的出使西域，久负盛名的晋代法显，唐代玄奘、鉴真的宗教旅行，明代医学家李时珍的药物考察和地理学家徐霞客的地理考察，以及著名的“郑和下西洋”等，都是这类考察活动的典型。欧洲的封建社会是一个非常落后和残酷的社会，旅行活动在这一时期呈现出萎缩趋势。这是因为社会人口的绝大多数的农民基本上都是农奴，既无人身自由，更无外出活动的自由；加之自然经济的性质十分突出，一个村子就是一个闭塞的经济单位，与外界几乎隔绝，交换活动很少。尽管从 11 世纪到 14 世纪，欧洲经济有了较大发展，但由于其间无休止的战乱，旅行活动的规模始终难以达到古罗马帝国时期的水平。直到 16 世纪后，欧洲的旅行活动才开始出现了一些起色，其中一个较为明显的特点就是温泉旅行热潮的出现。这是因为当时英国的一位医生发现温泉洗浴对许多体痛病症有很好疗效后，才在欧洲各地风行起来的。除了温泉旅行外，这一时期以教育和考察为目的的旅行活动也开始出现并有了较快发展。如在青年人中出现了游历欧洲的教育旅行热潮，并形成欧洲历史上有名的“大游学”(Grand Tour)现象。从上面的论述中可以看出，封建社会时期世界范围内旅行的发展是不平衡的，但也表现出一些规律性的特点：一是旅行活动的发展同国家的政治经济状况有着直接的关系，比如在政治安定、生产力发展、经济繁荣的统一时期，旅行活动就会较快发展；二是以贸易经商为主要特征的旅行活动仍占据主导地位，尽管这一时期各种非经济目的的旅行活动仍然有了新的发展和扩大，但与经济目的的旅行活动相比还不占主导地位。

知识链接 1-4

郑和下西洋①

1405 年 7 月 11 日(明永乐三年)，明成祖命太监郑和率领 240 多条海船、27400 名船员的庞大船队远航，拜访了 30 多个在西太平洋和印度洋的国家和地区，加深了明王朝和南海(今东南亚)、东非的友好关系，史称郑和下西洋，如图 1-4 所示。每次都由苏州浏家港出发，一直到 1433 年(明宣德八年)，一共远航了七次之多。最后一次，宣德八年四月回程到古里时，郑和在船上因病过世。明代故事《三宝太监西洋记通俗演义》和明代杂剧《奉天命三保下西洋》将他的旅行探险称之为三宝太监下西洋。郑和的航行之举远远超过将近一个世纪的葡萄牙、西班牙等国的航海家，如麦哲伦、哥伦布、达伽玛等人，他堪称是“大航海时代”的先驱，也是唯一的东方人。他更是早于狄亚士 57 年远赴非洲。

郑和曾到达过爪哇、苏门答腊、苏禄、彭亨、真腊、古里、暹罗、榜葛剌、阿丹、天方、左法尔、忽鲁谟斯、木骨都束等 30 多个国家，最远曾到达非洲东部，红海、麦加，并有可能到过澳大利亚、美洲和新西兰。

郑和是世界大航海时代的先驱，郑和下西洋是当代航海事业的顶峰，后世几百年中，几无人能及。

“西洋”即今文莱以西的海域，包括中国南海及印度洋。与“西洋”相对的是“东洋”，即日本。

---

① 资料来源：http://baike.baidu.com/view/24124.htm

图 1-4　郑和下西洋

二、近代旅游的发展

近代社会是世界旅游产生和发展的一个重要时期。从 19 世纪开始，旅行活动的发展在很多方面都已表现出今天意义上旅游的一些特点，其中很重要的就是表现在以消遣为目的的外出访问活动在规模上迅速发展，并超过了以商务旅行为代表的经济目的的访问活动。

(一)工业革命对近代旅游发展的影响

18 世纪 60 年代，工业革命首先在英国开始，并于 19 世纪 30 年代基本完成。之后，美、法、德、日等国的工业革命也在 19 世纪内陆续完成。工业革命不仅极大地推动了生产技术和生产关系的巨大变革，而且极大地促进了资本主义生产力的迅速发展，提高了生产的社会化程度，促使资本主义制度最终战胜封建制度而居于统治地位。国际上许多旅游研究专家认为，近代旅游的出现和发展与工业革命所产生的影响密切相关，这种影响主要体现在以下几个方面：首先，工业革命促进了交通条件和设施的巨大变化，推动了较大范围和较远距离的旅行活动的开展。我们知道，蒸汽机的发明是工业革命的重要标志，而蒸汽机的改进和应用很好地解决了交通运输的动力问题，促使新的交通运输方式产生。尤其是 1825 年世界上第一条铁路的出现，开创了现代化陆路运输的新纪元，并成为近代旅行发展的一个重要标志。到 1850 年，世界上共有 15 个国家修建了铁路，蒸汽轮船、蒸汽火车已成为重要的交通运输工具，并表现出速度快、成本低、运量大等特点。其次，工业革命极大地推动了城市化进程，促进了人们生活观念和生活方式的重大变化以及城乡之间的人员流动，也刺激了旅游的发展。由于工业革命带来了机器化、流程化、规模化生产方式的发展，从而吸引了大量的农村人口涌向城市就业，使得城市的膨胀速度加快。正是由于工业化和城市化发展形成的繁忙的工作氛围、紧张的工作节奏，使得越来越多的人需要通过外出休息来调节生活节奏，缓释身心压力。在这种情况下，旅游成为一种重要的调节方式。最后，工业革命带来了阶级关系的重大变化，客观上促进了旅游规模的扩大。在工业革命之前，只有地主阶级和封建贵族才有金钱和时间从事非经济目的的消遣性旅行活动。然而，工业革命造就了工业资产阶级，并使之成为新的统治阶级，从而使社会财富不再只是流向封建贵族和大地主阶级，而是越来越多地流向新兴的资产阶级。因此，这一重大变化使得在经济上有条件外出旅游消遣的人数有了明显的增加。与此同时，工业革命在造就了工业资产阶级的同时，也造就了大批靠出卖自身劳动力的工人。随着生产力的发展和剩余价值的逐步增多，特别是工人阶级为争取自己的权益而进行不懈抗争，使得资本家在增加工人工资和包括传统节日带薪休假在内的权益等方面不得不做出更多的让步。所有这些都在客观上促进了休闲度假等旅游活动的开展，也使参加旅游活动的人员构成发生变化，人数迅速增加。

(二)近代旅游的发展

正如上文所述，铁路的出现是世界旅游史上的重大事件。也正是由于铁路对旅游发展的重大影响，所以西方很多学者都将这一时期旅游的发展称为“铁路时代”。从 1825 年第一条铁路出现，到 1875 年的 50 年间，英国铁路运输的年旅客周转量已超过 6 亿英里。1841 年，英国铁路的年旅客运量达到了 200 万人次，1851 年达到了 7900 万人次，1860 年达到了 1.6 亿人次，1880 年达到了 8.17 亿人次，1914 年达到了 14.55 亿人次。此前的主要运输工具——公共马车已渐渐失去竞争力。谈到近代旅游，不能不提到英国人托马斯·库克。1841 年，他组建了世界上第一家旅行社——通济隆旅行社，这标志着世界旅游业的正式诞生。并于同年 7 月 5 日利用包租火车的方式，组织了一次从英国中部地区的莱斯特到洛赫伯勒的团队旅游，人数多达 570 人。正如国外学者所评价的那样，“托马斯·库克独一无二的贡献，在于他组织了旅游的全过程——运输、住宿和活动，或是在一个想要去的新目的地所获得的‘满意感觉’，这就是真正的旅游产品。他创造了一种基本的服务——包价旅游或散客旅游。世界各地都开始仿效他的创新。这一做法使得托马斯·库克比任何其他的企业家都更多地改变了人们的旅游观念。旅游……变成了一种休闲和娱乐，一种新的观念——度假。”实际上，在托马斯·库克组织这次团队旅游之前，已有人组织过利用火车进行团体旅行的活动，这在托马斯·库克的日记中也曾谈到，但是出行的目的仅在于拜访同行。因此，托马斯·库克组织的这次团队旅游标志着近代旅游的开端。之后，托马斯·库克几乎每年都要策划和组织相关的旅游活动，甚至连英国王室有时也邀请他帮助安排旅游度假计划。尤其是他还策划组织了多次跨国旅游活动，有力地推动了旅游业的快速发展。到 1939 年，他创办的通济隆旅行社已在世界各地设立了 350 多处分社。他还先后创办了最早的旅行支票，可在世界各大城市通用；编印了世界最早的旅行杂志《利物浦之行手册》。在托马斯·库克组织旅游活动的影响下，19 世纪下半叶，许多类似的旅游组织在欧洲大陆纷纷成立。1857 年，英国成立了登山俱乐部，1885 年又成立了帐篷俱乐部；1890 年，德国组建了观光俱乐部；1898 年，旅游国际联盟正式成立；美国“运通公司”从 1850 年起兼营旅游代理业务，并于 1891 年开始发售与现在使用方法相同的旅行支票。到 20 世纪初，美国“运通公司”和以比利时为主成立的“铁路卧车公司”，成为当时与通济隆公司齐名的三大旅游代理公司。当然，随着旅行社行业的发展和旅游需求的不断增大，很多其他形式的旅游企业和旅游设施也不同程度地有了新的发展。

19 世纪末内燃机技术问世以后，又给交通运输手段的发展提供了新的动力来源。到第一次世界大战爆发时，英国和美国的私人小汽车已分别拥有 13 万辆和 200 万辆。尤其是内燃机技术的发展不仅创新了汽车、火车的动力系统，而且促进了飞机的发明和航空技术的不断创新。到 20 世纪 20 年代末，机型较大、安全性能较好的民航客机已开始投入使用，民航运力逐年增加，1939 年欧美各主要城市间都已有了定期的客运航班。交通条件的划时代变化和旅游组织形式的不断创新对旅游业的发展起到了非常巨大的推动作用。据统计，1924 年从英国去欧洲其他国家旅游的人数仅比 1913 年增加了 7 个百分点，但到 1930 年英国去欧洲其他国家旅游的人数比 1913 年增加了 47%。1928 年到奥地利旅游的英国游客人数增加到 180 万人次，1929 年到瑞士的游客达 100 万人次。

综上所述，近代旅游的发展具有以下几个重要特征。

其一，旅游交通工具的不断创新为旅游业的发展提供了重要条件。尤其是火车、汽车和飞机的发明，大大提高了游客的运输能力。

其二，旅游组织形式的创新为旅游业的发展提供了重要的组织载体和旅游服务形式。这一时期旅行社等组织的纷纷创立，铁路、公路、航空等乘客服务组织体系的建立，都为旅游的发展提供了良好的组织服务载体。

其三，饭店业的逐渐兴起，对旅游服务体系的完善起到了重要的推动作用。应该说，这一时期不仅对特权阶层提供服务的豪华饭店有了发展，对中产阶层提供服务的一般商业饭店也发展很快，对旅游业的发展起到了重要的支撑作用。

其四，旅游胜地的不断开辟有力地促进了旅游业的快速发展。随着旅游胜地的不断增多，旅游服务的其他辅助设施也迅速增加，如游乐场、音乐厅、散步场、运动场、赌场、浴场等。尤其是人文景观也开始与自然景观融合，改变了之前单调的旅游产品形式。

知识链接 1-5

托马斯·库克[①]

托马斯·库克(Thomas Cook，1808 年 11 月 22 日—1892 年 7 月 18 日)，英国旅行商，是现代旅游的创始人、“近代旅游业之父”。他是第一个组织团队旅游的人，也组织了世界上第一例环球旅游团。他编写并出版了世界上第一本面向团队游客的旅游指南——《利物

① 资料来源：http://baike.baidu.com/view/1100123.htm

浦之行指南》，创造性地推出了最早具有旅行支票雏形的一种代金券。库克组织了欧洲范围内的自助游，向自助旅行的游客提供旅游帮助和酒店住宿服务。19 世纪中期，托马斯·库克创办了世界上第一家旅行社——托马斯·库克旅行社(即通济隆旅行社)，这标志着近代旅游业的诞生。19 世纪下半叶，在托马斯·库克本人的倡导和其成功的旅游业务的鼓舞下，首先在欧洲成立了一些类似于旅行社的组织，使旅游业成为世界上一项较为广泛的经济活动。

1808 年 11 月 22 日，托马斯·库克出生于英格兰德比郡墨尔本镇。托马斯·库克自幼家境贫寒，4 岁丧父，母亲改嫁。迫于生计，托马斯·库克 10 岁时不得不辍学从业。他先在一家蔬菜花木店当帮工，每周的工钱仅为 6 个便士，后又当木工学徒，17 岁时进入拉特兰浸礼教会做颂经人。

1828 年库克成为一名传教士，云游四方，散发浸礼教会的小册子，宣传教义。这使得托马斯·库克游历了英格兰的许多地方，对旅游产生兴趣。另外，出于宗教信仰的原因，他后来成为一位积极的禁酒工作者。

1841 年 7 月 5 日，托马斯·库克包租了一列火车，将多达 570 人的游行者从英国中部地区的莱斯特送往拉夫巴勒参加禁酒大会。往返行程 22 英里，团体收费每人 1 先令，免费提供带火腿肉的午餐及小吃，还有一个唱赞美诗的乐队跟随。这次活动在旅游发展史上占有重要地位，它是人类第一次利用火车组织的团体旅游，是近代旅游活动的开端。

1845 年托马斯·库克放弃了木工的工作，开始尝试从事具有商业性的旅游组团业务代理，成为世界上第一位专职的旅行代理商。同年夏天，首次出于商业赢利的目的，他组织了一次真正意义上的团体消遣旅游。这次团体旅游是从莱斯特出发，途中经过若干地点停留访问，最终目的地是英格兰西部的海港城市利物浦。全程历时一周，共 350 人参加，并编写了导游手册——《利物浦之行手册》分发给旅游者，这是世界上第一本旅游指南。由于当时人们对外出旅游的需求已趋成熟，加之托马斯·库克此前组织旅游活动的成功为其带来的名声，所以有关组织这次团体旅游的海报告示一经张贴，报名者极其踊跃。为了确保这次组团旅行的成功，托马斯·库克不得不决定将组团规模控制在 350 人以内。很多人前来报名时，都因名额已满而不能如愿。在已办好预订手续的人中，甚至有些人乘机高价转手倒卖名额。这次旅游的组织方式更具现代包价旅游的特点，体现了现代旅行社的基本特征，开创了旅行社业务的基本模式。

1846 年，托马斯·库克亲自带领一个旅行团乘火车和轮船到苏格兰旅行。他为每个成员发了一份活动日程表，还为旅行团配置了向导。同年，他编写了《苏格兰之行手册》。此后，他每年都要组织大约 5000 多人在英伦三岛之间旅行。每次他本人都亲自陪同，并编印旅游指南。他成功地把铁路、水路和地上交通设施紧紧联系在一起，旅行业务因此得到较大发展。

1851 年 5 月，为了展示英国工业革命成果，在伦敦建造了“伦敦水晶宫”将举办一次大展览，此为第一届世界博览会。托马斯·库克决心抓住这个机会扩大旅行业务。在展览开幕前，他遍访英格兰中部和北部主要城市，组织各地旅客赴伦敦参观展览。为此，他还创办了名为《观光者》的月刊杂志，专门介绍各地风光和旅游者的见闻。这一年，他组织了165 000多人到伦敦参观展览。此后，他又成功地组织了旅客参观1853年的都柏林展览和1857年的曼彻斯特展。

1855年，库克组织了从英国莱斯特前往法国巴黎参观第二届世界博览会的团体旅游。这次旅游活动在巴黎停留游览4天，全程采用一次性包价，其中包括在巴黎的住宿和往返旅费，总计36先令。当时(1855年8月6日)的《曼彻斯特卫报》称此举是“铁路旅游史上的创举”。事实上，这也是世界上组织出国包价旅游的开端。

到1864年，经托马斯·库克组织的旅游人数已累计100多万。

1865年托马斯·库克开办了一家旅游用品商店，同年，为了进一步扩展旅行社业务，托马斯·库克与儿子约翰·梅森·库克(John Mason Cook)成立托马斯父子公司(即通济隆旅游公司)，迁址于伦敦，并在美洲、亚洲、非洲设立分公司。此后，托马斯·库克又组织了到法国等地的旅游活动。

1872年，他本人亲自带领一个9人旅游团访问纽约、华盛顿、南北战争战场、尼亚加拉大瀑布、多伦多等地，把旅游业务扩展到了北美洲。这次环球旅行声名远播，产生了极大的影响，使人们“想到旅游，就想到库克”。

1878年，托马斯·库克退休，业务由其子约翰·梅森·库克主持。到了20世纪初，英国托马斯库克旅游公司、美国运通公司和比利时铁路卧车公司，被称为世界旅行代理业的三大公司。

1892年，托马斯·库克创办了最早的旅行支票，可在世界各大城市通用，凡持有旅行支票的国际旅游者可在旅游目的地兑换等价的当地货币，更加方便了旅游者进行跨国和洲际旅游。通济隆旅行社还编印了世界最早的旅行杂志，曾被译成7国文字，再版达17次之多。同年7月，年满84岁的托马斯·库克离开了人世，长眠于英格兰萨里郡泰晤士河畔的瓦尔顿城。

三、现代旅游的发展

现代旅游是指第二次世界大战结束以来，特别是20世纪60年代以来迅速普及于世界各地的社会化旅游活动，是对旅游发展史中一个时期概念的界定，它与历史学界对历史断代划分中的“现代”概念有所不同。

(一)第二次世界大战后世界旅游的发展概况

第二次世界大战结束后，随着国际局势趋于缓和，各国都开始致力于本国的经济建设。

尤其是随着科技革命的持续深入和发展，有力地推动了世界经济的持续增长，从而使全球财富和可自由支配的收入急剧增长，为旅游活动的深入发展产生了强大的推动作用。在各工业化国家，人们的生活方式和行为方式都发生了划时代的重大变化。从旅游活动的发展规模看，1950 年，全世界国际旅游规模仅为 2528 万人次，但到 1960 年已上升到 6930 万人次，比 1950 年增长了 174%。从全球国际旅游消费的变化情况看，1950 年全球国际旅游消费总额仅为 21 亿美元，到 1960 年已增加到将近 69 亿美元，若不考虑通货膨胀因素的影响，比 1950 年增长了 229%。在整个 20 世纪 60 年代中，全世界国际旅游活动规模基本上处于逐年持续扩大的状态。到 1970 年，全世界国际旅游活动的人次和消费额已分别达到 1.6 亿人次和 179 亿美元，分别是 1960 年的 2.3 倍和 2.6 倍。尤其是汽车已开始大量普及，1970 年全世界汽车注册数量大约为 1 亿辆，到 1987 年已增加到 3.94 亿辆，仅欧洲汽车注册量也从原来的 6800 万辆增加到 1.59 亿辆。航空旅行增长的速度也非常快，特别是不定期的航空旅行包机服务增长很快，20 世纪 80 年代约占所有航空旅行总量的 18%，但欧洲航线上要占旅行总量的 50%。20 世纪 90 年代以来，世界旅游的发展呈现出一些新的特点，如客流方向发生变化，远距离旅游的增长快于近距离旅游的增长，商务旅游、会展旅游、文化旅游和教育旅游等发展很快。1990 年，欧洲的国际旅游入境人数已高达 3.37 亿人。1991 年，欧洲人到美国旅游的人数超过美国人到欧洲旅游的人数。据有关估算，英国的一日游市场每年可以达到 10 亿人次，1993 年的一日游年消费额大约为 170 亿英镑。

(二)现代旅游快速发展的原因分析

分析现代旅游快速发展的原因，主要有以下几点值得关注。

其一，投资对经济发展的拉动作用促进了旅游业的快速发展。经济的发展需要大量的投资，战后旅游业的发展同样需要大量的资金注入。度假区的开发和辅助设施的建设，交通工具和交通设施的改善与技术创新，旅游产品的设计、开发与组合，旅游市场的培育与规范等，都需要投资的注入和有效运作。当然，投资的强度和规模大小依赖于一国经济的持续稳定增长。

其二，旅游市场细分化的推动作用。如从年龄角度划分的老年人市场、青年人市场、中年人市场，在生活态度、生活方式和行为方式上都有较大的差异，对旅游产品、服务方式以及在特定要求上都有各自的特点。尤其是市场细分化对旅游产品提供者、旅游产品服务规范与过程、旅游产品创新等方面都产生了巨大影响，极大地推动了旅游业的快速发展。

其三，战后世界人口的迅速增长对旅游活动的影响。第二次世界大战结束后世界人口约为 25 亿人，20 世纪 60 年代增加到 36 亿人，到 20 世纪 90 年代突破了 50 亿人，现在已超过 65 亿人。无疑，世界人口的不断增长已成为战后大众旅游发展的基础。据世界旅游组织统计，到 1999 年，全球的旅游人数已从 1960 年的 6900 万人次增长到 5.374 亿人次，增长了将近 800%。

其四，政府政策和行业组织的革新对旅游业发展产生了积极影响。在战后相当长的一个时期，旅游业在欧美国家政策和拨款方面都享有很多优惠。为战后欧洲重建而制订的著名的美国马歇尔计划，就是促使欧洲各国政府通过欧洲经济开发组织(后来的欧洲经济合作与发展组织的前身)，干预旅游营销和对旅游业的投资，重视旅游对国家财政收入增加的作用。甚至欧洲经济开发组织还直接资助欧洲旅游委员会开拓美国旅游市场。旅游行业组织和结构也发生了一些变化，建立了很多在世界范围内经营的跨国旅游公司，尤其是欧美旅游业的全球化趋势非常明显。

其五，生产自动化程度的不断提高和各国城市化发展的速度加快对旅游业的发展产生了重要影响和推动作用。第二次世界大战后随着科技的不断进步和生产过程自动化程度的不断提高，使产业的生产效率大大提高，单位产品的生产时间大大缩短，从而使员工带薪休假也越来越普及，客观上也刺激了旅游的发展。

其六，战后世界各国教育事业的发展不仅提高了人们的知识层次和结构，而且促进了人们对现代工作生活质量的追求，旅游成为生活质量的一种重要指标。随着教育层次的提高，越来越多的人在工作之余追求更为新颖的生活方式，感受自然、体验社会、和谐人际已成为生活的重要组成部分，而旅游已成为满足这些需求的重要行为方式。

四、中国旅游业的产生和发展

应该说，中国旅游业的产生是在近代，而前文提到的古代社会的各种旅行活动，包括帝王巡游、官吏宦游、经商旅行、文人漫游、宗教云游和节事庆游等，都不是现今意义上的旅游。

(一)中国旅游业的产生和初期发展

近代中国的上海是一个与国际联系比较密切的城市，民族资本比较集中，交通也很发达。鸦片战争后，随着中外人员往来的增多和外国旅游企业的纷纷进入，上海等地的旅游市场也逐渐被外国旅游企业瓜分，中国人出国旅行游览都要通过外国人的旅行社办理。当时上海商业储蓄银行的民族银行家陈光甫先生面对这种现实，为了扩大银行的生财之道和创办中国人自己的旅行社，决定在该银行的经营范围内增设一个旅行部，并于 1923 年 8 月经当时的北洋政府批准后正式宣布成立。1924 年春，该旅行部第一次组织了上海赴杭州的游览。由于业务发展较快，1925 年春该旅行部开始办理出国旅游业务，第一次组织了有 20 多人参加的赴日本“观樱”旅行团，游览了长崎、京都、东京、大阪等地。1927 年春，该旅行部编印出版了中国第一本旅游刊物——《旅行杂志》，这本杂志一直出版发行到 1954 年。1927 年 6 月，该旅行部决定以自己的名义申请营业执照，单独注册挂牌并更名为“中国旅行社”。后来随着业务范围的不断扩大，其内部机构也逐步健全，发展到七部一处，不仅在全国各大城市设立了办事机构，而且在新加坡、马尼拉、加尔各答、仰光等外国城市也设有办事机构。中国旅行社还曾约请美国著名进步作家埃德加·斯诺先生为该社撰写英文导游手册，并在芝加哥博览会上散发，后又在美国西雅图市设立通讯处。1947 年，在英国伦敦举办的国际旅游博览会上，中国旅行社曾以巨幅“中国名胜图”参展。在这一时期，除了成立于上海的中国旅行社外，还曾出现过一些地方性的旅行社和类似组织，但规模和影响都不大。当然，这一时期类似今天的旅游资源开发和营销工作也有一定进展，比如在庐山、北戴河等地建设了避暑区，在上海举办了国货博览会和在杭州举办了西湖博览会等。但旅游业的规模和影响在整个社会生活中还比较弱小，还没有形成具有重要产业地位的经济部门。

知识链接 1-6

对抗洋人为国争光 陈光甫创建中国第一家旅行社[①]

旅游，在如今已成为一种时尚。但回顾 20 世纪初，中国还没有近代化的旅游概念，也不具备新式旅游的条件。在英国人托马斯·库克 1845 年创立世界第一家旅行社之后近 80 年的 1923 年 8 月 1 日，第一家由中国人创办的旅行社——上海商业储蓄银行(简称上海银行)旅行部(后改称为中国旅行社)终于宣告成立。创办人是民国时期著名银行家陈光甫(他创办的上海银行是当时中国最大的私营银行)。

从上海银行旅行部到中国旅行社

清末民初，我国旅游业为少数洋商所垄断，在上海登陆的有英国的通济隆、美国的运通和日本的国际观光局等，但它们服务的对象只限于外国人和白领华人。陈光甫留美多年，又酷爱旅游，他之所以决心创办中国第一家旅行社，据原上海银行天津分行经理资耀华(新中国成立后曾任上海银行总经理)口述：“上海银行办的中国旅行社是我国第一家。陈光甫创办中国旅行社的动机，开始时还不是作为一种业务，而是对抗洋人，为国争气。旧中国旅行社都是英、美、日等帝国主义的洋商所办，中国人要出国，办理旅游手续都要经过他们之手。洋商不仅收费高昂，而且态度傲慢无礼，根本看不起中国人。陈光甫时常出国，时常受气。有一次洋商办事的人傲慢无礼，使他实在忍受不住了，同对方争执了几句，对方冷笑着说，‘你不满意，你们中国人为什么不自己办一个呢?’对陈光甫非常蔑视。陈一怒之下，决心创办中国旅行社。”除了爱国和争回祖国的权利外，陈光甫还认为，为了让国人及各国人士了解中国古老悠久的文化和名胜古迹，也必须建立健全为旅客服务的机构，这是他要创办中国旅行社的又一动因。

1923 年 4 月，由陈光甫任总经理的上海银行正式呈文北洋政府交通部，提请代售火车票，办理旅行业务。当时交通部正召开全国铁路联运会议，该案一经交议，立即遭到身居

---

① 资料资源：http://history.news.163.com/09/0921/13/5JO78SM600011247_2.html

要职的铁路洋员反对。表面理由是英、日、美、法等国在华均有旅行机构，绝无再设的必要，实际上是担心会削减外国在华旅行机构的既得利益。幸好时任交通总长的叶恭绰、路政司司长刘景山及各路华员皆竭力支持，所以经激烈辩论后终获通过。是年 8 月 1 日，上海银行旅行部正式宣告成立。这一天，是中国旅游史上值得大书特书的一天，因为按国际惯例，商业性旅行社的产生是一个国家近代旅游业诞生的标志。

旅行部成立一个月后，即在杭州设立分部，以后陆续扩大规模，5 年间，共设立分部 11 处。1927 年，经上海银行董事会开会研究，决定投资 5 万元(后增资至 50 万元)，旅行部自立门户，6 月 1 日，正式改名“中国旅行社”，并向国民政府交通部申请注册，经该部核准，于 1928 年 1 月拿到了第一号旅行业执照。

“顾客至上，服务社会”的办社宗旨

早在创办上海银行时，陈光甫就提出了行训：“服务社会，辅助工商实业，抵制国际经济侵略”。中国旅行社继承了这一口号，以“顾客至上，服务社会”为宗旨，确立了“发扬国光，服务旅行，阐扬名胜，改进食宿，致力货运，推进文化”的 24 字方针，开始了旅行社的创业之路。

刚开始，旅行社的业务比较简单，以客运为主，先是代售国内火车及轮船票，复与美、日铁路公司及美、法、英、日等轮船公司洽谈，代售国外铁路、轮船公司客票，待中国航空公司成立后，再代售飞机票。第一任经理朱成章为积累经验，曾多次身穿招待员制服上车站迎送旅客或亲自驾车为旅客购票，提出了一系列便民措施。

中国旅行社在设立之初是亏本的，以后也长期不能盈利，因此上海银行内部不少人反对这项生意，但陈光甫始终坚持办理。他曾对大家说：“天地间万物有重于金钱者，好感是也。能得一人之好感远胜于得一人之金钱。今旅行社博得社会人士无数量之好感，其盈余为何好耶?”陈光甫同时认为，经过积累经验，改进经营管理，增加服务项目，这种“有形的亏损”也是可以转变为“有形的盈余”的。陈光甫终以“人争近利，我图远功，人嫌细微，我宁繁琐”的服务态度和实际行动，赢得了众多顾客的好评，旅行社也在与洋商的竞争中站稳了脚跟，并逐渐扭亏为盈。1936 年即盈利 60 万元。这正如金融史专家、上海市金融学会副会长洪葭管先生所说的：陈光甫最终创造成功奇迹的最重要一条，就是他提出了服务社会的理念。

严格管理与宣传教育

中国旅行社有着一套严格的管理制度和独到的宣传教育方法。陈光甫曾对旅行社人员说：“吾人有必须注意者，吾人经营斯业，宗旨在辅助工商服务社会，平时待人接物宜谦恭有礼，持躬律己宜自强不息，务求旅客之欢心，博社会之好感，庶几无负创业初衷。”他要求对顾客必须笑脸相迎，衣着整齐，手面清洁。对员工一律招考录用，通过培训、实习，达到一定水平后才安排工作，工作后先在各部门轮流循环工作，多年后便成为一名旅游业的多面手。至于人员的升降，一律以才能学识为标准，学历仅作参考，但对导游则要求基本上是大学文科毕业生，上岗后先经培训，还择才送英美深造，并经常请外国专家来进行授课。

人们一接触到中国旅行社，处处能感受到它的与众不同。工作人员一律穿着标志性制服，到车船码头的接待人员还头戴专门制服帽，帽上的“旅”字标识熠熠生辉，五角星红光闪烁，引人注目。工作人员的服务极为周到，不以貌取人。为广泛宣传旅行对社会人生的意义，中国旅行社于 1927 年创刊《旅行杂志》，该杂志为中国第一本旅行类杂志，初为季刊，后改为月刊，由名家执笔，特约撰稿，内容丰富，每期印有数十幅精美照片，公开发行，并分送中外交通机构及其高级职员，以求加强社会各界对中国旅行社的印象。

为加强对国外宣传，1931 年中国旅行社通过在美国西雅图所设的通讯社，向美国各界发出招待游华专售邀请信 5000 封，信笺都经过熏香，富丽精美，赏心悦目，不失为一种极好的宣传。1933 年又聘美籍记者斯诺撰写中国风景名胜的英文小册五种，分寄外洋各机关、各轮船公司、各铁路及航空公司。当时许多名人致函中旅，啧啧称道。陈光甫认为：“为社会便利计，又为本行之宣传计，此种宣传力甚大，人人知有中国旅行社，即知有上海银行。”不愧是一位精明的金融企业家。

陈光甫首创中国旅行社，以服务社会为理念，悉心经营，开拓发展，使之成为民国史上第一家大型旅游服务企业，并跻身于世界级旅行社之列。作为中国近代第一家正规的旅行社，中国旅行社自 1923 年成立直至 1953 年宣告结束，以其 30 多年的不凡旅程，为后人留下了服务社会的宝贵理念和丰富经验，值得后人借鉴与仿效。

(二)新中国成立后旅游业的发展

新中国成立后，旅游业经历了一个曲折的发展过程，我们可以将其分为改革开放前后两个时期分别加以论述。

1. 新中国成立后到 1978 年改革开放之前——摸索发展时期

这一时期中国的经济还比较落后，生产力水平低下，人民群众的生活水平还比较低。这些都制约了旅游需求的发育，限制了旅游发展的基本市场条件的形成；加之国际政治环境的影响，旅游工作只能服从服务于外交工作和接待工作的需要，根本不可能具备产业的经济性质。新中国成立后，面临最大的接待任务就是侨胞的大量回国返乡以及外交接待的需要。1949 年 11 月，新中国成立后成立的第一家国营旅行社——华侨服务社在厦门市正式诞生，其任务就是接待海外侨胞归国探亲和观光旅游。后来几年，其他一些主要城市也陆续成立华侨旅行社，以满足对海外华侨、港澳同胞和外籍华人接待的需要。

1952 年以后，由于“亚洲及太平洋区域和平会议”在我国召开，使得来华公务和旅游的外国宾客逐年增多。鉴于原“中国旅行社”的接待工作还难以胜任有特别要求的政治接待任务，故在周恩来总理的提议下，“中国国际旅行总社”于 1954 年正式成立，并在全国

14 个城市设立了分社。可见，中国国际旅行总社主要是搞好政治接待，基本上不开展自费来华旅游者的接待业务。此后，随着 20 世纪 50 年代中后期以来自费来华旅游者人数的逐年增多，到 20 世纪 60 年代中期，欧美已成为我国旅游业的主要客源市场。尤其周恩来总理出访亚非 14 国之后，第三世界国家的来华访问者也有了明显的增加。1964 年，隶属国务院的“中国旅行和游览事业管理局”正式成立，以加强对这方面接待服务工作的职能管理。1965 年，我国仅国旅系统就接待了外国来华旅游者 21 235 人次，实现旅游创汇收入 200 多万美元。而 1966 年开始的为期 10 年的“文化大革命”，使我国的旅游业几乎处于全面瘫痪的状态。尽管在此期间随着我国在联合国席位的恢复，国际交往活动逐年增多，并在周总理的部署下于 1971 年召开了全国旅游工作会议，1973 年恢复了中国华侨旅行总社，1974 年更名为中国旅行总社，但由于“文化大革命”的严重破坏和影响，旅游的基本条件难以保证，外国旅行社退团的情况时有发生，从而使我国旅游业的发展处于进退维谷的境地。总的来说，这一时期我国旅游业发展的指导思想：一是学习和宣传，促进各国之间的友好往来和相互了解；二是增加外汇收入。

2. 1978 年改革开放以来——全面恢复和快速发展时期

1978 年是我国的社会主义建设事业进入全面恢复、调整改革和快速发展的新开端，旅游业也随着这股春风进入了一个全新的发展时期。关于这一时期旅游业的发展进程，大体可以划分为以下三个阶段。

第一阶段，以接待入境旅游为主的发展阶段。这一阶段大体从 20 世纪 70 年代末期到 20 世纪 80 年代中期，即到旅游业被正式纳入“七五”国民经济和社会发展计划之前(1985 年 12 月 20 日国务院第 92 次常务会议决定)。由于当时我国的经济建设百废待兴，所以旅游业的发展也没有走“先国内、后国际”的常规发展模式，而是优先发展入境旅游。1979 年 9 月召开了全国旅游工作会议，明确了新时期的工作方针、基本政策和任务。当年旅游外汇收入达 4.49 亿美元，比 1978 年增长了 70.9%；全国接待外国旅游者 36.24 万人，比上年增长了 143.6%。进入 20 世纪 80 年代以后，来华的外国旅游者人数逐年增加，旅游外汇收入也逐年提高。但由于这一阶段对国内旅游实行“不提倡、不鼓励、不反对”的政策，因此国内旅游尚未形成规模。因此，这一阶段我国旅游业还没有作为经济系统的一个产业部门，入境旅游接待还带有浓厚的政治色彩。

第二阶段，入境旅游和国内旅游并行发展的阶段。这一阶段大体从 20 世纪 80 年代中期到 1997 年国家旅游局和公安部联合颁布《中国公民自费出国旅游管理暂行办法》之前。由于这一阶段随着我国经济的持续稳定增长和人民生活水平的不断提高，尤其是旅游业经营的市场结构的不断变化，使得我国居民的旅游需求逐渐发育并迅速增长，从而使国内旅游人数迅速增加，国内旅游收入也增幅惊人。这就使国家对国内旅游的政策也由原来的“三不”政策逐渐过渡到“因地制宜、正确引导、稳步发展”的科学轨道。进入 20 世纪 90 年代后，我国根据旅游业发展的实际，进一步及时调整为“大力发展”的政策，并明确将旅游业的性质定位于国民经济的一个重要产业领域，列为第三产业的重点。正是由于国内旅游的快速发展，我国的旅行社行业结构也发生了重要变化，在原来以分工经营入境旅游为主的第一类旅行社和第二类旅行社的基础上，形成了专门经营组织和接待国内旅游的第三类旅行社，并且数量很快与一、二类旅行社接近，较好地满足了国内旅游发展的需要。

第三阶段，入境旅游、国内旅游和出境旅游全面发展的阶段。这一阶段从1997年国家旅游局和公安部联合颁布《中国公民自费出国旅游管理暂行办法》开始一直到现在。应该说，《中国公民自费出国旅游管理暂行办法》的颁布，既标志着我国正式允许旅行社行业开办和组织中国公民自费出国旅游业务，也标志着中国出境旅游市场的形成。随着入境旅游、国内旅游和出境旅游并行成为中国旅行社经营的三大旅游业务，中国的旅游市场格局已基本形成。在这一阶段，我国的旅行社结构也发生了新的变化，原来的三大类旅行社逐步调整为国际旅行社和国内旅行社，形成分别主营国际市场和专营国内市场的两大类业务分工结构。

相关案例 1-2

中国出境游吸引全球目光[①]

日前，国家主席习近平在博鳌亚洲论坛上表示，今后5年，中国出境旅游有可能超过4亿人次。联合国世界旅游组织近日发表声明说，2012年中国境外旅游消费达到1020亿美元，超越了德国和美国，成为世界第一大国际旅游消费国。中国出境游再次吸引了世界的目光。

中国今年将成全球最大出境游客源地

面对这种巨大的市场机遇，各国旅游目的地自然不愿错过。刚刚在北京举办的第九届中国出境游交易会就吸引了62个国家的275家机构参展。本届交易会中，美国展台比去年同类展会整整扩大了两倍，包括德克萨斯州、洛杉矶市等多地旅游局和旅行社抱团参展；而布隆迪、哥斯达黎加、马达加斯加、大溪地等国家和地区首次设展，详细向中国游客介绍各自的旅游特色。

交易会上发布的报告显示：今年，中国将超越美国和德国，成为全球最大出境游客源地，出境游客将达到9000万人次。根据测算，到2015年，中国出境游人数将突破1亿人次。

如此巨大的客流，为旅游目的地带去的不只是观光客。据统计，中国出境旅游人数2000年为1000万人次，2012年即增至8300万人次。在此期间，中国游客境外旅游消费增长了8倍，2012年达到1020亿美元，比2011年的730亿美元增长了40%。中国已成为世界第一大国际旅游消费国，对全球旅游经济的贡献度达到13%。中国出境游必然会为全球旅游格局带来新的变化。

---

① 资料来源：http://news.ifeng.com/gundong/detail_2013_04/18/24335360_0.shtml

各国频出新政吸引中国游客

随着中国游客的增多，英国、美国、澳大利亚、泰国、韩国等多国旅游部门频频推出新政，通过简化签证流程、改进在华签证服务，来吸引更多的中国游客。埃及旅游展位负责人常梦女士在交易会上介绍说："现在到埃及旅游很方便，签证基本上 4～5 个工作日就能拿下来。"旅游胜地迪拜的签证政策更具吸引力，只需花 3 天工夫就能办下。

但值得注意的是，在中国游客享受签证便捷的同时，作为外国人眼中"大款"的中国游客，在海外遭遇财物损失甚至人身伤害事件也时有发生。这些负面事件已成为目前出境游市场的隐患之一。

对此，中国旅游研究院院长戴斌表示，除了要把海外中国游客的权益保护纳入中国公民的海外领事保护范畴，各国的配合亦是不可或缺的另一保障。他说："中国公民出国旅游，把钱花在别的国家，中国政府非但不抑制，反而鼓励民众出行，为世界经济繁荣做出了大贡献。如果我国公民在国外旅行时受到了侵害，他国政府也理应进行帮助和保护。"

本章小结

旅游学中几个基本的概念有旅游、旅游者、旅游资源、旅游产品和旅游市场。本章给出了关于这些概念的不同说法，其中有代表性的概念如下：旅游是人们出于移民和就业任职以外的其他原因，暂时离开自己的常住地，前往异国他乡旅行游览和逗留的活动。旅游者分为入境旅游者和国内旅游者，我国在进行旅游统计中凡纳入我国旅游统计的来华旅游入境人员统称为(来华)海外游客，具体指来我国大陆观光、度假、探亲访友、就医疗养、购物、参加会议，或从事经济、文化、体育、宗教活动的外国人、华侨、港澳台同胞；国内旅游者是指任何因休闲、娱乐、观光、度假、探亲访友、就医疗养、购物、参加会议或从事经济、文化、体育、宗教活动而离开常住地到我国境内其他地方访问，连续停留时间不超过 6 个月，并且访问的主要目的不是通过所从事的活动获取报酬的人。旅游资源是指自然界和人类社会，凡能对旅游者有吸引力、能激发旅游者的旅游动机，具备一定旅游功能和价值，可以为旅游业开发利用，并能产生经济效益、社会效益和环境效益的事物和因素。旅游产品是指旅游服务诸行业为满足旅游者游程中的生活和旅游目的的需要所提供的各类服务的总称。旅游市场是指旅游者和旅游经营者之间围绕旅游商品交换所产生的各种现象和关系的总和。

旅游业的产生与发展也经历了漫长的阶段，从早期的人类迁徙到现代旅游业的发展随着社会经济的发展而不断提高。中国旅游业经过了百年发展历程，并在改革开放之后逐步走向了正规化发展的道路。

课后练习

1. 旅游的定义有哪些？
2. 旅游产品可以划分为哪些类型？
3. 现代旅游业快速发展的原因是什么？
4. 中国旅游业的产生与发展经历了哪些阶段？

第二章

旅游发展新趋向

【学习目标】

通过本章的学习，要求学生了解旅游者目前表现出来的新特征，掌握旅游业发展的新趋向，包括OTA、APP、旅游企业集团化发展、旅游企业连锁经营以及定制旅游等。

【关键词】

旅游需求　OTA　APP　旅游企业集团　定制旅游

案例导入

旅游APP“神器”有多神奇？①

APP已成为在线旅游企业另一个竞争平台。

春节假期结束，是不是又要忍不住跟各位同事朋友唠叨起旅途的是是非非了？假期太短？人太多？高速路上堵？订不到房间？……也许，经历众多的烦心事儿后唯一让我们感到欣慰的是，幸好还有APP等这些旅途必备“神器”，它们最大限度地帮助我们解决烦恼，当然，也不知不觉改变了我们的旅途生活。

旅游APP“无缝式”覆盖出游各个环节

APP是Application Program应用程序的缩写，即以手机等移动通信设备为使用平台的无线应用软件，旅游类APP可想而知便是以提供旅游资讯服务为主的行业应用软件。问及旅游APP未来的发展趋势，多位业内专家都不约而同用“移动和旅行具有高契合度”回答了这个问题，而开发覆盖旅途各个环节的APP应用群则是主要的方向。

记者从去哪儿网了解到，目前，去哪儿网开发了包括去哪儿旅行、去哪儿攻略、去哪儿酒店等在内的6款APP，全面覆盖用户旅行前、旅行中、旅行后的各类需求。酷讯旅游网无线业务部陈波告诉记者，虽然各个在线旅游企业都希望在APP市场上能形成全面进攻之势，但从现阶段的产品来看，依然存在OTA(在线旅游服务代理商)、垂直搜索等较为明显的优势划分。

驴妈妈旅游网相关负责人也透露，目前，其已经推出的客户端依然紧抓“景点打折门票和优惠套餐”的核心优势，在此前提下基于驴友的不同场景开发其他APP。

消费人群细分 更精准地服务于游客旅途习惯

从市场的角度，APP无疑已成了在线旅游企业另一个强有力的竞争平台，而对用户来说，选择多了要求自然也就高了。去哪儿网无线事业部产品总监杨昌乐向记者强调，未来旅游类APP的开发和应用将牢牢把握“安全”和“便捷”这两个要素。“例如，在去哪儿旅行上购买并成功支付的机票，全部享受‘担保通’服务，做到了100%消费安全保障。”

陈波认为，未来游客的旅途随意性增加，他们选择APP的标准便是谁更符合自己的旅途习惯。“我们有一个功能是‘大床摇一摇’，游客点击搜索附近的酒店大床房信息便会显示出来，并按照由近到远的顺序排列，即使只有几百米也会给出相应的交通方案。”杨昌乐向记者透露，在去哪儿网客户端的用户中，选择入住当天预订酒店的超过60%，“这就说明我们的消费者在使用时需求已经比较迫切了，因此，去哪儿网开发的便捷酒店预订功能，用户只需三四步就能搞定。”

---

① 资料来源：http://tech.sina.com.cn/i/2013-02-27/02308092792.shtml

■APP 讲堂

1. 如何避免被不规范的软件忽悠?

选择正规的应用商店下载 APP，如苹果 APP store 和国内前几名的安卓应用市场(安卓、安智、91、机锋、百度等)。

2. 菜鸟和资深驴友如何选择适合自己的 APP?

APP 使用新手可以先尝试一些综合类旅游应用软件，如酷讯旅游宝典，既包括旅游信息搜索，又包含机票、酒店预订。此外，像驴妈妈旅游网客户端可以买打折门票，属于实在的选择。而“去哪儿旅行”也是一款综合性软件，初级使用者可以使用其搜索低价机票、酒店的功能。针对春运等特殊时刻，超级火车票这类的订票手册也很方便。

资深驴友对软件的个性需求更高，攻略类的软件比较适合，如“去哪儿网攻略”不仅有海量游记攻略，还尊重原创，应该是爱好 DIY 驴友的最爱。同类软件还有 evernote，也可以同步自己的攻略内容。此外，有些软件针对资深驴友旅途变化性大开发了一些特殊功能，如去哪儿旅行的“航班动态及机票退改签”，实用性较强。

辩证性思考

1. APP 对旅游者行为将产生什么样的影响?

2. 在线旅游企业如何充分发挥 APP 的功能?

第一节　旅游者需求新特征

旅游者需求新特征表现在以下几个方面。

一、目的地的选择倾向于新鲜与人迹罕至的地方

人们常常把旅游活动目的称为“求新，求异，求知”。这种说法虽然不够准确，但是却可以简单而概括地指明旅游者的目的特征。最近几年，北方地区冬季(曾经是旅游淡季)的冰雪旅游的走热，就是这种“求新”的最好见证。旅游者对新鲜目的地的向往，在 2006 年及其随后的几年，除了冬季北方冰雪旅游的继续走俏、乡村旅游的继续升温外，新辟旅游目的地旅游、西部旅游(包括青藏高原旅游、陕甘宁旅游、新疆旅游)、台湾旅游等，都将逐渐成为新的热点。而 2006 年 7 月青藏铁路正式通车后开通的北京、上海、广州、成都、西宁、兰州至拉萨的旅客列车，便是更加平民化的西部旅游的极佳机遇。此外，还有正在兴起的探险旅游，也正是这种注目新鲜目的地旅游的一个反映。

二、结伴自驾游成为一种旅游新趋向

中国的自驾游在短短的二十年间，从萌芽到普及经历了一个快速爆发式的发展过程。自驾车的旅游者一般来说多属于中产阶级，从年龄上来看以中青年为主体。中国传统的观念和自驾出游的舒适，使得自驾游成为举家出游的最好形式之一，因此自驾游的参与者一方面因数量的不断增长向“全民”属性逐步普及，另一方面从结构上也具有全民参与、老少皆宜的人群特征。

当自驾游发展到第二个十年末，中国自驾车旅游实现了国内、入境、出境全面覆盖。以北京周边、长三角、珠三角、西部地区、中部地区、北方三省为代表，国内自驾游全面升温。以丝绸之旅系列，沙漠探险系列，古韵长安系列，西藏主题，四川云南连线产品为代表逐步接驳入境游客。而德国·荷兰·比利时游，德国·瑞士·奥地利游，埃及撒哈拉大沙漠冲沙；南非花园大道，纳米比亚，摩洛哥，新西兰南北岛，俄罗斯贝加尔湖，穿越美国和加拿大等众多自驾车旅游线路的成行，使得出境游市场逐步升温。全面发展的市场为不同的消费群体提供了日益丰富的选择，同时也为阶梯式向上的消费需求提供了空间。

自驾车旅游者外出旅游的动机是多样的，观光与休闲度假游是自驾车旅游的主要目的，其他还包括商务旅游、探亲访友、美食娱乐和探险摄影，等等。目前自驾车出游的主要形式有四种：自主组织的自驾车出游、旅行社组织的自驾车出游、汽车俱乐部或自驾游协会等组织的自驾车出游，以及其他机构、社团、组织等组织的自驾游。自己驾车的便利和自由体现在旅行方式和对时间的掌控上，相对于其他出游方式，人们可以更加自由地安排出行。

随着中国自驾游发展的产生，与自驾游密切相关的四大产品应势而生：自驾游书刊、自驾游网站、自驾游装备、自驾游服务。随着自驾游产品和线路的不断丰富，自驾游书刊的专业性和实用性不断增强；在自驾游市场和需求快速增长的背景下，旅游产品提供者不断增加；在网络、设施、设备等技术水平不断提高的基础上，旅游装备不断被创新；伴随着自驾游出行遇到的各种问题，车辆救助、保险服务、基于自驾车的餐饮、住宿设施、自驾游领队等服务逐步完善。自驾游的快速发展带动了相关产业的飞快发展。

相关案例 2-1

山东旅游积极布局自驾游露营地网点[①]

3 月 29 日下午，山东省旅游行业协会旅游景区分会和汽车旅游分会在济南召开年会。笔者从会议上获悉，自驾游活动作为“好客山东”品牌的重要组成部分，已经全面展开山

① 资料来源：http://www.21rv.com/service/jishu/2013-4/3/14010095741.htm

东汽车旅游行业新局面。

汽车旅游分会副会长兼秘书长杨军在会上表示，参加车友会、自驾车旅游节以及在全省开展“山东省汽车自驾游露营地”网点布局等活动，对山东省自驾汽车旅游市场的开发和“好客山东”文化品牌的建设都产生积极的推动作用。据悉，2013 年，山东省汽车旅游分会将创新服务方式，广泛开展丰富多彩的自驾游活动，进一步推进全省汽车露营地网点的建设，组织自驾游团队参与“山东美食休闲季”活动以及以汽车自驾、汽车露营为主题的各类休闲度假系列活动。

三、深度旅游日益符合人们的需求

随着国内旅游的发展，旅游者也在消费活动中逐渐成熟起来，加之消费思潮的日新月异，旅游萌芽期的走马观花已经难以满足消费者的需求。近几年，越来越多的旅游者和旅游经营者都已经注意到了旅游的主题和深度，即使是观光旅游也是如此。例如，2013 年的“五一”，泰国成为中国游客短期出游的首选目的地之一。在 2012 年热映影片《泰囧》的带动下，赴泰中国游客人数倍增。此外，随着对泰国认识的加深，中国游客赴泰旅游项目也慢慢转变为“深度游”。

四、旅游行程开始试调与自主

虽然全面个性化的旅游时代还没有到来，但是个性化的趋势已经越来越显现。最引人注目的是，目前不少旅行社已经开始了面向自驾车旅游的自选式“菜单”服务。同时，在北京、上海等大城市，有的旅行社的团队旅游也已经开始出现由旅游者自己组团、自定时间、自定线路、自定日程、自定标准的“五自旅游”业务。即使旅游者不是自己组团，一些同路人也相约一起试着要求旅行社部分调整原来的行程“套路”。加之近几年赴港澳“自由行”的启示，从发展趋势看，目前旅游者自己制定线路的消费方式，在未来的国内旅游业务中还有进一步蔓延的可能。这种所谓 DIY 式的自点菜单的旅游消费，或者就是扬克洛维奇营销顾问公司(Yankelovich Partners)在旅游趋势观察报告中所指出的，世界旅游中正在发生的“从以目的地为中心向以游客为中心”的转变。

五、游乐，更爱新潮与心跳

早年中国的传统旅游，比较注目于清静与闲适。但是受现代思潮影响的年轻人，却更喜爱快节奏的游乐与刺激。与观光游不同的是，游乐旅游有更多的参与，不只能够给旅游者带来更多的愉悦，而且常常伴随着挑战自我。以深圳欢乐谷为例，2011 年推出新春欢乐节、缤纷娱人悦、欢乐谷狂欢节、国际魔术节、万圣欢乐节、百变圣诞暨流行音乐节六大文化主题节庆活动，受到旅游者的热捧。欢乐谷精心策划的文化主题节庆活动在2011年硕果累累。其中，深圳欢乐谷国际魔术节作为中国魔术节庆第一品牌，在人民网主办的“第二届中国节庆创新论坛暨中国品牌节会颁奖盛典”上，荣获“2011 十大国际影响力节庆”大奖；第六届万圣狂欢节推出10大咒怨鬼屋、8大惊悚鬼域、5场鬼魅把戏、2场招魂鬼祭，将来源于古今中外不同时期和文化背景的活动元素跨界混搭，让游客的尖叫之旅更显独特。据了解，2011年仅10月14日至11月6日期间24天，欢乐谷夜场接待游客23万人次，较2010年增长100%以上，万圣欢乐节显然已成为欢乐谷文化主题节庆活动中成功造节、成长迅速、成熟运营的典范。

六、休闲，趋向健身与轻松

近年，我国在注意到居民的旅游需求增长的同时，也开始注意到休闲与旅游的关系。“休闲旅游”的发展，就是两者的有机融合。休闲旅游既是整个旅游活动的一部分，同时也是整个休闲活动的一部分(旅游活动的另一部分是交流类旅游，休闲活动的另一部分是非旅游的本地休闲)。当人们不再以观光旅游作为唯一选择的时候，休闲旅游便自然而然地补充了进来。在闲暇和休息时，老百姓自然可以有许多的选择，如果他们选择异地休闲(自然，也就是休闲旅游)，常常又与一般年轻人的取向不尽相同。一部分平时工作负担较重的职工，常常偏于选择闲适和轻松的休息，人们对城市周边的农家乐的选择，大多属于这种需求；而另一部分对自己身体更为关心的职工，却乐意选择健身活动，在自己常住地选择去健身房、体育馆，在外出旅游时便选择去温泉或度假村。与此相似的是欧洲一些国家正在流行的“健康旅游”(wellness tourism)。所以，“农家乐”、“度假村”等不仅仍然有巨大的发展空间，而且如何创造更优环境、如何丰富健身和轻松的内涵，也是应该再加一把力的。

七、高档，追求野趣与豪华

从人们关注的我国“基尼系数”的居高难下，应该确信我国实在有不少的富人。对他们的旅游需求，也同样不应忽视。为了舒适，他们往往会一掷千金；地位形成的惯例，往往又使他们不愿意把自己混同于“一般人”。俱乐部、夜总会、高尔夫，有时候也嫌人多，所以，他们的旅游活动往往选择了远离普通人的地方。或者这就是国外所谓的“野奢”(rustic luxury)——在荒凉的地方享受着奢侈的旅游生活，以赢得更多的私人空间与更多的个人体验。漠漠的孤岛，茫茫的草原，浩浩的沙漠，磊磊的山崖，片片林树，霭霭雾云，一顶帐篷，一缕炊烟，一幅耳机，一杯咖啡。但是最好还能就近有一家一应俱全的现代化豪华酒店，这就是他们的需求(我们不应该反对他们的正当消费，但是，保护生态却是必须注意的)。与此相似的，是一些并不十分富有的年轻人，也有类似的旅游喜好。因此，对于这种需求潮流，也同样应给予适当的注目。

知识拓展 2-1

安全小贴士　女性旅游者必学的出游禁令①

结伴同行、途中不落单

别以为孤独之旅是很浪漫的，结伴同行绝对重要。尤其是那种体力较好、聪明伶俐，又喜欢旅行的女性，她会让你在发生事情时运用聪明智慧。

遇到山高、水急、林密、僻远的地方，女性切勿盲目独行，建议你去找当地旅行社帮忙，虽然是有偿服务，但对你的人身安全会有切实保障。而且，安全对女性来说是最重要的。

如果同伴没有男士，或是独自出游的时候务必小心，谨防小偷、强盗和不轨之徒。故针对此类女性同胞的安全问题，到专门的女性保险公司或是通过电子商务保险网买保险是必要的。往往女性对保险会产生误区，其实投保时注意旅行意外险的不同特点就好了。

选择适合时机、地点

有些国家治安较好，适合女性结伴旅游。此外，深夜时，即使结伴，也尽量少外出。此外，在出发前上网做做功课，明了哪些地方比较危险，当地人惯用什么招数骗取观光客，知己知彼，可以减少意外的发生。

穿着简单自然：请尽量依当地人的习惯穿着，出外旅游可不是选美，切忌打扮得花枝招展或钱财露白，引起歹徒犯意。每拍完一个景点后，请马上将照相机收入随身行李中。搭乘交通工具时，请将背包反背。

择地看地图：你应该在旅馆、隐秘场所或安稳坐在地铁座位上，将地理位置看好再行动。

保持低声交谈：女孩子们聊天容易聊到得意忘形，甚至走入暗巷或迷了路还不自知，殊不知喧闹的特殊口音，早已引起歹徒“磨刀霍霍”。

勿任意施舍

请节省你的同情心，当你施舍金钱给一位乞丐，下一秒钟，你就会被乞丐兵团包围，无法脱身。此外，遇见一些女子与小孩趋前时，请赶快远离，他们对观光客扒窃的手法，往往极为恶劣。

交通方式、住宿须谨慎

搭乘火车绝对要提高警觉。搭乘卧车，下铺虽然方便活动，但是人员流动较大。当你不注意的时候，小偷常常“顺手牵羊”， 所以请尽量选择卧铺中的上铺。到目的地后，勿为了贪小便宜，租住陌生民宅或低矮楼层。

慎待艳遇、友人

别以为拒绝帅哥的搭讪很可惜，也许他就是披着羊皮的狼。此外，切勿饮用陌生人的

---

① 资料来源：http://henan.sina.com.cn/travel/message/2013-04-04/0600-61557_3.html

饮料，或觉得对方很和善，便轻易答应邀约(即使对方都是女孩子)。尽量选择一家人、有老年人或小孩同行的友人交谈。到达任何地点，若见他人后来进入，且主动与你攀谈时，最好小心，对方也许“盯”你很久了。

第二节　旅游业态发展新趋向

一、OTA

OTA(Online Travel Agent，即在线旅游服务商)，核心模式是旅游中介服务，为消费者提供一站式、全方位的旅行服务，其盈利模式主要来自代理佣金和服务增值。

目前，全球旅游业仍在快速发展，尤其在线旅游市场扩展速度更快，已经逐渐朝主流业态演进。虽然在线旅游业出现了各种不同模式，但纵观全球在线旅游业，OTA 模式主流地位依然稳固，难以撼动。尤其随着激烈竞争，旅游产品的价格将进一步透明和趋向一致，一方面考验 OTA 从业者的成本控制能力，另一方面旅游垂直搜索类企业的经营空间更加狭窄，甚至产生资金链断裂而日渐式微。

综观全球在线旅游发展进程和现状，OTA 的主流市场地位目前没有出现有竞争力的挑战者。

根据全球最大的证券交易市场——美国纳斯达克(微博)(Nasdaq)市场，上市公司数最多曾达 5556 家。在线旅游业者在纳斯达克上市者，主流仍为 OTA，如美国的 Priceline、Expedia 和 Orbitz；中国的 Ctrip(携程网)、eLong(艺龙)；印度的 MakeMyTrip。而旅游垂直搜索类媒体则为零。

如再针对美国深度观察可发现，美国的在线旅游市场规模不断扩大，根据美国知名市场调研机构 eMarketer 预计，美国在线旅游市场大饼经历多年同比增长，2012 年总支出将达到约 1192 亿美元，比去年增长 11%，到 2016 年将增长到 1519 亿美元。

市场中的主要盈利者多年来仍以 OTA 业者 Priceline 与 Expedia 为主。

目前，Priceline 与 Expedia 已成为纳斯达克市值前两大在线旅游业者，Priceline 市值约 360 亿美元，Expedia 市值达 43 亿美元。其中 Priceline 在今年更被媒体预测为将攀上千元股价的高成长企业，与 Apple、Google、Intuitive Surgical 合称美股四千金。

国内 OTA 模式未来潜力无穷。从中国市场来看，中国市场中的携程与艺龙，类似美国市场中的 Priceline 与 Expedia，两者皆是市场 OTA 主流。携程在中国也多年稳定创造营业收入，为股东累积股东权益，有充足现金资产得以投资，度过任何景气寒冬，在纳斯达克市值约 30 亿美元，属世界第三大 OTA 从业者。

携程不仅于国内在线旅游市场独占鳌头，若与经营已久的传统旅行社相比，由于经营高效，在净利上也毫不逊色。近年携程在香港、台湾强化了布局，收购了香港的永安旅行社与台湾的易游网，更尝试不断增加自身在国际性产品的技术壁垒，在航空部分以新平台提供六段国际联程航线的实时预订，在酒店部分提供如香格里拉、万豪等国际酒店品牌的系统直联，在度假部分也深度开发目的地，并以鸿鹄逸游品牌填补了富裕人群对国际度假产品的需求。

此外值得一提的是携程的呼叫中心。近年制造业追求有机成长，以新技术增加产能，降低单位生产(cost)与费用(expense)，增加毛利(gross profit)与净利(net income)。广义来说，服务业也能利用类似的概念，以更低的成本做到更好的效能。近日笔者参与中国旅游科学年会，经观察，携程近年推行的精益服务，似以制造业的要求来做服务业。这部分主要体现在呼叫中心上，经由精益服务，携程客服的服务能量几为完美水平，能做到 80%客户服务电话能在 20 秒内接通，投诉率小于 0.1%，非但不是公司的负累，反而是能拓展线下接单、增加品牌价值，甚至建立商品溢价的资产。

垂直搜索模式能否成为主流还待观察。在线旅游市场竞争白热化，去哪儿这类以点击与广告为收入的旅游垂直搜索尽管在流量上有所突破，但从企业经营和长远来看，如果仅仅以旅游垂直搜索为主要商业模式来进入旅游市场，并在未来控制旅游市场，笔者认为没有大的发展空间，想成为规模化运营的企业是比较困难的。

从宏观层面来说，中国旅游在进入转型时期，一个重要的现象是产业融合进一步加速，然而，面对我国后工业化发展时期高速发展的旅游市场，在线旅游要成为旅游市场的主体，必须创造与之相适应的商业模式及运行方式。近年来，以互联网技术为平台，出现了不同类型的在线旅游经营商。然而实践证明，如果一个新型的经营组织不能借助于现代信息技术，在旅游延伸服务方面创造新型的商业模式，其生命力是有限的。

OTA 有 OTA 的挑战，当 OTA 从价格战走向价值战辉煌再起后，由于佣金率与旅游商品价格趋向一致，以低价商品搜寻为主要卖点的旅游垂直搜索将无必要，其商业模式将因缺乏有效的盈利机制而窒碍难行。

知识拓展 2-2

展望 2013 年 看中国在线旅游业十大新趋势[①]

2012 年对旅游从业者来说并不是个太好的年份。宏观环境方面，欧债危机加深，国内产业腾笼换鸟，持续多年的超高速 GDP 成长放缓，压抑了国人的消费能力；而旅游产业的价格血战，更让生态圈中所有企业无一幸免。但展望 2013，对特定产业正似黑夜后的黎明，10 个趋势已历历在目。

趋势一：旅游电商价格战将实质止战

携程与艺龙的价格战众所瞩目，虽然双方都口称不会停止，但是身体比嘴巴更诚实，

① 资料来源：http://henan.qq.com/a/20121228/000122.htm

第四季度双方力度都下降了许多。价格战在财务上虽是双输格局，但是携程对所有同业传达出了“红线”概念：当竞争者运用削价竞争，导致份额对携程有“影响力”时，携程会不惜割肉应战，“影响力”的定义很可能在携程现有份额的三分之一左右。2013 年价格竞争永远不会终止，但是力度与范围将会收敛在红线以内。

趋势二：美国 OTA 集团大中华互搏趋势成形

大中华区已成美国 OTA 旅游集团的兵家必争之地。携程与 Priceline 旗下 Booking 的合作，激化了艺龙与 Expedia 的危机感，造成 Expedia 加大对艺龙的资金流入，但这可能更强化携程与 Priceline 两大旅游集团间的合作关系。2013 年，有可能出现成“Priceline＋ 携程”与“Expedia＋ 艺龙”在大中华区跨国互搏的局势。

趋势三：出境游将比你想得更火爆

国内基础工业以及制造业经济的衰退，让人对假日办黄金周旅游收入同比增长 44.4%的数据将信将疑。事实上，2013 年旅游业大环境将比多数调研预期的更好，而出境游又将比国内游更为畅旺，最大的起因在于经济回温带动的消费动能；其次是消费者消费信心的恢复；当然，还有少部分起因于国内远程游高成本导致的需求转向。

趋势四：OTA 的商业模式将渗入预付模式

OTA 的超额利润时代终将结束，但奇怪的是，受到重大打击的反而是中小代理。受到价格战洗礼，OTA 明白高毛利时代将远去的事实，为了保持竞争力，OTA 将会从以中介收佣金的单纯代理模式(Agent Model)，逐渐渗入承担库存风险以降低终端售价的预付模式(Merchant Model)。最后，OTA 虽然低利但是凭借大量的客户群活得更好，中小代理反而会受冲击。预付模式的渗入速度有多快，则取决于 OTA 对市场需求的预估有多精准。

趋势五：旅游批发商的成长将被限制

地区型的批发商(Wholesaler)，总是能在去哪儿与淘宝提供比 OTA 更好的价格。Wholesaler 除了将面对 OTA 预付模式的价格冲击，随着机+酒供应商更重视直销与价格体系，批发商将会逐渐被要求更高的标准，以至于终端售价将与 OTA 接近，从而降低了成长竞争力。

趋势六：开放平台风潮最终对先行旅游企业有利

OTA、旅游搜索、旅游平台将因开放平台风潮而殊途同归。淘宝、360、百度本来就是平台，去哪儿与酷讯算半个平台，而现在 OTA 也走向平台化。没有品牌不希望做出区别化，所以现在 OTA 放在淘宝、360 旅游平台的产品，都是引流量的低毛利棋子；而在 OTA 彻底平台化后，会在 OTA 上架的供应商产品也有此发展趋势。

更关键的是，随着时间的推进和利益驱动，也许 2013 的某一天，如果隐去平台名称，或许没人能辨识平台服务商是谁。这将会对先行成熟品牌可能更有利，因为它们更有时间的积累，会更加强调服务经验。

趋势七：预订系 APP 与 OTA 的数据对接将被证明是饮鸩止渴

携程、艺龙、同程都愿意积极开放数据接口给预订系 APP，看来这是令人振奋的公平公正之举。但当每个 APP 都能对接到机票、酒店、旅游数据接口时，也就代表了每个 APP 更同质化，在竞争上又回到了起跑点。

因为新创业的预订系 APP 很少能具备单独与供应商签约的成本与能力，所以必须吃下这个糖衣毒药。要活过这个阶段的 APP 必须兼有创意与资金，今夜酒店特价是否可以越过募资与损益两平的门槛，值得关注。

趋势八：专攻于拓展“旅行中”业务的 APP，将更能得到 PE 与 VC 的认可

没有人会否认移动互联网的成长速度将远远把 PC 互联网抛到身后，但能享受到资金果实的只有专注“旅行中”业务类型的 APP。调研显示目前愿意付费的 APP 旅客，消费行为集中发生在“当日”与“当地”，极端的数据甚至显示旅客仅预订距现在位置 16 公里内的酒店。能紧抓这类消费受众的 APP，会更容易融资成功。

趋势九：旅游搜索的商业模式仍旧存疑

不断推迟上市时间，折腾纳斯达克 IPO 工作人员两年的旅游搜索 Kayak，在上市后仅过一季又卖给了 Priceline。虽然 Kayak 所公开的财报并不像 Facebook 或 Groupon 般不堪入目，但是否达到了投资人的预期仍然不得而知。另外，考虑到它所使用的 ITA 技术，加上 ITA 被 Google 收购的事实，Kayak 的未来之路其实并不明朗。

这对动作频频，计划在美国上市的去哪儿不是好事，考虑到目前五大会计师事务所与 SEC 的紧张关系，去哪儿与百度的关联交易会被审慎检视。当然，如果去哪儿的收费能从每点击次(CPC)跨越到每服务次(CPS)，也许这会是强化该商业模式可持续性的一种方式。

趋势十：经济型酒店集团的低端圈地将转为中端博弈

经济型酒店集团一直有着“你做得对，我就学”的勤学不倦格局。在如家、汉庭、锦江、七天四大体系门店总数超越 4500 间，开业总房间数出现突破 50 万间的黄金数字后，经营者们的扩张方向号称将转向高端市场。其实，他们真正的目的是补足中端酒店市场的空白。过去中国酒店在低、高端两头数量多，中端领域发展薄弱的 M 形架构，未来将逐渐改变。谁会在中端领域取胜看不出来，但是如家若要拿稳门票，必须先把莫泰的问题彻底解决。

二、APP

APP 与“旅行天生就在路上”的特性高度吻合。随着使用智能终端的旅行人群逐步增长，旅游产业的下一个高潮无疑是无线时代——除了携程、艺龙、百度、淘宝、腾讯、京东等网络大公司相继开始了在旅游 APP 上的新探索外，根据旅游消费的不同环节，各类细分市场的 APP 也在迅猛增加，如线路预订、资讯提供、旅游点评、行程规划、分享社区、定制服务等。

就目前的 APP 来说，主要的类型如下。

(一)预订类

比起网络预订，APP 最大的优势在于可实现随身随时预订，更符合用户当即决策的思路。途牛旅行网新近数据显示，用户通过手机客户端浏览景点、周边路线等指示，进而直接预订旅游产品，通过手机预订旅游产品的人数在以每月 30%的比例上升。艺龙旅行网在 2011 年第四季度，通过手机 APP 客户端及网站的预订已达到 63%，远高于去年同期的 45%。

预订类代表项目如下。

HotelTonight：搜索当天特价酒店。

赶集网的蚂蚁短租：搜索特色短租房。

航班管家：提供航班实时信息。

酒店达人：使用体验十分愉悦。

租车达人：按位置搜索租车信息。

APP 应用界面如图 2-1 所示。

图 2-1　APP 应用界面

(二)导游类

这里的“导游”已颠覆了传统导游的概念，而成为地图、导航、语音解说、行程规划等各种功能的叠加。

导游类 APP 又分为四种：城市导览、景区导航&室内地图、虚拟现实、图读世界。

1. 城市导览

代表项目：TouchChina。

TouchChina 已经覆盖了北京、上海、香港、澳门等城市导航，从各个方面为游客提供全套的导航服务。

2. 景区导航&室内地图

代表项目：中国商城掌图是中国最早尝试室内导航的 APP，与百度地图的合作也使得其发展前景更加被看好。

3. 虚拟现实

将手机的照相镜头瞄准身处位置的四周环境，手机屏幕上便会显示出附近的主要景点、商店、餐厅、地铁等信息，然后点选这些景点、商铺，便可获取详尽资料。

比如香港旅游发展局 2011 年与国泰航空公司联合推出的“香港.AR 旅游导览”APP(见图 2-2)，这是一款应用扩充实境(AR)功能的智能手机旅游程序。

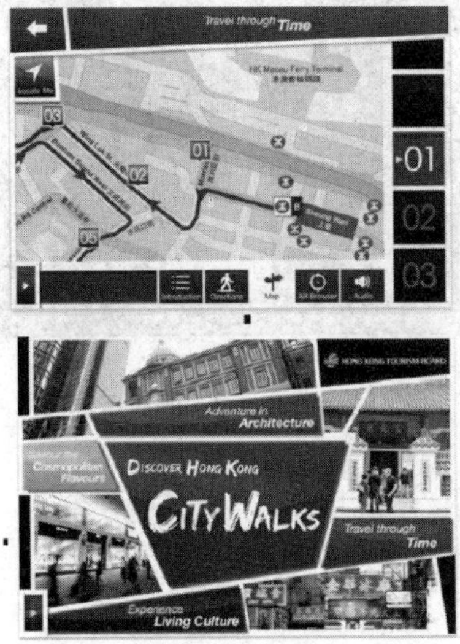

图 2-2　“香港.AR 旅游导览”APP

4. 图读世界

每一个城市都由数千张由专业摄影师专门拍摄的震撼人心的照片构成，而所有照片都被有序分类和整理，足不出户图览全球，让你在手机上浏览各个城市的照片。

代表项目：Fotopedia。

该公司是一家总部位于美国旧金山的多媒体公司，由五位前苹果员工于 2006 年创立。Fotopedia 从 Ignition Partners、Banexi Ventures Partners、Ron Conway、Reid Hoffman、Joi Ito 等投资商里得到大量的融资。

图 2-3 所示是 Fotopedia 的应用界面。

图 2-3　Fotopedia 的应用界面

(三)分享类

1. 在手机上打造新型旅游社区

代表项目如下。

TripAdvisor.com：全球最大的旅游社区。

Gogobot.com：最优秀的旅游社交网站。

Mafengwo.cn：蚂蜂窝，目前国内人气最旺的旅游社区，APP“旅游攻略”。

Tukeq.com：途客圈，专注于提供“旅行计划”功能的旅行社区。

图 2-4 是 Gogobot 的应用界面。

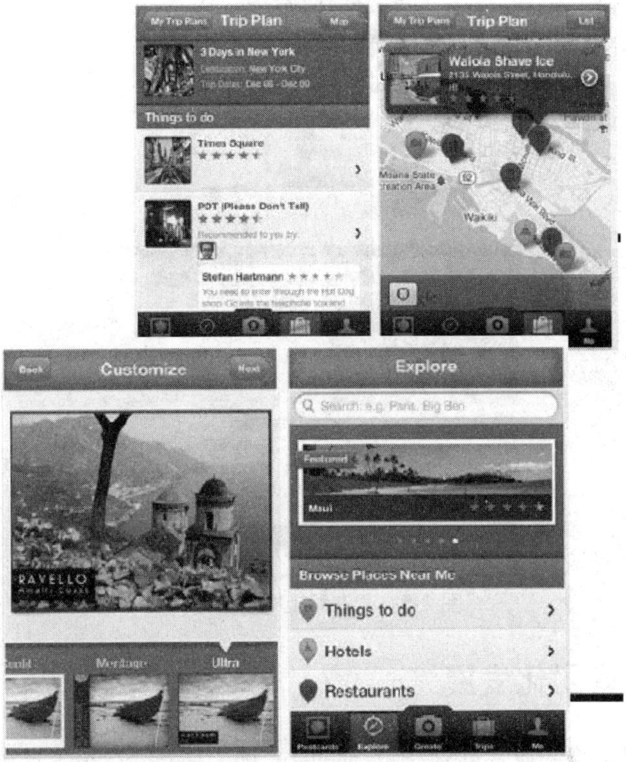

图 2-4　Gogobot 的应用界面

2. 旅行直播

通过记录下每张图片的 GPS 位置，系统自动地在地图上将行程足迹串联起来，最终自动生成一张完整的足迹图和带时间轴的照片墙，真正实现了边走、边记、边分享(与社交旅游有一定的重叠)。

代表项目如下。

tripcolor：行程记录和分享。

在路上：行程记录和分享。

遨游记：轨迹记录的好工具。

其中，“在路上”于 2011 年 10 月上线，创始人是前盛大开放平台总监陈伟。图 2-5 是“在路上”的应用界面。

图 2-5　“在路上”的应用界面

三、旅游企业集团化发展

集团化是我国旅行社业发展到一定高度的产物，是社会化分工、专业化协作、网络化服务的必然趋势，是市场竞争的必然结果。旅行社集团对于提高中国旅行社在国际市场上的竞争力以及旅行社组织结构的合理化具有重要意义。

近年来我国各地相继涌现出一批旅行社集团，它们有的成为行业中的领路者，有的雄踞一方，成为各地旅游行业的强势企业，相对于散、小、弱、差的状况而言，这些集团的出现无疑是一个进步。成功实施集团化的旅行社采取了不同的发展模式，实现了企业的快速增长，因此，我们有必要对集团化发展模式进行研究和分析，以为旅行社根据自身特色选择合适的发展模式提供参考，促进中国旅行社集团化的发展。

(一)基本概念界定

1. 企业集团

广义上，企业集团是单纯的企业联合，是企业之间横纵向联合下的产物，它是若干企业在同一地区、同一部门或跨地区、跨部门的经济联合体；狭义的企业集团是指企业之间在产权上相互结合而形成的经济组织形态[①]。企业集团具有三个典型特征：一是内部企业之间以产权关系为主要纽带，其他纽带并存；二是内部企业具有独立的法人资格，是一个多法人的企业联合体；三是企业集团的核心企业——集团公司，是企业集团的灵魂组织，负责对整个公司的管理。

2. 旅行社集团

旅行社集团是以旅行社为主体，通过产权关系和生产经营协作等多种方式，由众多的企事业法人组织共同组成的经济联合体。旅行社的集团化就是指单体旅行社组建旅行社集团，进行集团化经营的动态过程。

(二)旅行社集团化的模式分析

考虑到中国旅行社集团化资本模式和非资本模式并存的现状，本文选取股权联结式(资本模式)、契约联结式和战略联盟式(非资本模式)发展模式，通过对不同模式下成功实施集团化的旅行社介绍，来对三种模式作一个比较。

1. 股权联结式

1)　表现形式

股权联结式的表现形式如下。

(1)　投资购买兼并式。企业集团通过发挥集团的主体作用，进而采用投资、购买、兼并等方式，构建母公司对子公司的控制参股形式。

(2)　授权持股经营式。企业集团通过国有资产管理部门授权，将原来国家投资设立的成员企业的国有产权授权集团公司持股，从而确立集团公司对成员企业的母子公司关系。

(3)　资产划拨式。即经出资人同意，由国有企业集团母公司持有其他国有企业的股权，使之成为国有企业集团母公司的子公司。

(4)　横向持股式。独立的企业购买企业集团的股份，对母公司参股，以股东的身份加入集团。

(5)　收益转换式。母公司把承包、租赁、委托经营企业所得的收益作为投资留在承包、租赁、委托经营的企业，使之成为子公司。

(6)　债权转换式。把母公司对其他企业的债权转换成产权，有的可以直接取得控制地位。

(7)　资产剥离式。将母公司的某些部门完全独立出去，使其成为自主经营的全资子公司。

2)　案例：中旅总社——控股并购模式

(1)　中旅总社控股并购的集团化模式思路。

① 徐向艺. 现代公司组织与管理[M]. 北京：经济科学出版社，1999

中旅总社在集团化过程中，始终坚持控股并购原则，即无论对所属旅行社进行改造还是对地方旅行社进行重组，必须做到中旅掌握控制力，形成资产纽带关系，按照中旅统一的思路发展，从而保证了在集团化形成后企业总体市场规模和盈利能力迅速提高。首先通过改制，规范了集团公司(中旅总社)与所属企业的母子公司体制，明确了集团公司(中旅总社)受托代表国家作为出资人、所属企业作为经营者的定位和责任；成功完成了对所属中旅首都旅行社的股份制改造，实行由总社控股、经营者持股的新型产权结构；在与地方旅行社的重组中，中旅采取了“资产组合+业务组合”的方式，成功地控股了13家地方旅行社；收购经营状况良好的瑞典中国旅行社，为跨国经营作准备；与德国TUI旅游集团合作，建立合资旅行社，借助外力提升规模，实现产品、管理、服务的换代升级。

(2) 集团化历程。

自2000年起，中旅总社就已经拟定了自己的“超常规发展战略”，通过“内涵式发展”和“外延式资产扩张”，打破中旅总社自身地域、市场、发展功能的局限，展开了以资产纽带为主的集团化构建工作。

截至2002年10月，中旅总社已经相继完成了对江苏、河北、大连、内蒙古、湖北、广西中旅等国内13家旅行社的控股、并购、重组及改制工作；2002年还完成了对北欧瑞典中国旅行社的整体收购。

2003年12月，中国旅行社总社与全球三大旅游企业集团之一的德国TUI集团合资成立我国第一家外资控股旅行社——中旅途易旅游有限公司。

2006年9月，中国旅行社总社与西安旅游(集团)股份有限公司增资扩股“西安中旅”的签约仪式在西安举行。至此，中旅总社参控股企业已达21家。

2007年，安徽中旅努力完成单位的转企改制，实现与中旅总社的对接。

2007年，港中旅正式并购中国中旅。

知识链接2-1

中旅历史[①]

1949年11月

厦门华侨服务社成立。其后，重点侨乡广东省、福建省和许多中心城市相继成立华侨服务社，并于1957年统一更名为“华侨旅行服务社”。

1957年4月

“华侨旅行服务社总社”在北京成立，统筹全国各地华侨旅行服务社的工作，初步形成全国性网络。

---

① 资料来源：http://ctsho.com/aboutus/aboutus-02.html

1974 年

周恩来总理提议，保留“华侨旅行服务社总社”，同时加用“中国旅行社总社”名称。

1990 年 7 月

中国中旅(集团)公司和中国中旅集团在北京成立，与中国旅行社总社合署办公。

1994 年

5 月，中国中旅(集团)公司与中国旅行社总社分署办公。

10 月，“CTS 中旅”商标经国家工商行政管理总局商标局核准注册。

12 月，中国中旅的标志性建筑——中旅大厦在北京落成，中国中旅集团举行隆重的落成典礼并召开了中国旅行社成立 45 周年庆祝大会。

1999 年 1 月

中共中央办公厅、国务院办公厅颁布《中央党政机关非金融企业脱钩的总体处理意见和具体实施方案》，将中国中旅(集团)公司列为首批交由中央管理的企业。

2000 年 6 月

中国旅行社总社第一家控股单位广东拱北口岸中国旅行社有限公司成立，至今在全国已控股数十家中旅社。

2003 年 12 月

中国旅行社总社与全球三大旅游企业集团之一的德国 TUI 集团合资成立我国第一家外资控股旅行社——中旅途易旅游有限公司，德国总理施罗德出席了剪彩仪式。

2004 年 11 月

“CTS 中旅”被国家工商局认定为“中国驰名商标”。

2005 年 4 月

中国旅行社总社在河北省天下第一城举行了“中国旅行社品牌特许经营加盟签约仪式”。截至目前，全国已有 36 家地方中旅社与总社签订《中国旅行社系统加盟合同》。

2005 年 12 月

经国资委批准，招商旅游通过无偿划转的方式加入香港中旅集团。

2006 年 3 月

港中旅国际(大同)旅行社有限公司正式挂牌营业。

2006 年 9 月

中旅特许加盟体系分级管理推介会暨首家一级加盟社授牌仪式在湖北赤壁召开，标志着中旅总社品牌加盟分级管理工作正式启动。

2006—2007 年

中旅总社先后参、控股西安中旅国际旅行社有限公司、中国旅行社总社(青岛)有限公司、无锡市中国旅行社有限公司和福建省旅游公司。至此，中旅总社的参控股社已达 25 家。

2007 年 6 月

中旅总社的母公司中国中旅(集团)公司同中国港中旅集团公司实现合并重组，整合后的中国港中旅集团公司拥有更完整的旅游产业链、更完善的网络布点、更强大的综合服务配套功能和综合盈利能力。

2008 年 11 月

港中旅集团旗下中旅总社(CTS)、港中旅国际(CTI)、招商国旅(CMIT)、香港中旅社和海外分社经过整合重组，组成了中国旅行社总社有限公司。

2009 年 7 月

中国旅行社总社有限公司乔迁新址，以全新的面貌和形象迎接新的更大的挑战。

2. 契约联结式

1) 表现形式

契约联结式的表现形式如下。

(1) 特许经营(加盟)。特许经营是指以特定的方式将拥有的具有知识产权性质的名称、注册商标、技术、客源开发、预订系统和物质供应等通过契约有偿提供给其他企业使用。

(2) 租赁经营。有些企业集团在本国或他国租赁企业选择经营，使集团规模不断扩大，被租赁的企业其所有权不属于企业集团，但集团对其具有经营权，因而也成为集团一员。

(3) 输出管理。也叫管理合同经营。有些企业聘用企业集团或管理公司，使自己成为集团中的一员，但企业必须与企业或管理公司签订管理合同。

2) 案例：广之旅——品牌特许加盟模式

(1) 广之旅的集团化模式思路。

国内旅行社在这方面运作比较成功的是广之旅“品牌特许加盟”扩张模式。广之旅是华南地区创建最早、最具规模的大型旅行社，拥有先进的管理和经营模式，致力于海外市场的开拓，在国内主要采取以品牌入股形成的旅行社集团。广之旅不仅输出品牌，而且也输出管理模式；在允许各地符合条件的旅行社使用广之旅品牌的同时，也要求各地广之旅的价格、路线、服务、管理、经营方面均要严格按照广之旅的企业模式来做。广之旅模式为我国旅行社业务重组整合和发展壮大提供了一种较先进的市场模式。广之旅以品牌入股形成的旅行社集团占据全国出境游的最大份额。

(2) 集团化历程。

2001 年 8 月，全国首家品牌特许经营旅行社——顺德广之旅成立。

2001 年 9 月，惠州广之旅旅行社有限公司正式成立。

2002 年 4 月，茂名广之旅正式开业。

2002 年 6 月，佛山广之旅正式开业。

2002 年 6 月，四川峨嵋广之旅成立，这是首家由中国旅行社与景区品牌联合的企业。

2002 年 11 月，清远广之旅成立。

2003 年 9 月 27 日，广之旅全资子公司——江门广之旅成立。

2003 年 10 月 18 日，广之旅全资子公司——汕头广之旅成立。

2005 年 11 月，第 100 家营业网点在云浮开业，至今广之旅的经营网络已经覆盖整个珠三角一级城市，并向二级城市拓展。目前广之旅有直营店(全资或控股形式)、加盟店(品牌特许经营)、伙伴店(同行合作)、非法人分社等经营模式。

3. 战略联盟式

1) 表现形式

战略联盟式的表现形式如下。

(1) 品牌联盟。旅行社的品牌联盟是指多家旅行社签订协议，共同冠以某特定知名品牌进行销售。

(2) 联合体。联合体是指企业自发组成的行业组织，成员之间进行横向联合、优势互补、利益共享，以集体力量提升竞争力。

(3) 战略合作伙伴。企业之间可以先建立最低限度的合作联盟，然后通过加进新的项目加深和拓展合作的内容。

2) 案例——桂林“甲天下旅游联合体”

桂林“甲天下旅游联合体”采取的是战略联盟模式，它属于区域内联合，由桂林市桂江、捷威、独秀、教育、新桂、美景、漓江、华夏、新世纪、康佳十家旅行社组成，统一进行宣传促销，统一考察和开辟旅游新线路，统一将各成员社较为零星分散的客源组成团队，解决了各自为政、客源少时难以发团的难题。

四、旅游企业连锁经营

开始于 20 世纪 80 年代的中国连锁经营，尽管起步比国外晚了一个多世纪，但短短的十几年便迅速普及大江南北，给中国的零售业、餐饮业及各类服务业带来了翻天覆地的变化，成为真正引发中国商业的一场现代化革命。中国连锁经营的迅猛发展足以让每一个中国人感到欢欣鼓舞，因为它正在改写中国人的生活方式。今天，我们的饮食、购物、娱乐、教育、居住，几乎生活的所有方面都在与一个个连锁企业打交道，我们正在体验过去从未有过的现代生活，在国内就能享受纯正的异国文化，而国内的连锁企业也正在努力将中国传统文化通过连锁经营带向世界各地。我们的旅游业作为新兴产业也逐步走上连锁经营之路。同时旅行社业实现连锁经营是入世后的必然要求。中国加入 WTO 后，国内旅行社要跟国外旅行社抗衡，只有壮大自己的规模，提高本身的管理水平，而大型的连锁经营是抗衡的有效方法，也是加入 WTO 后旅行社获得生存空间的必然要求。

(一)什么是连锁经营

1. 连锁经营及旅游企业连锁经营的含义

一个企业(或企业集团)以同样的方式、同样的价格在多处同样命名(店铺的装修及商品的陈列)也差不多的店铺里出售某一种(类、品牌)商品或提供某种服务的经营模式称为连锁经营。

旅行社业的连锁经营则是旅行社凭借自己的优势，以自由连锁、特许经营和直营连锁等方式组合成一个联合体，在旅行社总部的规划下各店铺相互合作、相互支持，使资源达到最优配置，获取规模效益。旅行社总部对各店铺拥有财产所有权和经营决策权，各店铺对总部负责，受总部指挥和监督，并且在整个连锁体系中实现经营理念的统一、企业识别的统一和经营管理的统一，实现这三方面的连锁化和高度的对外统一。

2. 连锁经营的特点

连锁经营的特点主要是经营上分散，管理上统一，信息上共享。连锁经营的前提条件是组织形式的联合化和标准化，其组织形式是由一个总店和众多的分店所构成的一种企业联合体。这些被纳入连锁经营体系的商店，如同一条锁链相互连接在一起。连锁经营的核心内容是经营方式的一体化和专业化，连锁经营把传统的流通体系中相互独立的各种商业职能有机地组合在一个统一的经营体系中，实现了采购、配送、批发、零售的一体化。

3. 连锁经营的类型

连锁经营有以下几种类型。

(1) 正规连锁，又称直营连锁、公司连锁。美国商务部对正规连锁的定义是：“以单一资本直接经营 11 家以上商店的零售业或餐饮业的企业形态。”这个定义后来被在美国发起产生的“国际连锁店协会”所接受采用，流行比较广泛。

(2) 特许连锁，又称加盟连锁、合同连锁。美国商务部的定义是：“合同连锁指的是，主导企业把自己开发的产品、服务的营业系统(包括商标、商号等企业形象的使用，经营技术、营业场合和区域)，以营业合同的形式，授予加盟店在规定区域内的经销权或营业权。加盟店则交纳一定的营业权使用费，承担规定的义务。”

(3) 自由连锁，又称自愿连锁、任意连锁。美国商务部对自由连锁的定义是：“由批发企业组织的独立零售集团，即所谓批发企业主导型任意连锁集团。成员零售店铺经营的商品，全部或大部分从该批发企业进货。作为对等条件，该批发企业必须向零售企业提供规定的服务。”

(4) 合作连锁，是指一些独立分散的零售商，通过自愿协商，共同出资开办一个或几个批发企业，并通过合同组成连锁组织，为各成员店提供整体的共同事业服务。

(二)连锁经营——未来零售业的主流

著名未来学家奈斯比特称连锁经营是21世纪的主导商业模式；连锁零售业在全部限额以上零售业中所占份额不断提升。

2004年上半年，连锁企业商品销售额为1705.1亿元，比2003年同期增长38%，店铺总数为11025个，比2003年同期增长31.1%。前30家连锁企业销售额占社会消费品零售总额的比重为6.8%，与2003年同期相比提高了1.8个百分点。百联集团有限公司(零售连锁部分)以303.9亿元销售额、4789家店铺的业绩，名列全国首位，销售额与店铺数分别比2003年同期增长23%和24.3%。北京国美电器有限公司、苏宁电器集团、大连大商集团有限公司、家乐福(中国地区各企业)分别以148.3亿元、105.5亿元、91亿元和77.6亿元的业绩排名第二至五位。

从以上数据可以看出连锁企业在各业态稳步发展，专业店发展较快。其中，家电专业连锁店的发展引人注目，前30家连锁企业中，6家家电专业连锁企业销售额增长31.1%～102.2%，店铺数增长20.7%～94.7%。国美作为目前中国最大的家电连锁零售企业，正设法闯出一条适合国情的家电连锁经营新路。近日，商务部与中国连锁经营协会联合发布了2006年度“中国连锁经营100强”。以销售规模计算，国美电器集团以869.3亿元超过了连续四年居榜首的百联集团，首次跃居第一。

另外非常流行的体育商品连锁店，国内的李宁，国外的耐克、阿迪达斯，都是非常成功的连锁形式，堪称经典以及世界级的。还有美国的沃尔玛也是非常成功的，网点遍及世界十个国家。海尔、联想、福特、大众，等等，也在各个地区分区管理。简而言之，但凡世界级的推广都要靠连锁。

(三)旅游企业连锁经营的现状

现在，与外国的大旅行社相比，中国旅行社业存在的问题主要是规模小、网络化水平低、管理化水平低，而且由于水平分工，导致了旅行社业的恶性竞争越演越烈，平均利润率下降。2000年的统计数据显示，尽管国内旅行社占全国旅行社总数8993家中的86%，但其营业收入利润率为-0.75%，旅游业务收入利润率为0.46%。 为了突破这样的尴尬局面，很多旅行社纷纷将经营的重点放在商务旅游、出境旅游和休闲旅游等利润率高的市场，并且寻求其他提高效益的渠道。由于旅行社的连锁经营能为企业降低成本，实现规模经济，使旅行社由粗放型向集约型过渡，于是各大旅行社纷纷走上连锁经营探索的道路。2001年中青旅在北京地区实现16家店面的连锁经营，广之旅与峨眉山合作构建成市级社的跨省经营，并且与香港康泰旅行社合作组建了广州康泰国际旅行社。可见，旅行社的连锁经营在蓬勃发展。

国内旅行社连锁经营模式主要有三种：第一种是中青旅连锁经营模式，这种模式主要是总社通过直营连锁，收购、兼并其他中小旅行社来实现连锁经营；第二种模式是上海春秋旅行社网络扩展模式，即通过应用网络，建立高质量的网络系统(如对外网站、企业内局域网等)来实现跨地区的连锁；第三种模式就是中外合作模式，即国内旅行社与国外旅行社合作，实现强强联合，共同打造一个大规模的连锁经营网络。

相关案例 2-2

十八大代表、中青旅总裁张立军：诚信有爱，赢得未来①

“消费者是有感情的，你把消费者当亲人，消费者也会把你放在心里；我希望，让诚信成为中青旅对消费者最大的爱。有了消费者的支持，中青旅的未来值得期待。”中青旅党委书记、总裁张立军说。

1991 年，中国人民大学毕业的张立军来到中国青年旅行社，那时，市场经济下的旅游业刚刚起步，很多人并不看好这样一个“靠天吃饭”、没啥技术含量的新行业。但张立军不这么认为，从那时起，他就开始思考：在旅游行业，人的价值该如何更好地实现？做旅游的人，如何能赢得更多的社会尊重？

他试图去诠释旅游的意义：“旅游卖的不是产品，而是价值。它让人收获的是一种体验、一种记忆、一种快乐和一种感动。”在这份创造感动和快乐的行业里，张立军埋头坚持了 21 年。

2011 年初，欧洲暴风雪、新西兰地震等突发事件扰乱全球旅游市场，众多黄金目的地变成“是非之地”。当年 3 月 10 日，一份《中青旅的承诺》面向社会正式公布：“因不可抗力的灾害未能出行，中青旅全额退款；在旅途中遭遇突发灾害，中青旅将承担为游客安全考虑额外付出的全部费用。”

2011 年 3 月 11 日，日本爆发大地震。张立军第一时间下达指令：“兑现承诺，不计代价保障游客生命安全。”为此，中青旅损失了不小的营业收入，但赢得了游客的尊重和信任。

自 2002 年至 2011 年，中青旅营业收入翻了 5 倍，年接待人数翻了 10 倍。在国家旅游局公布的“2011 年度中国旅行社集团十强”名单中，中青旅位列第一。

五、定制旅游

定制旅游是一种国外非常流行的旅游方式，是根据旅游者的需求，以旅游者为主导进行旅游行动流程的设计。通俗地说就是根据旅游者的喜好和需求定制行程的旅行方式，也同样是旅游者选择独立进行展现自己个性化之旅的开始。

旅游市场在经过多年的旅游变革中，由传统的组团旅游方式逐渐向“自由行”方式发

① 资料来源：http://dangjian.people.com.cn/BIG5/n/2012/0927/c117092-19123672.html

展，然而自由行却又局限在没有专业的服务，很容易错失旅游中的亮点，所以也很不适用，所以人们急需一种旅游既能有乐趣也能有服务。那么这种充满个性化的定制旅游模式就被引进中国，这种旅游方式也正是人们追求的。

定制旅游是一种新式的旅游服务项目，这个旅游方式是从自由行上面延续来的，补充了自由行的弊端，而又充分表现了定制游的个性。这种旅游方式很受市场欢迎，不过这种旅游方式需要具有一定经济基础的人。所以这也是这一旅游模式的唯一暗点吧。不过这种旅游方式正在改进，它将成为未来旅游市场的主力军。

例如，北京华凯定制游就是从事高端旅游定制服务的，通过对市场的了解及分析，华凯定制游赵总说："整个定制服务我认为在中国还是属于刚刚有一点点发展，雏形都谈不上，只是有一个概念，或者有一些旅行社做的一点尝试。我们现在为什么只选择针对高端呢？不是嫌贫爱富，因为我们觉得在高端市场上更需要有人来做这个产品，也是相对薄弱空白的产品，以后随着我们的业务扩大，会逐渐地向中低端来定制这样的产品。所谓高端应该是我们对旅游的要求，因为现在多数的游客停留在带回来一些表象的记忆，拍照、摄影，或者带回来一些有形的商品，那就是购物，我们旅行的目的到底是什么？我认为很多人包括从业人员对这个看法不够。所以我们更希望的是他在旅行中更多地享受到内心的充实。特别是都市人群，旅行在某种程度上是跟大自然的接触，我们可能已经没有我们祖先那样对大地母亲的深情和眷恋。所以我们在产品中，高端更多的是体现他的精神层面需求的高端，或者说我们希望让客人在这个方面有更多的收获和感悟。并不是说一定要超五星级才叫高端。我们所谓的高端既是让你在旅游中放松了自己，同样也得到了你想要的那种舒适愉悦的心情，这就是我们为您提供的最高端的旅游服务保障。"

相关案例 2-3

清明，部分旅游线路"零报名"　1 人出游也可"定制"[①]

距离清明小长假只剩下一个多星期了，市民孙女士专程跑到旅行社"灵市面"，她惊喜地发现，旅行社不仅为自驾、自助游客开辟了更多的线路，过去起码 10 人起才可以享受的定制游业务，现在门槛大降，即使一个人出游也可以向旅行社提出定制线路和服务的要求。

昨日，笔者走访市区多家旅行社发现，小长假里传统的跟团出游模式遇冷，自驾、自助等出游模式越来越受宠。不少旅行社不得不根据市场变化，厚待散客创新服务。

"目前多数的线路报名情况都不是很好"、"部分线路的报名人数暂时还是零，能不能正常出团，不好说"。昨天，记者联系了好几家旅行社，前台的接待人员都表示前来报名清明跟团出游的市民还不是很多，市场相对比较冷清。

"我们旅行社目前报团的情况不是很好。"招商国旅的负责人告诉记者，由于清明假期

① 资料来源：http://news.zgkqw.com/news/system/2013/03/24/010197405.shtml

比较短，大多数市民都去扫墓了，即使打算出行的市民也基本以自驾、自助为主要出游模式。

据了解，从目前的预订情况来看，“跟团游”的数量相比去年明显减少，而自驾游、自助游却十分火爆。来自同程网、携程网的信息，今年清明小长假期间，预订自驾、自助游产品的市民明显上升，与去年同期相比增长近6成。

在绍兴旅游界人士看来，旅游市场发生的巨变并不意外。“过去动辄就是黄金周，现在则以小长假为主，清明、五一、端午等节日都只放假3天，市民没有充足的时间长途旅行，只能在周边的城市进行短线游，再加上去年开始实施的重大节日高速公路免费通行的政策，使得越来越多的绍兴市民热衷自驾游，而随着动车、高铁等开通，市民自助游也将更加方便。”

在面对记者的采访时，不少旅行社负责人都表示，随着旅游市场和市民旅游习惯的变化，旅行社的传统业务和运作模式遭遇挑战，过去单纯依靠组团出游的方式已经无法适应市场巨变。“市场在变化，市民习惯也在变化，我们也必须积极调整策略，积极应对。”亚都旅行社的负责人表示。

“越来越多的绍兴市民已经不满足于传统的跟团游了，需求越来越多样化，旅行社针对这一情况也做出了相应的调整。”亚都旅行社的负责人表示，旅行社现在非常重视散客的需求，推出自驾游、自助游服务，例如为游客提供酒店、门票的预订和购买服务。

绍兴海外旅行社的负责人也表示，除了传统的组团旅游线路，旅行社还开发了众多有特色的新线路，同时还可以按照游客的不同需求进行定制服务。“定制服务过去起码要10人以上的团队才提供，而现在已经没有人数限制了，无论是一家三口还是一人出游，都可以提供这样的定制服务。”

本章小结

旅游业发展到现代，旅游者的需求表现出了一些新特征，例如目的地的选择倾向于新鲜与人迹罕至的地方；结伴自驾游成为一种旅游新趋向；深度旅游日益符合人们的需求；旅游行程开始试调与自主；游乐，更爱新潮与心跳；休闲，趋向健身与轻松；高档，追求野趣与豪华。

旅游业态也出现了一些发展新趋向。目前，全球旅游业仍在快速发展，尤其在线旅游市场发展速度更快，已经逐渐朝主流业态演进。APP与“旅行天生就在路上”的特性高度吻合，根据旅游消费的不同环节，各类细分市场的APP也在迅猛增加，如线路预订、资讯提供、旅游点评、行程规划、分享社区、定制服务等。旅游企业表现出集团化发展的趋势，模式主要有股权联结式(资本模式)、契约联结式和战略联盟式(非资本模式)发展模式。定制旅游是一种国外非常流行的旅游方式，是根据旅游者的需求，以旅游者为主导进行旅游行动流程的设计。旅游市场在经过多年的旅游变革中，由传统的组团旅游方式逐渐向“自由行”方式发展，这种充满个性化的定制旅游模式被引进中国，这种旅游方式也正是人们追求的。

课后练习

1. 自驾游为何成为人们比较热衷的旅游方式？
2. DIY 式的自点菜单的旅游消费有什么优势？
3. 旅游 APP 主要有哪些类型？
4. 旅游企业集团化发展的模式有哪些？

旅游产业篇

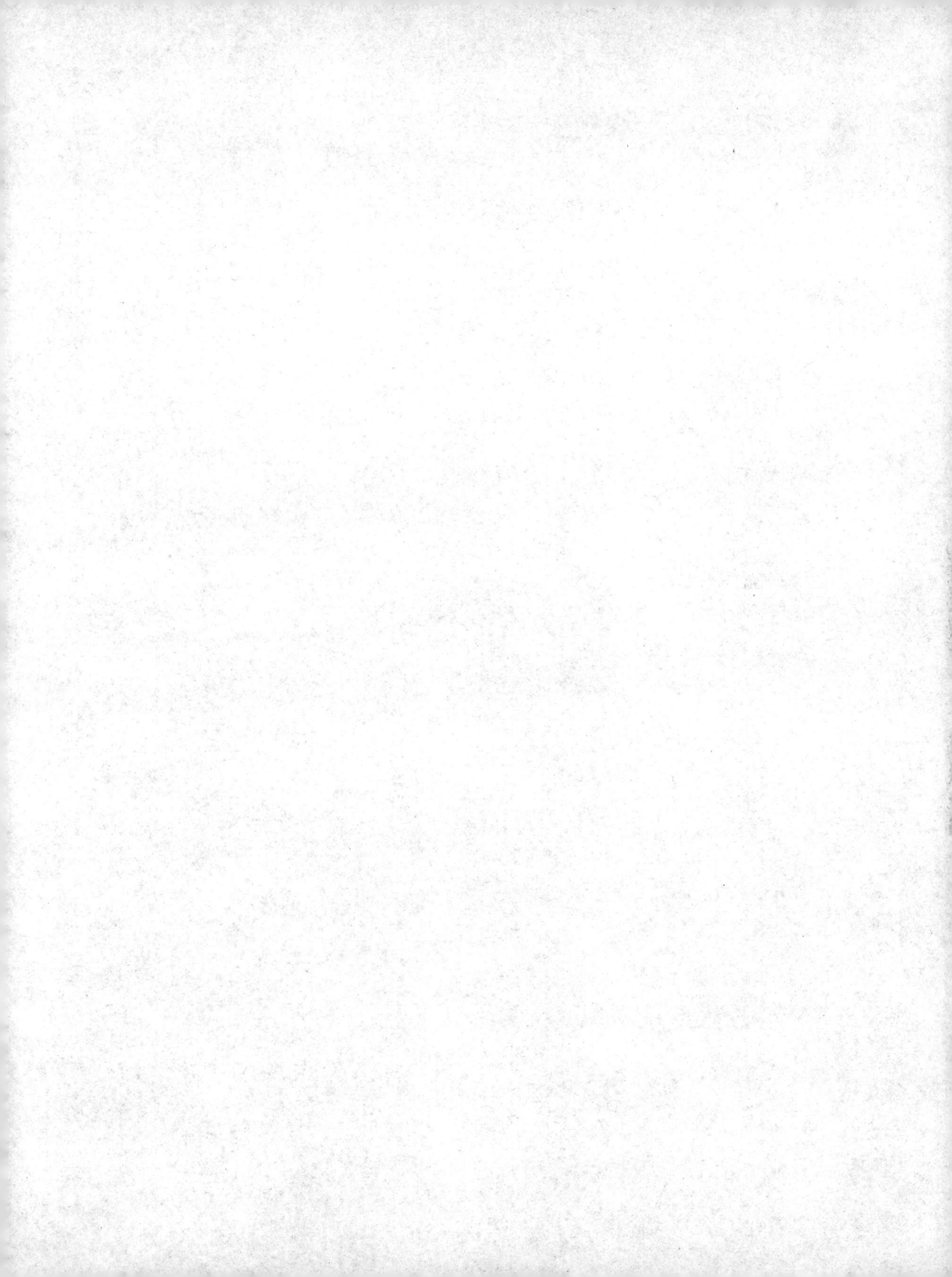

第三章

旅游产业概述

【学习目标】

通过本章的学习，要求学生理解旅游产品的概念、旅游产业的构成以及旅游产业的特点；掌握旅游产业发展模式的概念、主要类型以及我国的旅游产业发展模式；了解我国旅游产业政策的定义、分类、实施手段以及实践。

【关键词】

旅游产业　发展模式　旅游产业政策

案例导入

旅游局就旅游业“十二五”发展规划纲要答记者问①

《中国旅游业“十二五”发展规划纲要》日前正式发布。国家旅游局党组成员、规划财务司司长吴文学近日就“十二五”规划纲要编制的背景、“十二五”中国旅游业面临的发展环境、发展思路、目标及工作重点等接受了本报记者采访。吴文学指出，未来5年，围绕实现两大战略目标和建设世界旅游强国，我国旅游业将朝着产业化、市场化、现代化和国际化方向发展。

记者：请问在未来五年，中国旅游业发展总体要求和总体思路是怎样的？

吴文学：“十二五”时期我国旅游业发展要以科学发展观为指导，以推动旅游业发展方式转变为主线，以改善民生、提高居民生活质量为出发点和落脚点，把旅游业培育成为国民经济的战略性支柱产业和人民群众更加满意的现代服务业。

“十二五”旅游业发展的基本原则是：坚持改革开放，走内涵式发展道路，实现速度、结构、质量、效益相统一；坚持以人为本，不断满足人民群众日益增长的旅游消费需求，不断提升游客满意度，持续扩大旅游惠民力度；坚持因地制宜，突出优势，推动各地旅游业特色化发展；坚持节约资源、保护环境，实现旅游业可持续发展；坚持发挥市场配置资源的基础性作用，把政府引导与市场机制结合起来，努力形成新的发展格局。

“十二五”发展主要目标是：到“十二五”期末，旅游业初步建设成为国民经济的战略性支柱产业和人民群众更加满意的现代服务业，在转方式、扩内需、调结构、保增长、促就业、惠民生等战略中发挥更大功能。旅游服务质量明显提高，市场秩序明显好转，可持续发展能力明显增强，奠定更加坚实的旅游强国基础。

到2015年，旅游业总收入达到2.5万亿元，年均增长率为10%；国内旅游人数达到33亿人次，年均增长率为10%；入境旅游人数达到1.5亿人次，年均增长率为3%；旅游外汇收入达到580亿美元，年均增长率为5%；出境旅游人数达到8800万人次，年均增长率为9%；旅游业新增就业人数达到1650万人，每年新增旅游就业60万人。旅游业增加值占全国GDP的比重提高到4.5%，占服务业增加值的比重达到12%，旅游消费相当于居民消费总量的比例达到10%。

记者：“十二五”期间，市场开发被放在了各项工作的第一位，我们如何判断“十二五”时期的旅游市场开发格局，主要举措是什么？

吴文学：我们对“十二五”时期旅游市场格局的基本判断是，国内旅游仍将处于持续增长的成长期，入境旅游将进入平稳增长的成熟期，出境旅游将处于快速增长的培育期。

① 资料来源：http://www.ce.cn/cysc/newmain/yc/jsxw/201303/07/t20130307_21440119.shtml

基于此，我们对三大市场的发展战略也各有侧重。

国内旅游着力于扩展消费需求和全面发展。入境旅游着力于提升品质形象和积极发展。出境旅游着力于注重服务保障和有序发展。

记者：对于旅游全行业关心的“两大战略目标”的破题和解题，“十二五”期间如何谋划？

吴文学：对于两大战略目标的破题和解题，关键还是以科学发展和加快转变旅游业发展方式为核心，以推进旅游业产业化、市场化、现代化和国际化为方向，以优化产业结构为基础，以提升产业素质为重点，以推进产业融合为手段，以惠民、富民为宗旨，促进旅游业速度、质量、效益的协调发展，推进产业转型升级。

具体而言，就是分别从企业、产品、产业、发展方式、区域、开放、监管七个方面来下力气。

辩证性思考

1. “十二五”期间旅游业发展面临的战略机遇有哪些？
2. “十二五”时期的旅游市场开发举措有哪些？

第一节　旅游产业概论

一、旅游产业的概念

人们从不同角度对旅游产业提出了消费性定义和功能性定义。笔者将旅游产业定义为：以旅游资源为凭借，以旅游设施为基础，通过提供旅游产品和服务，满足消费者各种旅游需求的综合性行业。因此旅游产业既是文化性很强的经济产业，同时也是经济性很强的文化产业。根据这一定义，可以看出文化产业与旅游产业是相互融合的，其中旅游产业可以纳入文化产业的内容，包括了为旅游者而提供的文化旅游景区景点的开发建设，旅游活动中的导游和讲解服务，旅游纪念品、工艺品、消费品的生产与销售业，旅游娱乐消遣业等；而文化产业可以纳入旅游产业的内容，包括了文化旅游、文艺演出、会展旅游、网络旅游服务、旅游教育培训等。

二、旅游产业的构成

由于对旅游业有不同的定义，因而对旅游产业的构成也有不同的观点和看法。从对国内外有关文献的研究和比较看，旅游业构成可以概括为部门组成说、类型组成说、功能组成说和泛旅游产业说几种主要的观点和看法。

1. 部门组成说

按照从事旅游服务不同部门的特点，将旅游产业划分为旅行社业、旅游交通业、旅游住宿业、旅游景观业和旅游组织管理机构五个部门。

2. 类型组成说

按照向旅游者提供旅游产品的直接或间接的区别，将旅游产业划分为三种类型：第一类是直接面向旅游者并为其提供各种物质产品和服务的行业；第二类是间接面向旅游者并支持为旅游者提供服务；第三类是间接影响旅游者而直接对前两类企业产生影响的旅游规划和开发机构等。

3. 功能组成说

按照向旅游者提供旅游产品的功能和程度，可将旅游产业划分为两个层次：第一层次是指完全向旅游者提供旅游产品的部门，主要有住宿业、交通运输业和旅游服务机构三部分；第二层次是指部分向旅游者提供产品的行业和部门，主要有餐饮服务业、文化娱乐业、康乐业、零售业和部分公共交通运输业等。

4. 泛旅游产业说

按照旅游是一种“出游型消费经济”的大旅游观点，把旅游产业划分为七大类，包括观光农业、会展产业、运动康体产业、参与型娱乐产业、休闲商业、博彩业和创意产业等。

三、旅游产业的特点

旅游产业的特点主要体现在以下三个方面。

第一，行业聚集性。旅游资源的开发行业、旅游要素行业，以及提供良好的基础设施、自然环境的相关部门，凭借彼此之间横向或纵向的联系，形成巨大的旅游产业集群。这些相关的行业和部门虽然分属于不同的行业，有着各不相同的经营模式、生产特征及产品，但由于共同服务于相同的消费者，因而在同一地理区域内集聚，具有高度的集群特征。

第二，效应外部性。经济学中的外部性是指某一部门或企业的经营质量对另一部门会造成正向或负向的影响。由于旅游环节的环环相扣及旅游者对旅游景点感观和评价上的总体性特征，使分布于同一区域内的各旅游企业或行业存在着巨大的依赖性和关联性。这样某个企业的优质服务将会有效促进其他企业的成功。反之，整个旅游集群内所有相关的企业都将受损。因而，在旅游产业中，各领域、各部门的平衡发展和相互协调与整合，对提升旅游集群的正向外部效应就起到了至关重要的作用。

第三，部门专业性。旅游产业在空间地域上表现为各部门、各行业的分工与协作。它们处于整个旅游系统的不同环节，每个部门只从事生产过程中一个环节的专业化生产，特别是随着旅游市场的日趋完善和旅游者需求的不断变化，旅游服务的专业化程度必然会继续提高。

知识拓展 3-1

研究报告：四大趋势决定中国旅游产业未来①

2013 年 3 月 27 日消息：3 月 25 日，全球领先的旅游业技术合作伙伴艾玛迪斯(Amadeus)，发布了委托 Frost & Sullivan 完成的研究报告，揭示了四大决定中国旅游产业未来发展方向的趋势。

这四大趋势包括：旅游过程中科技和基础设施应用的增加；中国旅行者的需求越来越个性化；亚太区国家间旅游障碍日渐减少，出国手续更为精简；高端和低端旅游市场快速增长。该报告指出科技创新是驱动这四种趋势的主要因素。

在谈到这份报告时，艾玛迪斯中国区常务总裁巴特·汤普金斯(Bart Tompkins)说："该报告对中国旅游市场当下与未来的发展版图见解非常深刻。在高速变化的市场中，旅游业必须适应这些变化并提出相应的技术解决方案，这是各旅游从业者在这场激烈竞赛中的制胜之道。艾玛迪斯将与中国旅游产业一起努力，以创新的技术应对中国旅游市场的快速变革，与时俱进，找出应对这些变革的解决方案，从而跟上共同推动中国旅游市场健康及快速发展的步伐。"

第二节　旅游产业发展模式

一、旅游产业发展模式的概念

旅游经济发展模式是指旅游经济发展的基本运行方式和管理体制。具体地讲，旅游经济发展模式是以旅游经济发展的主要内容为目标，在一定的社会经济条件下所形成的旅游经济运行方式和管理体制。由于旅游经济发展是与社会经济的发达程度及发展水平密切联系的，因此世界各国在地理位置、资源条件及政治、经济、文化等方面的差异，必然导致世界各国旅游经济发展模式的不尽相同。

二、影响旅游产业发展模式的因素

决定和影响旅游经济发展模式的因素主要有以下几方面。

① 资料来源：http://news.hexun.com/2013-03-27/152556471.html

1. 社会经济发展水平

不同国家或地区的社会经济发展水平存在着较大的差异。经济发达国家的社会经济发展水平高，科技发达，一方面使得社会基础设施和公共设施比较完善，另一方面又促成了居民收入水平的提高，两者为旅游业的发展奠定了坚实的基础，从而使旅游业的发展成为社会经济发展的必然结果。反之，在经济欠发达的国家或地区，其旅游业的发展方式必然与前者有所不同。

2. 社会经济制度和经济发展模式

不同国家的经济制度和经济模式不同。从社会经济制度来说，当前世界上主要有两大类型：社会主义经济制度和资本主义经济制度。不同的经济制度，其经济发展的根本目的是不同的，对旅游业的发展模式会产生重大影响。就经济模式而言，世界上绝大多数国家实行的是市场经济模式。在市场经济模式中，又分资本主义市场经济和社会主义市场经济，分别对应于不同的所有制形式，这对旅游业的发展模式也会产生重大影响。其中资本主义市场经济模式又有不同的模式，比如美国的垄断主导的市场经济、德国的社会市场经济、日本的政府主导型的市场经济、法国的计划经济及瑞典的福利市场经济等。这些不同的社会经济制度和经济发展模式对本国的旅游经济发展模式也会产生重要的影响。

3. 旅游业形成时期和所处的发展阶段

如果旅游业形成时期早，其发展就具有较好的基础，而形成时期晚，则基础薄弱，从而决定不同的发展模式。在欧美一些经济发达的国家，旅游业发展时间较长，加上旅游业发展的基础和社会经济条件较好，它们的旅游业发展模式就比较顺其自然，遵循事物发展的一般规律。而像中国这样的国家，由于旅游业起步较晚，加上社会经济条件的制约，所以选择了一条具有中国特色的旅游发展模式。

三、旅游产业发展模式的类型

(一)超前型旅游产业发展模式和滞后型旅游产业发展模式

从旅游业的形成、发展及其与国民经济的关系出发，旅游产业发展模式可分为超前型旅游产业发展模式和滞后型旅游产业发展模式。

1. 超前型发展模式

超前型发展模式是指旅游业的形成与发展超越了国民经济总体发展的一定阶段，通过发展旅游业来带动和促进国民经济中与其相关联的其他产业和地区发展的一种发展模式。这种发展模式一般发生在经济欠发达的发展中国家，他们利用自己拥有的丰富的旅游资源，在本国政府的支持下首先发展入境旅游业，以获取经济发展所需要的外汇和推动相关产业与地区的发展。采取这种发展模式必须具备三个条件：第一，拥有足以吸引旅游者的旅游吸引物，它是确定发展模式的内部条件；第二，在境外存在着对其旅游资源相应的旅游需求，并有必要的外部资金的注入，这是确定发展模式的外部条件；第三，政府的政策支持，它是确定发展模式的前提条件。

2. 滞后型发展模式

滞后型发展模式又称自然发展型模式，它是由于国民经济发展到一定阶段后，旅游业便顺其自然地形成和发展起来的一种发展模式。由于这种发展模式是建立在国民经济发展的基础上，即随着经济的发展，人们收入水平和社会生产力水平的提高，人们的闲暇时间也随之增多，这样，一方面在居民当中产生了对旅游的需求，另一方面社会也具备了适应这种需要的条件，因而滞后型旅游发展模式是一种常规的旅游产业发展模式，也反映了旅游经济活动发展的客观规律。

(二)市场型旅游产业发展模式和政府主导型旅游产业发展模式

从旅游业发展的调节机制出发，旅游产业发展模式可分为市场型旅游产业发展模式和政府主导型旅游产业发展模式。

1. 市场型旅游产业发展模式

市场型旅游产业发展模式是指旅游产业的发展主要依靠市场调节机制来推动的一种发展模式。市场调节机制主要包括价格、供求关系和竞争等。在这些机制的作用下，实现旅游产业资源的有效配置，推动旅游产业内部的自行调节和自行均衡，在供求不均衡——均衡——不均衡的适应和不适应的矛盾运动中实现发展。所以这种发展模式具有三个特点：第一，旅游产业的发展主要依靠市场机制来实现旅游产业内部的自行调节和自行均衡；第二，政府的作用是间接的，主要通过一定的市场参数来实现调节；第三，国家产业政策对旅游产业的影响主要侧重于市场需求。

2. 政府主导型旅游产业发展模式

政府主导型旅游产业发展模式是指以各个时期旅游产业发展规划或通过制定旅游产业政策来实现其发展的一种发展模式。它通过制定旅游规划或旅游产业政策来制定各个时期旅游产业发展的战略、目标和实现战略目标的各种对策和措施，从而达到干预旅游产业发展的目标。这些对策和措施既有行政的、经济的和法律的，也不排除利用市场调节机制的作用，然而相对于政府宏观调控来说，市场调节居于辅助地位。一般来说，这种旅游产业发展模式主要发生在两种情况：一种是具有传统干预和控制经济的国家或地区；另外一种是需要在短期内推进旅游经济速度发展的国家或地区。

(三)延伸型旅游产业发展模式和推进型旅游产业发展模式

从旅游产业发展类别的先后顺序出发，旅游产业发展模式可分为延伸型旅游产业发展模式和推进型旅游产业发展模式。

1. 延伸型旅游产业发展模式

延伸型旅游产业发展模式是指旅游业的发展先以发展国内旅游为先导，在国内形成旅游产业的基础上，再发展入境和出境旅游，最终实现国内旅游、入境旅游和出境旅游全方位发展的模式。这种模式的特点是：其发展是由境内向境外延伸的，而且它是在社会经济发展的基础上自然形成的。

2. 推进型旅游产业发展模式

推进型旅游产业发展模式是指先以发展入境旅游为主，再在初级入境旅游产业基本形成的基础上，逐步规范、扩大入境旅游产业，直接激活和发展国内旅游，最终实现入境旅游的规模化和效益化，进而推动国内旅游和适度出境旅游的全面发展。

(四)经济发展导向型旅游产业发展模式和创汇创收导向型旅游产业发展模式

从旅游业发展的目标和基本任务出发，旅游产业发展模式可分为经济发展导向型旅游产业发展模式和创汇创收导向型旅游产业发展模式。

1. 经济发展导向型旅游产业发展模式

经济发展导向型旅游产业发展模式是指把促进本地区国民经济总体发展作为发展旅游业基本考虑的目标和任务。

2. 创汇创收导向型旅游产业发展模式

创汇创收导向型旅游产业发展模式是指以获取旅游业的直接收入作为发展旅游业基本考虑的目标和任务。

上述两种模式并不矛盾，而是相辅相成的。旅游业是综合性产业，带动相关行业的能力非常强，带动的产业越多，创汇创收越多，也必将对国家和地区的国民经济发展的贡献越大。

四、国外主要的旅游产业发展模式

由于各个国家在政策、经济上存在差别，导致旅游业发展的情况差异较大。但从总的情况来看，这些国家的旅游业发展与其经济基础、经济发达程度有十分密切的联系。根据这些国家旅游业发展的情况，大致可分为以下几种模式：以美国为代表的经济发达国家模式、以西班牙为代表的旅游发达国家模式、以印度为代表的欠发达国家模式、以斐济为代表的岛国模式。

(一)美国模式

美国模式是经济发达国家旅游发展的模式。属于这一模式的国家的基本特征是：人均国内生产总值高，一般在5000美元以上；服务业在国内生产总值中所占比例高，大约在50%以上；旅游收入占商品出口总收入的比重为10%左右；国际旅游收入小于旅游支出，旅游国际收支平衡呈逆差。属于美国模式的国家包括美国、英国、法国、德国、加拿大、比利时、荷兰、挪威、日本等。

美国模式的主要特点有以下几点。

(1) 旅游事业开展比较早，国内与国际旅游都比较发达。在这些国家中，旅游业是随着本国经济发展而发展起来的，一般都经历了由国内旅游到邻国旅游、国际旅游的常规发展过程，它们的国内旅游与国际旅游都发展到成熟阶段，国内旅游是整个旅游业的基础。

(2) 发展旅游业是以扩大就业、稳定经济为主要目标。虽然旅游业在这些国家中是重要的经济活动，但追求外汇收入、平衡国际收支并非是它们发展旅游的主要目标，而是把发展旅游业作为促进经济稳定、改善国家形象、扩大就业机会、促进友谊与了解的手段。

(3) 旅游管理体制以半官方旅游机构为主，而管理职能主要是推销与协调。由于旅游发展的历史比较长，旅游业比较成熟，各方面法规比较健全，因此相比之下旅游行政管理比较松散，不直接从事或干预旅游企业的经营。

(4) 旅游经营体制以公司为主导，小企业为基础，行业组织发挥着重要作用。在这些国家中，多年的竞争形成了一些大的旅游公司、跨国公司，它们在旅游业经营中起主导作用，由于旅游业的发展比较均衡，旅游业又是由为数众多的小企业组成，有着灵活的经营方式。

相关案例 3-1

美国经济最大的亮点是旅游业①

美国经济最大的亮点在哪？旅游业。

至少这是人们在阅读美联储最新的经济调查报告所得到的感觉。这份人们亲切称为“褐皮书”的报告调查了12个联储银行辖区的经济事件，在周三公布的这份报告中，各个联储银行在一点上达成一致意见，即海外旅游者正成群结队来到美国。

① 资料来源：http://finance.sina.com.cn/world/20130307/062614746003.shtml

亚特兰大联储报告称，今年冬季来佛罗里达的欧洲游客创下了新高。曼哈顿的各大酒店都住满了人。即使偏僻的地区，比如北卡罗来纳州外滩群岛旅游人数也大幅上升。

大约有 3 万名来自全球的意志坚定者在 2 月份最后一个周末来到威斯康星州参加美国 Birkbeiner 越野滑雪比赛。

(二)西班牙模式

西班牙模式是旅游发达国家的模式。这些国家的地理位置比较优越，与主要旅游客源国相毗邻；旅游资源丰富而独特，或是度假胜地，或是历史遗迹与风土人情旅游地；国民经济比较发达，人均国民生产总值一般在 1000 美元以上；服务业占其国内生产总值的比重也在 50%以上。除西班牙外，属于这一模式的国家还有奥地利、瑞士、葡萄牙、希腊、意大利、摩洛哥、突尼斯、泰国、土耳其、墨西哥、新加坡、以色列等。

西班牙模式的特点主要有以下几个方面。

(1) 把旅游业作为国民经济的支柱产业。这些国家依托其地理位置与旅游资源的优势，旅游业已成为国民经济的支柱产业，一般国际旅游收入占其商品出口收入的 10%以上，旅游业的收入相当于国内生产总值的 5%～10%。

(2) 旅游发展速度快。在这些国家中，虽然有的国家早就是驰名世界的旅游目的地国家，但大多数国家都是 20 世纪 60 年代以后才发展起来，20 世纪 70 年代以来旅游业持续高速发展，无论在国际旅游者接待人次数还是国际旅游收入上，其发展速度都高于世界旅游平均增长速度，也高于美国模式国家的平均速度。

(3) 以大众市场为目标。由于这些国家的旅游资源集中，特点突出，而且又多靠近主要客源国，有便利的交通条件，因此这些国家的旅游业务多以邻国的大众旅游市场为主要目标，特别是邻国与本区域内的驾车旅游、周末旅游或短期度假旅游等。

相关案例 3-2

旅游业复苏提振西班牙信心“斗牛士”期待经济良性循环①

复活节假期 4 月 25 日结束了，假期里西班牙伊比利亚半岛的天气并不算给力，但阳光加海滩的组合仍然显示出强大的魅力，吸引了数以万计的外国游客。在 7、8 月度假旺季到来之前，西班牙旅游业提前经历了一个小高潮。

根据西班牙酒店和旅游住宿协会的统计，复活节期间西班牙沿海地区的酒店几乎全部爆满。“如果在酒店旁再增加 100 个移动房间，我想也会被立刻抢光。”西班牙加那利群岛一家酒店的经理对记者说，该酒店的生意从去年圣诞节之后已经接近恢复到国际金融危机

① 资料来源：http://news.hexun.com/2011-04-28/129110846.html

爆发前的水平，入住率高达95%以上。

北非国家尤其是埃及和突尼斯的局势动荡，是西班牙旅游业今年以来呈现繁荣之势的重要原因。英国、德国和北欧国家到西班牙旅游的人数出现了明显增长。今年第一季度，西班牙旅游业总产值同比增长2.4%，其中1、2月份的外国游客人数分别增长4.7%和4.3%。

鉴于西班牙旅游业目前的优异表现，西班牙工业旅游贸易部对今年西班牙旅游业增速的预测从1%提高至2.2%，远远高于对今年西班牙经济增长1.3%的预测。此间分析人士指出，在西班牙面临经济危机和债务危机双重压力的背景下，占国民经济10%的旅游业实现强劲增长将极大地帮助西班牙改善外贸赤字，提振市场信心。另外，西班牙大约有260万人从事与旅游业相关的工作，旅游业的兴旺将帮助更多的人重新获得工作，这对于目前拥有超过400万失业大军的西班牙来说至关重要。

虽然到西班牙旅游的人数出现了强劲增长，但作为一个行业，西班牙旅游业的整体复苏尚需时日。具体表现在：第一，西班牙旅游业的内需仍未恢复。西班牙国家统计局发布的最新数据称，在今年2月，1400万过夜游客中56%是境外游客，这也导致以国内居民为主要经营对象的餐馆和酒吧未能像酒店那样生意火爆。第二，酒店价格和游客平均花费仍处在相对较低的水平。第三，旅游业仍处于国际金融危机爆发以来的调整期。据统计，与西班牙最大的旅游预订系统签约的旅行社数量在2010年下降了12.4%，相当于减少了近千家旅行社。

“旅游业增长带动就业，就业带动内需，进而推动旅游业增长。在即将到来的夏季，人们期待着这样的良性循环。”《马德里日报》记者戴维向记者道出了心中的期待。

(三)印度模式

印度模式是欠发达国家发展旅游的模式。在为数众多的欠发达国家中，也有一些国家正致力于发展旅游业，以期通过开展国际旅游业赚取外汇，活跃经济，改变经济落后的状况。这些国家的国民经济相对落后，人均国内生产总值在500美元以下，农业仍是国民经济的主体，工业与服务业均处于较低水平。除印度外，属于印度模式的国家还有巴基斯坦、斯里兰卡、尼泊尔、孟加拉国、肯尼亚、坦桑尼亚、卢旺达与不丹等。

从旅游业发展的情况来看，印度模式具有下列特点。

(1) 有特殊的旅游资源，但旅游业的发展受其经济落后的制约。这些欠发达的国家中致力于旅游业发展的国家多是拥有一些独特的旅游资源，有发展旅游业的潜力，但由于受国家资金短缺、旅游基础设施薄弱、人才缺乏等制约，旅游资源的潜力难以充分发挥出来。

(2) 旅游管理体制不完善。这些国家虽设立了不同的管理机构，有的成立了独立或混合的部门或其他形式的旅游组织，但由于对旅游业的认识不一致，旅游业的发展不稳定，因而往往得不到各有关部门应有的重视与支持。

(3) 国有企业发挥着主要作用。这些国家为了发展旅游业，国家专门成立旅游开发公司，从事资源开发和旅游服务设施的投资、建设与经营，由于旅游业规模小、范围窄，又涉及外汇收入与外国人的活动，这些国有公司在一定程度上占据着垄断地位。

相关案例 3-3

印借光“少年派”推动旅游业[①]

本地治里旅游局局长 A. S. 西瓦库马尔对《印度教徒报》说，在从金奈到本地治里的古董汽车拉力赛上，旅游局计划举办一个关于《少年派的奇幻漂流》的竞赛，作为印度旅游部开展“派的家乡”活动的前奏。

组织者将向参加海滩路古董车展的参观者发放列有与《少年派的奇幻漂流》有关的 10 个问题的问卷。这份答卷的 10 名优胜者将获得海鸥餐厅的代金券。

“派的家乡”活动是印度旅游部拟借助电影《少年派的奇幻漂流》来促进印度旅游业的一项计划。

本地治里政府将与创意机构麦肯公司合作，设计海报、T 恤衫、广告短歌和视频来展示“派的家乡”本地治里。

海报和其他材料将用多种语言，包括法语、德语和中文印刷。

活动还将包括中国和本地治里旅游交流，细节待以后宣布。

西瓦库马尔说，此外他们还将在不同地点(如机场)放置乙烯树脂制造的船，上面有老虎和缠着头巾的小男孩模型。

他说，本地治里政府目前尚未为“派的家乡”活动的主要项目安排经费，因此要等一段时间才能郑重宣布。印度政府希望这项活动在今后半年内全面展开，也就是要赶在人们对这部电影的记忆淡化之前。

据新闻公报说，每年一度的古董车拉力赛在东岸路举行，从金奈到本地治里。今天下午车队将抵达海滩路，从下午 4 点到晚上 8 点展示古董车。

在当地将会迎来的古董车中，最古老的有 1927 年产的奥斯汀轿车和 1935 年产的莫里斯轿车。最“年轻”的是 1968 年产的莫里斯 1000、奔驰 2505 等。

旅游局还将推出其他一些活动，旨在本地治里宣传《少年派的奇幻漂流》。

(四)斐济模式

斐济模式代表着岛国发展旅游的模式。这里的岛国不包括上面曾提及的诸如澳大利亚、日本、英国、新西兰等经济发达、面积比较大的岛国，而是指那些面积比较小、人口比较少、在历史上曾是西方某个国家殖民地的岛国。这些岛国经济状况差异也很大，但一般为

---

① 资料来源：http://news.china.com/news100/11038989/20130121/17644163.html

中等或偏上，有的国家人均国内生产总值达4000多美元。属于岛国模式的国家除斐济外，还有塞舌尔、马耳他、巴哈马、百慕大、牙买加、特立尼达和多巴哥、塞浦路斯、马达加斯加、马尔代夫、多米尼加与海地等国家。

斐济模式的主要特点有以下几个方面。

(1) 有着发展旅游业的优越条件。岛国大多风光秀丽，气候宜人，是比较典型的阳光、沙滩和海水型的目的地。由于它靠近旅游客源国或地处交通要塞，又与西方发达国家政治、经济、文化与种族等方面存在着长期、紧密的联系，因而有着比较充裕的客源市场。

(2) 旅游业逐渐成为国民经济的支柱产业。虽然有些岛国早在殖民主义占领时期就已是旅游胜地，但大部分国家的旅游业是在20世纪70年代大规模发展起来的。现在旅游业在这些岛国中已经成为外汇收入的主要来源、国民经济最重要的产业部门，旅游收入一般都占国家外汇收入的20%以上，旅游业是国家经济的支柱和最大的产业。

(3) 旅游行政管理机构地位高。由于旅游业对国家经济有至关重要的作用，因而这些国家的旅游行政管理机构在政府中的地位一般都比较高，权限比较大，而且多由国家首脑和政府要员直接管辖。

(4) 在旅游业的经营中，外国公司发挥着重要的作用。由于这些岛国地域狭小、人才缺乏，它们在发展旅游业中利用大批外资引进了外国的管理，有的国家的旅游业主要靠外国企业来经营。特别是旅馆业，外国的旅馆联号、旅馆管理公司或外籍人员起支配作用。

五、我国的旅游产业发展模式

通过分析世界旅游经济发展模式，结合我国旅游业发展现状和基本国情，中国旅游经济发展模式应选择以下几种。

(一)旅游经济的超前发展模式

世界旅游经济实践表明，各国在旅游发展模式上，可以有两种选择：一种是超前型发展战略模式；另一种是滞后型发展战略模式。超前型和滞后型发展战略模式是不同经济条件下的世界各国在旅游发展道路上的两种选择，具有一定的客观必然性。与此同时，两种发展战略模式的运行环境和经济特点有着明显的差异。超前型发展战略模式的适应条件是：旅游的自然环境条件较好，旅游资源拥有量大且旅游产品吸引力强。适应范围主要是：经济基础较好的沿海地区和旅游资源丰厚且开发程度较高的地区。由于超前型发展战略模式是建立在国民经济较低水平之上的，因此该战略追求的不是本行业内在的经济效益而是旅游经济的波及效益，即利用旅游经济的综合性的特点，通过对旅游业的高强度投入，全面带动国民经济相关行业的发展。旅游业发展的兴衰，已经不是旅游业本身的问题，而是国民经济全行业发展的问题。旅游业的作用不仅是获取外汇和回笼货币，而且已成为经济腾飞的突破口。人们常说的"旅游搭台，经贸唱戏"就是这种战略下旅游业功能的形象化说明。

我国旅游业是伴随着我国对外开放政策的实施而发展起来的一个新兴产业。从产业运行环境来看，这种产业是建立在较弱的经济基础之上的，要使旅游业在短期内形成较强的产业体系，就要加大对旅游业的资金投入。因此，从短期效益分析，产业的投入与产出严重失衡，在这种情况下，旅游业本身所具有的"投资少、见效快、收益大"的经济特性难以充分体现。如果仅从旅游产业自身效益分析，在国民经济基础较弱的条件下，旅游产业的投入似乎是没有道理的。但是，如果从旅游产业的宏观功能去分析，以下三点是值得思考的。

首先，从1978年以后，我国逐渐改变对外封闭的政策，打开国门，向全世界开放。我国实行对外开放政策，必须寻找一个开放的"切入点"，而这个"切入点"就是旅游业。旅游业是一个具有特殊优势的外向型国际性产业，它的运行依赖于世界范围的客源不断地注入，通过旅游业的发展可以广泛地吸引世界各国的旅游者，向他们提供产品和服务。大量来自世界各国的旅游者通过旅游这个对外窗口，了解我国对外开放的方针、政策及投资的各种有利环境，有利于我国对外开放政策的落实。

其次，旅游业具有较强的综合性特点。旅游产业体系的形成，涉及众多的相关产业，对旅游业高强度的资金投入，可以带动一定区域范围内国民经济的全面发展。尤其对那些拥有较丰富旅游资源的地区，旅游业的带动作用更为显著。

最后，中国经济大发展的历史时期里，需要借助国外的先进技术与设备。从国外引进技术与设备，就必须建立一大批创汇能力大、见效快的产业，以满足技术与设备引进对外汇资金的需要。与其他产业相比较，作为外向型产业之一的旅游业，在获取外汇方面具有得天独厚的产业优势。大力发展旅游产业，在一个较短的时期内，可以得到一定数量的外汇流入，对于亟须外汇又缺乏强有力创汇产业的国家，不失为一种行之有效的举措。

综上所述，中国旅游经济发展现状和基本国情，使得中国的旅游业发展必须采取超前型发展战略。按照这种发展战略模式，在评价中国旅游产业运行质量时，不能就其产业内在效益去评价，而应从旅游产业外部效益，特别是从波及与连带效益方面去评价，只有这样才能对中国旅游业发展做出客观的评价，提高对发展旅游业的认识。

(二)旅游经济的推进式发展模式

世界旅游业有两种发展模式：一种是国内旅游向国际旅游延伸的常规发展模式，另一种是国际旅游向国内旅游推进的非常规发展模式。所谓国内旅游向国际旅游延伸发展的模式，是一种先发展国内旅游，通过国内旅游的发展、旅游地域的延伸，形成出境旅游，然后再发展国际接待旅游的模式。从社会经济背景来看，延伸发展模式的引入是内聚式生活消费方式的变化。在一些国家里，随着生产力水平的提高、科学技术的进步、工作节奏的加快，人们的生活方式也得到改变。在紧张工作和生活环境压力下，人们需要暂时摆脱枯燥的城市生活环境，到大自然中寻求精神上的调整和体力上的恢复，于是旅游消费就成为这些国家居民生活消费的重要组成部分。最初，居民的旅游活动仅限于国内地域范围，随着国际政治经济关系的改善和旅游需求力度的增强，国内地域已不能适应旅游活动发展的需要，人们开始走出国门，去领略异国的自然风光和风土人情。发达国家以国内旅游为主的旅游结构，不仅充分满足了国内居民的旅游需要，而且伴随着国际旅游需求的增长，原先用于本国居民的旅游资源和旅游设施，也逐渐用于接待外国旅游者，从而出现了国内旅游与国际旅游协调发展的局面。

所谓国际旅游向国内旅游推进模式，是一种先发展国际接待旅游，然后发展国内旅游，随着社会经济的发展和人民生活水平的提高，再发展出境旅游，最终形成以国内旅游为主、国内旅游与国际旅游协调发展的模式。这是一种先发展国际接待旅游，然后通过国际接待旅游的发展，来全面带动以城市为主体范围内的旅游资源的开发、旅游设施的建设，逐渐形成以中心城市为重心的国际旅游体系。随着国内经济的发展，人民生活水平的提高，国内居民的旅游活动开始引入，成为这个体系的一个组成部分。

中国的社会条件、经济条件和消费条件决定，我国旅游业发展只能采用推进发展战略模式。采用这一模式使得我国旅游业发展具有以下几个基本特点：一是旅游业发展以基础和资源条件较好的城市为中心，由旅游城市向其他地区推进，逐渐形成我国的旅游业体系。因此，旅游城市便构成中国旅游业发展的基本框架。不论是旅游资源的开发、设施的建设，还是线路的设置、区域的划分，都是以旅游城市为依托的。二是旅游资源的开发是以现存的自然与人文景观为基础，由观光型旅游资源为主向混合型旅游资源推进。因此，目前中国旅游目的地大多是由自然景观与人文景观较为丰富的地区所构成的。三是旅游的组织方式，是以全程旅游路线为主体，由路线型产品向板块型产品推进，逐步形成路线型产品为基础，主题型产品与特种型产品为主体的旅游产品体系。四是旅游设施的建设以高等级为主体，由高档设施向中、低档设施推进，最终形成以中档旅游设施为主体，高、中、低相结合的旅游设施体系。

(三)旅游经济跳跃式非均衡发展模式

旅游经济的跳跃式非均衡发展包含两层含义：跳跃式发展和非均衡发展。所谓跳跃式发展是指旅游业发展在历史阶段上的超越性，在较短的时间内走完常规发展的历程，这是在时间意义上的发展；所谓非均衡发展是指旅游业发展在地区布局上的不均匀状态，使旅游业在不同国家或地区的地位与作用不同，这是在空间意义上的发展。

从时间发展的意义上而言，中国旅游经济发展应充分利用国情特点，选择跳跃式发展战略，有可能较快地跨越单一的接待海外入境旅游者阶段，而进入接待海外入境旅游者和国内旅游者共同发展的阶段，从而形成具有特色的旅游产业发展道路。这一判断的依据是：

第一，中国的旅游经济基础国情兼具发达国家与发展中国家的双重特征。一方面由于人口众多，造成人均水平的诸多指标在世界各国排序中处于较低水平，表现出不发达的特点；但是另一方面国家整体的经济实力并不弱，1988 年已居世界第 8 位，产业门类齐全，特别是旅游所依托的相关部门已初具规模。旅游业是天然的外向型产业，国家总体对外的实力水平至关重要，我国的国家经济实力完全能够支撑我国成为入境旅游业的接待大国。第二，中国旅游业的客源市场广阔丰富。目前中国远离欧美等主要国外旅游客源产出地，使入境旅游规模受限且风险较大。但从长远来看，我国拥有可替代的巨大新市场，表现在：拥有大量具有血统亲缘的华裔客源；拥有以日本、东南亚等为代表的邻近国家或地区的旅游客源市场；国内发达地区自然产生和“示范效应”激发的国内旅游者数量可观。多层次多渠道的巨大客源市场，将促使我国旅游业实行跳跃式发展。

从空间意义上而言，国际上拥有旅游发达城市或国土面积相对狭小的国家，旅游业成为国民经济支柱产业甚至主体产业者不乏其例，如意大利、西班牙、奥地利、泰国、新加坡等。但是在美国、日本、德国等工业发达国家或旅游接待大国，旅游业都未成为支柱产业。在中国这样现代交通水平相对较低、经济发展不平衡、地域广大的国度中，加上旅游业本身具有的脆弱性等因素，决定了在相当长的时期内，旅游业很难成为支撑中国国民经济的支柱产业。但从旅游业在国家总体发展中所处的地位进行判断，却并不妨碍旅游业在我国某些具备条件的地区和城市可以大有作为。如北京、西安、杭州、桂林、昆明、承德、深圳等城市，旅游业完全可能发展成为支柱产业。可以肯定，经过多方面的共同努力和国家对外开放程度的扩大，旅游业同样可以成为主导产业或支持局部地区国民经济与社会发展的重要产业，并将对国民经济的全局发展产生积极的影响。

第三节　中国旅游产业发展政策

一、旅游产业政策的定义

旅游产业政策是国家和最高旅游行政组织为实现一定时期内的旅游发展目标而规定的行动准则。制定旅游产业政策是一个国家发展旅游的出发点，旅游产业政策的指导作用贯穿于旅游事业发展的全过程，有利于国家旅游产业的健康有序发展。

二、旅游产业政策的分类

由于旅游活动的综合性特征，旅游产业政策必然涉及众多的领域，如旅游在整个地区经济中的地位、税收、财政、产品开发与维护、交通、公共基础设施、环境、行业形象、社区关系、人力资源与就业、技术、营销策略、国外旅行规则等。归纳起来，可以从以下几个角度来进行划分。

(一)按照一般与特殊划分

1. 基本旅游政策

基本旅游政策通常是旅游目的地发展旅游业的基本方针，是从推动旅游业发展的目标出发，为建立一定的旅游综合接待能力，实现旅游各要素的共同利益，明确旅游业在社会经济发展中的地位和作用而制定的政策。这是旅游目的地提出和实施的一般性的旅游政策，全国性的如《旅行社管理暂行规定》、《旅游饭店(涉外)评定星级的规定》等，地区性的如《海南省旅游业管理暂行规定》等。

2. 具体旅游政策

具体旅游政策是以发展某些个别部门、某些具体活动或行为为目的而制定的政策，是为贯彻和执行基本方针而辅助制定的相关规定、条例、办法等。一般性旅游政策的实施很大程度上取决于它的具体旅游政策。如与旅游相关的税收、利率政策会影响旅游企业的成本和利润率；双边航空协议会影响外国游客的入境情况；环境政策会影响或限制景色迷人但生态系统比较敏感地区的发展；通信政策会限制使用某些广告媒介；最低工资政策会影响旅游市场的劳动力供给；福利政策会影响劳动队伍的性质和行为；教育政策会影响旅游人力资源的质量；文化政策会影响世界遗产的保护与促进；外国投资政策或规定会影响外国投资资本的供给；地方规划政策或议事程序会限制或鼓励旅游设施的开发；公共服务政策会影响旅游目的地的公共基础设施及旅游相关设施的建设，从而影响旅游目的地的魅力和吸引力；公共安全和法律保障政策能够给外来旅游者提供安全保障，保护旅游者的各种选择权利和利益。这些具体的政策都集中体现了旅游目的地旅游发展的一般要求和目标。

(二)按照产业经营活动特点划分

产业政策是政府为改变产业间的资源分配或对各种企业的某些经营活动提出要求或限制而采取的政策，它根据国家整体发展的趋势和产业具体的发展变化要求而变化。旅游产业政策作为一个政策体系，主要包括以下几方面内容。

1. 旅游产业结构政策

旅游产业结构政策是旅游业中各行业结构的合理化，即食、住、行、游、购、娱六大要素的合理配套。旅游产业结构政策首先应考虑旅游业在整个国民经济中的地位，其次是旅游业与国民经济其他行业的协调发展关系，此外还应包括国内旅游业与国际旅游业的关系和政策协调。

2. 旅游产业地区政策

中国幅员辽阔，旅游资源分布和社会经济发展存在着较大的不平衡，这种不平衡引起了旅游供给结构中的地区差异性。因此，旅游业的发展应结合旅游资源的区位特点，在布局上、投资上要有重点、分层次，充分发挥地区比较利益的优势，推进地区产业结构合理化。

3. 旅游产业组织政策

旅游产业组织政策是调整旅游产业内企业间及企业内部组织结构关系的政策。旅游产业组织政策的目的，主要是为了提高企业的经济效益，促进生产服务产业的集团化和专业化，形成合理的组织结构体系，实现生产要素的最佳组合和有效利用。

4. 旅游产业技术政策

旅游产业技术政策是根据旅游产业发展目标，指导旅游产业在一定时期内技术发展的政策。它通过对旅游产业的技术选择、开发、引导、改造等，对旅游产业的技术结构、技术发展目标和方向、技术的国际竞争与合作等提出具体的要求，逐步推动旅游产业的发展。

5. 旅游产业布局政策

旅游产业受资源分布、交通条件、旅游行程等因素的影响，产业的布局分工与其他产业有所区别，既有产业分布的区域性问题，也存在产业分布点线结合、点面结合的问题。因此，旅游产业布局政策应根据旅游发展程度的区域性差异，在发展好东部沿海地区旅游业的同时，强调加快中西部地区旅游业的发展；根据旅游资源分布的独特性，强调形成旅游区域的专业化分工，如海南的海滨度假、黑龙江的冰雪旅游、云南的生态旅游和民俗旅游、四川的大熊猫故乡之旅、青藏高原风情之旅、内蒙古草原风光之旅、西北沙漠探险之旅等；根据各地具备的优势，如沿海、沿江、沿路、沿边等，形成有相对优势的旅游产品分布；根据资源互补、产品相关和交通便利等条件，加强旅游产品的点线、点面之间的联系，形成独具优势和竞争力强的产品系列。

6. 旅游市场开发政策

旅游业的外向性决定了旅游业的发展不仅要面向国内，更要面向国外，参与世界旅游市场的竞争是旅游产业政策不可缺少的内容。旅游市场开发政策包括促销经费的筹集、促销方案与措施的制定、市场竞争的策略等。

7. 旅游产业保障政策

旅游业是否健康发展还取决于其实施过程中是否能有相应的体制和保障政策与之相配套。旅游产业保障政策是为保障产业政策的贯彻实施应采取的有关经济的、法律的、行政的及其他多种手段的总称。

总之，旅游产业政策是为了增强旅游目的地的竞争力及其可持续发展，进而促进旅游目的地的社会福利最大化而制定的政策。许多旅游相关政策的制定都是一个社会发展的系统工程，这就需要旅游政策的决策者对旅游发展规律及趋势有深刻的了解，同时具备很强的协调和影响能力。否则，政策的制定就会由于这种或那种失误，影响旅游业的发展。

三、旅游产业政策的实施手段

(一)法律手段

目前，我国尚未有以法律形式出现的旅游产业政策，今后随着市场经济体制的确立和旅游经济的进一步发展，以法律手段来推行产业政策，具有广阔的空间。因为法律手段具有相对的稳定性，并且还具有极高的权威性。

(二)行政手段

在经济急剧变化的时期，行政手段具有简单易行的优点，今后在压缩行政手段运用空间的同时，对一些重要产业政策问题，仍将保留行政手段。但是，产业政策的行政手段将进一步弱化，即政府不再像过去那样对各个产业进行分门别类的具体行政干预，而是从宏观调控上以行政手段进行干预，其权威性将会提高。

(三)财政税收手段

从当前形势来看，财政对经济建设尽管可以发挥一定的导向作用，但其支持力度有限。同样，国家在税收方面可能采取的措施也将十分有限。因此，在今后产业政策中运用财政税收政策，一定要集中于少数必须通过财政税收政策予以支持的领域，如基础产业的发展、基础设施的建设和高新技术的发展，等等。即使在这些领域，国家的财政税收政策也只能起到引导的作用。

(四)金融手段

随着我国金融体制的改革，金融体制逐步健全与发展，金融手段在产业政策中的运用将日益增加。金融手段由于其多样化、灵活性的特点可以运用于不同的产业政策层面。不同的金融机构在不同的产业政策中处于不同的地位。国家的宏观经济政策，对整个国家的产业政策实施起着重要作用，国家对具体领域的信贷政策等可能影响到具体产业的发展。

(五)信息手段

信息手段目前在我国产业政策中已经得到应用并将起到越来越大的作用。信息手段的优点是覆盖面广，适应市场经济的运行特点，使用成本低。信息手段要发挥作用，一定要科学、权威、客观、及时。

四、旅游产业政策的实践

近年来，各地纷纷出台了一批《关于加快旅游业发展的决定》(相当于地方层面的产业政策)，构成了较为系统的地方政府支持旅游业发展的政策体系，为旅游业这个新经济增长点的健康成长提供了动力和保障。

(一)各地制定旅游产业政策的基本出发点

制定旅游产业政策的省份涵盖了我国旅游业发展的不同层次的地区，既包括旅游业较为发达的地区，也包括旅游业相对欠发达的地区。由此可见，旅游业在地方经济发展中的作用已得到较为普遍的认同，很多地区普遍将旅游业作为振兴地方经济的重要产业，旅游业作为国民经济新的增长点的意识已深入人心。

各地制定旅游产业政策主要基于以下几个方面的考虑。

(1) 随着旅游业的发展，其带动宏观经济发展的优势开始显现，许多地区认识到旅游业在增加收入、解决就业、带动相关产业等方面的综合优势以及作为支柱产业的巨大培养潜力，因而积极采取措施，使其真正成为地方经济的增长点。

(2) 国家旅游局“创建中国优秀旅游城市”的活动掀起了各地争创优秀的热潮，为了使城市综合环境有较大改善，提高旅游业在城市经济中的地位，各地对旅游业的重视程度普遍提高。

(3) 由于配套设施及产业基础薄弱，旅游业在发展过程中遇到许多困难，确实需要地方政府拿出实实在在的政策措施，对其加以扶持和帮助。

(4) 在许多地方，人们对旅游业作为重要产业的经济地位认识不足，需要靠政策加大宣传工作的力度，以统一认识、加速发展。

(二)我国旅游产业政策的内容

结合我国当前旅游业发展的需要和地方出台的政策，国家出台的旅游产业政策既应包含旅游业发展的指导方针和总体原则、投资政策、税收政策、就业政策、产业组织政策、区域布局政策、配套与保障政策等与宏观经济产业政策类似的内容，也应包含创汇政策、资源开发与保护政策、旅游市场促销政策、消费政策等旅游产业政策特有的内容。

1. 指导方针和总体原则

国家明确把旅游业作为国民经济新的增长点，支持和鼓励发展旅游业。制定国民旅游计划，鼓励开展国民旅游活动，积极为国民旅游创造条件；继续坚持大力发展入境旅游、积极发展国内旅游、适度发展出境旅游的总体指导方针；坚持物质文明与精神文明建设相统一的原则，实现经济效益、环境效益与社会效益相一致；坚持促进社会全面进步的原则，通过发展旅游业，推动经济欠发达地区的居民脱贫致富，提高经济比较发达地区的居民生活质量，吸纳社会就业和再就业，引导健康文明的消费时尚，陶冶旅游者情操，促进社会主义精神文明建设；坚持市场基础作用与政府主导相结合的原则，在鼓励通过市场配置资源和调控发展的基础上，各级政府应在旅游规划、基础设施建设、导向性投入、优化市场环境等方面发挥主导作用。

2. 投资政策

建立“旅游发展基金”，用于旅游市场促销。中央和地方各级财政增加对旅游业的基础性投入和导向性投入。建立中西部旅游产业发展基金，重点扶持中西部地区旅游基础设施建设和旅游资源的开发。加大对旅游扶贫的财政支持力度。设立旅游生态环保专项资金，实施旅游生态环保工程，促进旅游业的可持续发展。鼓励社会投资，吸引各方对旅游业的投入，推行投资主体多元化。

3. 税收政策

制定减免旅游企业税收的相关优惠政策。例如，减免旅游基础设施建设项目的固定资产投资方向调节税，减免新投资开发兴办的旅游项目或旅游企业的所得税，旅游车船公司更新车辆实行税赋减免，对进口旅游大型车船适当减免关税，对国内汽车厂商生产销售旅游汽车减免增值税等。按照国际惯例实行海外游客购物退税制度等。

4. 就业政策

鼓励旅游企业吸纳社会就业和再就业人员。建立旅游从业人员在职教育培训制度，提高旅游从业人员的职业素质和职业技能。

5. 产业组织政策

鼓励组建综合性或专业性的旅游集团管理公司，实现网络化规模经营。积极开展中外合资旅行社试点工作。鼓励符合上市条件的旅游企业通过资本市场筹集资本金，建立规范化的企业直接融资机制。

6. 区域布局政策

旅游区域布局和发展坚持优势互补的原则。以市场需求为先导，以产品开发为纽带，突破行政区划的局限，避免低水平、近距离重复建设，促进区域旅游经济联动发展。确定各旅游区域的发展定位及形象定位。

7. 配套设施与保障政策

积极完善旅游法制体系，推进旅游行业依法行政，严禁滥用职权等违规行为。加强各项旅游配套设施的完善。鼓励发展城市旅游经济，大力推进创建“中国优秀旅游城市”工作，建设一批具有国际水准的重点旅游城市，发挥其区域旅游中心的作用，重点扶持一批有发展潜力的旅游强市(县、镇)。公安、工商、税务、城管等部门应配合旅游部门，维护旅游市场秩序，保证游客安全。

8. 资源开发与保护政策

健全旅游规划体系，建立旅游资源和旅游产品开发标准体系。鼓励建立旅游开发区和生态旅游区，鼓励旅游资源的重点开发和成片开发。鼓励开发符合市场需求的大众旅游产品以及主题鲜明、特色突出的品牌旅游线路和旅游产品。禁止开发、建设一切破坏旅游资源区风貌的旅游项目。

9. 旅游市场促销政策

加强旅游促销工作的管理与协调，实施整体国家旅游形象宣传促销计划。国家鼓励旅游促销，建立专门的旅游发展基金，用于入境旅游市场和国内旅游市场的开发促销。鼓励采用形式多样、注重实效的旅游市场开发促销方式和手段。例如，组建区域联合的旅游信息网，加快旅游预订系统、分销系统及旅游资源信息系统的开发和应用，开展旅游业电子商务活动。制止旅游市场促销中的虚假宣传、诋毁同业及贬损他人市场形象的不正当行为。

10. 消费政策

积极营造有利于旅游业发展的社会舆论氛围。把旅游活动作为提高全民生活质量的重要标志进行宣传和倡导，努力消除不利于旅游业发展的传统偏见和误解。积极发挥旅游刺激消费、扩大内需的作用。促进部门联动，加强旅游市场培育，优化旅游市场环境，扩大旅游消费，刺激内需增长。倡导健康文明的旅游消费时尚。鼓励旅行社、饭店、旅游景点等对青少年、老年人和残疾人等群体给予费用优惠。

(三)我国旅游产业政策的作用

1. 明确旅游产业的定位产业

定位是具体措施的根本和主要依据。近年来，全国多数省区市都对旅游业有了明确的定位，如国民经济支柱产业、先导产业、第三产业的支柱产业等，但国家对旅游业一直缺乏明确的产业定位。1998 年年底，旅游业被列入国民经济新的增长点，但仅仅是导向性的说法，仍未能明确旅游业的重要产业地位。

2. 明确旅游产业的发展导向

旅游业发展所应坚持的原则和导向，是产业政策中应明确解决的问题。当前旅游产业发展中应当解决的导向性问题主要集中在旅游资源的保护与合理开发、防止旅游资源的破坏和破坏性开发、旅游业在未来经济社会发展中的综合功能的发挥等方面。

3. 推动旅游产业的大发展

目前各地虽然针对旅游业的发展出台了一系列的政策措施，但尚缺乏全国范围的整体措施和政策。产业政策的出台将为旅游业发展提供良好的发展环境。

知识拓展 3-2

带薪休假再获政策支持 助推旅游产业高增长[①]

18 日，国务院办公厅公布《国民旅游休闲纲要(2013—2020 年)》(以下简称《纲要》)提出，到 2020 年，职工带薪年休假制度基本得到落实。同时，也将对旅游休闲基础设施建设加大政策扶持力度。

《纲要》提出未来六项主要任务和措施，分别为保障国民旅游休闲时间、改善国民旅游休闲环境、推进国民旅游休闲基础设施建设、加强国民旅游休闲产品开发与活动组织、完善国民旅游休闲公共服务、提升国民旅游休闲服务质量。

为保障国民旅游休闲时间，《纲要》指出要落实《职工带薪年休假条例》，鼓励机关、团体、企事业单位引导职工灵活安排全年休假时间，完善针对民办非企业单位、有雇工的个体工商户等单位职工的休假保障措施，加强带薪年休假落实情况的监督检查，加强职工休息权益方面的法律援助。在放假时间总量不变的情况下，高等学校可结合实际调整寒、暑假时间，地方政府可以探索安排中小学放春假或秋假。

市场人士分析指出，未来带薪休假制度的落实能够增加民众可自主支配的假期，而受此影响，公众每年可能增加 1～2 个类似于黄金周的度假时段，这无疑将刺激旅游消费出现爆发式增长。

国家旅游局局长邵琪伟在 2013 年全国旅游工作会议上指出，2012 年全国旅游业保持了持续健康发展态势。2012 年我国旅游业总收入约 2.57 万亿元，同比增长 14%。全国假日旅游部际协调会议办公室 16 日发布的《2013 年春节黄金周旅游统计报告》显示，2013 年春节黄金周期间，全国共接待游客 2.03 亿人次，比上年同期增长 15.1%；实现旅游收入 1170.6 亿元，同比增长 15.4%，无论是从旅游人数，还是消费总量来说都创出了历史新高。

---

① 资料来源：http://finance.qq.com/a/20130219/001272.htm

值得注意的是，除了推动带薪休假制度的落实，在投资方面，旅游休闲基础设施建设也将迎来进一步发展。《纲要》指出，将加大政策扶持力度，逐步增加旅游休闲公共服务设施建设的资金投入；鼓励社会力量投资建设旅游休闲设施，开发特色旅游休闲线路和优质旅游休闲产品；鼓励和支持私人博物馆、书画院、展览馆、体育健身场所、音乐室、手工技艺等民间休闲设施和业态发展；落实国家关于中小企业、小微企业的扶持政策。

海通证券认为，《纲要》由国务院颁布，级别最高，有助于落实和推进。推进带薪休假，鼓励企业奖励旅游，学生旅游、企业旅游支出税收减免等，对我国旅游产业将形成中长期利好。

本章小结

旅游产业是以旅游资源为凭借，以旅游设施为基础，通过提供旅游产品和服务，满足消费者各种旅游需求的综合性行业。从对国内外有关文献的研究和比较看，对旅游业构成可以概括为部门组成说、类型组成说、功能组成说和泛旅游产业说几种主要观点和看法。旅游产业的特点主要体现在三个方面：行业聚集性、效应外部性、部门专业性。旅游产业发展模式是指旅游经济发展的基本运行方式和管理体制。从旅游业的形成、发展及其与国民经济的关系出发，旅游产业发展模式可分为超前型旅游产业发展模式和滞后型旅游产业发展模式；从旅游业发展的调节机制出发，可分为市场型旅游产业发展模式和政府主导型旅游产业发展模式；从旅游产业发展类别的先后顺序出发，可分为延伸型旅游产业发展模式和推进型旅游产业发展模式；从旅游业发展的目标和基本任务出发，可分为经济发展导向型旅游产业发展模式和创汇创收导向型旅游产业发展模式。旅游产业政策是国家和最高旅游行政组织为实现一定时期内的旅游发展目标而规定的行动准则。旅游产业政策的实施手段包括法律手段、行政手段、财政税收手段、金融手段和信息手段等。

课后练习

1. 旅游产业的概念是什么？
2. 旅游产业的构成部门有哪些？
3. 国外主要的旅游产业发展模式有哪些？
4. 我国的旅游产业发展模式是什么？
5. 旅游产业政策的实施手段有哪些？
6. 我国旅游产业政策的内容包括哪些方面？

第四章

旅游组织与行业管理

【学习目标】

通过本章的学习，要求学生了解旅游组织的概念、旅游组织的类型、旅游组织的职能以及旅游组织在旅游业发展中的作用与影响；掌握我国旅游行政组织、行业组织以及其他旅游组织的情况；了解世界上主要的国际旅游组织。

【关键词】

旅游行政组织　旅游行业组织　世界旅游组织

案例导入

世界旅游组织：2012 年全球游客突破 10 亿大关[①]

中国网 12 月 14 日讯 据联合国网站消息，世界旅游组织宣布，2012 年的全球旅游人数将在 12 月 13 日突破 10 亿人次，达到创纪录的新高。随着国际旅游持续增长，旅游业占全球国内生产总值的比例也达到 9%。

世界旅游组织表示，尽管 2012 年全球经济形势仍不明朗，但游客数量却持续保持增长，达到创纪录的 10 亿人次。国际旅游业目前已成为全球最大经济部门之一，每 12 个人中就有一人在旅游部门就业，其产出占世界服务出口的 30%，占最不发达国家出口总量的近 8%。

为庆祝全球游客突破 10 亿大关，并唤起旅游者尊重目的地文化、保护当地文化遗产的意识，世界旅游组织发起了一个名为“10 亿名游客，10 亿个机会”的运动。

据介绍，在众多参与者提供的保护目的地并促进当地发展的旅游提示中，一个叫“在当地购物”的提示获得了最多的票数，夺得桂冠。这一提示鼓励游客通过在旅游目的地购买食品和纪念品，以及雇用当地导游的方式，确保其消费转化为就业机会和经济收入，使目的地社区民众受益。获得第二名的是一个名为“尊重当地文化”的提示，呼吁游客在出发之前，了解目的地的风俗和传统并学习一些当地的语言。

由于无法确切知道第 10 亿名游客将于何时何地抵达目的地，因此 12 月 13 日只是世界旅游组织设立的一个象征性的日期。当天，世界旅游组织在其总部所在城市西班牙首都马德里的普拉多博物馆举行仪式，迎接象征性的第 10 亿名游客。

辩证性思考

1. 世界旅游组织是什么样的组织？
2. 世界旅游组织的主要宗旨是什么？

第一节　旅游组织概述

一、旅游组织的概念

所谓组织，是指为了达到既定目标而组成的具有一定纲领、一定结构层次的正式关系的人群集合体，如企业、学校、政府部门和社会团体等。组织具有三个基本特征：一是有明确的目标；二是有按照目标需要确定的机构形式，成员之间有明确的分工与协作；三是

① 资料来源：http://news.hexun.com/2012-12-14/149067107.html

有不同的权力和责任制度。旅游组织是为了发展旅游目的而由一定成员组成的独立的人群集合体。其特征表现为：有相对稳定的组成成员，有自己的章程、组织机构、行为目标和活动经费，依据有关的法律登记、注册或批准而设立，以自己的名义从事各种与旅游有关的活动。旅游组织有广义和狭义之分。广义的旅游组织通常包括：旅游行政组织，如墨西哥国家旅游部；旅游行业组织，如中国旅游协会(CTA)；旅游民间组织，如世界旅行社协会联合会(UFTAA)；旅游教育组织，如桂林旅游高等专科学校；旅游科学研究组织，如国际旅游科学专家联合会(IASET)；旅游出版组织，如中国旅游出版社(CTTP)；旅游经营组织，即旅游企业，如旅行社等。狭义的旅游组织通常仅指广义旅游组织的前三类。本章内容是根据狭义旅游组织的范围进行论述的。

二、旅游组织的类型

旅游组织的种类繁多，形式不一，性质也五花八门。但以其基本性质为标准来划分，大体上可将其分为旅游行政组织和旅游行业组织两大类。

(一)旅游行政组织

旅游行政组织即由官方负责旅游业的宏观调控与管理及行业立法与监督检查，制定行业技术标准，指导旅游资源开发与利用，进行旅游业整体促销，加强旅游服务质量管理，维护旅游者权益等工作的宏观性、战略性和政策性的旅游行业管理机构。旅游行政组织，从国际的角度来看，首先是指一个国家的全国性旅游行政组织，也就是国际旅游研究中所谓的国家旅游组织(NTO 或 NTA)。按照联合国世界旅游组织所作的解释，国家旅游组织是指一个国家中为国家政府所承认，负责管理全国旅游行政事务的组织。目前，世界上很多国家为了便于对本国旅游业的有效干预与管理，都设立了全国性的国家旅游行政组织。但是，由于各国的政治经济制度、旅游业发展水平、政府产业政策以及旅游业在国民经济中的地位等方面的不同，其设立的组织形式、所拥有的权力和地位也存有差异。

综观世界各国的情况，国家旅游组织的设立形式大致可以划分为以下三类。

1. 国家政府直接设立，并作为政府的一个部门机构

以这类形式设立的国家旅游组织在世界各国中又表现为四种类型。

(1) 完整而独立的旅游部，如菲律宾、印度和墨西哥就采用这种形式。

(2) 与政府的其他部门合成一个混合部，如马来西亚为文化旅游部，西班牙为交通、旅游和通讯委员会，肯尼亚为旅游与野生动物部。

(3) 政府某一部的下设机构，即部下设立旅游管理局。采用这种形式的国家如日本在运输部下设国际观光局，新加坡在工商部下设旅游促进局，比利时在文化部下设旅游局。

(4) 国家政府单独设立为直属的旅游局，如我国、泰国和朝鲜等国家就采用这种形式。

2. 经国家政府承认，代表政府执行全国性旅游行政事务的半官方组织

该类机构的负责人由政府有关部门任命，政府资助其全部或部分经费，但它们具有自己的法人地位，在行政和财政上是独立的。如英国和挪威的旅游管理组织就属这种法定组织。

3. 经国家政府承认，代表政府行使旅游行政管理职能的民间组织

这种民间组织多为影响力较大的全国性旅游协会。该类组织经政府同意其代行旅游行政管理职能后，通常会受到政府财政的资助，但它的领导人员由协会成员选举产生。这类组织对外代表官方旅游组织，对内代表旅游业的利益。如德国旅游协会、香港旅游协会就属于这种情况。随着旅游业在社会、经济、文化等领域的作用日益突出、地位不断提高，各国旅游行政组织也得到了不断地完善和加强。一方面，没有设置旅游行政组织的国家纷纷设置了；另一方面，已经设置了旅游行政组织的国家，则不断强化其在政府中的地位与作用。

此外，为了适应旅游业综合性的特点，很多国家开始建立和健全旅游协调机构，尽管形式各异，但通常都具有以下共同点。

(1) 成员的广泛性。凡与旅游业直接关联的政府部门，都是该协调机构的成员。

(2) 机构的权威性。该机构主要从事协调工作，多由政府总理或副总理亲自挂帅，成员或为有关部长、副部长，或为有关各部主管局长等。

(3) 旅游部门的主导性。由于协调机构服务的对象是旅游业，所以旅游行政部门的代表在协调中大都处于唱主角的地位。

(二)旅游行业组织

在旅游业的发展进程中，以加强行业间的沟通协作、提高行业声誉、促进行业发展为目的而形成的各类旅游组织，都可称为旅游行业组织。旅游行业组织形式不一，性质也不尽相同。如表 4-1 所示，按照服务或管理的地域范围，旅游行业组织可以分为全球性、区域性、全国性、国内地方性等旅游行业组织；按照发起人与成员的身份可以分为官方和非官方(民间)旅游行业组织；按照运行模式可以划分为营利性和非营利性旅游行业组织；按照业务职能可以划分为政治与经济性、科学与学术性、业务与行业性等旅游行业组织；等等。

表 4-1　旅游行业组织类别的划分与举例

划分标准	类　型	举　例
服务或管理的地域范围	全球性旅游行业组织	联合国世界旅游组织(UNWTO)
	区域性旅游行业组织	太平洋亚洲旅行协会(PATA)

续表

划分标准	类 型	举 例
服务或管理的地域范围	全国性旅游行业组织	中国旅游协会(CTA)
	国内地方性旅游行业组织	河南省旅游协会(HNTA)
发起人与成员的身份	官方旅游行业组织	联合国世界旅游组织(UNWTO)
	非官方旅游行业组织	国际旅游学会(IAT)
运行模式	营利性旅游行业组织	世界旅行与旅游理事会(WTTC)
	非营利性旅游行业组织	国际旅游科学院(IAST)
业务职能	政治与经济性旅游行业组织	欧洲旅游委员会(ETC)
	科学与学术性旅游行业组织	国际旅游科学专家联合会(IASET)
	业务与行业性旅游行业组织	世界旅行社协会联合会(UFTAA)

三、旅游组织的职能

旅游组织的性质不同，职能表现也不一样。

(一)旅游行政组织的职能

尽管旅游行政组织的形式和地位不同，权限有大小，但它们作为旅游业发展的管理机构，一般具有以下方面的职能。

(1) 制定旅游业发展的战略规划和方针政策，并在实施中进行综合平衡与宏观调控。

(2) 培育和完善旅游市场，推进旅游业体制改革。

(3) 制定旅游业各项行政法规、行业规范并监督实施。

(4) 促进和引导旅游行业的投入。

(5) 进行国际市场的促销与开拓，制定与管理出入境旅游事务。

(6) 对涉及旅游业务的企事业单位进行行业管理，依法进行监督检查。

(7) 指导和管理旅游教育和培训工作，制定、贯彻与实施旅游从业人员的职业资格制度和等级制度。

(8) 负责旅游资源的普查、规划，并协调旅游资源的开发利用和保护工作，组织并指导重要旅游产品的开发。

(9) 负责旅游统计工作，为发展旅游业提供信息服务。

(10) 承办政府交予的其他事项。

(二)旅游行业组织的职能

总的来说，旅游行业组织具有服务和管理两种职能。但行业组织的管理职能不同于政府旅游行政组织的管理职能，它不带有任何行政指令性和法规性，其有效性取决于行业组织本身的权威性和凝聚力。具体而言，旅游行业组织应具备以下基本职能。

(1) 作为行业代表，与政府机构或其他行业组织商谈有关事宜。

(2) 对行业的经营管理和发展问题进行调查研究，并协调解决发展中存在的问题。

(3) 制定成员共同遵守的行业标准、经营标准以及行规会约并提供行业间技术指导。

(4) 调查和协调行业发展中的关系，搞好行业内的旅游开发和市场营销。

(5) 就行业发展现状、趋势等其他问题开展研讨。

(6) 组织并进行专业研讨会，为行业成员开展培训班和专业咨询业务。

(7) 加强成员间的信息沟通，定期发布行业发展的有关统计分析资料。

(8) 交流信息与经验，阻止行业内部的不合理竞争。

四、旅游组织在旅游业发展中的作用与影响

旅游组织是旅游业发展到一定阶段的必然产物，同时又是推动旅游业更快、更深入、更规范发展的重要力量。总的来说，旅游组织对旅游业发展的作用与影响主要体现在以下几个方面。

(1) 帮助树立和提升旅游目的地形象。各级旅游组织在当地一般都具有广泛的代表性和影响力，各旅游目的地或成员单位在接受各级各类旅游组织的管理、指导和帮助的同时，可以利用这种影响力来开展目的地营销，通过该组织所发布的权威信息来树立自己的鲜明形象，扩大在业内的知名度。

(2) 推动和促进同行业的跨区域交流与合作。各级各类旅游组织通过组织内部的信息沟通和交流、资源共享，共同致力于旅游业或同行业的进一步发展。

(3) 促进旅游信息的交流和传播。各级各类旅游组织一般都设有信息中心，负责搜集市场的第一手资料，并通过发布分析报告、提供资讯服务、编写统计报告和出版发行内部报纸杂志等形式来促进旅游信息的交流与传播，从而引导行业发展，对国家和地区旅游业的发展起着引导作用。

(4) 通过监督与劝告来制止组织的内部成员为追求短期经济利益而进行的破坏性开发与建设，通过保护旅游资源来保证旅游业的可持续发展。

(5) 通过举办年会、研讨会、培训班等形式，提高旅游从业人员的水平，在人才层面上为旅游业的进一步发展储备后继力量。

第二节　我国的旅游组织

我国的旅游组织按照其业务职能大体上可以划分为三大类，即旅游行政组织、旅游行业组织和其他旅游组织。

一、旅游行政组织

国务院在 1985 年批转国家旅游局《关于当前旅游体制改革几个问题的报告》中提出："国家旅游局作为国务院的职能部门，要面向全行业，统管全国旅游事业。各省、自治区、直辖市可根据国际、国内旅游发展的需要设置旅游局，经管本地的旅游工作。"时至今日，各省(区、市)不仅设立了旅游局或旅游管理委员会，而且连其管辖的市、区、县也根据当地旅游业发展的需要，纷纷设立了相应的旅游行政组织。因此，当前我国旅游行政管理体制也相应地由三个层次构成。

(一)中华人民共和国国家旅游局

中华人民共和国国家旅游局，是国务院主管旅游工作的直属机构，是我国最高旅游行政主管机构，它对外代表我国的国家旅游组织(NTO 或 NTA)，对内统辖全国的旅游事业。国家旅游局作为国务院主管旅游业的直属机构，主要职能如下。

(1) 研究拟定旅游业发展的方针、政策和规划，研究解决旅游经济运行中的重大问题，组织拟定旅游业的法规、规章及标准并监督实施。

(2) 协调各项旅游相关政策措施的落实，特别是假日旅游、旅游安全、旅游紧急救援及旅游保险等工作，保证旅游活动的正常运行。

(3) 研究拟定国际旅游市场开发战略，组织国家旅游整体形象的对外宣传和推广活动，组织指导重要旅游产品的开发工作。

(4) 培育和完善国内旅游市场，研究拟定发展国内旅游的战略措施并指导实施，监督、检查旅游市场秩序和服务质量，受理旅游者投诉，维护旅游者合法权益。

(5) 组织旅游资源的普查工作，指导重点旅游区域的规划开发建设，组织旅游统计工作。

(6) 研究拟定旅游涉外政策，负责旅游对外交流与合作，代表国家签订国际旅游协定，制定出境旅游、边境旅游办法并监督实施。

(7) 组织指导旅游教育与培训工作，制定旅游从业人员的职业资格制度和等级制度并监督实施。

(8) 指导地方旅游行政机关开展旅游工作。

(9) 负责局机关及在京直属单位的党群工作，对直属单位实施领导和管理。

(10) 承办国务院交办的其他事项。为了更好地履行上述职责，国家旅游局的组织机构几经调整，现内设 6 个职能部门，分别是办公室(综合协调司)、政策法规司、旅游促进与国际联络司、规划发展与财务司、质量规范与管理司和人事劳动教育司。

相关案例 4-1

国家旅游局在澳门开展主题推广活动[1]

4月10日，国家旅游局杜江副局长率北京、天津、湖南、湖北、四川、云南、海南、新疆等21个省区市旅游部门和企业参加的代表团，在澳门举办了“美丽中国之旅——2013中国海洋旅游年”主题宣传推广活动。澳门特别行政区社会文化司司长张裕、中央人民政府驻澳门特别行政区联络办公室副主任李本钧、澳门旅游局局长文绮华、澳门民政总署管理委员会委员马锦强、南光集团董事长许开程等出席了活动。

在主题推广活动场地，21个省区市各具特色的展台向澳门民众展示了本地区精品旅游线路，“大美青海”、“灵秀湖北”、“七省市高铁之旅”等诠释了“美丽中国之旅”的整体形象。各地通过旅游图片展示、旅游咨询服务、旅游知识有奖问答等多种形式向当地居民展示和推介内地丰富多彩的旅游产品。

现场抽奖活动以及来自湖北省、陕西省和青海省的文艺表演团队表演的精彩绝伦的武当太极功夫、富含文化底蕴的华阴老腔和浓郁的少数民族风情，吸引了大批途经广场的澳门民众驻足、拍照留念。当地旅行社负责人和民众表示，举办面向公众的推广活动，有助于旅行社开发内地旅游市场和直观了解内地旅游产品信息。

活动举办前，杜江会见了中央人民政府驻澳门特别行政区联络办公室副主任李本钧。

(二)省(区、市)旅游行政组织

各省(区、市)设立的旅游局(旅游管理委员会)主管其所在地的旅游行政工作，这些旅游行政机构在组织上属地方政府部门编制，在业务上接受地方政府的领导和国家旅游局的指导。为便于说明其机构设置及部门职能、职责等情况，现以河南省旅游局为例进行介绍。

河南省旅游局是主管全省旅游的省政府直属机构，主要职能、职责和机构设置如下。

1. 主要职能

河南省旅游局负责本省旅游业发展的规划、开发、管理以及宣传与促销等工作。

2. 主要职责

贯彻执行国家有关旅游业的方针政策和法律法规；拟定全省旅游业发展的政策、规划并监督实施；制定全省旅游行业设施标准和服务标准并组织实施；研究制定国际旅游市场开发战略，组织全省旅游整体形象的对外宣传和重大促销活动，组织实施全省旅游产品开发；研究并拟定全省国内旅游发展的战略措施，培育和完善全省国内旅游市场；指导市地

[1] 资料来源：http://www.qh.xinhuanet.com/2013-04/13/c_115374115.htm

旅游工作；协助省发展计划部门审批国家、省下达的旅游业发展资金的投资立项工作；指导、监督全省重点旅游区域的规划开发建设；负责全省旅游业利用外资和社会投资工作；负责全省旅游资源的调查和旅游统计工作；负责全省国际国内旅行社、旅游涉外星级饭店、旅游涉外车船公司、旅游定点单位以及其他经营旅游业的企事业单位的审批、申报和管理工作；组织、参与全省旅游交通的协调及旅游安全、旅游保险和娱乐文化工作；负责监督、检查旅游市场秩序和旅游服务质量；负责全省中国公民出国旅游及赴香港、澳门特别行政区旅游和台湾地区旅游、特种旅游事务；负责全省旅游涉外事务，管理旅游签证；指导旅游行业精神文明建设；监督、检查全省旅游行业经营单位的财务工作；组织全省旅游行业教育培训和旅游从业人员岗位资格考试工作；指导全省旅游院校的业务工作；承办省政府交办的其他事项。

3. 机构设置

(1) 办公室(政策法规处)：综合协调机关行政事务工作；负责会议组织、秘书事务、信息综合、文电处理、信访、文书档案管理和机要保密工作；监督旅游行业法律、法规、规章的执行情况；拟定旅游地方性法规和规章草案；指导、承办行政复议、应诉工作；承担本系统普法工作；指导、普及全省旅游信息化工作。

(2) 人事教育处(机关党委)：负责局机关和直属单位的人事、机构编制工作；研究拟定旅游行业教育培训规划、计划并监督实施；指导全省旅游院校的业务工作；负责机关党委和机关工会日常工作；负责机关和旅游行业精神文明建设。

(3) 市场开发处：研究拟定全省国际国内旅游市场开发战略并组织实施；组织全省旅游整体形象的对外宣传和重大促销活动；指导全省各市旅游局、企业和景区的国(境)外促销工作；负责日常外事联络工作；培育和完善全省国内旅游市场；指导全省旅游产品的包装和策划；策划、制作河南旅游宣传品；负责旅游市场的调研工作。

(4) 行业管理处：管理、指导全省经营国际国内业务的旅行社、旅游涉外星级饭店、旅游涉外车船公司及其他旅游定点单位；组织并参与全省旅游安全事故的救护与处理；负责监督检查旅游市场秩序和旅游服务质量；负责全省中国公民自费出国旅游及赴香港、澳门特别行政区旅游和台湾地区旅游、特种事务旅游；管理旅游签证；负责处理旅游涉外事件；指导全省中国优秀旅游城市创建工作；拟定全省旅游行业设施标准和服务标准并组织实施。

(5) 规划财务处：负责拟定全省旅游发展规划；负责全省旅游资源调查和重要旅游资源开发规划的制定、审批；负责全省旅游景区、景点经营许可证的审批、颁证和景区(点)质量等级评定，并向社会公告；负责全省旅游产品开发、纪念品的开发和旅游招商引资工作；负责国家、省下达的旅游业发展资金的投资立项审批和国有资产、各种经费的管理工作；指导、监督全省旅游行业的财务工作；负责旅游统计工作。

(三)省(区、市)以下的地方旅游行政组织

在省(区、市)以下的地方层次上，很多市(地、州)、区(县、旗)也成立了相应旅游行政组织，负责其行政区域范围内的旅游管理工作。在未设立旅游行政组织的市(地、州)、区(县、旗)，有关旅游业开发与管理等方面的事务则在上级政府旅游行政组织的指导下，由当地政府配合承担。

二、旅游行业组织

我国的旅游行业组织是在国家旅游局的具体指导下，由有关社团组织和企事业单位在平等自愿的基础上组织成立的各种行业协会。就其组织性质而言，它们都属于非营利性的社会组织，具有独立的社团法人资格。

(一)我国旅游行业组织的宗旨与任务

1. 宗旨

我国旅游行业组织的宗旨是：遵守国家法律和有关政策，遵守社会道德风尚，代表和维护行业的共同利益和会员的合法权益，在政府有关业务主管部门的指导下，为行业和会员服务，在政府和会员之间发挥桥梁纽带作用，为促进我国旅游业的健康持续快速发展作出积极贡献。

2. 任务

我国旅游行业组织的任务是：向政府有关部门反映会员单位中带有普遍性的问题与合理要求，向会员单位宣传政府的有关政策、法律并协助贯彻执行，发挥社会中介组织作用；协调会员间的关系，发挥行业自律作用，制定行业自律公约，督促会员共同遵守；开展调查研究，为行业发展和政府决策提供建议，向会员提供国内外本行业的有关信息、资料和咨询服务；组织有关本行业发展问题的研讨和经验交流，推动和督促会员单位提高服务质量与管理水平；根据行业发展需要，开展业务培训活动；加强同旅游行业内外有关组织、社团的联系与合作，对外以民间组织身份开展国际交流与合作；承办政府主管部门交办的其他工作。

(二)全国性的旅游行业组织

1. 中国旅游协会

中国旅游协会(China Tourism Association，CTA)是由中国旅游行业的有关社团组织和企事业单位在平等自愿基础上组成的全国综合性旅游行业协会，具有独立的社团法人资格。

它是 1986 年 1 月 30 日经国务院批准正式宣布成立的第一个旅游全行业组织，1999 年 3 月 24 日经民政部核准重新登记。协会接受国家旅游局的领导、民政部的业务指导和监督管理。

(1) 协会宗旨：中国旅游协会遵照国家的宪法、法律、法规和有关政策，代表和维护全行业的共同利益和会员的合法权益，开展活动，为会员服务，为行业服务，为政府服务，在政府和会员之间发挥桥梁纽带作用，促进我国旅游业的持续快速健康发展。

(2) 协会主要任务：对旅游发展战略、旅游管理体制、国内外旅游市场的发展态势等进行调研，向国家旅游行政主管部门提出意见和建议；向业务主管部门反映会员的愿望和要求，向会员宣传政府的有关政策、法律、法规并协助贯彻执行；组织会员订立行规会约并监督遵守，维护旅游市场秩序；协助业务主管部门建立旅游信息网络，搞好质量管理工作，并接受委托，开展规划咨询、职工培训；组织技术交流，举办展览、抽样调查、安全检查，以及对旅游专业协会进行业务指导；开展对外交流与合作；编辑出版有关资料、刊物，传播旅游信息和研究成果；承办业务主管部门委托的其他工作。

(3) 协会机构：协会的最高权力机构是会员代表大会，每四年召开一次。会员代表大会的执行机构是理事会，由会员代表大会选举产生，每届任期四年，每年召开一次会议。理事会闭会期间，由常务理事会行使其职权。常务理事会由理事会选举产生，每年召开两次会议，常务理事会由会长、副会长、常务理事和秘书长组成。常务理事会设办公室作为办事机构，负责日常具体工作。中国旅游协会根据工作需要还设立了五个相对独立开展工作的专业协会，分别是中国旅行社协会、中国旅游饭店业协会、中国旅游车船协会、中国旅游报刊协会和中国旅游景区协会。它们在中国旅游协会的指导下，进行各自有关的专项活动。

2. 中国旅行社协会

中国旅行社协会(China Association of Travel Services，CATS)于 1997 年 10 月 24 日在北京成立，是由中国境内的旅行社、各地区性旅行社协会或其他同类协会等单位，按照平等自愿的原则结成的全国旅行社行业的专业性协会，具有独立的社团法人资格。协会接受国家旅游局的领导、民政部的监督管理和中国旅游协会的业务指导。

(1) 协会宗旨：遵守国家的宪法、法律、法规和有关政策，遵守社会道德风尚，代表和维护旅行社行业的共同利益和会员的合法权益，努力为会员服务，为行业服务。在政府和会员之间发挥桥梁纽带作用，为中国旅行社行业的健康发展作出积极贡献。

(2) 协会主要任务：宣传贯彻国家旅游业的发展方针和旅行社行业的政策法规；总结交流旅行社的工作经验，开展与旅行社行业相关的调研，为旅行社行业的发展提出积极并切实可行的建议；向主管单位及有关单位反映会员的愿望和要求，为会员提供法律咨询服务，保护会员的共同利益，维护会员的合法权益；制定行规会约，发挥行业自律作用，督促会员单位提高经营管理水平和接待服务质量，维护旅游行业的市场经营秩序；加强会员之间的交流与合作，组织开展各项培训、学习、研讨、交流和考察等活动；加强与行业内外的有关组织、社团的联系、协调与合作；开展与海外旅行社协会及相关行业组织之间的交流与合作；编印会刊和信息资料，为会员提供信息服务；承办主管单位委托的其他工作。

(3) 协会组织机构：协会的最高权力机构是会员代表大会，每四年举行一次。协会设立理事会和常务理事会，理事会对会员代表大会负责，是会员代表大会的执行机构，在会员代表大会闭会期间领导协会开展日常工作；常务理事会对理事会负责，在理事会闭会期间行使其职权。协会实行团体会员制，凡在中国境内依法设立、守法经营、无不良信誉的旅行社及与旅行社经营业务密切相关的单位和各地区性旅行社协会或其他同类协会，承认和拥护协会章程，均可申请加入协会。《旅行社之友》为协会会刊，每月一期，免费为会员单位送阅。

3. 中国旅游饭店业协会

其原名为中国旅游饭店协会，成立于1986年2月25日。1997年11月更名为中国旅游饭店业协会(China Tourist Hotels Association，CTHA)，是中国境内的饭店和地方饭店协会、饭店管理公司、饭店用品供应厂商等相关单位，按照平等自愿的原则结成的全国性的行业协会，经国家民政部登记注册，具有独立的社团法人资格。协会接受国家旅游局的领导、民政部的监督管理和中国旅游协会的业务指导。

(1) 协会宗旨：遵守国家法律法规，遵守社会道德风尚，代表中国旅游饭店业的共同利益，维护会员的合法权益，倡导诚信经营，引导行业自律，规范市场秩序，在主管单位的指导下，为会员服务，为行业服务，在政府与企业之间发挥桥梁纽带作用，为促进中国旅游饭店业的健康发展作出积极贡献。

(2) 协会主要任务：协调会员饭店间的关系；研究、总结和交流饭店经营管理经验；组织业务培训；提供咨询服务；与国外饭店进行经验交流与合作；组织出版协会刊物。

(3) 协会组织机构：协会的最高权力机构是会员大会(或会员代表大会)，由会员单位的法定代表人组成，每届四年。协会设立理事会和常务理事会，理事会是会员大会(或会员代表大会)的执行机构，在会员大会(或会员代表大会)闭会期间开展日常工作。常务理事会由理事会选举产生，常务理事会由会长1人，副会长、常务理事若干人和秘书长1人组成，在理事会闭会期间行使其职权。协会会员中聚集了全国饭店业中知名度高、影响力大、服务规范、信誉良好的星级饭店，国际著名饭店集团在内地管理的饭店基本上都是协会会员。中国旅游饭店业协会已于1994年3月以国家会员资格正式加入国际饭店与餐馆协会，成为国家级协会会员。

4. 中国旅游车船协会

其原名为中国旅游汽车联合会，1988年10月在桂林成立。1989年12月更名为中国旅游车船协会(China Tourism Automobile and Cruise Association，CTACA)，是由全国境内的旅游汽车、游船企业和旅游客车及配件生产企业、汽车租赁、汽车救援等单位，在平等自愿基础上组成的全国旅游车船行业的专业性协会，是非营利性的社会组织，具有独立的社团法人资格。本会主管单位为国家旅游局，社团登记管理机关为民政部。本会接受国家旅游局的领导、民政部的监督管理和中国旅游协会的业务指导。

(1) 协会宗旨：遵守国家宪法、法律、法规和政策，遵守社会道德风尚，广泛团结联系旅游车船业界人士，代表并维护会员的共同利益和合法权益，努力为会员、政府和行业服务，在政府和会员之间发挥桥梁纽带作用，为把我国建设成为世界旅游强国、促进国民经济和社会发展作出积极贡献。

(2) 协会主要任务：宣传贯彻国家有关旅游业发展的方针政策；向主管单位反映会员的愿望和要求；总结交流旅游车船企业的工作经验，收集国内外本行业信息，深入进行调查研究，向主管单位提供决策依据和积极建议；组织会员订立行规会约并监督遵守，维护旅游市场秩序，协助主管单位加强对旅游市场的监督管理；为会员提供咨询服务，加强会员之间的交流与合作，组织开展培训、研讨、考察和新经验、新技术及科研成果的推广等活动，沟通会员间的横向联合，促进行业间的业务联网；指导下设的专业委员会开展业务活动；加强与行业内外的相关组织、社团的联系与合作；开展与国际旅游联盟(AIT)等海外相关行业组织之间的交流与合作；编印会刊和信息资料，为会员提供信息服务；承办主管单位委托的其他工作。

(3) 协会组织机构：协会的最高权力机构是会员大会，由各会员单位的法人代表组成。理事会是会员大会的执行机构，由会员大会选举产生，每届任期四年，在闭会期间开展日常工作。协会设常务理事会，由会长、副会长、秘书长和常务理事组成，他们均由理事会选举产生，在理事会闭会期间行使相关职权，每届任期四年。协会接纳团体会员，凡在中国境内经注册批准、依法经营、无不良信誉的旅游汽车、游船企业，旅游客车、配件生产企业，汽车租赁、汽车救援等企业，以及与旅游车船行业相关的单位，承认和拥护本会的章程，都可以申请加入协会。

5. 中国旅游报刊协会

中国旅游报刊协会(China Association of Tourism Journals，CATJ)成立于 1993 年 8 月 25 日，是以全国与旅游信息传播相关的报纸、期刊及相关的大众传媒单位为主，同时吸收旅游企业报刊参加，按平等自愿原则组成的全国性专业组织。本会是非营利性社会团体，具有独立的社团法人资格。协会接受国家旅游局的领导、民政部的监督管理和中国旅游协会的业务指导。

(1) 协会宗旨：遵守宪法和法律，遵守国家与旅游和新闻行业的有关规定，遵守社会道德风尚，恪守职业道德；代表和维护旅游信息传播单位的共同利益和会员的合法权益，努力为会员服务，为政府服务，在旅游行政部门和会员之间发挥桥梁纽带作用；团结全国各类传播旅游信息的报刊和大众媒体，促进旅游业持续快速健康发展。

(2) 协会主要任务：维护旅游信息传播工作者的合法权益，向政府部门反映旅游信息传播工作者的意愿和要求，向会员宣传政府的有关法律、法规和政策；搜集与旅游信息相关的基础资料并调研有关情况，向主管单位提出发展建议，协助推动旅游信息传播工作的协调发展；加强旅游报刊和传媒之间的联系和团结，总结交流有关经验，开展信息交流、专题调研、学术研讨、作品评奖、业务培训等活动，提高旅游信息服务的质量；组织旅游信息传播工作者学习我国旅游业的方针政策，进行实地考察和现场采访，报道我国旅游业的发展和成就，宣扬我国旅游行业的先进典型，促进社会主义精神文明建设，积极参与纠正旅游行业不正之风；协调会员关系，编辑信息资料，出版会刊，建立网站或网页，为会员提供信息、咨询服务；提高大众传媒传播旅游信息的积极性，协助其开展活动，不断扩大旅游信息服务的影响；加强与有关组织、社团的联系与合作，开展同海外相关行业组织之间的交流与合作；承办主管单位委托的其他工作。

(3) 协会组织机构：协会的最高权力机构是会员大会，每四年召开一次。协会设立理事会和常务理事会。理事会是会员大会的执行机构，成员由会员大会选举产生，每届任职四年，在理事会闭会期间开展日常工作；常务理事会由会长 1 人，副会长、常务理事若干人和秘书长 1 人组成，成员均由理事会选举产生，在理事会闭会期间行使相关职权。协会实行团体会员制，凡在中国境内经注册批准、无不良信誉的从事与旅游信息传播直接有关的企事业单位、在旅游信息传播领域内有一定影响的相关单位或区域性的同类协会和旅游企事业的内部报刊，承认和拥护本会章程，都可申请加入协会。此外，中国旅游协会根据工作需要还设立了 5 个分会(专业委员会)，分别是旅游城市分会(CTCA)、旅游景区分会(CTAA)、旅游教育分会(CTEA)、中国旅游协会妇女旅游委员会(对外称中国妇女旅游委员会)、旅游商品与装备专业委员会(CTMEC)，这些分会在中国旅游协会的指导下，进行各自有关的专项活动。

(三)地方性旅游行业组织

在地方层次上，我国各省(区、市)大都成立了各种旅游协会，如四川省旅游协会、湖北省旅游协会等。这些地方性旅游协会的成员中，既有团体会员也有个人会员，这些成员多来自本行业中的有关企业、与本行业密切相关的其他部门单位、旅游科研单位以及旅游教育机构等。这些协会在性质上也都属于非营利性的社会组织或民间团体，在开展工作上接受当地旅游行政组织的指导。

三、其他旅游组织

除了上述旅游行政组织、旅游行业组织以外，我国还设有一些全国性或地方性的其他旅游组织，这些组织对我国旅游业的发展做出了自己独有的贡献，现择一、二作简单介绍。

(一)中国乡村旅游协会

中国乡村旅游协会原名为中国农民旅游业协会，于 1987 年 12 月在北京成立。1990 年 10 月 29 日，中国农民旅游业协会在其第六次常务理事扩大会议上原则同意更名为中国乡村旅游协会。该协会是由广大从事乡村旅游业的专家、学者、知名人士以及有关单位、团体等组成的全国性组织，具有社团法人资格。协会在业务上接受国家旅游局的领导。协会的宗旨是大力发展具有中国特色的社会主义乡村旅游业，探索国际、国内旅游业发展的新趋势，促进我国乡村精神文明和物质文明建设，为我国旅游业的全面发展做出贡献。

(二)中国旅游文化学会

中国旅游文化学会是经民政部批准的具有全国性社团法人资格的民间性学术团体，于 1989 年 9 月 18 日在北京正式成立。学会的宗旨是研究旅游文化的理论与实践，推动我国旅游事业的发展。学会的具体任务是组织和推动我国旅游文化的研究和旅游文化的创作；举办各种类型的旅游文化研讨会和旅游文学笔会并组织与其有关的国内和国际的交流活动；组织有关专家，为历史文化名城、著名风景名胜区和待开发的旅游资源区就旅游资源的开发与利用进行研讨与咨询，为促进旅游文化的发展提供服务；为各地开发具有中国风格、民族特色和地方特点的旅游纪念品和晚间文娱活动提供咨询、人才和服务；编辑、出版有关旅游文化和旅游文学的书刊资料，承接委托摄制有关旅游文化的影视片等。

(三)中国旅游文学研究会

中国旅游文学研究会，原名为中国山水旅游文学研究会，成立于 1987 年，是一个从事旅游文学研究的全国性学术团体。该研究会的宗旨是团结全国旅游文学研究者，从事中国旅游文学和旅游文化的系统研究，为弘扬民族文化，建设具有中国特色的旅游文化事业服务。此外，我国还有中国旅游未来研究会、中国旅游学术论坛(CTA)和高等旅游院校协作会等旅游学术与教育组织。这些组织为全国的旅游教育机构提供了一个信息交流、学术研究、共谋发展的服务平台，促进了旅游教育质量的不断提高，使人力资源的开发适应了我国旅游业发展的实际需要，为实现旅游强国目标和参与国际竞争提供了智力支持。

第三节　国际旅游组织

国际旅游组织也有狭义与广义之分。狭义的国际旅游组织是指其成员来自多个国家并为多国利益工作和服务的全面性旅游组织；广义的国际旅游组织则还包括那些其工作部分涉及国际旅游事务的国际组织以及专门涉及旅游事务某些方面的国际性旅游同业组织。限于篇幅，本节仅就狭义的国际旅游组织进行介绍。随着我国旅游业的发展，我国政府以及不少旅游企业与一些主要的国际旅游组织都建立了合作关系，有的还成为其正式会员。目前，与我国联系与合作比较密切的国际旅游组织主要有联合国世界旅游组织、太平洋亚洲旅行协会、世界旅行社协会联合会、国际饭店协会等。其中，联合国世界旅游组织和太平洋亚洲旅行协会规模最大，与我国的联系也更为密切。

一、联合国世界旅游组织

联合国世界旅游组织(the United Nations World Tourism Organization，UNWTO)是联合国系统的政府间国际旅游组织，其前身是在荷兰海牙成立的官方旅游宣传组织国际联盟(IUOTPO)。1925 年 5 月 4 至 9 日在海牙召开了国际官方旅游协会大会，1934 年在海牙正式成立官方旅游宣传组织国际联盟，该组织当时虽然在名义上为官方机构，实际上只是个民间协会。“二战”中该组织的工作陷于停顿。1946 年 10 月 1 日至 4 日，该组织在伦敦召开了首届国家旅游组织国际大会，成立专门委员会研究重组该联盟；1947 年 10 月，该组织在巴黎举行的第二届国家旅游组织国际大会上，决定正式更名为国际官方旅游组织联盟(IUOTO)，总部设在伦敦，1951 年迁至日内瓦。更名后的国际官方旅游组织联盟仍为非政府组织，其宗旨为促进旅游发展，并以此推进各国经济、社会和文化的发展。1969 年联合国大会批准将国际官方旅游组织联盟改为政府间组织。1970 年 9 月 27 日，国际官方旅游组织联盟在墨西哥城召开的特别代表大会上，通过了将要成立的世界旅游组织章程；1975 年 1 月 2 日，世界旅游组织正式宣告成立，成为全球性的政府间国际旅游组织，第二年，应西班牙政府邀请将总部迁往马德里。根据 1977 年 11 月联大通过的《联合国与世界旅游组织合作关系》之规定，世界旅游组织可以以观察员身份参加联合国经济与社会理事会会议及其他相关会议。2001 年，世界旅游组织致函联合国，要求成为其专门机构；2002 年 7 月联合国经社理事会一致同意世界旅游组织的申请，并于 2003 年 7 月由实质性会议审议通过；2003 年 10 月 17 日在北京召开的世界旅游组织第 15 次全体大会上正式宣布成为联合国专门机构。联合国世界旅游组织的宗旨是促进和发展旅游事业，使之有利于经济发展，有利于国际间相互了解、和平与繁荣。它主要负责收集和分析旅游数据，定期向成员国提供统计资料、研究报告；制定国际性旅游公约、宣言、规则、范本；研究全球旅游政策。

联合国世界旅游组织的组织机构包括全体大会、执行委员会、秘书处及地区委员会。其中全体大会为最高权力机构，每两年召开一次，审议该组织的重大问题。执行委员会每年至少召开两次会议。执委会下设五个委员会：计划和协调技术委员会、预算和财政委员会、环境保护委员会、简化手续委员会和旅游安全委员会。秘书处负责日常工作，秘书长由执委会推荐、大会选举产生。地区委员会是非常设机构，负责协调、组织本地区的研讨会、工作项目和地区性活动，每年召开一次会议，共设有非洲、美洲、东亚和太平洋、南亚、欧洲和中东六个地区委员会。

联合国世界旅游组织成员分为正式成员(主权国家政府旅游部门)、联系成员(无外交实权的领地)和附属成员(直接从事旅游业或与旅游业有关的组织、企业和机构)。联系成员和附属成员对联合国世界旅游组织的事务无决策权。

为不断向全球普及旅游理念，形成良好的旅游发展环境，促进全球旅游业的不断发展，联合国世界旅游组织确定每年的 9 月 27 日为世界旅游日(World Tourism Day)，并自 1980 年起，每年都推出一个旅游日主题宣传口号。

联合国世界旅游组织的主要出版刊物有《联合国世界旅游组织消息》、《旅游发展报告(政策与趋势)》、《旅游统计年鉴》、《旅游统计手册》和《旅游及旅游动态》。

1975 年 5 月，联合国世界旅游组织承认中华人民共和国为中国唯一合法代表。1983 年 10 月 5 日，联合国世界旅游组织在印度新德里召开的第 5 次全体大会上通过决议，接纳中国为正式成员国，成为它的第 106 个正式会员。1987 年 9 月，在第 7 次全体大会上，中国首次当选为执行委员会委员，同时当选为统计委员会委员和亚太地区委员会副主席。联合国世界旅游组织的主要任务：促进旅游适度发展，以保护环境；支持旅游设施建设，以提高服务质量；消除或减少国际旅游发展障碍；促进自由贸易的积极性，以刺激旅游的发展；研究市场和统计；为培养旅游业高素质的人才提供师资、教材和其他便利条件。

知识拓展 4-1

世界旅游组织专家艾瑞克：发展旅游要保护好自身的民族特色[①]

2013 年 2 月 27 日，在“在中国美丽乡村 万峰林峰会”上，联合国世界旅游组织特聘专家艾瑞克(Erik Holm Petersen)为贵州省黔西南州的旅游产业发展献策时说，发展旅游要保护好自身的民族特色。

艾瑞克表示，黔西南州就像中国其他乡村地区一样，正站在一个面临选择的十字路口上，那就是到底如何发展可持续发展的乡村旅游业。

现阶段，黔西南州的乡村旅游产业发展面临着在中国其他省份找不到合适的参照对象来效仿的尴尬境地。为此，艾瑞克表示，黔西南州的乡村旅游产业发展要像北京大学的专家彭真怀说的那样，不仅要参照宏观理论，更要结合自身的实际情况，做出属于自己的特色。

艾瑞克表示，想要实现乡村旅游产业发展的目标，黔西南州政府要解读好旅游的含义，并向当地村民普及该含义，让当地村民在日常生活中有旅游产业发展的意识。

艾瑞克也表达自己对旅游的认识，他说，“旅游实际上是一个帮助人们实现梦想的工程。正如能看到自然的美景，呼吸到新鲜的空气是那些生活在污染相当严重地区人们的梦想，而旅游正是帮助这些人实现梦想的途径。”

---

① 资料来源：http://news.163.com/13/0227/17/8OO4HPB600014JB5.html

艾瑞克还说，现在，越来越多的中国人走出国门欣赏国外的风景，如若当地政府能以国际化的标准和水平来发展当地旅游产业，那黔西南州的乡村旅游发展的前途将不可限量。为此，他以巴黎、马来西亚和印度尼西亚的“农家游”为例，鼓励当地政府多学习借鉴国外的乡村旅游产业的发展。

此外，艾瑞克还告诫当地政府，在发展乡村旅游产业的同时一定要注意保护好自身的民族特色。

知识拓展 4-2

世界旅游组织发布报告 2012 年全球游客突破 10 亿大关①

总部设在西班牙首都马德里的世界旅游组织日前发布统计报告说，2012 年，全球旅游业继续增长，全球游客人次历史上首次突破 10 亿大关。

世界旅游组织的报告中有这样几个重要数据：第一，去年，全球国际游客数量比 2011 年上升了 4%，达到 10 亿 3500 万人次，历史上首次突破 10 亿大关；第二，国际旅游业目前已经成为全球最大的经济部门之一，全球每 12 个人中就有 1 人在旅游部门就业，其产出占全球服务出口的 30%。

世界旅游组织秘书长塔利布·里法伊说，去年，在全球经济形势特别是欧元区经济形势仍然充满许多不确定性的情况下，全球旅游业继续保持良性增长，这充分表明了旅游业对市场的良性应变能力以及对全球经济的作用。塔利布·里法伊还预测，今年，全球游客人数仍将保持增长，增长率预测在 3%～4%。

世界旅游组织报告说，旅游业已经成为各国政府促进经济增长的支柱产业之一。该组织预测，2010—2020 年的十年，全球游客数量平均每年将增长 3.8%。去年的数据以及今年的预测数据都在这个范围之内。这表明，全球旅游业正走在健康发展的轨道上。

报告说，从区域来看，新兴国家与地区的旅游业保持着强劲增长势头，到亚太地区旅游的国际游客人数上升了 7%，达到 2 亿 3300 万人次。其中，到东南亚地区旅游的国际游客上升了 9%。另外，北非地区、中东欧地区的国际游客人次也增长了 8%。像东南亚地区，游客数量增长的主要原因是这一地区的国家采取措施，改进了相关政策，加强了旅游业的区域合作。像北非地区，2011 年因为动荡冲突旅客数量减少，而 2012 年这一地区的总体局势走向了稳定，国际游客数量出现较大上升。第二个特点，到欧洲旅游的国际游客数量增长了 3%，债务危机冲击下的欧洲能有这个数字是一个很积极的信号。目前，欧洲仍然是全球最大的旅游目的地，去年全年，到欧洲的游客达到了 5 亿 3500 万人次。第三个特点，到国外旅游花钱增长最快的还是那几个国家，比如中国与俄罗斯，中国人国外旅游消费增长了 42%，俄罗斯增长了 31%，美国和加拿大增长了 7%。

---

① 资料来源：http://www.chinadaily.com.cn/hqgj/jryw/2013-01-30/content_8168725.html

二、太平洋亚洲旅行协会

太平洋亚洲旅行协会(Pacific Asia Travel Association，PATA)是一个地区性的具有广泛代表性和影响力的非政府间国际旅游组织，在整个亚太地区乃至全球的旅游开发、宣传、培训与合作等方面发挥着重要作用。该协会原名为太平洋临时旅行协会(PITA)，1951 年 1 月成立于夏威夷檀香山，1953 年 3 月改名为太平洋地区旅行协会，1986 年在吉隆坡召开的年会上决定改用现名，总部设在美国旧金山，还设有两个分部，一个设在马尼拉(负责处理东亚地区的事务)，一个设在悉尼(负责主管南太平洋地区的事务)。该协会的宗旨是发展、促进和便利世界其他地区的游客前来亚太地区各国旅游以及本地区各国居民在本地区内开展国际旅游。具体任务为拟定措施、宣传和促进发展本协会会员国的旅游业、加强会员国之间的旅游业务联系；召开国际会议，交流经验，协调旅游和运输部门的工作；在组织广告、确定计划和完善旅游企业及服务行业管理方面，对本协会会员给予实际援助；开展统计和研究工作，分析和研究市场行情；促进合作，简化各种旅游手续，发展本地区国家间的业务和文化联系。该协会每年召开一次年会，讨论和修订协会的工作和长期计划。协会设有 4 个常务委员会，即管理工作常委会、市场营销常委会、开发工作常委会和调研工作常委会。协会的管理机构为理事会，由 49～51 名成员组成，其职能是在两届年会之间开展协会工作。理事会下设 3 个委员会：管理委员会(代表理事会处理协会日常事务，并执行理事会的有关政策)、企业委员会(由企业会员和联系会员代表组成，应会长要求，随时讨论咨询事宜，并向理事会提出建议报告)和咨询委员会(应会长要求，讨论有关协会战略方向和长远规划问题，并向理事会提出建议报告)。协会除在旧金山设有秘书处外，还分别在新加坡、悉尼、旧金山和摩纳哥设有亚洲、太平洋、美洲和欧洲分部办事机构。此外，协会还有一出版处，出版发行各种旅游教科书、研究报告、宣传资料、旅游指南以及多种期刊，其中主要期刊为《太平洋旅游新闻》。协会章程规定，任何全部和部分位于西经 110° 至东经 75° 地理区域内所有纬度的任何国家、地区或政治区域均有权成为协会会员，因此协会成员广泛，其中有国家旅游组织、各种旅游协会、旅游企业以及其他与旅游有关的组织团体。这些协会会员分为正式官方会员、联系官方会员、航空公司会员和企业会员。中国国家旅游局于 1993 年 3 月正式加入该协会，成为其官方会员。1994 年 1 月 8 日太平洋亚洲旅行协会中国分会正式成立。

知识拓展 4-3

PATA：2012 年亚太地区旅游业创纪录①

国际在线消息：根据亚太旅游协会(PATA)的初步统计结果，2012 年亚太地区仍是国际

① 资料来源：http://news.sina.com.cn/o/2013-03-22/164926613278.shtml

旅游的热点地区，预计吸引到超过3亿5000万国际入境游客的造访，新增国际入境游客1800万人次，同比增长超过5%。这是亚太地区国际入境游客连续保持积极增长的第三个年头。

统计数据所涵盖的40个目的地当中，只有5个地区出现入境旅游收缩情况。总体而言，这些目的地入境旅游的增幅略低于亚太地区的平均水平。中国是唯一的例外，其入境旅游的增长为2.2%，相对2011年的增长比率，估计减少新增游客近300万(包括外国人和侨胞)。

就入境旅游增长比率而言，东南亚地区以9.9%的增长率成为2012年亚太地区的佼佼者，实现了超过800万人次的入境游客增量，由此拉动东盟地区的入境旅游，总接待量实现8900万人次。

在南亚次区域当中，缅甸以52%的巨大增幅遥遥领先，入境游客接待量首次突破百万大关。与此同时，柬埔寨和老挝也分别实现了24%和22%的入境旅游增长率，创下了入境游客数量突破300万的新纪录。其他东盟国家的入境旅游也有尚佳的表现。

经过连续几年双位数的强劲增长，南亚地区的入境旅游增势趋缓，但实际增长人数十分可观。以2012年为例，南亚地区入境旅游增长6.6%，新增入境游客超过50万人次。其中，斯里兰卡增长近18%，入境游客已突破百万人次；马尔代夫仅次于斯里兰卡；印度在南亚地区仍处于领先地位，实现了超过660万人次的入境游客接待量，同比增长近34万人次，占据了南亚入境游客增量的59%。

尽管受中国入境旅游增长减速的影响，东北亚地区仍保持着近4%的平均增幅，入境游客接待量同比增长近850万人次。就实际游客增量而言，东北亚在整个亚太地区仍保持着决定性地位。

日本去年入境旅游增长35%，在东北亚地区增幅最大，这是日本在2011年海啸引发的入境游客减少后实现的新突破。中国台湾、香港特别行政区和韩国也作为东北亚的次区域受到关注，入境旅游分别增长20%、16%和14%。

2011年，太平洋地区在入境旅游方面表现平平(0.3%的增长)，但去年恢复强劲，该区域下18个目的地平均增长6%，相当于新增国际游客110万人次，实现近2000万人次的入境游客总接待量。

具体到各目的地，北马里亚纳群岛(17.4%)、瓦努阿图(15.1%)和关岛(12.8%)去年实现了最为强劲的增长。夏威夷岛、澳大利亚和关岛新增入境游客量最多。

初步统计数据显示，亚太地区入境旅游增幅排在前五位的旅游目的地分别是缅甸、日本、柬埔寨、老挝和中国台湾，同比增长均在20%或以上。

去年实现超过100万的入境游客增量的六个目的地分别为香港特别行政区、泰国、日本、新加坡、韩国和中国台湾。香港特别行政区新增国际入境游客670万人次。

PATA首席执行官贵马田(Martin J Craigs)表示："PATA相信，亚太地区仍将继续为全球国际入境旅游的增长助力。尽管目的地和客源地的许多情况在不断发生转变，但我们预测未来亚太地区在国际入境游客接待和价值品质等方面还将获得有益的增长和提升。"

三、世界旅行社协会联合会

世界旅行社协会联合会(Universal Federation of Travel Agents Association，UFTAA)是由1919年在巴黎成立的欧洲旅行社组织和1964年在纽约成立的美洲旅行社组织于1966年11月22日在罗马会议上合并而成，总部设在摩纳哥。该组织是世界上规模最大的民间性国际旅游组织之一，与联合国世界旅游组织、国际航空运输协会及国际饭店与餐馆协会等组织有密切的业务联系。该组织下设拉美、北美与加勒比、欧洲、非洲、中东与北非、南亚、亚太等9个地区联盟。其正式会员是世界各国的全国性旅行社协会，另有许多国家的旅游企业、与旅游业有关的企业(如航空公司、游船公司、旅馆等)作为联系会员加入。该组织的宗旨是团结和加强各国全国性旅行社协会和组织，协助解决会员间在业务开展问题上可能发生的纠纷；在国际上代表旅行社行业同有关的各种旅游组织和旅游供应企业建立联系和开展合作；确保旅行社业务在经济、法律和社会领域内最大限度地得到协调、赢得信誉、受到保护和得到发展；向会员提供必要的物质上、业务上和技术上的指导与帮助。该组织的机构包括全体大会、理事会、执行委员会和总秘书处。主要活动为每年一次的世界旅行代理商大会。会上交流经验、互通情报，讨论如何改善旅行社企业的经营管理。该组织还出版月刊《世界旅行社协会联合会信使报》(Courier UFTAA)。中国旅游协会于1995年8月正式加入该组织，作为国家级会员，属亚太地区联盟。

四、国际饭店协会

国际饭店协会(International Hotel Association，IHA)是旅馆和饭店业的国际性组织，于1947年在法国成立，总部设在巴黎。该协会的宗旨是联络各国饭店协会，研究国际旅馆业以及与国际旅游者交往有关的问题；促进会员间的交流和技术合作；协调旅馆业和有关行业的关系，维护本行业的利益。协会的主要任务是通过与各国政府对话促进各国政府实行有利于旅馆业发展的政策，并给旅馆业以支持；参与联合国跨国公司委员会有关国际旅馆跨国企业方面的工作；通过制定和不断修改来完善有关经济法律文件，协调旅馆与其他行业的关系；进行调研、汇集和传播市场信息，提供咨询服务；为各会员提供培训旅馆从业人员的条件和机会。协会每两年举行一次会员大会，商讨旅游业发展中的重大问题，修改和制定有关政策法规，选举下届主席、副主席和秘书长。协会设有八个委员会，即财经委员会、法律委员会、经济政策研究委员会、出版发行委员会、宣传推销员会、旅行社业务委员会、旅馆专业培训委员会和会员联系事务委员会。

本章小结

旅游组织是为了发展旅游的目的而由一定成员组成的独立的人群集合体。其特征表现为：有相对稳定的组成成员，有自己的章程、组织机构、行为目标和活动经费，依据有关的法律登记、注册或批准而设立，以自己的名义从事各种与旅游有关的活动。旅游组织有广义和狭义之分。广义的旅游组织通常包括：旅游行政组织，如墨西哥国家旅游部；旅游行业组织，如中国旅游协会(CTA)；旅游民间组织，如世界旅行社协会联合会(UFTAA)；旅游教育组织，如桂林旅游高等专科学校；旅游科学研究组织，如国际旅游科学专家联合会(IASET)；旅游出版组织，如中国旅游出版社(CTTP)；旅游经营组织，即旅游企业，如旅行社等。狭义的旅游组织通常仅指广义旅游组织的前三类。我国的旅游组织按照其业务职能大体上可划分为三大类，即旅游行政组织、旅游行业组织和其他旅游组织。国际旅游组织也有狭义与广义之分。狭义的国际旅游组织是指其成员来自多个国家并为多国利益工作和服务的全面性旅游组织；广义的国际旅游组织则还包括那些其工作部分涉及国际旅游事务的国际组织以及专门涉及旅游事务某些方面的国际性旅游同业组织。随着我国旅游业的发展，我国政府以及不少旅游企业与一些主要的国际旅游组织建立了合作关系，有的还成为其正式会员。目前，与我国联系与合作比较密切的国际旅游组织主要有联合国世界旅游组织、太平洋亚洲旅行协会、世界旅行社协会联合会和国际饭店协会等。

课后练习

1. 旅游行政组织有哪些类型？
2. 旅游行业组织有哪些类型？
3. 简述我国旅游行政组织的构成。
4. 简述我国旅游行业组织的构成。
5. 联合国世界旅游组织的主要任务是什么？
6. 搜集其他国际旅游组织的相关资料。

旅游业态篇

第五章

旅行社

【学习目标】

通过本章的学习，要求学生理解旅行社的概念、分类以及设立条件；掌握旅行社岗位职责与工作特点；掌握旅行社的主要旅游产品；理解旅行社市场营销的概念、组合策略、营销因素及特点；了解旅游购物。

【关键词】

旅行社　旅游产品　旅行社市场营销　旅游购物

案例导入

特色经营树立品牌[①]

青岛旅行社的数量在整个山东首屈一指，众多旅行社经历了以往拼价格、拼线路的“阵痛”后，纷纷开始转型升级，以特色经营树立自己的独特品牌和核心竞争力。正是这种特色和品牌的建立，才促使市民出游方式的悄然改变。或许数年之后，市民出游选择旅行社线路也会像现在走进商场购物一样，喜欢高端奢侈品的有精品名店，想“一站购齐”的有购物中心，方便快捷的有社区便利……本期“诚信旅行社巡展”，记者分别采访了华商国旅、海天国旅和中海国旅的老总，看她们如何在品牌建设中走出自己的特色之路。

华商国旅：打造齐鲁人的“旅游航母”

“打造山东人自己的旅游航母，丰富青岛人的休闲生活”，这是山东华商国旅在发展壮大自身过程中一直追求的目标。山东华商国际旅行社有限公司总经理那磊告诉记者，当客人出游时选择旅行社，大小其实并不是唯一的衡量标准，真诚守信的服务品质、专业的服务人员、协调一致的公司管理，是游客选择旅行社的必备服务标准。自 1999 年成立以来，华商国旅一直以打造山东人自己的“旅游航母”为目标，有条不紊地推动前进的步伐；同时，一直根据市场的新趋势不断调整自己的业务。比如，随着我国信息产业的迅猛发展，客源市场中掌握信息技术和英语基础的中青年客源逐年壮大，华商国旅针对客源市场的这个趋势，将中青年这个年龄段作为主要的服务对象，建立了公司自己的官方网站，为需求者提供多元的旅游资源信息，第一个在报纸媒体的旅游版上使用了二维扫描码、官方微信“魔法棒”，拉近与年轻人距离；同时还开发了多条自助游及半自助游线路产品，满足不同消费层次的不同需求等。那磊表示，做强、做大是企业良性运转的必然结果，山东华商国际旅行社一直认为瞬间的爆发不会恒久，只有坚持走自己的路，一步一个脚印，山东华商国际旅行社的未来一定会比现在更强。

海天国旅：旅行社延续“五星”品质

青岛海天大酒店作为山东省最早、规模最大的五星级酒店之一，其五星级服务品质和管理经验早已名声在外，青岛海天国旅作为国信集团旗下的子公司，也秉承了海天大酒店五星级酒店的品牌文化和管理服务。青岛海天国际旅行社总经理辛伟告诉记者，旅行社成立 13 年来，“海天之间一个家”的“海天文化”一直贯穿在旅行社员工和业务流程当中。目前，海天国旅旅行业务有两个重心：一方面是针对年轻白领的半自助商务游，另一方面是针对中老年客户的传统出游。在年轻白领群体市场方面，海天国旅秉承了海天大酒店只做精品的理念，推出了诸如美国迈阿密到墨西哥的邮轮线路等一系列精品线路，受到不少

① 资料来源：http://news.hexun.com/2013-03-27/152555873.html

年轻市民的欢迎。同时，海天国旅在机票和酒店预订方面的优势，也适合年轻白领自由、方便的半自助出游方式。在中老年客户市场，海天国旅则延续星级酒店精心、细致的服务理念，全程安排省心、细致、周到。同时，海天国旅参照海天大酒店的管理经验，对每条线路都有一套独特、细致的评分方式，将市民出游的细节都详细照顾到。2012 年，海天国旅成功成为青岛市政府采购“网上超市”供应商库指定旅行社，指定国际、国内机票销售代理人。辛伟告诉记者，旅行社要做大自身品牌，就必须走出自己的线路，做别人没有的线路。海天国旅就是秉承这一理念，稳步前行。

中海国旅：做社区居民的“快乐使者”

中海国旅及旗下“纵览天下”批发品牌在市场上以快速反应、积极创新、高品质而著称，是青岛旅游行业中少有的标杆企业。与青岛部分老牌旅行社相比，青岛中海国旅成立时间比较短，但这并不妨碍其快速成长为青岛发展最快、实力最强、经营最具特色的品牌旅行社之一。青岛中海国旅总经理赵艳告诉记者，旅游市场逐渐成熟，客户对产品的要求越来越高，不仅仅要求便宜而且更注重品质，中海国旅也逐渐将产品做精做专，提供更适合市场及消费者的线路。在传统旅游业务基础上，中海国旅搭建新的渠道，将旅游带进社区，2012 年成为了青岛民政局 12349 社区便民中心指定服务旅行社。今年，中海国旅将继续打造社区旅游品牌，并将在社会上公开招聘社区旅游公益专员，由这些专员将旅游带到社区居民身边，让市民出行更便捷、更优惠。另外，中海国旅还在打造高品质会务旅游品牌，一直为多家世界 500 强中国企业做会议考察服务，还专为青岛银行、招商银行(600036，股吧)、建设银行(601939，股吧)等多家银行的高端客户做服务工作。赵艳表示，如果厨师带来的是味觉盛宴，那么旅游带给大家的将是一场视觉盛宴，中海国旅的所有员工，都将给游客带来快乐为己任，快乐地工作，做创造快乐的事业。中海国旅发展目标是，不久以后，每一个中海人都能很自豪地宣称，我们是旅游的“快乐使者”。

辩证性思考

1. 旅行社的主要职能是什么？
2. 传统旅行社如何应变日新月异的旅游者需求？

第一节　旅行社概述

一、旅行社的概念

所谓旅行社(Travel Agency)，世界旅游组织给出的定义为“零售代理机构向公众提供关于可能的旅行、居住和相关服务，包括服务酬金和条件的信息。旅行组织者或制作批发商或批发商在旅游需求提出前，以组织交通运输，预订不同的住宿和提出所有其他服务为旅行和旅居作准备”的行业机构。

我国《旅行社管理条例》中指出：旅行社是指以赢利为目的，从事旅游业务的企业。其中旅游业务是指为旅游者代办出境、入境和签证手续，招徕、接待旅游者，为旅游者安排食宿等有偿服务的经营活动。

旅行社的营运项目通常包括各种交通运输票券(如机票、巴士票与船票)、套装行程、旅行保险、旅行书籍等的销售，与国际旅行所需的证照(如护照、签证)的咨询代办。最小的旅行社可能只有一人，最大的旅行社则全球都有分店。

从旅行社衍生的职业有：领队、导游、票务员、签证专员、计调员(旅游操作)等。经营旅行社必须要持有当局签发的有效牌照，并且必须是某指定旅行社商会的会员才能经营旅行团。

二、旅行社的分类

(一)国外旅行社的分类

国外旅行社的分类主要是指欧美国家中旅行社的分类。欧美国家中旅行社主要分为以下两大类。

(1) 旅游批发经营商。旅游批发经营商是指主要经营批发业务的旅行社或旅游公司。所谓批发业务是指旅行社根据自己对市场需求的了解和预测，大批量地订购交通运输公司、饭店、目的地经营接待业务的旅行社、旅游景点等有关旅游企业的产品和服务，然后将这些单向产品组合成不同的包价旅游线路产品或包价度假集合产品，最后通过一定的销售渠道向旅游消费者出售。

(2) 旅游零售商。旅游零售商是指主要经营零售业务的旅行社。旅游零售商主要以旅游代理商为典型代表，当然也包括其他有关的代理预定机构。一般来讲，旅游代理商的角色是代表顾客向旅游批发经营商及各有关行、宿、游、娱方面的旅游企业购买其产品，反之，也可以说旅行代理商的业务是代理上述旅游企业向顾客销售其各自的产品。

(二)中国旅行社的分类

中国旅行社最初分为一类社、二类社、三类社，分管于国际旅游局和各地旅游局。在2000年以后国家旅游局不再具体管理旅行社的事务，全交由当地的旅游局。旅行社在2000年以后分为：国内社、国际社(国际社又分为有出境权和无出境权两种)。

现在的划分方式为拥有出境资质的旅行社和不具备出境资质的旅行社。

目前国内各地的旅行社从业务上又分为：组团社、办事处(也可以称为批发商、分销商、代理商、同行)、地接社。

组团社：是指在出发地并与客人签订旅游合同的旅行社。

地接社：是指旅游目的地接待出发地组团社游客的旅行社。

办事处：是指地接社设在出发地城市的办事机构或者代理，此类办事机构并没有经营权，不合法。

当然还有一些俱乐部及不合法的旅游机构，他们更没有相关的资质。

三、旅行社设立的条件

(一)具备的条件

申请设立旅行社，经营国内旅游业务和入境旅游业务的，应当具备下列条件。

(1) 有固定的经营场所。

(2) 有必要的营业设施。

(3) 有不少于 30 万元的注册资本。

(二)旅行社的注册资本

(1) 国际旅行社，注册资本不得少于 150 万元人民币。

(2) 国内旅行社，30 万元注册资金和质量保证金(20 万元现金)。

(三)交纳质量保证金

1. 质量保证金的交纳标准

申请设立旅行社，应当按照下列标准向旅游行政管理部门交纳质量保证金。

(1) 国际旅行社经营入境旅游业务的，交纳 60 万元人民币；经营出境旅游业务的，交纳 100 万元人民币。

(2) 国内旅行社，交纳 20 万元人民币。

质量保证金及其在旅游行政管理部门负责管理期间产生的利息，属于旅行社所有；旅游行政管理部门按照国家有关规定，可以从利息中提取一定比例的管理费。

2. 质量保证金的适用范围

(1) 旅行社违反旅游合同约定，侵害旅游者合法权益，经旅游行政管理部门查证属实的。

(2) 旅行社因解散、破产或者其他原因造成旅游者预交旅游费用损失的。

请求质量保证金赔偿的时效期限为 90 天，从赔偿请求人受侵害事实发生时计算。

3. 质量保证金不适用的情形

(1) 旅行社因不可抗力因素不能履行合同的。

(2) 旅游者在旅游期间发生人身、财物意外事故的。

(3) 适用保证金情形之外的其他经济纠纷。

(4) 超过规定的时效期限的。

(5) 司法机关已经受理的。

(四)申请的提出

申请设立国际旅行社，应当向所在地的省、自治区、直辖市人民政府管理旅游工作的部门提出申请；省、自治区、直辖市人民政府管理旅游工作的部门审查同意后，报国务院旅游行政主管部门审核批准。

申请设立国内旅行社，应当向所在地的省、自治区、直辖市管理旅游工作的部门申请批准。

申请设立旅行社，应当提交下列文件。

(1) 设立申请书。

(2) 设立旅行社可行性研究报告。

(3) 旅行社章程。

(4) 旅行社经理、副经理履历表和本条例第六条第三项规定的资格证书。

(5) 开户银行出具的资金信用证明、注册会计师及其会计师事务所或者审计师事务所出具的验资报告。

(6) 经营场所证明。

(7) 经营设备情况证明。

四、中国旅行社业发展历程①

(一)初步形成阶段(1978—1989)

在经历了长期的封闭之后，中国于 1978 年开始实施对外开放政策，中国的旅游业也随之发展起来。开放当年，来华旅游入境人数就达到 180 万人次，旅游外汇收入达 216 亿美元。在以后的十年中，来华旅游入境人数和旅游外汇收入都保持了较高的增长速度，年平均增长率分别为 36%和 25%。

为满足急剧增长的国际入境旅游需求，中国新兴的旅游业在 20 世纪 80 年代相继经历了三个发展高峰，即以 80 年代初期大量进口豪华旅游汽车为代表的旅游交通运输业的发展高峰、以 80 年代中期众多旅游涉外饭店建设为代表的旅游饭店业的发展高峰和以 80 年代末期大量旅行社的成立为代表的旅行社业的发展高峰。这三个发展高峰，从不同方面缓解

---

① 资料来源：杜江. 中国旅行社业发展的回顾与前瞻[J]. 旅游学刊，2003，18(6)：31～39

了中国旅游供给方面的短缺，大幅度提高了中国旅游业的综合接待能力，并为中国旅游业的进一步发展奠定了坚实的基础。

就旅行社业而言，在 1978 年中国对外开放以前，全国只有中国国际旅行社总社、中国旅行社总社以及它们在主要省会城市设立的分支机构。这些旅行社从成立之日起就一直从事以政治目的为主的对外接待工作，基本不具备企业的性质。中国实行对外开放政策以后，国旅和中旅的主要任务转变为接待自费来华的旅游者，但直到 1985 年《旅行社管理暂行条例》颁布以前，中国的旅行社仍然具有很强的事业单位性质。1980 年，中国青年旅行社总社在北京成立，从此开始了中国旅行社行业寡头垄断的局面。根据国家旅游局的有关规定，全国只有国旅、中旅和青旅三家总社拥有旅游外联的权力，它们之间具有相对明确的业务分工。中国国际旅行社主要接待外国来华的旅游者，中国旅行社主要接待港澳同胞和来华旅游的海外华人，而中国青年旅行社则以来华旅游的青年旅游者为主要接待对象。1980 年，这三家旅行社接待的来华旅游者占到全国有组织接待人数的 80%，其余 20% 由其他政府机构组织接待。

随着中国旅游业的进一步发展，为适应中国旅游业发展的新形势，国家旅游局于 1984 年将旅游外联权下放，允许更多的企业经营国际旅游业务，并授予它们业务经营所必需的签证通知权。这一举措对中国旅行社业的发展起到了积极的促进作用，旅行社业在全国范围内迅速发展起来。到 1988 年年底，中国的旅行社猛增至 1573 家，并由此彻底打破了中国旅行社业寡头垄断的局面。1984 年以后，国旅、中旅和青旅接待人数占全国有组织接待人数的比例由 1980 年的 7916% 下降为 1988 年的 4019%。

随着中国旅行社行业的迅速发展，为加强对旅行社行业的管理，国务院于 1985 年颁布了《旅行社管理暂行条例》，这是中国旅行社行业的第一部管理法规。《旅行社管理暂行条例》将中国旅行社的性质确定为“依法设立并具有法人资格，从事招徕、接待旅游者，组织旅游活动，实行独立核算的企业”。同时，《旅行社管理暂行条例》还按照业务范围将中国的旅行社划分为以下三类。

(1) 经营对外招徕并接待外国人、华侨、港澳同胞、台湾同胞来中国、归国或回内地旅游业务的旅行社。

(2) 不对外招徕，只经营接待第一类旅行社或其他涉外部门组织的外国人、华侨、港澳同胞、台湾同胞来大陆、归国旅游业务的旅行社。

(3) 经营中国公民国内旅游业务的旅行社。

根据这一划分标准，1989 年全国拥有一类旅行社 61 家，二类旅行社 834 家，其余 722 家为三类旅行社。三类旅行社的出现和发展是中国国内旅游迅速发展的结果。根据国家旅游局提供的资料，1988 年，中国的国内旅游人数已经超过 3 亿人次，旅游支出达到 187 亿元人民币。中国的国内旅游市场已经初具规模，并且呈现出良好的发展势头。

综上所述，初成阶段中国旅行社业的发展特点可以概括为以下三个方面。

(1) 入境旅游人数和消费总额在整个20 世纪80年代的持续增长和旅游外联权的下放，分别从市场规模和制度环境两个方面推动着旅行社产业供给规模的扩大。

(2) 政府开始将旅行社作为相对独立的经济行业实施有效的管理，旅行社作为旅游业重要组成部分的地位开始为人们所认识。

(3) 旅行社的业务由发展初期单一的国际入境旅游业务发展为国际入境旅游业务与国内旅游业务并举。

这一时期中国旅行社业的运行特征主要表现为：整个产业的需求基础基本是建立在入境旅游市场上；产品结构以自然和文化观光型为主；产品运作以“团进团出”的批量方式为主；产业规模的增长主要建立在二类旅行社，即没有外联权但可以接待入境旅游者的旅行社数量的增长上。

(二)快速增长阶段(1990—1994)

1989 年的 6140 风波使中国年轻的旅游业受到了巨大的冲击，当年国际旅游入境人数比 1988 年减少了 23%，旅游外汇收入减少了 17% ，这是中国旅游业自 1978 年以来出现的第一次负增长。在此情况下，中国旅行社经营者第一次强烈意识到旅游产品的易受影响性和经营旅行社的风险性，中国旅行社的数量因此由 1989 年的 1617 家减少为 1991 年的 1561 家。但恰在此时，来自中国台湾地区和苏联的旅游者急剧增加，这使得中国的旅游业在短短的两年内就恢复到 6140 前的水平。1991 年，国际旅游入境人数和旅游外汇收入均超过历史最高水平的 1988 年。

国家旅游局和国家民航总局联合举办的“92 中国友好观光年”对中国旅游业的迅速恢复也起到了积极的作用。在此期间，中国政府开始允许中国公民出国探亲和旅游，这是中国旅游业发展中的又一重大突破。中国大陆成为仅次于中国香港、日本和中国台湾的亚洲第四大旅游客源产生地。根据国家旅游局提供的资料，1994 年中国公民出境人数达 373 236 万人次，其中因公出境 209 113 万人次，因私出境 164 123 万人次。尽管此间经旅行社组织的出境旅游人数所占比例只有 30%左右，而且国家对出境旅游尚有许多的政策限制，但中国的出境旅游市场毕竟已经开始形成。对旅行社来说，这不仅仅意味着具有了更为广阔的客源市场，更主要的是它改变了中国旅行社在国际旅游合作中的地位。过去，中国的旅行社只能单方面要求旅游客源产生地的旅行社输送客源，而现在中国的旅行社同样可以向它们的合作伙伴输送客源，这无疑极大地提高了中国旅行社在国际合作中的地位和影响力，有利于中国旅行社同旅游客源产生地旅行社合作关系的巩固和发展。

在中国出境旅游崛起的同时，中国的国内旅游保持了持续发展的势头。根据国家旅游局提供的资料，1994 年中国国内旅游人数达 5124 亿人次，比上年增长了 2718% ，国内旅游收入达 1 023 151 亿元人民币，比上年增长了 1815%，城镇居民国内旅游出游人均花费为 414 167 元，这无疑为中国旅行社的进一步发展提供了更为广阔的天地。

总之，国际入境旅游的恢复和发展，出境旅游的崛起和国内旅游的持续增长，有力地促进了中国旅行社行业的发展。中国旅行社的产业规模在此期间获得了快速增长。全国的旅行社总数从 1990 年的 1603 家增加到 1994 年的 4382 家，5 年间增长了 173.36%。值得注意的一个现象是： 在一、三类旅行社分别以 58 153%、76 198%的年均增长速度扩张的同时，二类旅行社则以 2183% 的年均下降速度在萎缩，从 1990 年的 834 家下降到 1994 年的 716 家。究其原因，其一是具有自主外联权的旅行社往往在市场上具有主导地位，并获取了市场利润的绝大部分。结果是各大旅行社，特别是中央各部委、省级政府部门和重点入境旅游目的地政府所办的旅行社纷纷升格。其二是自 20 世纪 90 年代中期开始发育的国内旅游市场由于进入壁垒低，吸引了大量的投资主体涉足旅行社产业。相比之下，进入壁垒高、在产业链中居于受支配地位、利润和增长空间相对较小的二类旅行社成了鸡肋，并逐渐失去了其投资吸引力。国家旅游局在此期间对二类旅行社的限制性审批直至停止审批对此也产生了直接的影响。这一时期中国旅行社业运营的主要特征有：第一，国内旅游市场逐渐发育成熟，成为旅行社产业除入境旅游市场以外的另一个市场支点。第二，市场集中度逐渐降低。实际上，从 20 世纪 80 年代开始，以三大社为代表的中国旅行社产业集中度就在不断下降(杜江、戴斌，2000)，这标志着中国旅行社产业的市场结构先后已经完成了从寡头垄断到垄断竞争的过渡，并开始向完全竞争的态势发展。第三，一批在市场竞争中成长起来，并熟悉市场机制的旅行社群体成为中国旅行社产业的新兴推动力量。招商、康辉、铁旅三大网络虽然进入市场较晚，但是其凭借雄厚的资金和核心企业对地方企业全资控股的机制，迅速组成了以核心企业为中心的紧密型、半紧密型网络，因而获得了较快的发展。

(三)结构调整阶段(1995—2001)

在中国旅行社行业蓬勃发展的同时，也出现了许多问题，突出表现为市场秩序的混乱。与此同时，以日本的《旅程保证制度》和欧共体《关于包价旅行、包价度假、包价旅游的指令》为代表的保护旅游者消费权益的潮流在全球兴起。面对旅行社业发展中出现的问题和新兴的世界潮流，国家旅游局自 1995 年 1 月 1 日起，开始依照国际惯例实行旅行社质量保证金制度，先后颁布并实施了《旅行社质量保证金暂行规定》、《旅行社质量保证金暂行规定实施细则》、《旅行社质量保证金赔偿暂行办法》与《旅行社质量保证金赔偿试行标准》。根据《旅行社质量保证金暂行规定》，旅行社质量保证金是用于保障旅游者权益的专用款项，当出现以下四种情形而旅行社不承担或无力承担赔偿责任时，以此款对旅游者进行赔偿。

(1) 旅行社因自身过错未达到合同约定的服务质量标准而造成旅游者的经济权益损失。

(2) 旅行社的服务未达到国家或行业规定的标准而造成旅游者的经济权益损失。

(3) 旅行社破产后造成旅游者预交旅行费损失。

(4) 国家旅游局认定的其他情形。

旅行社必须依照国家规定向旅游行政管理部门缴纳质量保证金。国际旅行社经营入境旅游业务的，缴纳 60 万元人民币；经营出境旅游业务的，缴纳 100 万元人民币；国内旅行社缴纳 10 万元人民币。此外，国际旅行社每增设一个分社，应当增缴质量保证金 30 万元人民币；国内旅行社每增设一个分社，应当增缴质量保证金 5 万元人民币。旅行社质量保证金制度的实施，标志着国家旅游局对旅行社实行行业管理的两个重要转变，其一是适应国际旅游法制化管理的潮流，采取切实有效的措施保护旅游消费者的合法权益；其二是引导旅行社行业的发展由单纯追求行业规模增长向追求企业素质提升转变，并希望通过这一转变改善旅行社行业混乱的市场秩序。

旅行社质量保证金制度实施后，许多效益较差的中小旅行社无力承担规定数额的质量保证金，因而被迫退出经营。旅行社质量保证金制度实施的当年，中国的旅行社就由 1994 年的 4382 家减少为 3826 家，其中三类社减少 598 家，二类社减少 51 家，一类社增加 93 家。这充分体现出上述第二个转变部分预期的效果。

就在中国旅行社行业发生剧烈变化的情况下，国务院于 1996 年 10 月颁布了《旅行社管理条例》，对中国的旅行社又进行了重大的调整。

(1) 对旅行社的分类进行调整。

将中国的旅行社按照经营的业务范围划分为国际旅行社和国内旅行社两种类型。国际旅行社的经营范围包括入境旅游业务、出境旅游业务和国内旅游业务；国内旅行社的经营范围限于国内旅游业务。

(2) 大幅度提高旅行社注册资本金额。

根据新条例规定，国际旅行社注册资本不得少于 150 万元人民币；国内旅行社注册资本不得少于 30 万元人民币。此外，国际旅行社每增设一个分社，应当增加注册资本 75 万元人民币；国内旅行社每增设一个分社，应增加注册资本 15 万元人民币。

(3) 年接待 10 万人次以上的旅行社可以设立不具有法人资格的分社。

(4) 将旅行社质量保证金合法化。

(5) 赋予旅游行政管理部门行政处罚权。

《旅行社管理条例》和稍后发布的《旅行社管理条例实施细则》对于中国旅行社行业的结构性调整起到了积极的促进作用。截至 2001 年年底，中国共有旅行社 10716 家，其中国际旅行社 1319 家，国内旅行社 9397 家，它们对中国旅游业的发展起到了积极的促进作用。与此同时，国家旅游局 1997 年发布的《旅行社经理资格认证管理规定》和国务院 1999 年发布的《导游人员管理条例》对于提高旅行社的素质、质量和信誉起到了积极的促进作用。该条例适应了社会主义市场经济条件下导游人员管理的需要，对中国的导游管理制度做了一系列重要调整，标志着政府对旅行社人力资源的行政管理正式进入了法治化轨道。

正是在法规和行政主导下，中国旅行社业进入了一个结构调整时期。这一时期的主要特征有：第一，中国旅行社业的市场运行基础更加完善。1997 年 3 月，经国务院批复，国家旅游局和公安部联合发布了《中国公民自费出国旅游管理暂行办法》，同年 7 月 1 日正式实施。《暂行办法》的出台标志着国家正式开办中国公民自费出国旅游，也标志着中国出境旅游市场的形成。入境旅游、国内旅游和出境旅游成为旅行社经营业务的三大组成部分。

第二，随着国内旅游市场的兴起和产业投资管制的宽松，一些非政府的投资机构开始进入这一领域。其主要经营领域是国内旅游业务，主要集中于国内社领域。在注册和管理上有的采取挂靠的形式，也有的采取直接经营的形式。结果是国内旅行社在 20 世纪 90 年代后期进入了一个更为快速的增长时期。

第三，一系列的专项治理使得一部分违规经营的旅行社退出了市场，从而净化了产业运行环境，市场秩序逐渐向好的方面转化。此外，为了适应全球服务贸易自由化的趋势，此间中国在先期允许在国家旅游度假区内开办中外合资旅行社的基础上，国家旅游局和对外贸易经济合作部又于 1999 年 1 月联合发布了《中外合资旅行社试点暂行规定》，开始了中国旅行社市场开放的进程。

(四)全面开放阶段(2002 至今)

尽管旅游业是中国最早与国际接轨的产业之一，但是由于脱胎于外事接待部门，并且在相当长的一个时期里被视为“民间外交”的载体，加上政府主管部门偏紧的监管导向，中国旅行社业事实上已经成为整个旅游业中开放程度最低的行业。纵观 2002 年，我们可以认为，借助宏观面上的开放导向，旅游市场正在强有力地推动着旅行社产业的全面开放进程。

第一，开放体现在政府的价值取向和行为导向上。为适应加入 WTO 对外资进入的需要，新修订的《旅行社管理条例》根据中国政府针对旅行社业的开放承诺，增加了“外商投资旅行社的特别规定”的章节，对外商投资旅行社的资格、条件和程序进行了规定。2002 年 7 月 1 日开始实行的《中国公民出境旅游管理办法》则标志着中国出境旅游市场的形成，在国际服务贸易市场上，这意味着旅游进口已经达到了相应的规模，并开始走向成熟。国家旅游局的第 17 号令公布了第一批部门规章和规范性文件的清理结果目录，共涉及 69 个文件。国家旅游局在上海国际旅游交易会上明确表示，年内将允许美、日、德等旅游发达国家大旅行社兴办控股的合资旅行社。

第二，旅行社业的对外开放步伐正以前所未有的力度展开。2002 年，在入境旅游创汇超过 170 亿美元的基础上，中国出境旅游市场的支出也达到创纪录的 131 亿美元。加上国内旅游消费，整个旅游市场容量已接近 6900 亿元人民币。正是由于如此规模的市场力量的推动，跨国旅游企业对中国旅游市场的投资态势正在由非领导性中型机构的试探性投资转向领导性机构的战略投资。这方面的典型案例有：4 月，中国国际旅行社与美国运通公司合资在京成立国旅运通商务旅行社；5 月，中国康辉旅行社与美国罗森布鲁斯公司合资在京成立罗森康辉商务差旅管理旅行社，而美国运通和中国国旅 5 月份的第二次联手，意味着外资旅行社的目标开始从商务旅游市场转向休闲旅游市场。目前，中外合资旅行社已达 12 家。2002 年年底的时候，更有一批有实力的跨国旅游企业如日本的交通公社等正在与政府协商试图以独资的形式在中国大陆设立自己的分支机构。值得一提的是香港中旅集团，其宣称的涉及 20 多亿元港币的现金收购内地旅行社计划，尽管由于一些政策上的原因，其并购成效还不明显，但是其步伐决不会停止。

第三，在对外开放程度越来越高的同时，中国旅行社业也在积极地对内开放。在出境旅游市场上，特许经营中国公民出境旅行社的数量由原来的 68 家猛增到 528 家，让更多的旅游厂商首次得以进入一个相对垄断的市场领域。对内开放的另一个标志是民营企业的战略进入。2002 年 9 月底，东星出资数百万元，占有汉口国旅 9715% 的股份，由此率先揭开了国内民营旅游企业买壳经营出境旅游的序幕。一些地方旅游主管机构也在努力创造民营经济进入旅行社的制度空间。山东省旅游局会同省经贸委、财政厅、工商局发出了《关于加快全省国有旅游企业体制改革的指导意见》，其指导思想很明确，就是通过股份制度等形式让更多的非国有资本承担旅行社产业的投资主体。康辉国旅更是在北京首旅集团的支持下，成功完成了首例大型旅行社的管理层收购方案。对内开放还体现在国旅、中旅、中青旅、广之旅、春秋国旅等一批有实力的旅行社通过并购、特许经营、合同代理、联盟等方式实现跨区域经营，并在一定程度上消解了中国的地方保护主义的“潜规则”。

另外一些产业案例，如广东“国旅假期”专营湖北神农架林区的广东游客的组团权，广东中旅斥资 300 多万元一举买断 4 月 30 日至 10 月 30 日每周二往来广州与银川的航班，民营的天津方舟旅行社买断黄山屯溪老街的景区开发权等，也体现了中国旅行社自身的开放意识。可以认为，在政府、市场和企业的共同推动下，中国旅行社的开放进程将会越来越广泛，越来越深化。

知识拓展 5-1

中国旅行社产业发展年度报告(2012)[①]

随着中国经济的崛起，旅游消费逐步从高端消费向日常消费转化，广阔的旅游市场为中国旅行社产业成长提供了丰沃的土壤，国民旅游已经成为旅游市场的基础。2012 年，旅游市场总体上呈现“两增一平”的格局，国内、出境旅游市场保持较快增长，入境旅游基本持平。预计全年旅游业总收入将达到 2.59 万亿元，同比增长 15.1%；国内旅游人数有望达到 30 亿人次，同比增长 13.6%，国内旅游收入达到 2.3 万亿元，同比增长 19.1%；中国公民出境人数预计将达到 8200 万人次，同比增长 16.7%；出境旅游花费达到 980 亿美元。

① 资料来源：http://travel.sohu.com/20121228/n361914744.shtml

目前旅行社产业主体主要由四大部分共同组织的：由中国国际旅行社总社、中国旅行社总社、香港中国旅行社、中国青年旅行社等传统旅行社经由市场化改革而来的旅游企业；众信、凯撒、春秋、南湖等服务于国民旅游市场的民营旅行社；携程、艺龙、芒果、同程等基于互联网和移动通信技术的线上旅行代理商(OTA)；少量独资、合资或者以办事处名义开展业务的跨国旅行社分支机构。

从目前的统计数据来看，全国旅行社的总数为 23 690 家。根据我们的调研，从旅行社业务的经营主体的角度来估测(包括以旅行社部门、办事处等形式存在的旅行社企业组织，及会展机构、网站、俱乐部等未取得旅行社经营权的经营实体)，我们认为目前全国实际的旅行社业务经营主体超过 7 万家。

据国家旅游局统计，2011 年度全国旅行社营业收入 2871.77 亿元，同比增长 8.41%；营业成本 2661.27 亿元，同比增长 11.18%；营业利润 22.11 亿元，同比下降 31.63%；利润总额 21.55 亿元，同比下降 36.39%；营业税金及附加 13.06 亿元，同比增长 2.25%；所得税 7.63 亿元，同比增长 10.08%。旅游业务营业收入 2626.54 亿元，同比增长 11.45%；旅游业务利润 132.60 亿元，同比增长 5.70%；旅游业务毛利率 5.05%，同比下降 0.27%。

我国的大多数旅行社还没有形成经营网络，真正意义上的旅行社网络和集团较少，旅行社各自为战，业务协作简单，伙伴关系不稳定。即使对于已经建立起网络的联合体或集团，有些规模较小，有些成员单位之间联系不紧密，行政色彩较浓，真正以资产纽带紧密联系的全国性旅行社网络或集团还很少。2009 年出台的新《旅行社条例》允许旅行社开设分公司后，很多出境组团社开始着手跨区域布点。2010 年 5 月，国家旅游局正式下发《试行旅行社委托代理招徕旅游者业务有关事项的通知》(旅监管发[2010]77 号，对允许旅行社在其业务经营范围内，委托其他旅行社代理招徕国内旅游、出境旅游(不含赴台湾地区旅游)和边境旅游的旅游者等方面做出了明确规定，将有利于垂直分工体系的形成。

就行业发展态势来看，一方面，传统旅行社产业不断加强信息化建设，积极发展旅游电子商务，涌现了一大批如中青旅遨游网、锦江旅行电商平台等新型业务平台；另一方面，新型的旅游电子商务公司开始成为旅行社业务的重要经营者，从市场主体发育来看，以携程等为代表的旅游在线运营商迅速壮大崛起，同程网、艺龙、驴妈妈、途牛等在线旅游运营商发展迅猛，百度、淘宝、腾讯，乃至 Expedia 等国内外企业也都通过各种途径进军国内在线旅游市场。

第二节 旅行社相关部门及岗位设置

旅行社的“龙头”性质，决定了它具有很强的综合性和协调性。它的岗位特点，表现在各自独立性较强，同时又讲究相互间的密切配合，从业人员精明而能干，吃苦又耐劳，并且有很强的攻关能力。因此，旅行社的岗位特征表现为高水平、高素质、高协调性。

旅行社的职能基本一致，大的旅行社和旅行社集团分工比较明细，注重专业化管理。与其他旅行社的区别，除了一般功能以外，主要还有对外合作与投资管理，网络化建设与管理，有的上市公司设立了相关机构等。中型旅行社的业务功能，则分为产品制作及销售部门、产品运作部门及管理和配套部门。小型旅行社则每人身兼数职，“麻雀虽小，五脏俱全”，灵活高效，但专业性不够深入，操作尚处在初期阶段。

旅行社种类繁多，业务部门名称五花八门，情况复杂，本文很难面面俱到，只涉及中型旅行社的一般工作岗位及主要职责，也就是目前仍处于主流地位的传统意义上的旅行社。

一、旅行社岗位职责与工作特点

按旅行社企业性质分类，旅行社目前的体制分为国有独资、国有控股、国有参股、民营股份、个体经营等。形式有：未改制企业、已改制或重组企业、综合性集团公司、股份有限公司、有限责任公司、股份合作制。体制和形式不同，决定了企业内部的管理部门及岗位设置有所不同。

(一)领导机构岗位及特点

1. 股份制企业

1) 董事会及董事长

股份制企业的领导机构和岗位有：大、中型企业设有董事会(或董事局)、监事会，是股东大会的常设权力机构。董事会由董事长(董事局主席)、副董事长及董事组成，有些设有独立董事；监事会由监事组成，《公司法》里都有明确的规定。董事会审查批准企业机构设置、对外合作与投资等重大事宜，聘请公司总经理(总裁)、任命公司领导班子、审查分配方案等。董事长是企业的法人代表，有权与员工签订用工合同、召开董事会、对外代表企业签订合同和协议。

小型企业往往不单独设董事会和监事会；只设董事和监事。

董事会聘用董事会秘书，职责是记录会议内容并上传下达。

2) 党委或党支部

党委或党支部为基层党的组织，有党委书记或党支部书记，负责企业党务工作。大、中型企业一般设有专职书记，或由董事长、总经理兼任。

3) 工会

工会代表工会会员利益，组织工会活动。工会主席单独设置，或由公司副总经理兼任。有些大、中型旅行社还设有共青团组织。

2. 企业经营班子

1) 总经理

总经理全面负责企业的经营和管理，对上级部门或董事会负责，如是国有企业，一般为企业法人；总经理有权选聘企业其他领导成员，并报上级机关或董事会同意，做出书面任命或聘任，同时聘任公司各部门负责人。

其岗位守则及行为规范如下。

(1) 以身作则，遵守公司的各种规章制度。

(2) 领会公司经营目标，贯彻细化公司董事会的经营计划，根据公司经营目标及董事会经营计划，确定公司的部门设置及人员编制。负责部门经理的人事安排，制定公司各种规章制度，全权向公司董事会负责。

(3) 制定公司的发展战略规划、经营计划，组织监督各项规划和计划的实施。全面协调公司对外营销，确立公司在市场上的形象和地位。

(4) 提高综合分析能力、加强组织协调能力。推行公司制度化管理工作。积极向公司董事会提供对公司发展有利的决策。

(5) 负责公司的综合管理，坚持原则，实事求是，恪尽职守，清廉公正，自觉抵制不正之风。积极采纳员工的合理化建议，抓紧员工专业知识培训工作。

(6) 严格监控各部门工作，发现问题果断采取相应措施，及时解决问题。

(7) 负责对部门经理的绩效考核，有权建议对各级管理人员和职能人员奖惩、任免及晋升。

(8) 关心员工，体察下情，发扬民主，倾听不同意见，明辨是非，知人善用。善于发现人才，使用人才，培训人才，提升人才，推荐人才，发挥各类专长人才的作用，调动他们的积极性和自主性，为公司发展储备人才。

2) 副总经理

副总经理协助总经理管理企业，往往分管某一方面的工作，对总经理负责，一般设有数人。有些企业设有常务副总经理，在总经理出差、生病住院或其他原因无法履行职责时，临时替代总经理，负责全面工作。如果未设常务副总，由总经理指定临时负责人。

3) 财务总监

财务总监全面分管公司财务工作，代表公司应对财政、税务、审计、物价、旅游等部门。

4) 市场总监

市场总监分管市场销售工作。一般大型企业才设置。

5) 质量总监

质量总监分管质量控制工作，负责处理投诉和其他质量事故。多为大型企业设置。

6) 总经理助理

总经理助理直接协助总经理工作，受总经理领导，并完成总经理交付的工作，在职权和待遇上在副总以下，但一般纳入公司领导层。

7) 分公司总经理

近年来，由于业务发展，不少旅行社设立分公司，并设总经理。有些企业将其纳入领导层，多数则归入部门和门市部管理。

(二)管理部门岗位及特点

1. 办公室(总经理办公室)

办公室(总经理办公室)是企业行政归口管理部门，也是党团管理部门，是企业主要的对外窗口之一。其主要工作岗位有：

(1) 主任，具体负责公司行政工作，往往代表企业对外处理一般事务，是上传下达的总负责。

(2) 副主任，协助主任分管办公室工作，比如，制定规章、文书档案、合同印章、导游管理、协调上下、文秘打印、事故处理等。

(3) 工作人员(干事)，具体办理公司各项事务，如两人以上，则各有分工。

(4) 勤杂人员，清洁卫生，安全保卫，外勤送件，司机等。

2. 财务部

为加强对公司财产的管理，控制公司的营业成本，提高公司利润，根据国家对企业管理的相关法律政策，设立财务部。财务部设立部门经理或主管一职负责公司的财务的工作，负责人必须具有国家审计和财政部门颁发的相关职业资格证书，或有一定的财务管理经验和超强的财务管理能力，由总经理或董事会直接任命，对公司财务管理负责。根据工作需要，财务部应配备具有国家审计和财政部门颁发的相关职业资格证书的工作人员。

财务部的职责主要有：遵守国家对企业财务管理的法规政策及职业道德；遵守企业的各种管理制度；认真做好本职工作，按时把各项财务报表上交到国家相关财政管理部门及公司管理相关者；做好财务分析报告，为公司管理者提供可靠的财务分析数据，提供合理化的管理意见和建议；将业务往来账款信息及时通知相关人员，督促并协助业务人员追收未收账款；配合行政部门为公司工作人员配备相关的工作用具；根据公司的工资福利制度，对公司工作人员进行业绩评估，为其发放应得的工作报酬；根据公司财务保密制度及财务人员职业道德规范，对公司财务信息保密。

其主要工作岗位有：

(1) 经理，应具有高级会计师或会计师资格。

(2) 副经理，应具有会计师资格。

(3) 会计，具有会计师资格，主要是会计账务处理。

(4) 出纳，银行汇兑、发票和现金管理。

(三)业务部门岗位及特点

业务部门是旅行社的要害部门，利益和风险集于一身。该部门的职能为：产品采购、产品制作、产品销售、产品运作、质量处理等。大、中型旅行社分工较细，小型旅行社往往合而为一，业务职能基本一致。中型旅行社的主要业务部门有以下几个。

1. 市场销售部

市场销售部也称外联部，按市场划分，可分为国际部、国内部、出境部、散客部等；按语种划分，可分为日本部、美大部、韩国部等。其主要职责是：采购景区景点、交通、住宿、餐饮、购物、演出、导游服务、行李运送、广告刊登等方面的价格；根据客户要求，初步制作成旅游行程；制作各类宣传品(印刷、幻灯、声像等)；向客户销售；团队确认后向计划调度部门下达计划；核对团队费用结算表，作为财务部门核算结账凭据。其职务主要有：

(1) 经理，负责全面工作，国际社的销售部门负责人必须懂外语。

(2) 副经理，分管某一市场销售工作，对经理负责。

(3) 销售经理(业务员)，具体操作业务。

(4) 门市部销售员，负责直接对游客提供咨询及办理参团手续。

(5) 上门促销员，向单位、社区、个人和旅行社同业发送资料，也办理参团手续。

一些旅行社还设有公关宣传部，专做产品及资料收集工作。还有一些旅行社将部分财务人员纳入销售部门，便于衔接与客户的结算，防止脱节，减少失误。

2. 计划调度部

其主要业务范围是：负责公司旅游资源的研发采购，开发设计旅游线路；维护与旅游景点、旅游饭店、旅游交通部门及合作旅行社的关系，负责旅游景点门票、旅游饭店的预订，导游人员、旅游交通的调度等；加强自我学习，提升开拓创新能力，根据公司经营目标、季节变换及社会实时活动等，开发新型旅游产品；协助公司管理人员对导游、前台及业务人员进行旅游专业知识培训；收集、听取其他部门的反馈信息，努力提高旅游产品质量，降低成本，对旅游产品定价提出合理化建议。

其主要工作岗位有：

(1) 经理，负责全面工作，要求社会关系广，交际能力强。

(2) 副经理，协助经理分管某部分业务。

(3) 业务经理(业务员)，具体办理团队运行的各项事宜。

(4) 有些社将计划调度归入销售部门，因为采购的价格共用，团队衔接紧密，避免出现问题。

3. 前台及导游部

前台及导游部的工作职责：接待公司来访人员，进行信息登记，并通知相关人员接待；接受散客预订，为散客办理相关手续，交给计调和财务人员；收集、整理游客的反馈信息，接受游客投诉，交给公司内部相关工作人员进行处理，把处理结果反馈给游客；加强自我业务学习，接受公司安排的培训，力争提高专业技能和服务水平；自觉加强自我职业修养，维护公司形象。

其主要工作岗位有：

(1) 经理，负责导游管理和安排工作，同时参加接团。

(2) 副经理，分管导游业务的部分工作，以接团为主。

(3) 计划员，安排导游接团，处理计划表、导游证、导游旗、导游图、结算单、团队交接手续等事宜。

(4) 导游，分为外语导游和中文导游，目前有特级、高级、中级和初级之分。

4. 票务部

票务部主要负责购买团队和散客所需的飞机、火车、汽车、轮船等交通票。其主要工作岗位有：

(1) 经理，全面负责票务工作，要求责任心强，公关能力强。

(2) 副经理，协助经理处理业务工作。

(3) 业务员，主要是跑外勤。

5. 车队

车队主要保障本单位团队及日常用车，如车辆不够，就对外租借。其主要工作岗位有：

(1) 队长，责任心强，技术好，还要会管理，稍不注意就会造成很大亏损。

(2) 副队长，协助队长工作，一般都上团。

(3) 调度员，负责车辆调度。

(4) 安检员，负责对车辆进行安全检查。

(5) 修理工，有些旅行社的车队能对汽车进行简单的修理和维护。

旅行社的车队规模较小，成本过高，加上缺乏专业化管理，很容易造成亏损。因此，近年来，旅行社的车队多数都划出去了，或单独成立汽车公司，或与其他单位合作，作为股东，按公司制管理。

二、新时期旅行社业务的扩展

中国旅行社已有几十年历史，改革开放以来发展迅速，目前已形成初具规模的旅行社业。加入世贸以后，外资旅行社逐渐进入，竞争将更加激烈。要想站稳脚跟，占住市场，就必须靠理念、靠人才、靠产品、靠网络、靠实力。一些新的部门由此产生，新的岗位也相应产生。而原有的一些部门则脱离了旅行社，进行重组，实行专业化管理。

(一)新增部门

1. 网络旅游部

利用互联网功能进行网上展示、网上促销、网上咨询、网上参团，目前还不能做到直接在网上结算。网络旅游信息量大，速度快，效率高，没有时差，广受欢迎，是今后发展的主要方向之一。

2. 产品策划部

专门采购资源，制作旅游特色产品。从某种意义上讲，旅行社的竞争就是产品的竞争，体现了该部的重要性。

3. 投资合作部

利用团队和网络优势，与其他优势企业合作，扩大经营规模，实行多元化发展。

4. 人力资源管理部

“以人为本”是企业的宗旨，有计划地对员工进行培训，尽可能合理使用，使企业保持活力，打造持续性发展的基础。

(二)重组或新建机构

1. 旅游汽车公司

将旅行社原有的车队脱离出来，加入其他股份，组建旅游汽车公司。该公司为独立法人，实行专业化管理，自负盈亏。

2. 票务公司

在原有的票务部或票务中心基础上，组建专门的票务公司。近年来，专业票务公司应运而生。这些公司服务周到，不但可以送票上门，如果关系到位，还可短期垫款，定期结算，受到旅行社的欢迎。

3. 行李搬运公司

负责对各旅行社团队运送行李。

4. 导游服务公司

实行专业管理后，有望解决导游无序接团以及无着落和业务培训的问题，减少团队投诉。

5. 旅游航空公司

近年有实力的大型旅行社，为了拓展业务，降低成本，而成立股份制的包机公司、航空公司，主要从事中心城市至旅游热线的航空业务。

第三节　旅行社的主要产品

一、旅行社产品

旅行社产品是旅行社根据市场需求，通过采购并整合景点、交通、住宿、餐饮、购物、娱乐等单项服务产品，并将自己的服务贯穿于其中的、向旅游者提供在旅游活动过程中的全部产品和服务的总称。旅行社产品是旅游产品的一类，并且它是以固化形态的“产品包”形式出现，将旅行社的各项承诺和服务融入其中。它有很强的服务性质，但又不能简单地理解为等于服务。其主要职能是提供与旅游活动有关的服务，产出的主要是服务形态的产品。

旅行社产品最主要的反映形式“旅游线路”，实际上是旅行社从业人员经过市场调查、筛选、组织、创意策划、服务采购、广告设计等最终生产出来的。当旅游者购买这个“旅游线路”，并在法律上得以承认(发票、合同是有效的)，“旅游线路”就以具体化或变成“有形物”而成为“旅行社产品”。

二、旅行社主要旅游产品

旅行社的旅游产品，即旅游线路具有一定的区域性，不同地区的旅行社提供的旅游产品是不一样的，下面以青岛旅行社为例，对地接产品和组团产品进行阐述与解释。

(一)地接产品

地接产品是青岛地接社为旅游者提供的有关旅游目的地的交通、饮食、观光等旅游服务的产品。就目前而言，青岛地接产品主要有两种：半岛游与山东全线。

1. 半岛游

半岛游的旅游线路主要包括青岛、烟台、威海这三个城市及其相关景区，表 5-1 是青岛常见的半岛游的旅游线路。

表 5-1　青岛烟台威海蓬莱双飞纯玩三晚四天游

天数	交通	行程内容	住宿
D1 月 日		广州—青岛　　午餐：✓　晚餐：✓ 广州新白云机场集合，乘坐南方航空 CZ3533(0825-1125)飞往有“东方小瑞士”美称的青岛，抵达后用午餐，餐后游道教圣地——崂山风景区：崂山是我国漫长海岸线上唯一的一座高度在千米以上的山峰，因而崂山又被称为“近海名山”。崂山有“海上名山第一”、“神仙宅窟”之美誉。游南线风景区，这里是雨中观竹绿，雪中看花开，游崂山太清宫，(约 45 分钟)崂山所有的宫、观庵中，太清宫历史最久，规模最大。主要景点有单开山门独立围墙的三宫殿、三清殿、三皇殿三座殿堂，另有忠烈祠、经神祠两处庭院。这里仅次于北京的白云观，称为全真道教“天下丛林第二”。 沿途观著名象形石——青蛙石、石老人，观看崂山两大名瀑之一的龙潭瀑。晚餐后入住酒店	青岛 ★★★★
D2 月 日		青岛—蓬莱—威海　　早餐：✓ 午餐：✓ 晚餐：✓ 早餐后赴被历代皇帝视为神仙住地并寻求长生不老仙药的人间仙境——蓬莱(车程约 3.5 小时)，它坐落于黄海之滨，是八仙过海的美丽传说的发生地。游览蓬莱阁风景区(约 1.5 小时)：蓬莱阁位于蓬莱县西北 1.5 公里临海的丹崖上，占地 3.28 公顷。层楼重阁掩映在苍松翠柏之间，海水浩渺，云雾变幻，素有“人间仙境”之称。加以秦始皇访仙求药的历史故事和八仙过海的神话传说，更使它蒙上了一层神秘的色彩。后赴花园城市——威海(车程约 2.5 小时)，抵达后游览被评为山东省城市设计精品工程银奖的威海公园(约 30 分钟)，然后前往大型韩国服装集散地韩国服装城(约 40 分钟)自由购物，晚餐后入住酒店	威海 ★★★★
D3 月 日		威海—青岛　　早餐：✓ 午餐：✓ 晚餐：✓ 早餐后乘船赴甲午海战地——刘公岛景区(约 2 小时)，游览刘公岛博览园，它是一处融甲午文化、英租文化、刘公文化为一体的综合性游览园区。游览有着悠久历史和丰厚文化的刘公岛博览园和以北洋海军和甲午战争为主题的纪念遗址性甲午战争博物馆。参观琳琅满目的韩国服装城，购买物美价廉的韩国服饰、工艺品等，感受韩流影响下威海时尚。午餐后赴青岛(车程约 3.5 小时)后入住酒店	青岛 ★★★★

续表

天数	交通	行程内容	住宿
D4 月 日		青岛—广州　　早餐：✓ 午餐：✓晚餐：自理 游览青岛的市内风光：青岛市内十景之首的青岛百年标志——栈桥(约 30 分钟)，“泛海碧舟”游青岛——海上观光(约 30 分钟)，乘游艇观看青岛三个海湾及黄金海岸线，海上看琴屿飘灯的小青岛，岛上绿树成荫、树影婆娑、白灯塔翘然而立环瞰青岛湾景色。登小鱼山(约 20 分钟)欣赏富有异国情调的德式建筑，感受康有为老先生所说的“红瓦、绿树、碧海、蓝天”的美景。小鱼山公园是离海最近的一座山。青岛市政广场——五四广场(约 30 分钟)，位于广场中心的鲜红的雕塑“五月的风”成为新青岛的典型标志。参观 2008 年奥运会帆船基地——奥运主题公园(约 30 分钟)。午餐后参观青岛啤酒博物馆(约 1 小时)，了解青岛啤酒的历史，品新鲜啤酒。后乘山东航空 SC4677(1625-1925)飞返广州，结束愉快行程	
住宿标准		全程入住挂四星高级酒店，一人一床位，全程不提供自然单间，产生单房差须由客人现付费用	
旅游交通		全程空调旅游车	
导游服务		全程持证优秀导游随行服务	
景点门票		含行程之中第一门票(不含景点第二门票和另行付费项目和推荐项目门票)	
儿童标准		2～12 岁儿童(1.4 米以下)含旅游车一正座车位、导服、半价餐！不含床位、景点门票；如产生其他费用须客人自理	
旅游保险		最高保额 10 万元/人旅行社责任险	
购物(推荐)		渔村海产品超市(土特海产)，海研(鱼油)，威海 868 特殊钢展示(刀具)，威海土特产市场(干海产)(每次停留大约 40 分钟，绝无强制消费)	
友情提示		1. 青岛、烟台、威海、蓬莱都是海滨旅游城市，为了游客安全，不建议到海边游泳。 2. 注意安全，听从安排，跟随导游进行游览，不要擅自离队；登山时不能只看美景，要注意脚下，拍照时不要越过危险标志。 3. 在游览过程中遵守景区规定；如身体不适，及时提出，适当休息；参加自费项目时，考虑个人身体条件，自愿参加。 4. 在游览过程中妥善保管好随身携带的财物，在入住酒店期间，遵守酒店规章制度，贵重物品寄存酒店，因自身原因造成的人身和财产损失旅行社不承担责任。 5. 旅游期间，为了方便游客游览，在不减少景点的情况下，可以根据当地实际情况，调整景点游览顺序。 6. 威海—大连普通客轮一般都是双向对开，且一般都 20:30 左右发船，次日凌晨 4:00 左右抵达，无法提前入住酒店。(按照酒店相关规定当天入住时间以 12:00 以后计算)游客可在客轮同意办理延住情况下，在船上办理延住，延住到早上 5:00 左右，费用由客人自理。 7. 山东省宾馆、酒店不提供免费一次性日用品，请游客自备卫生洗漱用品。 8. 因散客拼团，吃团餐时如遇人数不足十人的情况，相应减少菜品数，或由导游现退客人餐费，由客人单点。 9. 本报价为优惠过后的价格，烟台、威海、蓬莱段所含景点老年证、残疾证、军官证、学生证等特殊证件不再产生优惠，崂山如产生优惠，均按旅行社协议价差价退费；小青岛为赠送景点，产生优惠及不游览不退费	

2. 山东全线

山东全线包括济南、泰安、潍坊、青岛、烟台与威海等城市的景点。表 5-2 是山东全岛双飞六日游。

表 5-2　山东全岛双飞六日游

天数	交通	行程内容	住宿
D1 月　日		广州—济南—泰安　午餐：✓　晚餐：✓ 于广州机场乘____航班(参考航班)飞往“家家泉水，户户垂柳”的泉城——济南游览有“天下第一泉”之美誉的趵突泉：被喻为济南城市的灵魂，园中除泉眼外，另建有李清照纪念堂，立有李清照汉白玉雕像，在此可感受女词人特有的人格魅力。(四大名泉之一的“黑虎泉”位于老城区东南，因池南壁有三个石雕虎头，泉水从虎口流出而得名。该泉水激柱石，声如虎啸。)然后前往济南城市客厅——泉城广场：拥有山东著名历史人物长廊，让你置身在孔子、孟子、孙子、诸葛亮、扁鹊、管仲等著名的历史名人的雕像长廊中，体会2500多年的圣人思想。后乘车前往泰安(车程约1.5小时)，晚餐后入住酒店	泰安 ★★★★
D2 月　日		泰安—曲阜—济南　早餐：✓ 午餐：✓ 晚餐：✓ 早餐后游览五岳之首——泰山，登泰山小天下——游南天门，天街，登上泰山极顶——玉皇顶(含上下缆车)，观齐鲁大地，感受一览众山小之气势。后赴孔子故里曲阜(车程约 1 小时)，游览孔府：孔府与孔庙毗邻，是孔子世袭“衍圣公”的世代嫡裔子孙居住的地方，我国历史上延续时间最长的封建贵族庄园。孔庙：它同北京的故宫、河北承德的避暑山庄并称中国的三大古建筑群。孔林：它是孔子及其家族的专用墓地，是中国也是世界上规模最大、持续年代最长、保存最完整的一处家族古墓群。随后乘车赴“家家泉水，户户垂柳”的泉城——济南(车程2.5～3小时)，晚餐后入住酒店	济南 ★★★★
D3 月　日		济南—淄博—潍坊　早餐：✓ 午餐：✓ 晚餐：✓ 早餐后赴淄博(车程约 1～1.5 小时)游览陶瓷博物馆：淄博是中国三大陶都之一，黑陶文化的发源地，山东人民祖先东夷人的智慧结晶。后游览号称“天下第一村”、“旱码头”的中国古商业文化的优秀代表“古商城”——周村古商城。被专家称为“活着的古商业街市博物馆群”。电视剧《大染坊》就是在周村古商城进行的实地拍摄地。后赴风筝之都潍坊(车程1～1.5小时)，后参观杨家埠民俗大观园，为仿古建筑，四合院结构。后参观木版年画，风筝博物馆：杨家埠是中国三大木版年画的主要产地，以杨家埠风筝为代表驰名中外。晚餐后入住酒店	潍坊 ★★★★

续表

天数	交通	行程内容	住宿
D4 月 日	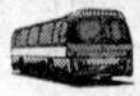	潍坊—蓬莱—威海　　早餐：✓ 午餐：✓ 晚餐：✓ 早餐后赴被历代皇帝视为神仙住地并寻求长生不老仙药的人间仙境——蓬莱(车程约 2.5 小时)，游览八仙渡海口景区，它坐落于黄海之滨，以八仙过海的美丽传说为背景，主要景点有：会仙阁、八仙祠、八仙桥等。(蓬莱阁风景区：蓬莱阁位于蓬莱县西北 1.5 公里临海的丹崖上，占地 3.28 公顷。层楼重阁掩映在苍松翠柏之间，海水浩渺，云雾变幻，素有“人间仙境”之称。加以秦始皇访仙求药的历史故事和八仙过海的神话传说，更使它蒙上了一层神秘的色彩。)后乘车前往花园城市——威海(车程 2.5～3 小时)，抵达后游览被评为山东省城市设计精品工程银奖的威海公园，前往大型韩国服装集散地韩国服装城自由购物，后入住酒店	威海 ★★★★
D5 月 日		威海—青岛　　早餐：✓ 午餐：✓ 晚餐：✓ 早餐后赴有“东方小瑞士”美称的青岛(车程 3.5～4 小时)，抵达后游览道教圣地——崂山风景区：崂山是我国漫长海岸线上唯一的一座高度在千米以上的山峰，因而崂山又被称为“近海名山”。崂山有“海上名山第一”、“神仙宅窟”之美誉。游南线风景区，这里是雨中观竹绿，雪中看花开，游崂山太清宫，崂山所有的宫、观庵中，太清宫历史最久，规模最大。主要景点有单开山门独立围墙的三宫殿、三清殿、三皇殿三座殿堂，另有忠烈祠、经神祠两处庭院。 这里仅次于北京的白云观，称为全真道教“天下丛林第二”。沿途观著名象形石——青蛙石、石老人(游北线风景区——北九水，北九水是崂山风景区的一条旅游主线，人称“九水十八潭，天然画廊”。人行河畔小路，转折处须涉水而过，亦九涉；每涉一次为一水，故称九水。)参观青岛啤酒博物馆，在那里您可以感受青岛啤酒百年传承文化及酿造过程，并免费品尝新鲜的青岛啤酒。晚餐后入住酒店	青岛 ★★★★
D6 月 日		青岛—广州　　早餐：✓ 午餐：✓晚餐：自理 早餐后游览青岛的标志——栈桥，以及素有万国建筑博览园之称的八大关风景区：它是最能体现青岛特色的一片风景疗养区，因为贯穿景区内的 8 条主要道路是以我国 8 个著名关隘的名字命名的，所以称这里为八大关。登小鱼山欣赏富有异国情调的德式建筑，感受康有为老先生所说的“红瓦、绿树、碧海、蓝天”的美景。游新城市广场——五四广场，位于广场中心的鲜红的雕塑“五月的风”成为新青岛的典型标志。隔海远观 2008 年奥运会帆船基地——浮山湾，游览完毕后汽车往机场乘______航班(仅供参考)飞返广州，结束愉快行程!	

(二)组团产品

1. 国内组团产品

青岛旅行社的国内组团产品，旅游目的地较多，类型比较多样，下面以青岛独立成团北京四日游(见表 5-3)为例进行说明。

表 5-3　青岛独立成团北京四日游

天数	交通	行程内容	住宿及餐饮
第一天	旅游空调车	接团后，参观明清皇帝祭天圣地天坛公园(1 小时)(首道)、赠送军事博物馆(40 分钟)、车游菖蒲河公园，皇城根遗址公园，逛金街——王府井大街，东华门小吃一条街	宿：北京 无餐
第二天	旅游空调车	早餐后参观庄严的升国旗仪式，游览可容纳百万人集会的世界最大的中心广场天安门广场，参观庄严肃静的毛主席纪念堂(若开放)，瞻仰伟人遗容、人民英雄纪念碑，远观全国人民共商国是的地方人民大会堂，品味豪华壮丽并及五千年民族艺术和文化精髓的明清两朝 24 代帝王皇宫——故宫(2 小时)，观风景秀丽、可览故宫全貌的景山公园(30 分钟)，参观第一贪官府邸——恭王府花园(70 元自费)，它是北京保存最完整的清代王府，前身为乾隆宠臣和珅的宅第，有“王府之冠”之称	宿：北京 早中晚
第三天	旅游空调车	参观玉器店(40 分钟)，游八达岭长城(约 120 分钟)。抵达八达岭长城后，安排 2～3 小时游览气势磅礴、世界上最长的防御城墙万里长城，登好汉坡，体验“不到长城非好汉”的豪迈心情(温馨提示：登上 888 米的好汉坡，请根据您身体状况量力而行)(长城滑道往返自理)。果脯土特产店(40 分钟)，中餐后，明皇蜡像馆(40 元自理)参观 2008 年北京奥运会的主体会场——鸟巢、水立方、奥运公园等建筑群体外景。	宿：北京 早中晚
第四天	旅游空调车	早餐后游览清代帝后避暑胜地的皇家园林——颐和园(约 120 分钟)，赏碧波涟漪的昆明湖，观苍翠如黛的万寿山，在山水画卷中体会益寿延年的真谛。参观貔貅店(40 分钟)，游览圆明园(80 元，自理)：有“万园之园”的美称，它建成于清朝乾隆年间，原有亭台楼阁 140 多处，总面积达 350 万平方米。赠送景泰蓝手工制作坊，沿途观清华、北大两大学府外景、中央电视塔(70 元自理)，晚送首都机场	早中餐

自费项目：恭王府 70 元(120 分钟)　明皇宫 40 元(50 分钟)　长城滑道 60 元(60 分钟)　胡同游 40 元(40 分钟)　海底世界 85 元(60 分钟)　电视塔 70 元(50 分钟)　人民大会堂 30 元(30 分钟)　慈禧水道 70 元(60 分钟)

报价包含内容：往返的交通：去程动车(二等座)或早班机，回程晚班机或动车，包含机建

住宿：双人标准间　　　用　餐：全程三(四)早五正(十人一桌，八菜一汤)

门票：行程内各景点首道门票(不含自费项目)　　　用车：全程旅游空调车　优秀导游服务

说明：　敬告贵宾

1. 务必请带齐身份证等各种有效证件，以便入住和登机时使用。
2. 以上行程所含内容均会出现调整的情况，但我社承诺不会减少任何安排。
3. 旅游期间如客人自愿放弃当地景点、用车、用餐以及住宿，费用均不退还。赠送、加游、自费景点我社有权根据实际情况增减。
4. 如出现单男、女尽量拼三人间，如无法安排三人间请客人补齐单房差。
5. 客人在北京游览期间对我社接待质量未提出疑义我社备案为满意。客人以意见单为主，回程后客人再提出疑义的，请恕我社不再受理。
6. 接团：北京站出站口，西客站北二出口(地下)；送机：送机场大巴站，客人自乘机场大巴到飞机场(费用自理)。
7. 如遇人力不可抗拒原因(天气、航班、火车变化等)，造成的行程变化和景点减少，本社只负责退还未发生费用，不承担由此造成的损失和责任，造成的行程延误和价格变动，由游客自己承担，我社只负责协调

2. 出境组团产品

青岛旅行社的出境组团产品以新马泰、日韩、中国台湾等地区为多，下面以泰国普吉岛为例进行说明，如表 5-5。

表 5-4　浪漫普吉豪华六日游

出发地：青岛　　　　航空公司：大韩航空

酒店：尊享之旅

五星酒店 AMORA 或 TROPICAL GARDEN 三晚

独栋豪华别墅 ABSOLUTE CHANDARA

一晚。

出团日期：

行程特点：椰林树影，水清沙幼，迷上安达曼，

恋上普吉岛，悠闲轻松，魅力普吉，体验真正

乐趣的假期，不容错过！

◇[redacted]宁静海泛舟之旅

◇美[redacted]牙湾，海上国家公园

◇珊瑚岛、[redacted]岛艳阳之旅

◇PP 岛悠[redacted]国岛屿之旅

◇SIMON 人妖秀歌舞表演

◇沙法里四合一

◇普吉五星级度假酒店+独[redacted]豪华别墅

◇文化村泰式风味餐、韩国烤肉 BBQ 自助餐、泰式海鲜大餐

日期/行程	内　容
DAY 1 青岛 ✈ 韩国 ✈ 普吉	普吉 青岛流亭机场集合，由韩国转机前往泰国南部有“东方夏威夷”美誉的著名度假胜地——普吉岛，抵达后入住酒店休息 
	航班时刻：KE 842(1450/1720)-KE 637(1900/2315)　　　(晚餐：飞机上)
交通：飞机	住宿：AMORA 或同级

续表

日期/行程	内　容
DAY 2 普吉岛	攀牙湾—遥望 007 岛—割喉泛舟—沙法里四合一—腰果—人妖秀  早餐后抵达后乘车前往有“小桂林”之称的攀牙湾(车程约 90 分钟)，岛上是奇异迷人的石群和矗立海中的断崖岛屿所组成的，一路乘游船沿海观赏由石灰岩组成的大小岛屿，洞顶垂吊向下的钟乳石。午餐于水上人家享用海鲜餐，可远观闻名世界的美国电影“007 金枪客”片立的“占士帮 007 岛”，亦为攀牙湾之最。特别赠送客人参加惊险刺激的“泛舟之旅”(30 分钟)(一般团队为自费，卖价 800 铢/人。温馨提示请提前准备 100 铢/艇的小费，交于划艇工作人员)，首先于船上完成两人或三人一组的配对，前往参观美丽而灿烂的钻石洞及滴成冰淇淋形状之钟乳石，不禁令人赞叹造物者之神奇，奇岩怪石嶙嶙峋峋地围绕在您周围，九弯十八拐地循序造访，仿佛置身于瑶池仙境中。于 13:30 乘船返回码头(60 分钟)，随后参加我们特别为您安排的【沙法里之旅】(40 分钟)(特别赠送，当地卖价 600 铢/人)，骑大象，看猴子表演，割胶。并返回普吉市区前往参观当地土特产——腰果以及各种特产(60 分钟)。晚餐至文化村享用泰式风味餐，当地厨师教你如何做泰式椰奶糕及凉拌木瓜丝等，并有泰式舞蹈表演秀为您载歌载舞来助兴。晚餐后前往观赏比女人更像女人的 SIMON【人妖秀】(40 分钟)表演 VIP 座
	早餐：酒店内　　午餐：攀牙湾水上人家　　晚餐：文化村泰式风味餐
交通：巴士	住宿：AMORA 或同级
DAY 3 PP 岛	PP 岛一日游 PP 岛—燕窝展示中心—皮具店—度假村别墅  早餐后前往码头乘坐 8:30 的船前往【PP 岛】(游览时间约两个小时，整个航程如无风浪来回约五个小时)，此岛被泰国观光局列为喀比府风景最秀丽之国家公园，亦为欧美旅客最向往之度假胜地。岛上风景优美，电影“海滩”[THEBEACH]在此拍摄后，又再次掀起旅游热潮。您可休闲自由地在海滩游泳浮潜或来个日光浴。在此您可自费前往【小 PP】、【情人沙滩】、【深海浮潜】、【面包喂鱼】，感受小 PP 更清纯的一面，亦可游览“燕子洞”，欣赏洞外奇观。中午在 PP 岛上享用风味餐。下午乘坐 14:30 的船返回普吉市区，之后前往参观燕窝展示中心(45 分钟)。和参观普吉特产-皮件及乳胶制品店(60 分钟)。精神不错的话，可前往巴东闹市，品尝一下热带水果，感受一下独有的夜色。后前往普吉最负盛名的度假村——绝对臣达拉度假村休息
	早餐：酒店内　　午餐：PP 岛上　　晚餐：园林海鲜餐厅——泰式海鲜大餐
交通：巴士	住宿：ABSOLUTE CHANDARA

续表

日期/行程	内　容
DAY 4 珊瑚岛 +翡翠岛	珊瑚岛+翡翠岛一日游—珍宝苑  于酒店早餐后，前往码头搭乘快艇来到安达曼海域度假天堂【珊瑚岛】(120 分钟)，您可以邀约碧海蓝天为伴，随意造访岛上任何一个角落，或是自费参加当地安排的水上活动，例如：体验潜水、海底漫步、降落伞、香蕉船、摩托艇，或者是在岛上好好享受一下大自然的洗礼，在阳光下来段午睡，偷得浮生半日闲。在岛上您可与热带鱼悠游海中，并可看到奇妙的海中世界，随后快艇前往充满浪漫气息的【翡翠岛】(120 分钟)，先享用午餐后在此处您可于岛上玩沙滩排球、麻将、飞镖、飞盘、沙滩滚铁球竞赛等，并可于沙滩躺椅上享受日光浴，然后搭乘快艇返回普吉岛。(两岛游览时间约四个小时)晚餐后返回酒店休息。下午约 2 点左右返回普吉参观世界最大金氏纪录【珍宝苑】珠宝展示中心(120 分钟)，泰国著名特产红蓝宝石、珍珠、泰丝等让您自由选购，并提供各式免费果汁、啤酒、咖啡任您畅饮
	早餐：酒店内　　午餐：珊瑚岛上　　晚餐：韩式烧烤 BBQ
交通：巴士	住宿：AMORA 或同级
DAY 5 普吉岛	毒蛇研究中心—庆祖庙—神仙半岛—四面佛—免税—机场—仁川 早餐后专车前往【毒蛇研究中心】(90 分钟)，可欣赏精彩的人蛇大战，其园内泰国皇室合作，共同研究金刚眼镜蛇的毒液萃取物对人体的抗毒、解毒及清毒的功效。前往游览普吉香火最鼎盛的【庆祖庙】(60 分钟)膜拜，寺中供奉着佛像可供游客为家人祈福，继而我们将前往游览【神仙半岛】(60 分钟)。爬上山坡，我们先去拜泰国的【四面佛】(60 分钟)。四面佛的四面顺时针方向第一面求平安，第二面求事业，第三面求爱情婚姻，第四面求金钱。烧一套香烛，插一小束花在佛前，据说是很灵的。四周摆放的数千只木刻或者金属小象都是香客还愿给佛的。拜完四面佛径直向前走到神仙半岛的尖角，不禁为扑面而来的蔚蓝大海和【落日夕阳】而惊叹起来。随后前往免税店(60 分钟)，为亲朋好友挑选精美礼品。晚餐后客人可自费享受【SPA 蒸气药草浴及精油芳香疗法】(90 分钟)舒筋活骨，养颜美容，消除疲劳。之后带着依依不舍的心情，挥别迷人的普吉岛，由导游专人办理离境手续，我们将搭乘国际航班返回温暖的家园，祝您旅途愉快
	早餐：酒店内　　午餐：中式餐点　　晚餐：泰式风味餐
交通：飞机	航班：KE 638(0045/0855)
DAY 6 普吉 ✈ 青岛	带着依依不舍的心情，挥别迷人的普吉岛，返回青岛，结束此一难忘的深情南洋之旅
	交通：飞机　航班时刻：KE 841(1305/1340)

续表

备注	***以上行程为参考行程，在接待标准不变的情况下，我社保留根据航班前往目的地当时情况调整行程顺序的权利。*** 报价包含：青岛往返的国际机票及税金；签证费；中文导游；行程中的膳食； 普吉岛住宿 3 晚五星酒店 AMORA(或同级)，及 1 晚 ABSOLUTE CHANDARA 别墅双人标准间；观光用车；景点第一门票；旅游意外险。 报价不含：护照工本费用；自费项目；酒店内住宿费之外的其他费用； 一切个人消费
友情提示	1. 此行程为参考行程，具体行程和航班时刻以行前说明和出团通知为准，境外导游在不减少内容的情况下有权调整景点游览顺序。 2. 境外的当天行程到酒店休息为止，客人若参加自费活动请由导游带领，客人私自外出发生一切意外均与旅行社无关。 3. 游客必须按行程参加团队旅游，个人原因离团当地旅行社将收取离团费 500 元 RMB/人/天。出现单间需补足差价。

第四节 旅行社市场营销

在市场经济条件下，任何企业的任何活动都离不开市场，离不开市场营销工作。作为旅游企业，旅行社的经营与管理自然也离不开市场营销工作。

一、旅行社市场营销的概念

旅行社市场营销，是指旅行社在充分了解旅游者需求的基础上所进行的对其产品、服务和经营理念的构思、预测、开发、定价、促销、分销及售后服务的计划和执行过程。

旅行社所销售的旅游产品包含有形产品和无形服务两个方面。旅行社的市场营销实际上就是买卖双方(旅行社和旅游消费者)进行货币对有形产品和无形服务的交换过程：一方面旅游消费者(买方)需要并愿意支付货币购买旅行社(卖方)的产品和劳务，另一方面旅行社(卖方)可能并愿意提供产品或劳务来获得旅游消费者(买方)的货币。由于服务的无形性，所有权的不能转移性、不可分割性，使得旅行社的服务营销比其产品营销更富竞争性。同时，在实际中，买卖(旅行社和旅游消费者)双方不存在自然的或自动的协调：旅行社(商品生产者)关心它们的产品或劳务是否能销售出去，关心它们所处的环境变化，关心其长期目标的实现；而旅游消费者则更为关心生产者(旅行社)所提供的产品和劳务是否能使他们获得价值和满足，并根据他们的需要和支付能力做出购买决策，因而买卖双方的关系一直是紧张的。为此，旅行社市场营销管理者必须收集、分析产品销售之前、销售中和销售后的信息，根据相关信息采取有效措施，平衡在商品交换过程中出现的供求双方的矛盾，使买卖双方在交换过程中各自追寻的利益趋于平衡，并根据旅游消费者的潜在需求和其他竞争者的经营决策来确定本企业的营销活动，增强旅行社的经营效果。

二、旅行社市场营销组合策略

旅行社市场营销组合是旅行社市场营销的核心部分，旅行社市场营销策略各项组合因素的内容如下。

(一)产品(Product)策略

现代旅游市场营销强调一切经济活动都应从旅游者的需求出发，根据旅游市场的需求制订旅游产品规划，开发旅游新产品。产品策略主要研究旅行社如何根据自己的优势和特点，在激烈的市场竞争中适时地推出自己的旅游产品组合，同时，根据产品的寿命周期积极研制和开发新的旅游产品，真正做到“人无我有，人有我特，人特我新”，从而在市场竞争中长期处于主动地位。

(二)价格(Price)策略

建立合理的价格体系，充分发挥经济杠杆的作用，是旅行社市场经营的重要一环。旅游产品的价格是市场营销最敏感的因素，必须以价值为基础。我国旅游事业的发展是一个以接待国际入境旅游为主，先国际旅游后国内旅游，以国际旅游带动国内旅游发展的常规发展过程。因此，研究和制定旅游产品的价格策略必须考虑与国际旅游市场的价格策略相结合，特别是要认真研究西方旅游业的定价策略。国外旅游产品的价格受市场供求关系影响很大，因此，我国旅游业的价格也必须灵敏地反映市场供求关系的变化，特别是外国旅游者与外国旅游业的变化情况。旅行社制定价格时，要研究影响旅游产品价格的各种因素，研究确定旅游产品价格的定价目标和旅游产品的定价方法。

(三)促销(Promotion)策略

促销的目的不仅是向旅游消费者出售其需要的旅游产品，而且可以刺激旅游需求，挖掘潜在旅游市场，不断扩大市场占有率。在旅游业发达国家，旅游企业在产品促销过程中积累了丰富的促销经验，总结出成套的推销艺术和广告艺术。其销售一般分为两种：由推销员挨家挨户进行面对面(Person to Person)的推销，称为人员销售(Personal Selling)；以文字、广播、图像等大众媒介为工具而进行的推销，称为非人员销售(Non-Pesonal Selling)。促销策略的基本内容包括：培训推销人员、旅游产品的广告宣传、营业推广和旅行社的公关销售。

相关案例 5-1

旅行社推“逢千送百”促销[1]

每年4月下旬至5月，是传统旅游淡季的尾声，从6月上旬开始，旅游价格将因暑假旺季的到来而逐步上涨。记者从广之旅了解到，该社将于4月24日至5月1日推出“逢千送百”大型旅游促销活动，市民凡于广之旅全省各大门店报名该社正价国内游以及指定出境游线路，个人单次单项消费满1000元，便可获得100元旅游优惠现金券，多报多送。

广之旅介绍，市民所获旅游优惠现金券，6月1日至12月31日期间，报名参加广之旅任何一条旅游线路，包括暑假、十一黄金周等出游旺季线路以及特价产品，均可使用该“旅游优惠券”，并且可一人同时使用多券，或一张券可多人使用，没有任何的限制条件。

(四)销售渠道(P1ace)策略

现代旅行社为实现旅游市场规模化经营，必须不断地增加旅游产品的销售量，而如何将各种类型的旅游产品通过某种途径传递到旅游消费者手中，自然成为旅行社市场营销的一个重要方面。销售策略在更好地满足旅游者的需求、更快更便捷地进入目标市场、缩短产品传递的过程、节省产品的销售成本方面起积极作用。现代旅游产品的流通一般都要通过大量批发商、代理商以及零售商等多重环节，尤其是国际旅游，更需要通过当地旅游经销机构的促销，旅行社往往因此加大了旅游产品中的营销成本。因此，流通渠道的选择对扩大旅游市场、提高旅游市场占有率有着重要的作用。销售策略研究的主要内容包括旅行社销售渠道的模式、旅游中间商及旅行社销售渠道的选择。

(五)从业人员管理(People’s Management)策略

旅行社的产品有很大一部分是服务产品，服务产品质量的好坏决定了旅行社产品的质量和旅游消费者的满意程度，而服务质量的优劣和服务水平的高低与旅行社员工的素质和工作技巧密不可分。因此，采取一定的策略对员工进行有效管理，是旅行社市场营销的重要内容。

产品(Product)、价格(Price)、渠道(Place)、促销(Promotion)、从业人员管理(People’S Management)的英文字母都是由P开头，故简称为“5P”。这“5P”都是企业自身可以控制的因素，市场营销组合就是指这5个“P”的适当组合与搭配。

---

① 资料来源：http://fashion.ifeng.com/news/detail_2013_04/23/24529146_0.shtml

三、旅行社市场营销的影响因素

市场营销观念是一定社会经济发展的产物，是企业决策人在企业所处内外环境的动态条件下，在经营活动的不断探索中形成的。

旅行社的经营和其他企业一样，都会受到市场环境的影响。这就要求旅行社树立现代市场营销观念，用适应市场环境的观念去指导营销实践。具体来说，旅行社的市场营销受到以下两方面因素的影响。

(一)旅行社产品的特点对旅行社市场营销的影响

旅行社提供的产品是满足人们精神需求的服务性产品。服务性产品的特点如生产消费的同时性、不可储存性和不可转移性等，旅游产品都具备。因此，旅游产品的特色、质量、吸引力和价格都必须适合目标市场的需要，否则人们就会改变购买决策。而旅游产品不可储存性和不可转移性的特点又要求旅行社必须解决缺乏库存所导致的产品供求不平衡的问题，如何选择销售渠道和中间商的问题，如何有效地弹性处理被动的服务需求问题等。旅行社产品的特点决定了旅行社必须以市场为导向，以旅游消费者的需求为中心来开展有效的营销活动。

(二)旅游产业构成对旅行社市场营销的影响

旅游产业是由多种不同的行业和部门组合而成的，其产品是由交通部门、饭店业、饮食业、游览地和娱乐场所以及其他的服务部门或企业所提供的各单项产品的组合，缺少其中任何一个部门的产品，都难以构成整体旅游产品。这些行业和部门在旅游业中构成一个相互关联、相互依存的统一体。在这个统一体中，各行业或部门乃至各企业，都各自进行着垂直的独立经营活动，但它们之间又横向联合成一个水平的统一体，共同为满足旅游需求提供产品或服务。在旅游产业中，各行业、部门间呈现非常紧密的互补关系，各行业的存在都以其他部门和行业的存在和发展为前提，各个行业和部门的接待能力也存在一定的内在联系。任何一个行业或部门的发展滞后，都会造成其他行业和部门的闲置和浪费；任何一个行业或部门的发展超前又会造成其他行业和部门的相对滞后。因此，在旅行社的营销工作中必然存在一个潜在的协调关系，如果各行业间出现不协调现象，必将影响旅游产品整体效能的发挥，使旅游者的需要不能得到满足。这个起着协调、平衡作用的核心就是市场的需求、旅游者的满足。

旅游业除了在内部存在着结构中的互补关联性外，在外部还存在着与社会上多个行业或部门间的依存关系。如果没有诸如建筑、制造、轻工、商贸、食品、银行、园林、保险、海关、公安等部门与行业的支持，旅游业就无法发展。因此，旅游业的发展必须以社会经济中众多部门和行业的发展为前提，反过来，旅游业的发展又可以促进这些相关行业的进一步发展。这种行业、部门间的依存关联性，使得旅游业的营销活动必须考虑其他消费者利益，考虑地方政府和整个社会的效益，否则旅游业的健康持续发展也是不可能的。旅游业的特点以及旅游与社会经济发展的关系，决定了旅行社的市场营销必须以社会市场观念为指导，根据旅游者需要，结合旅游供给条件，组织营销工作，既要提供有针对性的旅游服务，满足顾客需要，又要给旅行社和社会带来效益。

四、旅行社市场营销的特点

科特勒曾指出："达到企业目标的关键在于能明确目标市场需求，并能以比竞争对手更有效和更高效率的办法去满足市场的需求。"这种观点认为，市场营销观念既适合于有形产品市场，也适合于服务产品市场。当然，由于服务是一种特殊产品，具有与有形产品所不同的特征，因此，旅行社市场营销也就必然有别于传统产品营销，其特点具体表现为以下两个方面。

(一)内部营销与外部营销相结合

旅行社为旅游者出售的是面对面的服务产品，旅行社向旅游者服务的过程其实就是旅行社出售旅游产品的过程。这是一个旅行社员工与顾客间的互动过程。因此，对旅游者而言，产品质量的好坏在于他们享受到的旅游服务能否使其获得预期的满足。

旅游产品生产、消费同一性的特点决定了旅游服务人员与旅游者之间的密切关系。旅游者参与了旅游产品生产的全过程，从旅游者踏上目的地开始，就和旅游从业人员接触，一直相伴到离开。旅行社员工的服务质量直接反映到旅游产品的质量上，旅游者是直接感受者。重视员工和顾客间的相互作用，培养员工热爱、忠诚自己的本职工作，使旅游消费者满意，是旅行社营销工作的重要内容。

外部营销是根据目标市场需求，设计使顾客满意的产品，制定顾客认可的价格，通过广告、人员推销、企业形象和严格控制产品质量来保持、扩大市场占有率的一系列对外经营活动。而内部营销则要求企业把员工作为企业的"内部顾客"，把企业业务部门的岗位工作视为企业的"内部产品"，致力于使"内部顾客"满意他们的"内部产品"，通过招募、培训、激励、沟通和留任等企业内部营销活动去影响企业员工的态度和行为，从而达到影响企业外部顾客、提高服务质量的目标。

因为服务性行业不像其他行业可以确定生产任务标准，因此，在旅游业中，尽管各企业都制定了服务规范和操作规程，但不同员工给顾客的感受、满意程度是不一样的。作为旅游业龙头企业的旅行社必须把内部营销工作作为组织的整体行动去实施，尤其要在旅行社的最高管理层内树立内部营销观念，使市场营销在内部营销活动中发挥作用。企业市场营销计划的实施在很大程度上依靠员工的行为，员工的态度和行为直接影响顾客的态度和行为，影响市场占有率，从而影响企业的整体效益。因此，旅行社应重视企业“内部营销”工作，重视旅行社各部门人员在与顾客接触中发挥的直接作用，把企业“内部营销”与传统的“外部营销”活动结合起来，加强顾客对企业产品的满意度和忠诚度。

(二)短期营销和长期营销相结合

在旅游市场的供求实践中，有很多产品还不能满足消费者的需要，造成了供求之间的不平衡，因此，旅行社应该采取各种营销策略来弥补这种供求差距。短时期的经营决策一般只对产品的价格作调整，同时增强推销力量和增加广告开支。而长时期的经营决策则要根据市场需求的变化，提供适合市场需求的新产品，制定有竞争性的价格或是改变市场定位决策，改革销售渠道等。例如，我国旅行社是从发展国际旅游业开始的，但在 20 世纪 90 年代，随着人民收入水平的上升，国内旅游已形成了庞大的大众化市场需求，迫切需要旅游市场提供价廉物美的旅游产品。如果旅行社不了解这种需求，不能及时开发新产品和改革销售渠道，就会在竞争中被迫减少市场份额，甚至完全退出市场。因此，旅行社不仅应考虑旅游市场变化的特点，进行市场调查和预测，制定长期营销策略，而且还应考虑旅游产品的特点，重视短期营销，因为每增加一位旅游者就会增加一份收入。

总之，旅行社一旦正确地开展了市场营销活动，比竞争者更快、更有效地调整经营组合，并善于运用市场营销去影响旅游者，就会在激烈的市场竞争中取胜。

第五节　旅 游 购 物

一、旅游购物的概念

旅游购物本身就是旅游资源，提供丰富的旅游购物资源，满足游客的购物体验需求，已成为某些旅游目的地最具吸引力的内容之一。旅游商品是旅游购物资源的核心，也是吸引旅游购物的根源。发展旅游购物是提高旅游整体经济效益的重要途径，是增加外汇收入和就业机会、振兴地方经济的重要手段之一。对国内而言，旅游购物的发展，可以直接满足本国人民日益增长的物质和文化需要；在国际范围内，旅游购物的发展，可以使世界各国人民加深对旅游目的地国家和地区的历史文化、民族传统的了解。

韩国观光研究院的许甲中认为，“旅游购物是指游客在旅游目的地或在旅游过程中购买商品的活动以及在此过程中附带产生的参观、游览、品尝等一切行为”。这种解释旅游购物不是单纯的购买商品的行为，它与日常生活中的购物不同，其中包括了与旅游相关的休闲娱乐等活动。

另一种解释：姜晶哲认为“旅游购物是旅游或旅游业的一个领域或要素，指以非营利为目的的游客离开常住地，不管是以购物还是以其他为旅游目的，为了满足其需要而购买、品尝，以及在购买过程中观看、娱乐、欣赏等行为。旅游购物作为一种旅游行为，对当地社会文化、经济、其他领域以及旅游政策都产生影响”。这种解释考虑的是一般外国人在购物的同时都要进行餐饮消费，而如今，购物与餐饮、参观、娱乐、休息常常组合在一起，增加了旅游购物的乐趣。

旅游购物作为旅游业六大要素之一，其在旅游业中的地位和重要性是不言而喻的。世界旅游观光协会(WTSA)市场研究预测机构的报告指出，早在 1990—1996 年，世界旅游消费额就高达 2300 亿美元，其中 40%用于交通、住宿、就餐，60%用于购买各类旅游消费品。据统计，发达国家旅游购物收入在旅游总收入中所占的比重可达 60%以上，世界平均水平在 30%左右。相比之下，中国的旅游购物除较发达的城市外，同发达国家的差距还很大。体验经济模式的不断深入，给当前旅游发展带来了新的机遇和挑战，给产品开发指明了新的发展方向。

二、体验旅游购物

(一)体验旅游购物的概念

目前学术界关于旅游商品的概念研究较多，比较强调旅游商品的产品实物的特性，具体操作上特别是团队购物把旅游购物看作是单纯的购买商品，只关注结果，不关注过程，缺乏对旅游购物的过程性研究。韩国观光公社在购物旅游的专题研究中认为，购物不仅仅包括旅游者购买商品的行为，也包括旅游者为购物而四处观光的行为。他们认为购物的主体毕竟是游客，游客的购物中更重要的是在购物过程中所附带产生的其他行为，如购物中品尝当地风味食品或了解当地风土人情等。韩国观光研究院的许甲中认为，“旅游购物是指游客在旅游目的地或在旅游过程中购买商品的活动以及在此过程中附带产生的参观、游览、品尝等一切行为”。姜晶哲认为，“旅游购物是旅游或旅游业的一个领域或要素，指以非营利为目的的游客离开惯常地，不管是以购物还是以其他为旅游目的，为了满足其需要而购买、品尝，以及在购买过程中观看、娱乐、欣赏等行为。旅游购物作为一种旅游行为，对当地社会文化、经济、其他领域以及旅游政策都产生影响”。旅游购物不是单纯的购买商品的行为，其中包括更多的与旅游相关的参观游览、娱乐休闲等活动。

早在 1970 年菲利普·科特勒(Philip kotler)就提出教育和旅游的“体验性”将逐渐呈现，并且成为一种经济特征。此后美国学者阿尔文·托夫勒(Alvin Toffler)在《第三次浪潮》中提出：“服务经济的下一步是走向体验经济，商家将依靠提供这种体验服务取胜。”美国的《哈佛商业评论》提出：“继产品和服务经济之后，体验经济时代已经来临。”根据旅游购物的概念以及体验经济的特点，笔者提出了体验旅游购物，即旅游者在旅游购物过程中，全方位参与旅游购物产品设计，与员工互动，体验旅游文化，使体验行为成为旅游产品的一部分，从而获得完美愉悦的体验享受的旅游购物形式，体验购物过程。

随着旅游的日常化、大众化，旅游已经成为人们普遍的消费方式。而随着人们外出旅游的日益频繁，旅游购物成为常见的活动，导致旅游者在旅游过程中对传统的单纯旅游商品的购买需求较以前有所下降，人们对旅游的需求层次不断提高，人们需要的是能够满足更高层次的需求的旅游购物。相对于单纯的产品本身，旅游者更关注的是旅游产品以外的东西。旅游购物品的表现形式，旅游者参与旅游购物过程，感受旅游商品后面蕴涵的旅游文化、目的地文化等对旅游者来说有更大的吸引力。体验旅游购物恰好满足了不同旅游者的不同层次的需求，旅游者参与到旅游购物的全过程，使旅游者成为旅游购物的设计者与消费者，使旅游者的体验经历伴随旅游体验购物过程，实现快乐购物。既进行了旅游，还购买了商品。

不同地域、年龄、性别、家庭组成、收入状况、职业、宗教、种族、社会阶层、生活方式、价值观念、消费行为等都会产生不同的旅游购物需求。在这里，市场细分是永无止境的。市场细分的最后一个层次是“细分到个人”、“定制营销”、“一对一营销”，甚至细分到同一人的不同时机。不同的旅游者对同一事物的感知，同一旅游者在不同的时间对同一事物的感知都是不同的，体验旅游购物让旅游者自己参与旅游购物的生产消费过程，使旅游者的个人感知、感受成为旅游购物产品的一部分，真正实现了个性化、定制化。这种旅游购物产销同时进行的旅游购物方式不仅实现了旅游购物的个性化，而且实现了真正的顾客满意。

(二)构建氛围—文化—参与的体验旅游购物体系

1. 区分购物者的类型，加强旅游者的购物需求研究

一般来说，购物者分为功利型购物者(Utilitarian Shopper)和享乐型购物者(Hedonic Shopper)。一些人进入商店纯粹是出于功利性目的，他们来就是为了购买他们需要的某种商品，很少留心其他的东西。另一些人则出于享乐性目的而购物，他们不仅要购买合适的商品，更期望整个购物过程是一种享受。他们乐于参与，并能从购物的活动中而不是所购的商品中得到快乐。他们的购买决策在很大程度上取决于旅游购物过程是否引人入胜，是否令人满意。顾客在惠顾行程中发生的购买行为有可能是事先计划好的，也可能是一时冲动而做出的决定。按照是否事先计划好，购买行为可分为计划性购买和非计划性购买。一般功利型购物者中多为有计划的购物者，而享乐型购物者中无计划的购物者则较多。

旅游购物者大多属于非计划性享受型购物者。研究发现许多顾客去商店的唯一动因是消遣，是从自己的日常生活中走出来的一种休闲娱乐方式，旅游者更注重购物过程本身所具有的效用。在旅游购物开发中注重产品开发环节，与单纯的商品开发不同，不仅注重旅游商品自身的品质，而且要关注旅游购物的全过程，提高旅游者的参与性，增加旅游购物

过程的享乐体验，诱导旅游者购买。

由于消费个性化的发展，不同地区、国家、民族、年龄、性别、教育程度、不同阅历的旅游者，其心理追求差异很大，需要选择不同的角度和切入点，采用不同的方式和手段，在不同层面和水准上，向不同的旅游者提供体验旅游项目。在体验旅游购物过程中，注重购物体验的设计，使旅游者在体验环境下购买旅游商品，让旅游者参与体验，增加旅游购物品的附加值。区分不同的旅游购物类型，根据旅游者的不同需求，设计相应的购物体验场景，使旅游者在体验旅游过程中完成购物过程，使游与购完美结合。

2. 重视旅游者的购物心理，转变旅游者的消费观念

旅游过程是一种离开原住地的行为，离开原来熟悉的环境，使旅游者产生一定的“恐惧”心理，但同时也会产生由于离开原来环境的束缚后的放纵心理。这种情形就要求生产者在进行旅游购物产品设计时，更要体现以人为本的精神，关注细节，处处为游客着想，使旅游者在愉悦的心境中完成购物过程。

因此，在购物过程，要转变旅游者消费观念，让旅游者参与旅游购物过程的设计，生产互动旅游购物产品，使旅游购物真正符合旅游者的要求，使旅游者自愿、乐意购买旅游购物品，感到物有所值甚至物超所值。

3. 引导购物，使旅游者参与购物过程，体验购物的快乐

美国著名的未来学家阿尔文·托夫勒指出大规模定制生产(Mass Customization，MC)将是未来生产的新趋势；约瑟夫·派因(Joseph Pine)指出大规模定制就是指顾客在企业生产中居于核心地位，他们能按自己的意志参与其所需产品的设计并提出意见，企业据此生产出符合顾客需要的产品。按顾客“体验程度”的深浅程度，把顾客参与的大规模定制分类为完全体验、强体验、弱体验和完全非体验。体验是消费者个体对某些刺激产生回应的个别化感受。从心理学角度讲，体验是人们在某种外界环境中行为、情绪、心智等因素互动所产生的一种感觉和潜意识。在体验旅游购物过程中，游客参与体验旅游，游客与景点景物真正地实现了“零距离”接触，减少了无谓的不必要的摩擦和资源浪费，使旅游者体验到购物过程的快感，在参与过程中实现了自我实现而达到真正的顾客满意。比如，丽江有个叫“东巴作坊”的用斧头砍的木刻店，以纳西人文为素材，游客得到店主的同意后，可以自己砍木刻，还可以当做店主，坐在店口招徕游客。这样，把旅游购物设计成参与性旅游产品，使旅游购物过程成为一种重要的旅游活动，通过体验过程“出售快乐”，使旅游购物中旅游商品购买和参观、游览、娱乐等活动共同构成难忘的旅游经历，在游客参与、生产者和消费者互动过程中体验快乐，享受感受、参与、互动的过程，使旅游者在体验文化中感受到旅游购物蕴涵的文化意蕴，达到身心愉悦的境界。

4. 重视软环境和硬环境“两手抓”，营造良好的购物氛围

良好的购物环境能够诱发旅游者的联想，促进信赖，从而唤起旅游者的购买欲望。店铺的设计可以大大增加旅游者的乐趣，特别是商店橱窗更为重要。各种具有鲜明特色的铺面设计可以吸引游人的“眼球”，使游客眼前一亮，使其在不知不觉中融入这种旅游购物环境。良好的购物环境除了店铺装饰等硬件设施外，更应该重视购物的软环境。通过员工的服务，良好的售后服务，使顾客感受到该旅游购物点的服务是好的，是高效率的，从而将美好的印象映射到旅游商品上，使其买得放心、安心、舒心。目前很多旅游购物点开始比较重视硬件环境，但是对软件环境的关注相对比较少，而且缺乏本质的内在的东西，应该更加注重文化资源内涵的挖掘，由传统的资源“硬开发”转向资源的“软开发”，坚持软环境和硬环境“两手抓”，营造富有人情味的有特色的购物氛围。丽江另一家叫“纳西工艺”的小店就很有纳西风情，而且装饰别出心裁，屋内的摆设、灯光、色调等协调，营造了一种神秘的氛围。屋内经常没有人，店主开木雕店是因为自己的兴趣，他会很热情地向游客讲述作品的故事，宣传民族文化。创意的品位则取决于文化基础，意境流设计应该以深入挖掘旅游目的地的旅游文化内涵为前提，形成旅游购物物质环境、员工服务、购物主题创意、目的地旅游文化于一体的情、理、形、神特点相统一的购物氛围。

5. 重视文化内涵挖掘，体验旅游文化，提升旅游购物的档次

人们对旅游商品的追求归根到底是一种文化的期待和需求，旅游者对于文化的求同求异心理，对异质文化或同质文化的寻求、认同与接受，都迫切要求旅游购物在文化竞争方面多做文章，使文化成为旅游购物的重要组成部分，同时使其成为旅游购物特具竞争力的必胜武器。到西藏的旅游者一般都会买刻有与藏传佛教有关的图案或文字的玛尼石，有佛经，其中以六字真言居多，还有其他一些吉祥语言，还有佛像、神像等。石头本来不值钱，但是由于受文化的吸引，旅游者相信由于神灵的寄居，石头便有了神，有神佛的灵光。玛尼石就赋予了商品实用价值之外的东西，有了藏传佛教的文化意味，旅游者在购买石头过程中感受到了浓厚的藏族风情。

通过多种手段使无形的文化有形化，使用各种载体表现旅游文化，使旅游文化通过旅游购物活动、旅游购物品、旅游购物环境等直接的表现形式展示出来。进行情景设计，给每一件商品赋予一个故事，对故事的“编织”比资源本身更重要，构造出一个甚至一组人物、故事，使旅游购物有一个灵魂，构建一个以文化为底蕴的主题，搭起游客通向目的地旅游文化的桥梁。英国利兹泰勒德雷酿酒码头第一层按照时代，依次设有修道院的啤酒屋、伊里莎白时代的酒吧、雅各宾时代的酒吧、乔治时代的客栈、维多利亚时代的酒吧、爱得华时代的酒吧、1940 年的酒吧、1950 年的排队区，中间还间隔有各时代的艺术馆、庭院、大厅、多媒体表演剧场。提供主题商店和餐厅，观摩啤酒酿造，让旅游者体验 14—20 世纪英国酒吧的社会史。游客在景区逗留大约 2.5 小时，平均每人花费 7 英镑多，其中一半购买

食品、饮料和纪念品。旅游者在体验文化的过程中同时完成了旅游购物和旅游活动。

体验旅游购物是旅游购物发展的新趋势。旅游购物开发运营者应该加强旅游者消费行为研究，重视旅游者体验旅游购物过程，构建氛围—文化—参与的体验旅游购物体系，最终实现旅游者满意，旅游开发运营者实现经济效益的双赢的目标。

知识链接 5-1

盘点全球十大机场免税店[①]

世界上知名的旅游购物城市良好的商业环境体现在方方面面，它们的机场免税店同样非常有名气，丰富的产品经济的价格成了游客们“血拼”的最佳场所。全球最好的机场免税店都在哪里呢，这里给大家搜集了十大最酷机场免税店。

迪拜国际机场

迪拜国际机场免税购物区单凭9000平方米的占地面积就足以赢得广泛的关注。作为最繁忙的航空客、货港，加之聚集各大奢侈品牌，这里每年有着近10亿美元的销售额，约占全球机场免税店销售总额的5%。除了免税烟、名表、化妆品之外，正宗的迪拜特产如水烟、沙画、阿拉伯干果同样非常值得购买。与迪拜的经济作风相仿，这里的黄金交易很有人气，金表、首饰品牌种类很多，价钱相对国内也便宜很多。

东京羽田机场

很多游客都对东京羽田机场的服务环境赞不绝口。除了很有日本特色的礼貌服务之外，模仿日本传统商业街的木质门楼和门前挂着的红灯笼同样让人心情愉悦。试想，外观是传统亚麻布门帘，里面却是正经时髦的名品大牌，感受还真是奇妙啊！还有，喜欢hello kitty的人不要在这里错过，这里的hello kitty店面格外大。

悉尼国际机场

在悉尼国际机场，国际大牌们显得并不那么吸引人了。“澳洲第一冲浪品牌”Billabong来自本土，价钱自然不贵。澳洲大陆土著艺术文化纪念品、澳洲特产等自然也不能错过。除此之外，“孤独星球”全球唯一实体店铺的入驻更是验证了澳大利亚“背包客的天堂”的美誉。其中不仅有齐全的各地旅行指南和地图，还出售户外装备和各种有趣的小东西。

印度孟买国际机场

印度孟买国际机场是南亚地区最繁忙的机场，也是大量涌入印度旅行的背包客的必经之路。来印度旅行的人们想必不会对动辄几万块的手包有着多大的兴趣，宗教、文化的洗礼才是此行的目的。就此机场免税店也成了收购印度手工艺品的重要一站。如果一路的辛劳无处宣泄，这里的足疗中心同样值得一去。

---

① 资料来源：http://lady.163.com/11/1120/20/7JB214UM00261IDC_2.html

香港国际机场

香港国际机场由于位于赤蜡角，因此也被称为香港赤蜡角国际机场。2001—2010 年间 7 次被评为全球最佳机场，并一直保持前三甲的成绩。这里绝对是家庭旅行购物的便利之所，因为它能够满足所有人的需要。即使有幼小的婴儿，这里设施齐备的育婴室也能够为您提供便利。

韩国仁川机场

整容是韩国文化的一枝奇葩，首屈一指的整容技术更是让脸上的那点事儿成为了一种产业，同时也影响了韩国化妆品在人们心目中的地位。首尔仁川机场免税店中除了各大国际知名化妆品品牌之外，韩国本土品牌，诸如 The Face Shop、SkinFood、VOV 更能吸引游客的眼球。值得一提的是，全球唯一的路易威登免税奥特莱斯店即将入驻，想必一定会引发一场 LV 抢购热潮。在 4 层还设有朝鲜民族博物馆，其中收藏着从远古器物到现代艺术作品等展物，当然还有出售各种韩国手工艺品的小店。

罗马菲乌米奇诺机场

古琦、普拉达、阿玛尼……时尚大牌可能是意大利的特产，如果你是这些品牌的铁粉，罗马菲乌米奇诺机场你当然不会错过。除此之外，汽车也是意大利时尚重要的组成部分。法拉利跑车，这个介于艺术品与机械装置之间的代步工具，俨然已经楔入多少人的梦想。对于这样一部分人，机场免税店内，全球唯一的法拉利商品零售店就一定不要错过。这里有装饰着法拉利标志的皮夹克、T 恤等，不过遗憾的是，这里的法拉利跑车只做展品并不出售。

巴黎戴高乐国际机场

与在罗马国际机场沉迷于品牌时装相仿，拥挤的化妆品店在巴黎戴高乐国际机场成为另一道特色风景。诸如兰蔻、娇韵诗这些耳熟能详的名字可正是出自法国本土。加之免去高昂的关税，如果幸运再赶上促销，更是让人难以释怀。所以见到像买矿泉水一样抢购爽肤水的场面就不足为奇了。如果还不甘心登上飞机，在最后几分钟买几本关于卢浮宫或者凡尔赛的画册也是个不错选择。

伦敦希斯罗机场

与其他时尚大国的品牌相比，英国品牌有着自己独到的魅力。由防水风衣发展到皇室御用的巴宝莉、英伦 mod 始祖宾舍曼、在袖口里绣着裸体美女的保罗·史密斯、引领世界次文化的马丁大夫……这些时尚的领袖们绝对让你或爱或恨走向极端，就像电影里说的那样“这就是英格兰”。

阿姆斯特丹史基浦机场

这里购物环境轻松。除了与其他机场免税店相仿的各大品牌之外，这里不时会有促销活动，往往非常超值。相对于其他国家来说，这里的退税政策也相对更加便利和宽松。

本章小结

旅行社是指以营利为目的，从事旅游业务的企业。其中旅游业务是指为旅游者代办出境、入境和签证手续，招徕、接待旅游者，为旅游者安排食宿等有偿服务的经营活动。旅行社现在划分为拥有出境资质的旅行社和不具备出境资质的旅行社。申请设立旅行社，经营国内旅游业务和入境旅游业务的，应当具备下列条件：①有固定的经营场所；②有必要的营业设施；③有不少于30万元的注册资本。

按旅行社企业性质分类，旅行社目前的体制分为国有独资、国有控股、国有参股、民营股份、个体经营等。其形式有：未改制企业，已改制或重组企业、综合性集团公司、股份有限公司、有限责任公司、股份合作制。体制和形式不同，决定了企业内部的管理部门及岗位设置有所不同。

旅行社的旅游产品，即旅游线路具有一定的区域性，不同地区的旅行社提供的旅游产品是不一样的，一般来说主要包括地接产品和组团产品。旅行社市场营销，是指旅行社在充分了解旅游者需求的基础上所进行的对其产品、服务和经营理念的构思、预测、开发、定价、促销、分销及售后服务的计划和执行过程。旅行社所销售的旅游产品包含有形产品和无形服务两个方面。旅游购物是旅游或旅游业的一个领域或要素，指以非营利为目的的游客离开常住地，不管是以购物还是以其他为旅游目的，为了满足其需要而购买、品尝，以及在购买过程中观看、娱乐、欣赏等行为。旅游购物作为一种旅游行为，对当地社会文化、经济、其他领域以及旅游政策都产生影响。

课后练习

1. 设立旅行社应具备什么样的条件？
2. 旅行社主要包括哪些类型？
3. 旅行社产品的含义是什么？
4. 青岛旅行社旅游产品可以划分为哪些类型？
5. 旅行社的岗位职责及特点是什么？
6. 旅行社市场营销的组合策略包括哪些方面？
7. 旅行社市场营销受哪些因素的影响？
8. 旅游购物的概念是什么？
9. 体验旅游购物的体系如何构建？

第六章

旅游景区

【学习目标】

通过本章的学习，要求学生理解景区的概念、景区的分类和分级；掌握景区管理的基本知识，包括景区管理主体、课题和职能，以及国外国家公园管理模式；理解我国公共资源景区管理模式。

【关键词】

景区概念　景区分类　景区分级　景区管理

案例导入

北京奥林匹克公园成“国家5A级旅游景区”①

北京将再添一张旅游新名片。近日，占地12平方公里的奥林匹克公园正式获得国家旅游局授牌，成为继故宫博物院、八达岭长城、颐和园等著名景区之后，北京第8家、朝阳区首家国家5A级旅游景区。不同于任何一个国家5A级旅游景区，奥林匹克公园是全国首个由9家单位打包联创的景区，也是北京市除故宫博物院之外，唯一一家直接获得国家5A级称号的旅游景区，如图6-1所示。

图6-1 奥林匹克公园

辩证性思考

1. 旅游景区在旅游业的发展中起什么作用？
2. 旅游景区的分类标准有哪些？

第一节 景区概述

旅游景区是旅游业发展的龙头，旅游景区的吸引力很大程度上是地区旅游经济发展的保证。

① 资料来源：http://www.china.com.cn/v/news/2013-03/29/content_28393680.htm

一、景区的概念

(一)国内现有景区的定义

(1) 定义 1：一个可供人们前来休闲、游乐、游览、观光、度假的专业场所。该场所具有明确的范围界线和专业化的组织管理。

(2) 定义 2：具有美学、科学和历史价值的各类自然景观的地域空间载体，它能够激发人们的旅游兴趣和需求，为人们提供参观、游览、度假、康体、科研等产品和服务。

(3) 定义 3：以旅游及其相关活动为主要功能或主要功能之一的空间或地域，指具有参观游览、休闲度假、康乐健身等功能，具备相应旅游服务设施并提供相应旅游服务的独立管理区。该管理区应有统一的经营管理机构和明确的地域范围，包括风景区、文博院馆、寺庙观堂、旅游度假区、自然保护区、主题公园、森林公园、地质公园、游乐园、动物园、植物园及工业、农业、经贸、科教、军事、体育、文化艺术等各类旅游区(点)(国家旅游局与国家技术监督局联合发布的《旅游区(点)质量等级的划分与评定标准》。

(4) 定义 4：凡是符合以下要求的具有较为明确范围边界和一定空间尺度的场所、设施或活动项目者，称之为旅游景区。①以吸引游客为目的，包括本地的一日游游客和旅游者，根据游客接待情况进行管理；②为游客提供一种消磨时间或度假的方式，为他们提供一种快乐、愉悦和审美的体验；③开发游客对这种体验的追求并满足这种潜在的市场需求；④以满足游客的需要为管理宗旨，并提供相应的设施和服务。

(5) 定义 5：旅游景区景点是由具有某种或多种价值、能够吸引游客前来观光、游览、休闲、度假的自然景物，人文景观以及能够满足游客需要的旅游设施构成的，具有明确的空间界线的多元环境空间和经营文体，这一文体可以通过对游客进出的管理和提供相关服务达到盈利或保护该环境空间的目的地(禹贡、胡丽芳，2005)。

(6) 定义 6：由一系列相对独立景点组成，从事商业性经营，满足旅游者观光、休闲、娱乐、科考、探险等多层次精神需求，具有明确的地域边界，相对独立的小尺度空间旅游地。

(二)国外现有景区的定义

(1) 定义 1：旅游景区(点)必须是一个长期存在的出游目的地，其存在的首要目的是向公众开放并满足进入者的游乐、兴趣和教育的需求，而不是仅仅用于购物、体育运动、观看电影和表演。旅游景区(点)无须提前预订，可以吸引一日游游客和旅游者。

(2) 定义 2：一个指定的、长久性的、由专人经营管理的，为出游者提供享受、消遣、游乐、受教育机会的地方。

(3) 定义 3：景区应该是一个独立的单位、一个专门的场所，或者是一个有明确界线的、范围不可太大的区域，交通便利，可以吸引大批的游人短期休闲和游览；景区应该是能够界定能够经营的实体。

(4) 定义 4：景区是因天气、风景、文化或活动而满足一个特定顾客群和市场的欲望和喜爱的区域。

(5) 定义 5：旅游景区可以是地球上任何一个独具特色的地方，这些地方的形成既可能是自然力量使然，也可能是人类活动的结果。

(6) 定义 6：旅游景区是具备以下特征的地点或举办活动的场所。①吸引当地居民的游客、一日游游客和旅游者，并对其进行相应的管理；②提供一种娱乐或愉悦的体验或打发休闲时间的方式；③满足这种潜在的需求的开发；④其管理侧重为游客提供满意的服务；⑤提供相关设施和服务以满足游客各方面的需求、需要和兴趣；⑥可以是收费或免费的。

(三)本书的景区定义

通过上述对现有景区定义的深入分析，在前人认识的基础上，结合现在旅游业发展的现状，提出本书的景区定义，并对景区定义的内涵、核心、外延进行归纳。

我们认为，旅游景区是指以其特有的旅游特色和价值吸引旅游者前来，通过提供相应的旅游设施和服务，满足其观光游览、休闲娱乐、度假康体、科考探险、教育和特殊旅游需求，有专门的旅游经营管理的旅游管理地域综合体。

二、景区的分级

景区分级的目的主要是为了根据景区资源吸引力和保护的级别进行分级管理，这是国内外景区管理的共性特征，由于景区的类别、所在国家、主管部门等方面的不同，景区的分级可以归纳为二级、三级、四级和五级四种分级体系，具体如下。

(一)二级系统

二级系统是以美国为代表的国外景区分级特色。其分级的基础是美国的纵向行政管理“联邦政府——州”二级体系，最经典的是美国公园，根据其质量的高低(或重要性)分为国家公园和州立公园二级，如美国的黄石国家公园和尼亚加拉大瀑布州立公园。

(二)三级系统

三级系统是我国的景区分级特色。其分级的基础是我国的纵向行政管理“国家——省——市县”三级管理体系，我国风景名胜区、森林公园、自然保护区等均按照其质量的高低(或重要性)分为国家、省、市县三级。

(三)四级系统

就我国的景区而言，根据其旅游资源吸引力的大小(或级别)，在我国的景区三分级体系基础上，增加资源，具有世界吸引力的这一最高级别层次，形成了景区四级系统。

(1) 第一级：世界级景区，其旅游资源的吸引力是世界范围的，包括我国境内的世界遗产和联合国生物圈人与自然保护区。从旅游的角度，它们在开发后就形成了世界级景区，如四川的九寨沟、北京的故宫、云南的丽江古城等。

(2) 第二级：国家级景区，其旅游资源的吸引力比世界级的低，包括我国的国家级风景名胜区、国家级森林公园、国家级旅游度假区和国家级自然保护区等。

(3) 第三级：省级景区，其旅游资源的吸引力比国家级的低，包括我国的省级风景名胜区、省级森林公园和省级自然保护区等。

(4) 第四级：县级景区，其旅游资源的吸引力比省级的低，包括我国的县级风景名胜区、县市级森林公园和县市级自然保护区等。

(四)五级系统

我国的旅游区(点)质量管理实行的是五级系统，其分级的思路主要源于宾馆、饭店的分级管理，分组的依据是旅游区(点)综合质量的高低。中华人民共和国国家质量监督检验检疫总局于 2003 年 2 月 24 日发布了中华人民共和国国家标准《旅游区(点)质量等级的划分与评定》(GB/T 17775—2003)，这一国家标准中的“旅游区(点)质量等级及标志”有两点规定：其一，“旅游区(点)质量等级分为五级，从高到低依次为 AAAAA、AAAA、AAA、AA、A 级旅游区(点)；其二，“旅游区(点)质量等级的标志、标牌、证书由国家旅游行政主管部门统一规定”。具体质量等级评定标准如表 6-1 所示。

表 6-1 中国旅游区(点)质量等级评定标准

质量综合评定总分	质量等级
950	5A 级旅游区
850	4A 级旅游区
750	3A 级旅游区
600	2A 级旅游区
500	A 级旅游区

知识拓展 6-1

5A 级景区不是终身制 5 年评定复核一次①

商报济南消息(记者任秀芳)记者在采访中了解到，5A 级景区也不是终身制，每 5 年评定复核一次，复核过程若发现问题，将进一步督促景区提升完善，若达不到标准将被摘牌降级。

根据我国 A 级景区评定流程，3A 级、2A 级、1A 级旅游景区由全国旅游景区质量等级评定委员会委托各省级旅游景区质量等级评定委员会负责评定。省级旅游景区质量等级评定委员会可以向条件成熟的地市级旅游景区质量等级评定机构再行委托。4A 级旅游景区由省级旅游景区质量等级评定委员会推荐，全国旅游景区质量等级评定委员会组织评定。5A 级旅游景区从 4A 级旅游景区中产生。

省旅游局规划发展处副处长蒋卫东告诉记者，4A 级景区每年的复核率不少于 20%。5A 级景区也不是一评定终身，管理也是动态的，国家对 5A 级景区每 5 年评定复核一次，复核不合格者将被通报批评，督促整改提升完善，若整改仍达不到标准将面临摘牌降级的命运。

三、景区的分类

划分景区的类型，是为了确定景区的发展和管理方向。在对景区类型进行划分时，划分的依据不同，就会形成不同的分类系统。为了便于学生掌握景区分类的系统知识，本书将系统介绍有代表性的重要景区分类系统。

(一)资源属性分类系统

该景区分类系统的主要依据是其旅游资源(或景观)的属性特征，不同的学者分类的结果不同，总结起来有“三级系统”、“五级系统”、“六级系统”和“九级系统”，具体如表 6-2 所示。

表 6-2 景区分类系统

分类系统名称	分类依据	分类结果	资料来源
三级系统	吸引力要素	自然景点景区	禹贡，胡丽芳. 旅游景区景点营销. 北京：旅游教育出版社，2005
		人文景点景区	
		人造景点景区	

① 资料来源：http://www.dzwww.com/shandong/sdnews/201303/t20130327_8162243.htm

续表

分类系统名称	分类依据	分类结果	资料来源
五级系统	主要旅游资源类型	自然类旅游景区	马勇，李玺．旅游景区管理．北京：中国旅游出版社，2006
		人文类旅游景区	
		复合类旅游景区	
		主题公园类旅游景区	
		社会类旅游景区	
六级系统	国家标准《旅游资源分类分级系统简表》	地文景观类景区	王昆欣．旅游景区管理．大连：东北财经大学出版社，2003
		水文景观类景区	
		生物景观类景区	
		历史遗产景区	
		现代人文吸引物景区	
		抽象人文吸引物景区	
九级系统	主要景观类型	山岳型风景名胜区	马勇立，谈俊忠．风景名胜区管理学．北京：中国旅游出版社，2003
		洞穴型风景名胜区	
		水域型风景名胜区	
		山水型风景名胜区	
		古迹型风景名胜区	
		修养型风景名胜区	
		纪念型风景名胜区	
		工程型风景名胜区	
		保护型风景名胜区	

(二)开发分类系统

该景区分类系统的主要依据是其旅游资源的开发特征，不同的学者分类的结果不同，总结起来有“二类系统”和“四类系统”，具体如表 6-3 所示。

表 6-3 景区的开发分类系统

分类系统名称	分类依据	分类结果		资料来源
		一级系统	二级系统	
二类系统	开发的功能、目标、管理方式	经济开发型旅游景区	主题公园	邹统钎．旅游景区开发与经营经典案例．北京：旅游教育出版社，2003
			旅游度假区	

续表

分类系统名称	分类依据	分类结果		资料来源
		一级系统	二级系统	
二类系统	开发的功能、目标、管理方式	资源保护型旅游景区	风景名胜区	邹统钎. 旅游景区开发与经营经典案例. 北京：旅游教育出版社，2003
			森林公园	
			自然保护区	
			历史文物保护单位	
四类系统	开发程度	完全开发的旅游风景区		陈瑛. 旅游风景区管理. 西安：陕西旅游出版社，1997
		部分开发的旅游风景区		
		正在开发的旅游风景区		
		待开发的旅游风景区		

(三)管理主体分类系统

该景区分类系统是我国特有的，我国的景区管理是多主体的，以景区的管理部门作为分类依据形成了景区管理主体分类系统，具体如表 6-4 所示。

表 6-4 景区的管理主体分类系统

景区主管部门	分类结果	
	分类系统	分级系统
国家建设部	风景名胜区	国家级风景名胜区
		省级风景名胜区
		市县级风景名胜区
国家林业局	森林公园	国家级森林公园
		省级森林公园
		市县级森林公园
国家旅游局(或公司)	旅游度假区	国家级旅游度假区
		省级旅游度假区
		其他旅游度假区
世界遗产委员会	世界遗产	
公司经营	主题公园	

相关案例 6-1

四川打造全国藏区首个国家级旅游度假区①

神秘"东女"将揿开面纱

3 月 23 日的金川，盛开着洁白的梨花，编织出一幅美丽的田园风光。

千树万树梨花开，开出了"大东女国品牌"的发展蓝图——当天，创建大东女国阳光旅游度假区暨金川县旅游发展大会隆重召开，四川西部的金川、丹巴、小金、马尔康和壤塘县一齐携手，共同打造大东女国文化旅游区，构建大东女国文化旅游黄金线。

西南民族大学历史文化学院院长梁银林认为，"东女"这一极具世界文化感召力和旅游吸引力的高端资源品牌，有望将大东女国阳光旅游打造成全国藏区首个国家级旅游度假区。

两州五县"抱团"打造东女国旅游品牌

神秘的东女族，以其独特的女权文化为世人广泛关注。数百年历史长河中，东女族迁徙至现今的金川、丹巴、小金、马尔康、壤塘一带，并在金川县嘎达山建立了女权王朝。如今到金川、丹巴的游客都会看到东女国时期流传下来的爬墙墙、牛皮船、女当家等文化习俗。

如何把东女文化资源转变为旅游经济资源，是古东女国文化所在地——阿坝州和甘孜州的金川、丹巴、小金、马尔康和壤塘长期以来思索的命题。休闲度假旅游，成为突破口——正如金川县委书记张海清所言："东女文化的人文品牌、高原田园的风光品牌、宜旅宜居的环境品牌，具有不可复制的优越性。"

此次会议上，金川、丹巴、小金、马尔康和壤塘五县签署了共同打造大东女国阳光旅游度假区、共建国际精品线的战略合作协议，五县将共同享有、使用、维护东女文化品牌，实行"统一策划规划、分别开发建设、整合宣传营销"。阿坝州旅游局局长罗尔伍表示，将把"大东女国阳光旅游度假区"创建为全国藏区首个国家级旅游度假区，把大东女文化旅游线打造成为与大九寨黄金线、大香格里拉黄金线、大熊猫黄金线并驾齐驱的又一国际精品旅游线。

大牌"经纪人"携手共推金川"东女"

大东女国阳光旅游度假区的诞生，四川旅游发展集团是重要推手。在川旅集团总经理王怀林看来，大东女文化旅游区是一只潜力股，将填补我省藏区没有休闲度假型旅游产品的空白。

事实上，金川县不仅是古东女国都城所在地，地处高原与平原的过渡带、山地与草地的结合部，也让金川生态气候宜居宜旅，具有打造文化生态旅游度假区的绝佳条件和优势。

记者了解到，川旅集团将投资 21 亿元，在金川县嘎达山景区重点开发东女王宫、东女

① 资料来源：http://www.sc.xinhuanet.com/content/2013-03/26/c_115160845.htm

婚恋、东女歌舞、东女节庆、东女饮食等核心文化产品。从去年 5 月起，王怀林就多次到金川考察，他认为金川有与西昌并驾齐驱的可能性，“今年，我们将先期投入 3000 万元开发。”

不仅如此，金川独特的“东女”旅游资源，也赢得了九寨沟、黄龙、四姑娘山、达古冰山四大龙头景区的青睐。在此次会议，这四大景区分别与金川县签订了旅游推广和宣传营销合作协议，四大景区将在国际标准化景区体系、信息化旅游营销平台和全球性项目招商渠道等方面给予金川旅游特别是“东女”旅游广泛而深入的支持。

(四)规模分类系统

景区的地域面积大小差别较大，以景区的占地面积作为分类依据，形成景区的占地规模分类系统，具体如表 6-5 所示。

表 6-5　景区的占地规模分类系统

占地规模/平方千米	分类结果
小于 20	小型风景名胜区
21～100	中型风景名胜区
101～500	大型风景名胜区
大于 500	特大型风景名胜区

第二节　景区的管理

景区管理作为一种管理活动，从构成上由景区特有的管理要素组成。目前国内外的景区管理有着不同的模式，国外较为规范，已经取得成功经验的是国家公园管理；我国级别较高的景区的所有权均属于国家所有，这种公共资源型景区的管理在目前我国从计划经济向市场经济转轨之时，有着众多的管理模式。

一、景区管理要素

景区管理作为一种社会活动，由管理主体、管理客体、管理职能三个基本要素构成。

(一)景区管理主体

管理主体是具有一定管理能力，拥有相应权威和职责，从事管理活动的人，即管理者，通常由决策者、执行者、监督者、参谋者组成。景区的性质不同，所在国国情不同，其管理主体的差异也较大。根据性质的差异，景区可分为商业性景区和公益性景区。

国内外的商业性景区管理主体均是景区经营企业；而公益性景区的管理主体，国内和国外差别较大。如美国公益性景区——国家公园的管理主体是单一的，主要是美国联邦政府内政部下属的国家公园管理局。我国尚未建立真正的国家公园管理体系，但建有一些相似的像风景名胜区、自然保护区、地质公园、文物保护单位等管理部门。这些公益性景区的管理主体是多头的，根据资源管理部门的分工而分属于不同的部门，如风景名胜区的管理主体是国家建设部，森林公园归国家林业局管辖。我国目前景区管理主体的多头性与景区管理方式的多样性，构成了我国复杂的景区管理模式。

(二)景区管理客体

景区管理客体即景区的管理对象，是景区管理主体可以支配并需要调均的一切资源，主要由人、财、物组成，详见图 6-2。

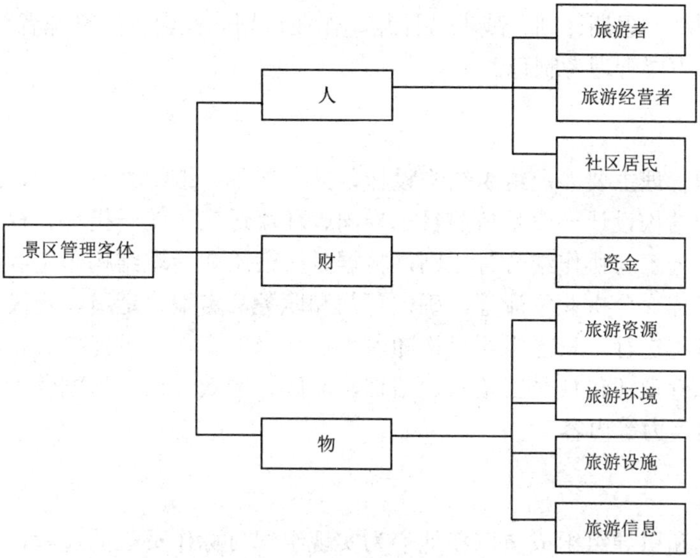

图 6-2 景区管理客体结构图

(三)景区管理职能

景区的管理职能，即用什么方法进行景区管理，或称为景区管理方式。应用管理学的管理职能理论，无论是商业性景区还是公益性景区，决策、计划、组织、领导、控制、创新均是其管理活动中最基本的六个职能。

1. 决策

景区管理的决策是为实现景区管理目标，在两个以上的备选方案中选择出一个方案的分析判断过程，它包括提出问题、搜集信息、确定目标、拟订方案、评选方案、确定方案并组织实施、信息反馈等这样一个完整的过程。景区决策按性质可分为经营决策、管理决策和业务决策三种类型。

2. 计划

计划是景区制定目标的行动过程。计划的编制一般包括估量机会、确定目标、确定前提条件、确定备选方案、评价备选方案、选择方案、拟订计划和编制预算、执行与检查等步骤。计划在执行中是动态的，可以随外部环境的变化不断调控。景区计划按时间长短可分为长期计划、中期计划和短期计划。长期计划期限一般在 5 年以上，主要用以确定景区的使命、路标、战略；短期计划在一年以内，是景区日常活动的指南；中期计划介于长期与短期之间。景区计划按性质可分为环境保护计划、产品开发计划、市场促销计划、财务计划、人力资源计划等部门计划。景区的总体计划、长期计划、战略性计划一般由上层管理者负责组织制订，短期计划、战术性计划、作业计划一般由基层管理者制订，部门计划、单项计划一般由中层管理者制订。

3. 组织

景区的组织管理主要涉及组织结构设计、人员配备、组织力量整合、组织文化建设等方面。景区组织结构设计一般是按照目标导向、环境适应、统一指挥、权责对等、控制幅度、柔性经济、分工与协作结合等原则，根据景区性质和治理结构确定组织类型，层层分解景区组织总目标，分析业务流程，确定部门和职务，定编、定员、定岗，岗位职责、岗位薪酬确定的过程进行。景区组织机构随着外部环境的变化，可能要进行新的流程设计与组织再造。组织管理还包括员工招聘、培训、激励、绩效评估、薪酬管理和组织文化建设以及增强景区内聚力等内容。

4. 领导

领导是激励和引导组织成员以使他们为实现组织目标作贡献的过程，领导工作包括先行、沟通、指导、浇灌和奖惩等内容。先行体现在领导者应先做好组织架构和目标设计，制订战术，并在具体实施中起到带头作用；沟通体现在景区领导者通过与员工、游客、公众的双向沟通，增强组织凝聚力、领导亲和力，鼓舞员工士气。指导是指景区领导者向下级传达管理思想和下达管理任务后，为下级创造履行任务的条件，并进行跟踪调查，保证命令贯彻执行并修正不合适命令的过程；浇灌是指景区领导者为了使下级接受任务并愉快而自觉地完成，而进行的情感培养；奖惩是领导者根据下级履行职责与完成任务的情况而给予的奖励和惩罚，是领导者权力的具体体现。景区的管理者应根据外部环境、上下级关系、职权结构、任务结构采取不同的领导风格。

5. 控制

控制是管理者识别当初所计划的结果与实际取得结果之间的偏差，并采取纠偏行动的过程。要想使景区的全体成员、资金流动按照景区管理计划照章执行，就必须建立控制标准和分析评判考核管理绩效的衡量指标体系，通过对比分析方法把实际执行的管理活动与预先确立的各项管理活动的执行标准进行对比，判断其中的差距，并采取相应的纠偏措施使景区的管理活动回归到计划之中。

6. 创新

所谓创新就是改变现状。在被称为“唯一不变的就是变化”的当今世界，科学技术突飞猛进，市场需求与外部环境瞬息万变，景区的管理者每天都会遇到新情况、新问题，需要创新才能取得更好的成绩，创新是景区管理的动力源泉，是景区增强竞争力的关键。景区的创新包括观念创新、体制创新、技术创新、组织结构创新、环境创新等。景区产品的创新设计与开发是景区提供与众不同的体验的关键，是增强竞争力的核心因素。

二、国外国家公园管理模式

由国家颁布法律进行管理的国家公园管理模式，自从美国1872年第一个国家公园黄石国家公园建成以来，纷纷受到世界各国的仿效，各国又根据本国的实际，形成各具特色的国家公园管理模式，我们将在美洲、欧洲和亚洲各选一个有代表性的国家公园管理模式来介绍。

(一)美国国家公园管理模式

1. 管理体制

美国国家公园以保护国家自然、文化遗产为主，向全体国民提供观光旅游的机会。国家公园均由内政部的国家公园管理局统一管理，国家公园管理局(National Park Service，NPS)管理全美376个公园、娱乐区、保护区、古战场、历史遗址、池塘、纪念碑、纪念馆、海滨、公园大道等，面积3260万公顷。部分州还设立了州立公园，州立公园允许兴建较多的旅游设施，以缓解国家公园面临的旅游压力。国家公园管理局下设10个地区分局，分片管理各地的国家公园。各个国家公园都设有公园都管理局，具体负责本公园的管理事务。国家管理局、地区管理局、基层管理局三级管理机构实行垂直领导，与公园所在地政府没有业务关系，固定管理人员为国家公务员，由总局统一任命和调配。

2. 资金来源

美国的国家公园为非营利性的公益事业，经费主要靠政府拨款，部分靠私人或财团捐赠，门票只作管理手段，实行无门票或低门票制，门票收入主要用于环保宣传和生态教育支出。

3. 资源管理和经营活动的关系

管理局固定工作人员和自愿者一道承担资源保护职责，还提供营救、讲解、卫生等服务。公园的住宿、餐饮和娱乐等商业设施严格按规划建设，向社会公开招标，实行特许经营权制度，由特许承租人经营，缴纳特许经营税和营业税，财务上收支两条线，经营性收入与管理局无关，管理局的开支由政府拨款。

(二)日本国家公园管理模式

1. 管理体制

日本的自然公园分国立公园(相当于西方的国家公园)、固定公园(准国家公园)和都道府县立公园(地方公园)三类。据日本《观光白皮书》所载，截至 2000 年 3 月，日本全国共有国立公园 28 家，面积 205 万公顷；固定公园 55 家，面积 134 公顷。日本的国家公园由国家环境署管理，环境署和地方政府共同出资，建立与自然和谐统一的公共服务设施，并与相关公共团体一起管理旅游资源和景区公共设施。日常管理由地方政府、特许承租人、科学家和当地群众组成的志愿队伍完成。

2. 资金来源

日本国家公园内的土地存在着多种所有制：国家、地方和私人(24%为私人所有)，为了控制对环境有害的人类活动，通过地方政府发行公共债券的方式补偿私人土地所有者进行生态保护活动，或收购公园内的私人土地，债券的偿还由中央政府承担。

3. 经营活动

按照日本的国家公园法，私营部门在取得国家环境署颁发的国家公园执照后，可以投资建设并经营酒店、旅馆、滑雪场等其他食宿设施，这些盈利部门由统一的行业协会，如国家度假村协会管理。经营执照严格按照每个公园的游客接待计划、服务质量标准及服务管理资格进行发放，专营食宿点的布局严格按规划进行。

(三)挪威国家公园管理模式

1. 管理体制

自 1960 年以来，挪威先后扩建了 21 个国家公园和 2 个自然保护区，土地归国家所有，其国家公园由国家环境部按照国家相关法律进行管理，在环境部下设“自然管理理事会”，负责中央一级的自然保护和管理，地方一级的自然资源环境保护，由各部行政管理办公室负责。自然管理理事会的监察员负责各个国家公园的日常管理工作。所有国家公园和大多数保护区都有任命的管理员，负责监护野生动植物状况，提供信息，确保所有法规的有效执行。

2. 经营活动

国家公园内有特殊标志的旅馆和自助小屋由挪威旅游协会建造，向游客提供价格适宜的食宿服务。但挪威旅游协会是私营组织，已有近30年的历史。大规模基础设施和高技术标准的大酒店，不能出现在国家公园内，由私营部门在外围兴建和提供。

(四)国外国家公园管理模式分析

综合分析上述三国的景区管理情况，我们发现三国在公共资源景区的管理方面有三个共同点：其一，国家实行分级管理；其二，对资源和生态环境严格保护；其三，管理和经营分离。公众享有公共资源，公众参与管理，配套设施与服务由私营部门提供，属于企业化管理。在行政管理体制上三国又不尽相同，美国是垂直一元化管理，日本和挪威是中央与地方共管。

三、我国公共资源景区管理模式

(一)管理体制

从管理体制看，我国的公共资源型景区如风景名胜区、自然保护区、森林公园、地质公园、文物保护单位分别由建设、环境、林业、国土和文化部门代表国家行使管理权，国家层面由国务院的相关部委，省级由相关厅局，县级由相关局委层层归口管理。各类公共资源景区基本上都参加了旅游部门的A级景区评定，基本上都是A级景区，要接受各级旅游主管部门的评定验收和检查。部分资源品位独特的公共资源型景区又被评为世界自然文化遗产，接受相关国际组织和国际公约的约束与监督。部分景区分别属于上述多种类型，必然分别要接受相关部门的管理。例如张家界同时是世界自然遗产、全国重点风景名胜区、国家自然保护区、国家森林公园、国家地质公园和AAAA级景区。

(二)治理结构

从内部现有的制度安排和制度设计，即治理结构来看，我国公共资源型景区的治理结构十分复杂。国家旅游局规划发展与财务司彭德成博士进行了系统的总结和专题研究。他首先根据景区经营主体的市场化程度、所有权与经营权是否分离、保护权与开发权是否分离将景区治理模式分为企业型治理和非企业型治理两大类。根据企业化经营的景区经营主体的所有制性质不同，分为民营企业经营、股份制企业经营(国有股份制和混合股份制)、国有企业经营三种类型。民营企业经营一般是整体租赁；股份制企业经营有上市和不上市两种经营形式；国有企业经营有隶属于大的国有旅游企业集团，隶属于建设、园林、林业、文物、文化等旅游资源管理部门和隶属于旅游市场主管部门三种情况。非企业化经营的景区分为具有行政职能的治理和不具有行政职能的治理两种类型，即景区管理机构与政府部门合并与分离两种类型。景区管理机构与政府部门合并的也有与资源管理部门合并和与市场主管部门合并两种类型，景区管理机构与政府主管部门分离的有两种隶属关系，即隶属于景区资源管理部门或市场主管部门。这样，我国公共资源景区就有 10 种常见的管理(治理)模式，如图 6-3 所示。

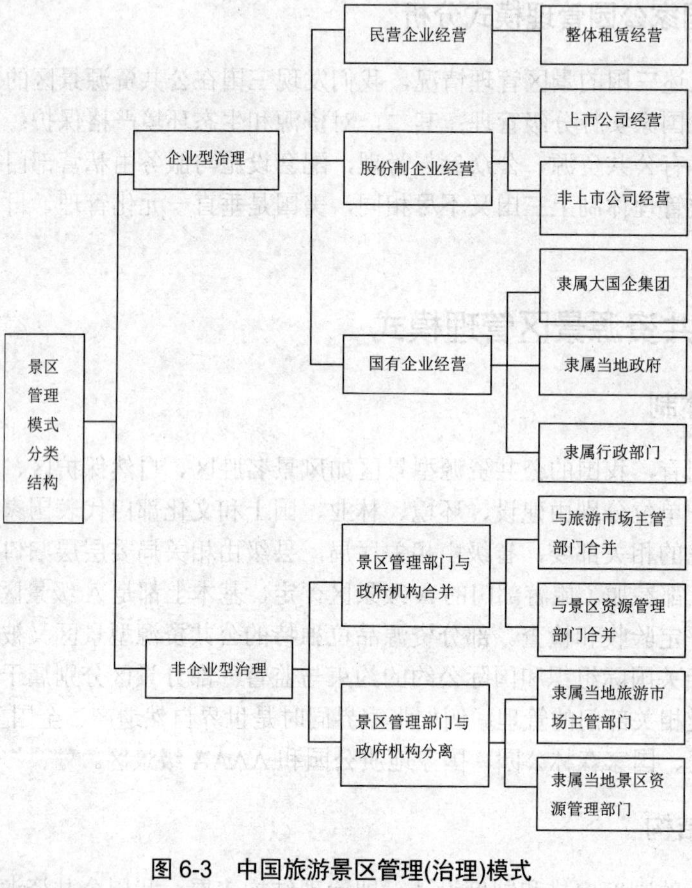

图 6-3 中国旅游景区管理(治理)模式

1. 整体租赁经营模式

该模式的经营主体是民营企业或民营资本占绝对主导地位的股份制企业。景区的所有权与经营权分离，开发权与保护权统一。景区所有权的代表是当地政府，民营企业以整体租赁的形式获得景区 30～50 年的独家经营权，景区经营企业在其租赁经营期内，对开发和保护负责。

代表景区：四川碧峰峡景区、桂林阳朔世外桃源景区。

2. 上市股份制企业经营模式

该模式的经营主体是股份制上市公司。景区的所有权与经营权分离，开发权与保护权完全分离。地方政府设立景区管理委员会，作为政府的派出机构，负责景区的统一管理。景区所有权的代表是景区管理委员会，经营权则通过交纳景区专营权费用，由景区管理委员会直接委托给上市公司长期垄断。景区管理委员会负责旅游资源保护，上市公司负责资源的开发利用。

代表景区：黄山风景区、峨眉山风景区。

3. 非上市股份制企业经营模式

该模式的经营主体是未上市的股份制企业。可以是国有股份公司，也可以是国有与非国有参与的混合股份制企业。景区的所有权与经营权分离，资源开发权与保护权统一。景区所有权的代表是作为政府派出机构的景区管理委员会等，经营由政府委托给股份制企业。景区经营企业既负责景区资源开发，又负责景区资源的保护。

代表景区：青岛琅琊台景区、浙江柯岩景区、曲阜的三孔景区。

4. 隶属国有旅游企业集团的整合开发经营模式

该模式的经营主体是国有全资企业，但隶属于当地政府的国有公司。景区的所有权与经营权分离，资源开发权与保护权统一。景区所有权的代表是政府，经营权由国有全资的景区经营企业掌管。这一模式的优势是能够按照旅游市场的需求，全面整合各旅游景区的资源，通过整合开发，全面促进省地旅游景区的发展。

代表景区：陕西华清池、华山等文物景区(陕西旅游集团公司)、海南天涯海角(海南三亚市旅游投资有限公司)、桂林七星公园(桂林旅游总公司)。

5. 隶属地方政府的国有企业经营模式

该模式的经营主体是国有全资企业，且直接隶属于当地政府。景区的所有权与经营权分离，资源开发权与保护权统一。景区所有权的代表是政府，经营权由国有全资的景区经营企业掌管。景区经营企业既负责景区资源开发，又负责景区资源的保护。

代表景区：浙江乌镇(属于当地人民政府)、江苏周庄(隶属于镇人民政府)。

6. 隶属政府部门的国有企业经营模式

该模式的经营主体是国有全资企业，但是隶属于当地政府的有关部门，不直接隶属于当地政府。景区的所有权与经营权分离，资源开发权与保护权统一。景区所有权的代表是政府，经营权由国有全资的景区经营企业掌管。景区经营企业既负责景区资源的开发，又负责景区资源的保护。

代表景区：南宁青秀山景区(隶属于当地国有资产管理局和当地旅游局)。

7. 兼具旅游行政管理的网络复合治理模式

该模式的经营主体是景区管理机构，同时景区管理机构又与当地旅游局合并，使得景区管理机构不仅要负责景区的经营管理，还担负着当地旅游市场管理的行政职责。景区的所有权与经营权、资源开发权与保护权对外统一、对内分离。景区管理机构既是所有权的代表，又是景区的经营主体，负责开发和保护。但在景区内部，管理职能与经营职能、开发职能与保护职能由不同的部门或机构承担。与当地的旅游局合并为一套班子、两块牌子。

代表景区：长春净月潭、江西龙虎山、山东蓬莱阁。

8. 兼具资源行政管理的复合治理模式

该模式的经营主体是景区管理机构，同时景区管理机构与当地某一资源主管部门合并，使得景区管理机构不仅要负责景区的经营管理，还具有当地某种资源的管理行政职责。景区的所有权与经营权、资源开发权与保护权对外统一、对内分离。

景区管理机构既是所有权的代表，又是景区的经营主体，负责开发和保护。但在景区内部，管理职能与经营职能、开发职能与保护职能由不同的部门或机构承担。

代表景区：山东泰山(景区管理委员会与泰安市文化局合并，同时对全市文化事业和文化市场进行管理)。

9. 隶属旅游主管部门的自主开发模式

该模式的经营主体是景区管理机构，景区管理机构隶属于当地旅游局。景区的所有权与经营权、资源开发权与保护权互不分离。景区所有权的代表是景区管理机构，景区管理机构负责景区资源开发和环境的保护，经营总体上以市场为导向，以谋求旅游景区的发展为主要目标。

代表景区：河北野三坡。

10. 隶属资源管理部门的自主开发模式

这是一种传统的景区经营模式。其经营主体是景区管理机构，并隶属于当地建设、园林、文物等旅游资源主管部门。景区的所有权与经营权、资源开发权与保护权互不分离。景区所有权的代表是景区管理机构，景区管理机构负责景区资源开发和环境的保护。主要集中于传统的大型文物类旅游景区。

代表景区：北京故宫、颐和园、八达岭长城等。

(三)我国公共资源景区管理模式的特点

从上述对我国旅游景区管理体制和治理结构的分析，与国外国家公园的管理模式相比较，我们发现我国公共资源景区的管理模式有如下特点。

1. 分级管理与属地管理结合，属地管理为主

我国的风景名胜、森林等国土资源全部国有，国家无可争议地拥有公共资源景区的所有权，从中央到地方的各级政府及其部门，均可代表国家行使管理权。中央政府及其部门一般从政策法规的制定及分层监督检查等方面来规制与约束景区的经营管理行为。地方政府是景区所有权的实质性代表，往往把景区资源作为增强地方经济实力、推动各项事业全面进步的物质基础，对景区实行强有力的管理。

2. 多头管理、条块分割，产权主体缺位

我国景区名义上归国家所有，实际上中央、省、市、县和乡级政府及其相关部门都能出面操作，据初步统计，代表同级政府管理我国公共资源型景区的部门多达12个，往往在同一地区内，建设、文物、林业、水利、旅游等多个部门插手管理，形成实质上的条块分割、多头管理和产权主体缺位。条条块块的部门利益之争往往成为制约景区发展的巨大障碍，产权不明、主体缺位也严重影响了景区的开发与保护。

3. 属地管理为主的体制造成全民福利性资产地方经济资源化

国外的国家公园被当做是国家资产、全民福利，公众享有，实行低门票制。我国公共资源景区是地方政府发展经济的资源，在政府主导下进行开发，公众参与管理不够，以获取经济效益为主，很多景区门票价格较高，景区未能成为全民福利。景区资源成为经济性资产，而非福利性资产。

4. 多样化与变革中

我国景区管理模式比较复杂，上述10种旅游景区治理模式，都是我国目前旅游景区经营中较为普遍采用的模式。当前，我国旅游景区开发建设和经营管理正处于变革中，一些新的景区治理模式正在各地探索、酝酿和创新。可以预见，随着我国旅游业的蓬勃发展和改革开放的不断深入，新的模式将层出不穷。

本章小结

旅游景区是指以其特有的旅游特色和价值吸引旅游者前来，通过提供相应的旅游设施和服务，满足其观光游览、休闲娱乐、度假康体、科考探险、教育和特殊旅游需求，有专门的旅游经营管理的旅游管理地域综合体。景区分级的目的主要是为了根据景区资源吸引力和保护的级别进行分级管理，这是国内外景区管理的共性特征。由于景区的类别、所在国家、主管部门等方面的不同，景区的分级可以归纳为二级、三级、四级和五级四种分级体系。划分景区的类型，是为了确定景区的发展和管理方向。在对景区类型进行划分时，划分的依据不同，就会形成不同的分类系统。常见的分类系统有资源属性分类系统、开发分类系统、管理主体分类系统、规模分类系统等。景区管理作为一种管理活动，从构成上由景区特有的管理要素组成。目前国内外的景区管理有着不同的模式，国外较为规范，已经取得成功经验的是国家公园管理；我国级别较高的景区的所有权均属于国家所有，这种公共资源型景区的管理在目前我国从计划经济向市场经济转轨之时，有着众多的管理模式。景区管理作为一种社会活动，由管理主体、管理客体、管理职能三个基本要素构成。景区管理客体即景区的管理对象，是景区管理主体可以支配并需要调均的一切资源，主要由人、财、物组成。景区的管理职能，即用什么方法进行景区管理，或称为景区管理方式。应用管理学的管理职能理论，无论是商业性景区还是公益性景区，决策、计划、组织、领导、控制、创新均是其管理活动中最基本的六个职能。

课后练习

1. 旅游景区的定义有哪些？
2. 旅游景区可以划分为哪些类型？
3. 国外国家公园管理模式有哪几种？
4. 我国公共资源管理模式有哪些？

第七章

旅游交通

【学习目标】

通过本章的学习，要求学生了解旅游交通的概念、特性以及旅游交通在旅游发展中的作用及地位；掌握我国主要的旅游交通方式，如航空、铁路、公路、水上运输等。

【关键词】

旅游交通　航空　铁路　公路　水上运输

案例导入

深游欧洲选哪种交通①

春天已经到来，欧洲最美的旅游季节即将华丽地开启！如果你已经抢到了去欧洲的特价机票，那么接下来要做的就是规划大致的行程，也就是先计划好你在欧洲云游的日子里从某个城市到另一个城市的日程和交通方式。大可放心，欧洲的交通四通八达，自驾、巴士、火车以及飞机都可以便捷地进行目的地之间的接驳，如图 7-1 所示。那么，究竟采用哪种交通方式更好呢？各种交通方式有何利弊呢？

图 7-1　各种交通工具

大巴 深游最佳

交通方式：大巴。

适合日程：3～4 周以上的长途旅行。

预算：相对低。

---

① 资料来源：http://travel.sohu.com/20130326/n370380577.shtml

特色：如果你在欧洲有 3～4 周或以上的假期，那么你可以在大部分欧洲游的时间里，用搭乘巴士这一性价比很高的方式来环游欧洲大陆。据了解，巴士游是欧洲当地人很时兴的旅行交通方式，无论年纪大小，男人女人，只要有稍长的假期，大多会选择报个巴士团，或买张巴士票游览欧洲。虽然巴士旅行不如火车那么快速或是有派头，但大巴可到达一些不通火车的小村庄，那些地方往往是欧洲当地人会去的隐秘目的地，风景自然美得没话说。

在欧洲，可以选择欧洲快线(eurolines.com)巴士公司的车辆，它们连接 500 多个目的地。既可购买通票，也可购买点对点的车票，非常方便。不过有个缺点，就是行程漫长，要有经历长途旅行的思想准备，还有可能要下车接受检查。

自驾游 灵活度高

交通方式：自驾游。

适合日程：中长途旅行。

预算：较高。

特色：在欧洲选择自驾游，好处是灵活度高、行程相对轻松随意，还不用赶公共交通，比较适合在欧洲进行时间较长的中长途旅行，况且欧洲各国的路况都十分好，不必担心道路状况问题。当然，如果仅以某个城市为中心到周边郊游，也可短期使用这种自驾方式。

不过，欧洲的汽油成本较高，另外除租车费外，还要把多国汽车保险费、泊车等费用计算在内，还有在不同国家间取车和还车的手续费也非常高，因此综合下来欧洲自驾游费用也不算便宜。最好的办法是让车上坐满人，这样可分摊费用、降低成本。

选择自驾游可首先制定好大致的日程，确立每天的起止目的地，一般按照欧洲的路况和旅游的体验性，安排每天跑 200～300 公里为宜，不然会觉得像是在赶路，既累又乐趣全无。此外，租车也是必须要提前做好攻略的，建议从几个知名的租车行选车，比如 AVIS、HERTZ、EUROPCAR 和 SIXT 等。虽然其他车行可能会便宜一些，但服务不如大车行的好，比如在路上遇到车出了状况需要帮助，大型租车公司都能快速反应。大型租车公司还会推出一些特价，如在一些欧洲航空公司注册会员后，还可能获得 8.5～9 折的特别租车优惠。需要特别提醒的是，很多租车公司会限制车的公里数，超过里程的话会罚钱，所以租车的时候一定要看里程是否有限制。

火车 多国穿梭

交通方式：火车。

适合日程：1～2 周或以上。

预算：中等偏高。

特色：欧洲最著名的交通方式想必就是火车了，也可以说火车是游览欧洲最经典的交通方式。火车游欧洲主要是用在从城市到城市间的接驳，通常城市都会有火车站。可购买单国火车通票，也可购买跨国火车通票。欧铁通票是专门面向非欧洲国家公民出售的一种纸质通票，分“单国多日”和“多国多日”两种。多国多日虽可自选国家，但必须是相互接壤的国家，买票时只需要确定总天数，不需确定乘坐火车的具体日期。很多人有个误解，认为购买通票会便宜很多，但如果只是做1～2次火车旅行，还不如买点对点的单次车票好些。具体可在eurail.com或interrailnet.com上查询比较。欧洲铁路有许多优惠规则，利用好这些规则也可以省钱，比如4岁以下不占座儿童免费，4～12岁儿童半价，26岁以下青年享受青年优惠价格，60岁以上长者享受长者优惠价格，2人以上同行可以购买同行优惠通票。

飞机 可能平过火车

交通方式：飞机。

适合日程：短途或中途。

预算：中等(也可能比火车便宜)。

特色：如果你的欧洲游时间有限，又想尽可能走更多国家或城市，飞机是一个比较适合的交通方式。更何况在欧洲，目前廉价航空大量涌现，加上常规航空公司为提升客座率也时常推出一些特价票，令乘飞机到欧洲旅行更加划算。在欧洲，RYANAIR、easyJet、WIZZ等知名廉价航空网络密集，提前预订总能淘到笋票，甚至票价比火车还便宜。但要注意的是，廉价航空的额外收费项目五花八门，比如手提行李费、信用卡手续费、择位费、优先登机费等，如非必要可不用多作消费。

还有一种特殊情况就必须使用飞机接驳，那就是来往于英国和欧洲大陆之间。例如从英国到欧洲大陆，可搭乘火车“欧洲之星”，但从伦敦到巴黎的票价最便宜也得近30英镑，坐飞机的话可能只要10英镑。

辩证性思考

1. 旅游交通方式有哪些？
2. 每种交通方式的优缺点是什么？

第一节　旅游交通概述

一、旅游交通的概念

旅游交通是指旅游者为了实现旅游活动，借助某种交通工具，实现从一个地点到另一个地点之间的空间转移过程。它既包括旅游者的常住地和旅游目的地之间的往返过程，也包括旅游目的地之间、同一旅游目的地内各旅游景点之间的移动过程。

二、旅游交通的特性

旅游与交通的关系密不可分，交通为旅游的发展提供了必要的条件，旅游对交通的发展也起到了相当大的促进作用。现代旅游的快速发展在很大程度上是依赖现代交通的结果。旅游交通在整个国民经济交通运输业中，既有其特殊性，又具有相对的独立性。

1. 层次性

旅游交通层次分明，从其输送游客的空间尺度及人们的旅游过程来看，可以分为三个层次。第一层次：外部交通，指从旅游客源地到目的地所依托的中心城市之间的交通方式和等级，其空间尺度跨国或跨省，交通方式主要有航空、铁路和高速公路。比如外国人或外省人要来大理旅游所选择航空、铁路或高速公路的方式。 第二层次：涉及中小尺度的空间，指从旅游中心城市到旅游景点(区)之间的交通方式和等级，交通方式主要有铁路、公路和水路交通。例如，旅游者要从大理到南诏风情岛旅游，选择了水路，借助游轮这个旅游交通工具，从而实现了游览的目的。第三层次：景区(点)的内部交通，主要有徒步或特种旅游交通，如索道、游船、畜力(骑马、骑骆驼)、滑竿等。旅游者游览苍山既可以选择徒步，也可以选择乘坐索道。而游览宾川鸡足山时，在某些路段旅游者可以选择骑马等。

2. 游览性

游览性，顾名思义，就是旅游交通的线路设计和交通的设施上都必须具有游览性，这也是旅游交通区别于普通交通最明显的特征。它从三个方面表现出来：首先，在旅游交通线路的设计上，尽量做到使游客“旅短游长”、旅速游慢，使一次旅游能达尽量多的旅游景点；其次，在旅游交通设施上，提供安全、舒适的设施设备，以便游客在乘坐旅游交通工具时观赏沿途风光，从而增加游客的满意度，增加旅游产品的附加值；第三，旅游交通工具的特色与新颖会对旅游者构成极大的吸引力。

3. 舒适性

旅游交通较一般的交通更注重提高人们乘坐的舒适性，特别体现在一些国际的旅游专列和巨型远洋邮船的豪华设施设备上。

4. 季节性

旅游活动受季节、天气及人们闲暇时间的影响，表现出很强的季节性，比如淡旺季。旅游交通也反映了季节性，比如节假日旅游交通的客源量会出现较大的波动。因此，采取季节差价是保持旅游交通客运量相对稳定的措施之一。

5. 替代性

由于旅游者经济、审美、时间等各种原因，旅游交通出现替代性。包括：

(1) 各种交通工具之间存在替代性。(飞机、火车、汽车、轮船)

(2) 同一交通工具不同档次之间存在替代性。(飞机的头等舱、经济舱，火车的软卧、硬卧、硬座，轮船的一等舱、二等舱、三等舱等)

三、旅游交通在旅游发展中的作用及地位

(一)旅游交通是旅游区兴起和发展的前提条件

旅游构成有六大要素，即吃、住、行、玩、购、娱，而旅游中的“行”这一要素是进行旅游活动的重要因素。这里涉及两点：一是旅游者能不能进入和道路的质量，二是交通工具的水平和档次。这两点是限制旅游市场开发的主要原因。这就涉及道路建设和运输工具的不断完善与提高。虽然古代旅行家徐霞客凭着一双脚，穿过荆棘小道，到过桂林，但如此方式，只限于个人或少数人游览，观光的景点有限，形成不了旅游规模，更谈不上旅游经济的开发。桂林市地合并后，整个景区面积十分广阔，北到兴安、全州、资源，南到阳朔、荔浦，东到海洋山脉，西到龙胜花坪，方圆数百里，面积达2.8万多平方公里，除著称于世的桂林阳朔漓江景区外，还有兴安猫儿山森林旅游区、龙胜少数民族风情及温泉旅游区、资江丹霞风貌旅游区、荔浦丰鱼岩旅游区、灵川青狮潭旅游区、永福板峡水库旅游区等。这些景区均为游人喜爱的旅游热点，虽然这些景区都有交通，但是基础条件较差，还需要加强和完善。因此，切实抓好交通基础设施建设，对于实现旅游生产、分配、交换、消费的有机结合，对于繁荣旅游经济和市场，活跃社会经济生活，搞好桂林旅游区的建设，从而推动桂林经济的快速腾飞都起着至关重要的作用。旅游交通是旅游者实现旅游活动的必要的条件。

(二)旅游交通是区域旅游线路发展的命脉

旅游地的发展状况与旅游交通有着密切的联系，旅游交通的发展在一定程度上会制约旅游地的发展，它们的关系是相互依存的。即使旅游地的旅游资源再丰富，如果其地理位置偏远，交通闭塞，也很难对旅游者形成吸引力，因而更谈不上旅游经济收入了。

相关案例 7-1

地处大理白族自治州云龙县城西北面山谷中的诺邓白族村庄，旅游资源丰富，村中现存大量的明、清建筑和玉皇阁道教建筑群，三教合一的宗教信仰，淳朴的民俗民风和秀丽多姿的民族文化，历史悠久的盐井文化构成了诺邓村独特的旅游资源。周围的风景名胜区和文化古迹也很集中，有天池自然风景区、天然太极图奇观、虎头山道教建筑群、顺荡梵文碑火葬墓群及被誉为记载着云龙县历史变迁的“桥梁博物馆”古桥梁等。诺邓村被推介为“中国最具旅游价值古村落”之一。 但是由于远离地州城市，交通不便，因而严重制约了诺邓村的旅游发展。在这个案例中我们可以理解旅游交通对旅游线路发展的重要性。

(三)旅游交通是旅游线路质量的重要评价指标

旅游线路质量的好坏在很大程度上取决于旅游交通质量的好坏。近年来，大理的旅游定位逐渐从观光型向休闲型、享乐型的趋势发展，因而，旅游线路的设计更注重旅游交通

的质量。例如，双廊风光以背负青山、面迎洱海、紧连鸡足、远眺苍山而独秀，既有渔田之利，舟楫之便，更拥有“风、花、雪、月”之妙景，享有“苍洱风光在双廊”的美誉。登上南诏风情岛，更可目睹17米高的汉白玉观音拜弥勒佛山的奇观。由于前往双廊的交通方便且方式自由，又是个新兴的旅游线路，因此格外受旅游者的青睐。

(四)旅游交通能成为旅游线路的游览项目

新型的现代化交通工具是最能突出表现地方特色与民族风格的，可以使旅游交通成为旅游线路上的游览项目，甚至在一定程度上成为旅游者的旅游目的之所在。例如，游览丽江—拉市海茶马古道，可以选择游览穿越原始森林—水源头—七仙湖骑马线路。这条线路依托底蕴深厚的马帮茶马古道文化和拥有优美的自然风光，逐渐成为旅游者倾向的旅游线路。

第二节 主要旅游交通方式

一、航空运输

航空运输最主要的交通工具是飞机，飞机是1903年由美国的莱特兄弟发明的，短短几十年时间航空运输就得到了迅猛的发展，“二战”过后飞机逐渐成为世界上远程旅游中最为重要的交通工具。在发达国家飞机已经成为人们出行最主要的交通工具，由于航空运输的发展，世界逐渐缩小。

航空旅游交通具有快捷、省时、舒适、安全、适合中远程旅游等优点；同时也存在成本高、能耗大、污染环境、票价高、受天气状况影响大、只能完成从点到点的旅行和不适合短途旅游等缺点。

航空旅游交通的发展与机场建设关系密切。一个大型民用机场至少需要3000米长的跑道，需要具备良好的用地条件。同时，机场建设还有一个经济距离问题，国际上一般认为机场的经济距离为400～500公里。

相关案例 7-2

河南航空旅游发展联盟成立 民航欲借航旅互动带动乘机旅客运量上升①

本报讯 通讯员郑文鹏、霍丽娜报道：2012年12月30日，河南航空旅游发展联盟在郑州成立。这种航空与旅游结合的新模式，将进一步促进河南航空与旅游业的协同发展。郑州机场有关人士表示，未来将继续探索航空加旅游联盟新模式，促进河南航空市场的发展。

---

① 资料来源：http://finance.china.com.cn/roll/20130114/1236058.shtml

去年12月26日京广高铁全线通车。为应对高铁冲击，郑州机场此前通过航线延伸、打造方便快捷的地空联运、提高机场服务、开通更多远程航线和旅游航线等办法积极应对高铁带来的影响。此次成立河南航空旅游发展联盟也是河南民航应对高铁的一项重要举措。

河南航空旅游发展联盟由河南省机场集团发起，联合河南省旅游局、航空公司、省内外知名品牌旅行社共同组建，将通过航空与旅游资源共享、市场共建、利益共赢、形象共树的方式，共同推进航空和旅游联动发展。联盟由河南机场集团进行日常组织管理，河南省内外旅行社及其分支机构均可作为会员申请加入联盟。

此次联盟会员共发展省内外旅行社50家，基本上涵盖了河南省以及周边地区所有实力较强的旅行社。联盟将根据旅行社规模、航线覆盖面、组团出境旅客量和近两年来在郑州机场组团出行旅客量，分别给予旅行社不同会员待遇，给予旅行社免费使用郑州机场航站楼联盟咨询服务中心柜台，在机场内给予一定数量的免费停车、组团旅客专用安检通道等多项不同的优惠支持。

河南省机场集团有关领导表示，河南航空旅游发展联盟的成立将为航空旅游的旅客带来更多好处。机场集团表示将尽早开通郑州至九寨沟、武夷山、黄山、张家界、拉萨、普陀山等旅游城市航线。除此之外，郑州机场还将在候机楼内设立一个综合性的旅游咨询服务中心，联盟内几十家旅行社将派人进驻。届时，到河南下飞机的旅客在郑州机场候机楼，不仅可以进行旅游咨询，还可以在候机楼内直接签订旅游合同，直达旅游目的地。

目前，郑州机场为联盟内旅游出港团队设置了旅游联盟专用安检通道，高端团队还可享受贵宾服务，同时在机场内用餐、住宿、租车等可享受多项优惠。

二、铁路运输

铁路运输的交通工具主要是火车。火车在“二战”结束以前一直是旅客运输的主要形式，但是战后世界上乘坐火车旅游的人越来越少，这是由于高速公路的修建和航空运输的发展，铁路运输受到了极大的冲击。但在我们国家火车仍然是出行的主要方式，我国目前在大力发展高速铁路，其技术水平已经达到世界领先水平。

铁路旅游交通具有运载量大、长途运输成本低、远距离持续行驶能力较强、受季节和气候的影响小、环境污染小、费用低、较安全、舒适性强等优点，但同时也存在速度慢、长时间旅行容易使人疲劳、路轨铺设受地形条件影响大、造价高、修建工期长等缺点。

相关案例7-3

山西新建4条旅游铁路“慢游”五台山有望成真[①]

山西省政府日前公布的《山西省铁路建设发展“十二五”规划》显示，山西将加快旅

① 资料来源：http://www.sxgov.cn/shanxi/shanxi_content/2013-03/25/content_3099053.htm

游铁路建设，新建河边至五台山铁路、风陵渡至吉县壶口铁路、沿太行山一线旅游铁路和西安—华山—运城旅游专线4条旅游铁路。届时，五台山、壶口瀑布、王莽岭、太行山大峡谷等知名景区将迎来火车“慢旅行”。

据了解，河边至五台山铁路将在北同蒲铁路忻河支线的河边站接轨，沿东北方向至五台山，全线长约100公里。该线建成后主要开行旅游列车，兼顾其他客货运输。目前，游客到五台山的交通方式以公路为主。

此外，风陵渡至壶口铁路是一条沿黄河骨干铁路支线，兼顾旅游与煤炭等货物运输；沿太行山一线旅游铁路先期先建设王莽岭至太行大峡谷线路；作为晋陕两省的一条客运快速通道，西安—华山—运城旅游专线将促进沿线旅游资源的整合与开发。

近年来，节奏更慢，也更舒适、安全的旅游专列成为不少游客的出行选择。专家认为，对于旅游资源丰富的山西来讲，交通不畅是长期以来制约山西旅游业发展的重要原因。旅游铁路的建设和开通，除了能够使游客享受到旅途的快乐，还有利于沿线旅游资源的整合和开发。

三、公路运输

公路交通是现代旅游中最重要和最普遍的短距离旅行方式。其主要优点包括：灵活性较大，能深入到旅游点内部，实现“门到门”运送；对自然条件的适应性强；能随时随地停留，可任意选择旅游点，把旅游活动从点扩大到面；公路建设投资少，占地少，施工期短，见效快等。公路旅游交通的缺点包括：载运量小；可变成本高，运费较高；活动范围不能太大，不适合长线旅游；速度较慢；受气候变化影响较大；安全性能差，事故率较高；容易产生噪音、废气，污染环境；车内空间有限，不能活动，游客容易疲劳等。

为了改变传统公路旅游交通速度慢的问题，目前全世界都在大力倡导修建高速公路，极大地提高了公路旅游交通的速度。另外，为了方便旅游者出游，出现了游憩汽车(recreational vehicles)，相当于可移动的家庭旅馆，将旅游中的“行”、“住”结合起来，受到广泛的欢迎。其优点是：经营成本较低，费用便宜，富有独立性、灵活性，短程旅游速度快、方便，旅游汽车环境舒适、空调及音像等设备齐全，利用汽车组织包价旅游可克服行李和转车问题等。

相关案例 7-4

清明高速公路免费，自驾游出现井喷①

清明小长假转瞬即至，今年的清明小长假国家将继续执行高速公路免费的规定，这也

① 资料来源：http://www.lotour.com/news/20130327/1044716.shtml

将大大刺激人们外出自驾游玩的需求。这个离春节黄金周最近的小长假，不仅是人们返乡祭祖，还是人们郊游踏青、亲近自然的好时机。清明假期间，全国热门旅游目的地城市排名中，杭州成为最受欢迎的旅游目的地；出游主要以国内中短途及短途出境游为主，赏花踏青依然是出行首选主题。随着高速公路继续免费，自驾游或出现井喷，自由行也会出现较大幅度的增长。

杭州最受游客青睐

据统计，杭州、厦门、凤凰、乌镇、桂林、婺源、平遥、西安、苏州、洛阳、南京、武汉、扬州成为今年清明期间最受欢迎的旅游目的地。除了这些著名的踏青赏花景点和古镇游外，近几年来，西藏、云南、桂林等十分具有民族特色的旅游胜地也越来越受到游客欢迎。记者了解到，三、四月份，西藏林芝、四川九寨沟、湖南湘西等众多少数民族地区都有丰富多彩的节庆活动，如林芝的高原野生桃花在 3 月中下旬迎来花期，云南西双版纳即将到来的泼水节吸引着大批游客前往。“云南游一直火爆，目前的热门旅游目的地还有四川九寨沟、广西桂林、湖南湘西等，这些地方有山有水，民族味特别浓厚。

清明自驾游或井喷

清明节(4 月 4 日～4 月 6 日)期间高速公路将继续对小车(7 座及 7 座以下)实施免费通行的消息正式公布后，受到不少游客的关注。据相关部门预测，清明期间广州市民的出行将主要以周边中短途扫墓及踏青旅游、探亲为主，车辆的集中出发将给交通带来压力，建议市民尽量错峰出行。而记者走访多家旅行社也了解到，消息一出，通过电话、网络及门店咨询预订省内及周边旅游住宿、温泉酒店的市民较往日增加 2～3 成。

由于清明假期较短，市民出行时间相对集中，景区人流不排除出现大幅增加。为避免车辆停放困难和景区附近交通拥挤问题，建议市民如计划前往省内周边热门旅游景区，不妨选择跟团出行或交通+酒店的半自由行套餐。

四、水上运输

水路旅游交通包括内河航运、沿海航运和远洋航运。水路交通具有运量大、能耗少、线路投资少或几乎没有、运输成本低等优点，但也存在速度较慢、准时性差、灵活性差、受河道和海路吃水深度等多种自然因素影响大等缺点。

现代水路旅游交通朝两个方向发展：一是提高速度，如气垫船；二是充分利用轮船体积大的特点，将船上的设施向完备、豪华的方向发展，成为专为旅游服务的游轮，如德国 1969 年建造的“汉堡号”游轮。

五、市内交通工具

1. 地铁或轻轨

地铁或轻轨是大城市内的主要交通工具，具有运量大、速度快、不受地面气候影响、不受其他车辆和行人的干扰、准时、安全、舒适、不排放废气等优点。

2. 公共汽车

公共汽车具有价格低廉、运行路线和班次多、运量大等优点。

3. 出租汽车

出租汽车具有随叫随停、灵活方便等优点。

六、辅助性交通工具

辅助性交通工具专门用于旅游区内或特殊旅游活动中的交通方式。它不仅可以帮助旅游者实现空间位移，而且可以让使用者获得娱乐和享受。因此，在现代旅游中，特种旅游交通越来越被人们重视。具体包括以下几类。

(1) 机械动力交通工具类：缆车、机动船、摩托车、机动三轮车等。

(2) 自然力交通工具类：帆船、冰帆等。

(3) 畜力交通工具类：各类坐骑、畜力车、爬犁等。

(4) 人力交通工具类：自行车、人力三轮车、木筏、竹排、皮划艇、乌篷船、雪橇、轿子、滑竿、羊皮筏子等。

本章小结

旅游交通是指旅游者为了实现旅游活动，借助某种交通工具，实现从一个地点到另一个地点之间的空间转移过程。它既包括旅游者的常住地和旅游目的地之间的往返过程，也包括旅游目的地之间、同一旅游目的地内各旅游景点之间的移动过程。旅游交通具有层次性、游览性、舒适性、季节性、替代性等特性。目前主要的旅游交通方式有航空、铁路、公路、水上运输等。航空旅游交通具有快捷、省时、舒适、安全、适合中远程旅游等优点；同时也存在成本高、能耗大、污染环境、票价高、受天气状况影响大、只能完成从点到点的旅行和不适合短途旅游等缺点。铁路旅游交通具有运载量大、长途运输成本低、远距离持续行驶能力较强、受季节和气候的影响小、环境污染小、费用低、较安全、舒适性强等优点，但同时也存在速度慢、长时间旅行容易使人疲劳、路轨铺设受地形条件影响大、造价高、修建工期长等缺点。公路交通是现代旅游中最重要和最普遍的短距离旅行方式。其主要优点包括：灵活性较大，能深入到旅游点内部，实现“门到门”运送；对自然条件的适应性强；能随时随地停留，可任意选择旅游点，把旅游活动从点扩大到面；公路建设投资少，占地少，施工期短，见效快等。公路旅游交通的缺点包括：载运量小；可变成本高，运费较高；活动范围不能太大，不适合长线旅游；速度较慢；受气候变化影响较大；安全性能差，事故率较高；容易产生噪音、废气，污染环境；车内空间有限，不能活动，游客容易疲劳等。水路旅游交通包括内河航运、沿海航运和远洋航运。水路交通具有运量大、能耗少、线路投资少或几乎没有、运输成本低等优点，但也存在速度较慢、准时性差、灵活性差、受河道和海路吃水深度等多种自然因素影响大等缺点。此外还有市内交通工具和辅助性交通工具，这些都为旅游业的发展提供了交通保障。

课后练习

1. 旅游交通的特性是什么？
2. 旅游交通在旅游发展中的作用及地位如何？
3. 航空运输的优缺点是什么？
4. 铁路运输的优缺点是什么？

第八章

旅游饭店

【学习目标】

通过本章的学习，要求学生掌握酒店的概念、酒店的组织部门构成；掌握酒店的主要类型；理解经济型酒店的定义、分类及特点；了解我国经济型酒店的发展现状以及经济型酒店与星级酒店的区别。

【关键词】

酒店　酒店类型　酒店星级　经济型酒店

案例导入

中国旅游饭店业协会关于“强化企业社会责任、厉行节约反对浪费”的倡议书

为贯彻落实党的“十八大”精神和习近平同志关于厉行勤俭节约反对铺张浪费的重要批示，强化饭店企业社会责任，促进饭店行业绿色低碳发展，倡导文明用餐，反对浪费，为建设美丽中国做出积极贡献，中国旅游饭店业协会向全国旅游饭店发出如下倡议。

一、加强宣传引导，营造“珍惜食品、适量点餐，剩余打包、杜绝浪费”的文明用餐氛围。

二、适度增加“适量点餐”提示牌和提示服务，引导消费者合理点菜，文明用餐，主动为消费者提供打包服务。

三、加强宴会前的客户沟通，合理准备并灵活调整菜品数量和餐量等，推广自助餐和分餐制。

四、增强企业社会责任，培育并不断提高全体员工的节约意识，加强食品采购和加工制作等各环节的管理，避免各种形式的浪费。

五、因地制宜地开展“节约之星”活动，对积极有效促进消费者适量点餐或餐后打包，且自身节约意识强的员工，予以适当奖励。

六、积极学习、借鉴和推广“可操作、有效果、受欢迎”的各种减少食品浪费的措施。

我们希望全体旅游饭店企业能够积极行动起来，主动承担起反对铺张浪费陋习、普及节约用餐文化、提倡文明消费风尚的责任，为在全社会广泛形成“节约光荣、浪费可耻”的文明用餐氛围做出积极的贡献，为建设美丽中国贡献出自己的一份力量！

中国旅游饭店业协会

2013 年 1 月 28 日

辩证性思考

1. 旅游饭店在旅游业的发展中的作用是什么？
2. 饭店行业在节能减排方面应承担什么样的社会责任？

第一节 酒店概述

一、酒店的概念

酒店的发展历史悠久，源远流长，有关酒店的理论知识已形成一定的体系，但在酒店的具体概念上却众说纷纭，始终未形成一个统一的概念。随着社会经济的发展，现代化的酒店已经成为“城中之城”、“世界中的世界”、宾客的“家外之家”。

酒店(Hotel)一词源于法语，原意是指贵族在乡间招待贵宾的别墅。随着社会的发展，酒店的内涵与外延都发生了巨大的变化。

国外一些权威词典对“酒店”一词的解释如下。

- 酒店是在商业性的基础上，向公众提供住宿也往往提供膳食的建筑物。——《大不列颠百科全书》
- 酒店是装备完好的公共住宿设施，它一般都提供膳食、酒类以及其他服务。——《美利坚百科全书》
- 酒店是提供住宿、膳食等而收费的住所。——《牛津插图英语辞典》

国内有关学者对酒店的概念界定也有很多，例如：

- 酒店是指功能要素和企业要素达到规定标准的，能够接待旅居宾客及其他宾客，并为他们提供住宿、饮食、购物、娱乐以及其他服务的综合性服务型企业。(蒋丁新. 饭店管理，2004)
- 酒店是以大厦或其他建筑物为凭借，通过出售服务——客房、饮食和综合性服务项目，使旅行者的旅居成为可能的一种投宿设施和综合性的经济组织。(蔡万坤，刘胜玉. 饭店旅馆管理常识读本，1987)
- 酒店实际上是以一定的建筑物及其相应设施为凭借，通过为顾客提供住宿、饮食和其他各种综合性服务而获取经济效益的企业组织。(杜建华. 饭店管理概论，2003)
- 酒店是以接待型住宿设施为依托，为公众提供食宿及其他服务的商业性服务企业。(黄震方. 饭店管理概论，2001)

结合国际性权威解释和中国具体国情，我们把现代酒店的概念界定为：酒店是经政府批准的，利用服务设施完善的建筑，除向宾客提供住宿和餐饮服务外，还提供购物、健身、娱乐、邮电、通信、交通等多方面服务的经营性企业。

二、酒店和有关住宿设施类型及称谓

酒店是目前最主要的住宿设施类型之一。除了酒店之外，还有大量的旅游住宿设施，如汽车旅馆、青年旅社等也是住宿设施的主要构成部分。随着旅游业的发展，住宿设施的类型多样化，这体现了旅游需求的多元化。

1. 国外有关“Hotel”的称谓

Hotel，一般指为旅游者提供饮食和住宿设施的建筑物。Hotel 一词的来源有两种说法：一种说法是其源于法语，意思为“贵族的别墅”，指贵族门第和官宦之家的主人用来招待亲朋好友并为之炫耀的地方；另一种说法源自拉丁文，指主人接待客人的地方。目前 Hotel 一词一般指那些开设在现代城市中，设施豪华、设备齐全、服务优质，并能向客人提供一系列综合服务的住宿设施。通常认为 Hotel 一词最早源自法语，欧美的酒店业一直沿用这一名词，而中文则一般翻译为“酒店”或“饭店”。

2. 国内有关“Hotel”的称谓

目前对 Hotel 的中文翻译和称谓不一，包括饭店、酒店、宾馆、旅馆等。特别是在不同地区，其称谓和使用习惯不同。在中国南方及港澳和东南亚地区，一般习惯称作“酒店”。而随着国外知名品牌的涌入，国内也开始把那些新建的餐饮住宿设施叫作“酒店”。中国北方地区则大多称之为“饭店”；而在新中国成立以来到改革开放以前，也有部分饭店是政府作招待用，是一种非营利的机构，称为“宾馆”。1988 年，我国制定并开始执行《中华人民共和国评定旅游涉外饭店星级的规定和标准》，由于该标准使用的是“饭店”这一名词，所以目前饭店这一名称也极为常用。

在中文里，其他表示“住宿设施”的名词很多，如旅社、旅馆、旅店、招待所、客栈、别墅、宾馆、酒店、饭店等。由此可以看出，目前酒店业及住宿设施的名称五花八门。

在英文中，表示酒店意思的词也很多，其中最主要的有两个：一是 Hotel，二是 Inn。前者泛指服务功能比较齐全，能向顾客提供食、住、行、游、购、娱乐等一系列综合服务的设施，使用最为广泛，在中文里一般将 Hotel 译为酒店或宾馆。后者原来多指传统的小客店、小旅店，特别是那些家庭住宿设施，但现代已经有了新的含义，它已从较简单的服务功能发展成为多样化的综合性的现代化服务系统，譬如，Days Inn、Holiday Inn。特别是 Holiday Inn 已发展成为世界上非常有名的酒店集团，所以将 Inn 译为中文时，也常译为酒店或宾馆。然而，人们似乎已形成了一种概念：一讲到 Hotel，想到的是一种标准的住宿、吃、娱乐等设施，一切都是规范化的公式化的服务；而一提到 Inn，便联想到有家庭式的那种特有的温馨、热情、舒适与方便。这也是美国大酒店业主威尔逊先生最初为其创建的住宿设施起名叫 Holiday Inn 时的一种考虑。

三、酒店组织部门的构成

酒店企业的组织部门通常分为两大类：业务部门和职能部门。不同的酒店根据自身经营的需要对组织部门的设计会略有不同，但一般来说，酒店的业务部门主要包括前厅部、客房部、餐饮部、康乐部、商品部等；职能部门则主要包括人力资源部、财务部、营销部、采购部、工程部和安全部等。

如图 8-1 所示是某酒店组织结构图。

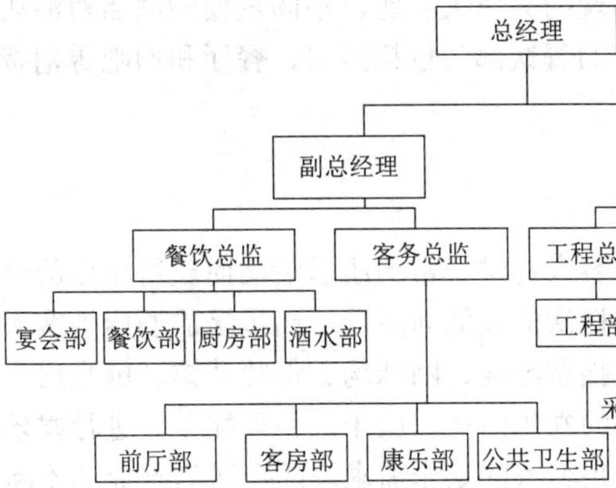

图 8-1 某酒店组织结构图

(一)前厅部

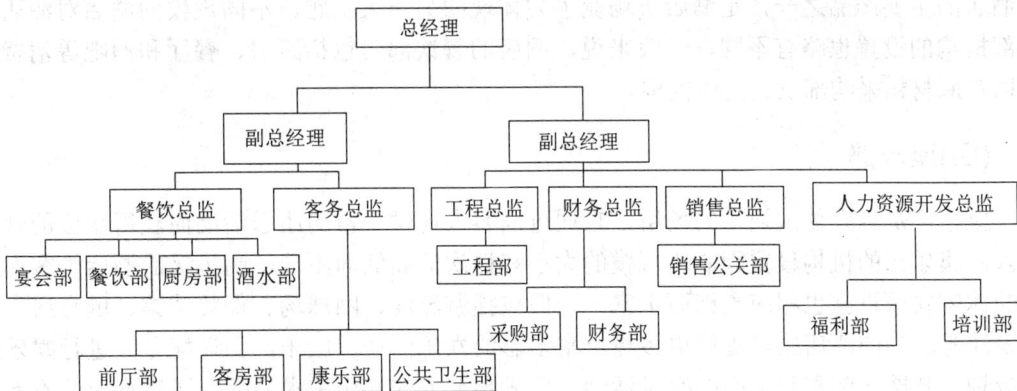

前厅部是整个酒店业务活动的中心，是酒店的首席业务部门，在酒店中占有举足轻重的地位。前厅部一般位于酒店最前部的大厅，是顾客跨入酒店第一眼所看到的地方。前厅部是酒店业务运转的中心，主要任务是客房预订、前厅接待、信息咨询、委托代办、客人行李运送、转接电话和商务中心服务，使客人顺利抵、离酒店，并在住店过程中享受高效优质服务。在酒店业务活动过程中，前厅部是酒店和宾客之间的桥梁，是酒店运作的中枢，是为酒店的经营决策提供依据的参谋部门。前厅部及其员工服务对树立酒店形象和声誉产生重要影响。前厅部要加强与有关部门的联系与合作，并为酒店经营和各部门传递信息、提供服务。其工作贯穿于酒店业务的全过程，从旅客预订和入住酒店到最后离开酒店的整个过程都离不开前厅部的工作。因此，酒店前厅部的工作具有全局性，被称为酒店的神经中枢。

(二)客房部

客房部是酒店的主要业务部门，主要为客人提供安静、舒适、干净、整洁和安全的住房服务。除此以外，客房部还负责酒店客房、楼层以及公共区域内的基础设施的保养和报修。根据酒店客房的产品和服务，酒店客房部机构设置包括客房服务中心、公共区域卫生和洗衣房以及布草房等主要部门。大多数酒店将其前厅部和客房部合二为一，称为房务部或客务部。

(三)餐饮部

酒店餐饮部是为顾客提供饮食服务的部门，它不仅为住店旅客提供饮食服务，同时也为酒店外的消费者提供餐饮服务。餐饮部是酒店营业收入的另一大主要来源。餐饮服务也是酒店的主要产品之一，是酒店市场竞争力体现的另一大主题。不同规模的酒店对酒店餐饮部机构的设置也略有不同，一般来说，酒店的餐饮部门包括厨房、餐厅和酒吧等消费场所以及原材料采购部三大主体机构。

(四)康乐部

康乐部是客人休闲娱乐的场所，它通过向客人提供正常的康乐活动而获得相应的营业收入。康乐部的机构设置因酒店规模的大小和档次的高低而不同，高星级的酒店为客人提供的休闲娱乐设施也相应高档而丰富，一般包括游泳池、网球场、保龄球馆、健身房、歌舞表演等。为向酒店旅客提供更多更丰富多彩的娱乐活动，康乐部会调配专人进行娱乐活动策划，开展一些别开生面的娱乐活动，以满足客人的娱乐需求。随着酒店行业的不断发展，康乐部在酒店组织中的重要作用也越来越明显，康乐部的收入也逐渐成为酒店营业收入的重要组成部分。

(五)商品部

商品部已逐渐成为酒店组织结构中不可缺少的一部分，当前几乎所有的酒店都设置有商品部。商品部主要向客人提供各种日常生活所需的商品，但一般会以旅游商品为主。由于商品部的设施和装修都很豪华，环境优雅，服务周到，因此，所出售商品的附加价值也较大，导致商品的价格往往高于市场上零售商场同样商品的价格。随着酒店的不断发展，商品部的产品以及经营的业务将会不断地发展扩大，其营业收入也将会在酒店总收入中占据越来越大的比重。

(六)人力资源部

人力资源部又称人事部，是酒店的一个非常重要的部门。人力资源管理是酒店经营管理的重要组成部分，它涵盖了酒店人力资源调配管理、人力资源开发利用、员工培训管理、行政人事管理、劳动工资奖金管理和医疗福利管理等方面。在酒店经营管理中，人力资源管理的主要任务是：①坚持以人为本原则，对人力资源进行科学有效的调配、开发和利用；②协调酒店内部的人事关系；③计划并实施酒店的培训工作；④加强预算管理和成本核算，降低人工成本；⑤为酒店员工创造良好的工作环境。其基本任务是为酒店经营管理和业务发展提供人力资源保证，确保酒店经营管理的正常运行和持续发展。人力资源部一般直接接受总经理的领导和指挥，酒店组织工作效率的高低与人力资源部的工作有着直接的关系，因为组织的运作离不开人的操作和管理，只有将合适的人才安排在合适的岗位上，方能保证酒店组织工作的高绩效，不断实现组织的目标。

(七)财务部

财务部的主要职责是协助酒店经营者搞好酒店的财务管理和会计核算工作，同时控制酒店的经营管理费用，在保证酒店服务质量的情况下，使酒店获得最佳的经济效益。财务部一般也是直属于酒店总经理指挥和监管。财务部人员的数量通常由酒店规模的大小来决定，酒店规模越大，对财务人员的需求会越大，专业性也会更强。财务部门内部通常设置经理、经理助理、主管会计、会计员和出纳员等职位。

(八)营销部

营销部的主要职责是推广酒店的主要产品和服务，保证酒店在任何季节都能有充足的客源，维护酒店的声誉，策划酒店的形象，扩大酒店的市场知名度，打造酒店的品牌。营销部的规模大小也与酒店的规模大小相关，大型酒店的营销部由经理、主管、市场营销的专兼职人员组成。为保证酒店客源，酒店营销部还会不定期地组织专门人员进行市场调研，了解市场行情和游客的需求，从而指导酒店组织提供尽可能满足顾客需求的产品。营销部通过确定营销战略，制订长、中、短期公关与销售计划，开展各种行之有效的促销活动，力争获得较高的市场占有率，完成总经理下达的年、季、月度经济指标。营销部在酒店管理中起着龙头作用，其工作业绩的好坏关系着酒店的经济效益和社会效益。

(九)采购部

采购部也是酒店经营运作不可缺少的重要部门，它的工作主要是努力满足酒店各业务部门的物资需求，保障酒店正常运行中的物资供应不间断。除此以外，酒店采购部门的另一重要职能就是尽可能地降低酒店物资采购的成本，节约酒店资本消耗，在保证酒店服务和产品质量的同时，尽可能多地增加酒店的经济效益。

(十)工程部

工程部是保证酒店设备设施正常运行的职能部门。工程部的主要任务是负责组织酒店的各项基建工作；负责酒店所属各建筑物、构筑物、道路及各类管线的维修和养护；负责酒店机电设备的日常管理工作；对酒店的设施设备进行综合管理，做到设备设施装配合理、择优选购、正确使用，或指导其他部门正确使用，精心维护、科学检修并适时更新，保持设备完好，不断挖掘酒店的技术装备潜力，充分发挥设备效能。工程部对保证酒店服务质量，为顾客提供舒适环境，提高酒店的经济效益，保持酒店硬件档次和维护企业形象起着重要的作用。节能降耗也是工程部的重要工作之一，工程部必须在保证酒店舒适度的前提下，努力做好节能降耗工作，为提高酒店经济效益打下基础。

(十一)安全部

安全部也称保安部，是负责酒店日常安全保卫和消防工作的职能部门，其主要任务是：对全体员工进行安全法制教育，提高安全意识；健全安全防范管理体制，强化酒店内部治安管理，维护治安秩序；做好预防犯罪和其他一切可能发生的事故；协助公安机关查处治安案件、破坏事故，侦破一般刑事案件；配合消防机关进行防火检查，做到“预防为主，防消结合”。安全部起着维护酒店、宾客、员工的生命和财产安全，为酒店经营活动创造良好治安秩序和安全环境的重要作用。酒店安全工作具有多样性、时间性、服务性和政策性的特点，必须执行“谁主管，谁负责”的原则，实行层级管理，分片管理，“事事有人管，处处有人管”，做到“群防群治”。它也是酒店正常经营管理活动中不可或缺的部门之一。

以上部门是依据一般酒店正常运作的需要来设立的，在实际组织结构设计中各酒店应充分考虑自身的情况进行调整，名称可有所不同，部门多少也可灵活处理。

第二节　酒店的分类及星级评定

一、酒店的分类

(一)根据酒店市场及客人特点分类

1. 商务型酒店

商务型酒店也叫暂住型酒店，一般位于城市的中心或商业区，以接待从事商业贸易活动的客人为主，也接待旅游客人及由于各种原因作短暂逗留的其他客人。商务型酒店适应性广，在酒店业中占有较大的比例，并根据细分市场的需求，分为各种等级。由于商务客人一般文化层次和消费水平较高，因此商务酒店的设施设备也就比较豪华。商务型酒店的特征之一是具备商务功能，即提供多功能的服务(如办公、上网等)。

表 8-1 所示是第八届“中国酒店‘金枕头’奖”2011 年度中国十大最受欢迎的商务酒店。

表 8-1　第八届“中国酒店‘金枕头’奖”2011 年度中国十大最受欢迎的商务酒店

序　号	酒店名称
1	浦东香格里拉大酒店(Pudong Shangri-La，Shanghai)
2	北京柏悦酒店(Park Hyatt Beijing)
3	香港洲际酒店(InterContinental Hong Kong)
4	广州富力丽思卡尔顿酒店(The Ritz-Carlton，Guangzhou)
5	上海柏悦酒店(Park Hyatt Shanghai)

续表

序　号	酒店名称
6	北京万达索菲特大饭店(Sofitel Wanda Beijing)
7	上海波特曼丽嘉酒店(The Portman Ritz-Carlton，Shanghai)
8	南京金陵饭店(Jinling Hotel Nanjing)
9	九龙香格里拉大酒店(Kowloon Shangri-La)
10	杭州开元名都大酒店(New Century Grand Hotel Hangzhou)

知识链接 8-1

上海浦东香格里拉大酒店①

上海浦东香格里拉大酒店地处上海乃至全国的商业中心地带——陆家嘴金融贸易区，毗邻浦江而建，坐拥夺目的东方明珠电视塔及对岸迷人的外滩风光，往返虹桥及浦东国际机场轻松便捷，如图 8-2 所示。酒店二座新增 375 间客房和套房，位于全新的 36 层玻璃大厦内。豪华客房的构造延续了酒店宽敞舒适的美誉，房间面积至少 54 平方米，被誉为上海最大的酒店客房。二座同时还包括了集世界时尚最前沿的设计于一体的餐厅和酒吧、除现有大宴会厅外又增加盛事堂大宴会厅、香格里拉特有的 Spa 设施以及新增设的别致的“阳光房”室内游泳池。

图 8-2　上海浦东香格里拉大酒店

2. 长住型酒店

长住型酒店主要接待住宿时间较长，在当地短期工作或度假的客人或家庭，而酒店一

① 资料来源：http://baike.baidu.com/view/2503957.htm

般采取与宾客之间签订租约的形式。长住型酒店的建筑布局多采用家庭型，以套房为主，提供厨房设施，宾客自理饮食，服务亲切、周到、针对性强，而酒店的组织、设施、管理等相对较为简单。

长住型酒店也称为公寓型酒店。此类酒店一般采用公寓式建筑的造型，适合住宿期较长、在当地短期工作或休假的客人或家庭居住。长住型酒店的设施及管理较其他类型的酒店简单，酒店一般只提供住宿服务，并根据客人的需要提供餐饮及其他辅助性服务。从发展趋势看，长住型酒店一是向豪华型发展，服务设施和服务项目日趋完备，如我国不少大城市中出现的高档酒店式公寓；二是分单元向客人出售产权，成为提供酒店服务的共管式公寓，不少酒店还实行定时分享制，与其他地方的相同类型设施的所有者交换使用。

3. 度假型酒店

度假型酒店(Resort Hotels)一般以接待游乐、度假的宾客为主，地理位置多在海滨、山区、温泉、海岛、森林等旅游风景区。度假型酒店对区域内环境设计要求高，娱乐设施配套要求较为齐全，并设有各种娱乐、体育项目，如滑雪、骑马、狩猎、垂钓、划船、潜水、冲浪、高尔夫球、网球等，以吸引游客。此外，要求突出个性化特点，包括在自然环境、装潢设计、建筑风格、酒店服务功能及人员服务技能等方面。度假型酒店一般具有较强的季节性特征。

度假型酒店因易受淡旺季节的影响而采取较为灵活的经营方式，如实行淡季、旺季价，拉大价格差距。不少度假型酒店增设了会议设施来吸引各种会议客人。近年来，不少旅游胜地也出现了分时度假型酒店。

表 8-2 所示是第八届“中国酒店‘金枕头’奖”2011 年度中国十大最受欢迎度假酒店。

表 8-2　第八届“中国酒店‘金枕头’奖” 2011 年度中国十大最受欢迎度假酒店

序　号	酒店名称
1	丽江悦榕庄(Banyan Tree Lijiang)
2	金茂三亚丽思卡尔顿酒店(The Ritz-Carlton，Sanya)
3	深圳茵特拉根华侨城酒店(The Interlaken OCT Hotel)
4	阳澄湖费尔蒙酒店(Fairmont Yangcheng Lake)
5	亚龙湾红树林度假酒店(Yalong Bay Mangrove Tree Resort)
6	澳门十六浦索菲特大酒店(Sofitel Macau At Ponte 16)
7	苏州太湖高尔夫酒店(Taihu Golf Hotel)
8	上海东方佘山索菲特大酒店(Sofitel Shanghai Sheshan Oriental)
9	武夷山悦华酒店(Wuyi Mountain Yeohwa Resort)
10	南京紫金山庄(The Purple Palace Nanjing)

知识链接 8-2

亚龙湾红树林度假酒店①

亚龙湾红树林度假酒店为豪华五星级度假酒店，有着502间/套各式海景客房，其中44套海景套房供您选择。宽大、雅致而别出心裁的客房几乎达到国际艺术级设计的顶尖。所有的客房都将宽阔的海滩视野、柚木装饰、完美地细节设计、豪华舒适的浴室完美地结合在一起。从客房的阳台穿过花园的热带树木就能见到令人兴奋的极致海景，如图8-3所示。

图 8-3 亚龙湾红树林度假酒店

亚龙湾红树林度假酒店功能齐全，大型多功能宴会厅可同时容纳1200人开会或600人就餐，另备有7间小型会议厅。餐饮服务设施种类多样化，设有西餐厅、中菜馆、泰菜、大堂吧、池畔吧和雪茄屋等。同时酒店配有特色的水疗、健身房、灯光网球场、6.5米深的潜水池、25米长的标准比赛游泳池、品种繁多的沙滩水上运动及目前三亚酒店最齐全的电子游戏机室。

4. 会议型酒店

会议型酒店主要接待各种会议团体，通常设在大都市和政治、文化中心，或交通方便的游览胜地。酒店设置多种规格的会议厅或大的多功能厅，具备各种规格的会议设备并提供高效率的接待服务。

5. 汽车酒店

汽车酒店的英文是motel，是motor和hotel的缩称，一般建于公路干线上，设施、设备

① 资料来源：http://baike.baidu.com/view/1349017.htm

较为简单，规模较小，以接待驾车旅行者为主，是欧美国家常见的一种酒店类型。汽车酒店最早起源于美国。1952 年凯蒙·威尔逊在孟菲斯建起了第一家有 120 单元房间的现代汽车酒店——假日酒店，规范了汽车酒店业。

经过几十年的发展，汽车酒店已经迅速成为世界上最大的酒店系统，其大致可以分成过路型汽车酒店、终点站型汽车酒店、度假型汽车酒店和野营地汽车酒店四种。随着私人汽车拥有量的增加，公路交通网的不断完善，我国的汽车酒店时代即将到来。

(二)根据酒店计价方式分类

根据酒店计价方式的不同，可将酒店大致分为以下五类。

第一类，欧式计价酒店。欧式计价酒店的客房价格仅包括房租，不含食品、饮料等其他费用。目前世界各地绝大多数的饭店均属此类。我国也采用此类计价方式。

第二类，美式计价酒店。美式计价酒店的客房价格包括房租及一顿正餐的费用。大多度假型酒店采用这种计价方式。

第三类，修正美式计价酒店。修正美式计价酒店的客房价包括房租、早餐及一顿正餐的费用，以方便宾客有较大的自由安排白天活动。

第四类，欧陆式计价酒店。欧陆式计价酒店的房价包括房租及一份简单的欧陆式早餐，即咖啡、面包、果汁。此类酒店一般不设餐厅。

第五类，百慕大计价酒店。百慕大计价酒店的房价包括房租及美式早餐的费用。

(三)根据酒店规模划分

根据酒店的规模划分，酒店可分为以下几类。

大型酒店：客房 600 间以上的酒店。

中型酒店：客房 300～600 间以上的酒店。

小型酒店：客房 300 间以下的酒店。

二、酒店的等级

酒店等级指一家酒店的豪华程度、设施设备等级、服务范围和服务水平等方面所反映出的级别与水准。不少国家和地区，通常根据酒店的位置、环境、设施和服务等情况，按照一定的标准和要求对酒店进行分级，并用某种标志表示出来，在酒店显著的地方公之于众。

(一)酒店分级的目的

1. 保护顾客的利益

酒店的等级标志本身是对酒店设施与服务质量的一种鉴定与保证。对酒店进行分级，可使顾客在预订或使用之前，对酒店有一定的了解，并根据自己的要求和消费能力进行选择。对酒店进行定级可以有效地指导顾客选择酒店，为其提供物有所值的服务，保障他们的利益。

2. 便于行业的管理和监督

酒店企业的服务水平和管理水平，对消费者及所在国家和地区的形象与利益，均有重要的影响。许多国家的政府机构或其他行业组织，都将颁布和实施酒店等级制度作为行业管理与行业规范的一种手段。利用酒店的定级，对酒店的经营和管理进行监督，使酒店将公众利益和自身利益结合在一起。

3. 有利于促进酒店业的发展

从经营的角度来看，酒店的等级也是一种促销手段，有利于明确酒店的市场定位，并针对目标市场更好地展示酒店的产品和形象。同时，有利于同行之间平等、公平地竞争，可促进不同等级的酒店不断完善设施和服务质量，提高管理水平，维护酒店的信誉。对接待国际旅游者的酒店来说，也便于进行国际间的比较，促进酒店业的不断发展。

(二)酒店的分级方法

分级制度目前在世界上已较为广泛，尤其在欧洲更是普遍采用。但是不同的国家和地区采用的分级制度各不相同，用以表示级别的标志与名称也不一样。据不完全统计，世界上有 80 多种酒店分级制度。目前国际上采用的酒店等级制度与表示方法大致有以下几种。

1. 星级制

星级制是把酒店根据一定的标准分成的等级分别用星号(★)来表示，以区别其等级的制度。比较流行的是五星级别，星越多，等级越高。这种星级制在世界上，尤其是欧洲，采用得最为广泛。我国酒店的等级划分也采用这种分级方法。

2. 字母表示方法

许多国家将酒店的等级用英文字母表示，即 A、B、C、D、E 五级，A 为最高级，E 为最低级，有的虽是五级却用 A、B、C、D 四个字母表示，最高级用 A1 或特别豪华级来表示。

3. 数字表示法

用数字表示酒店的等级一般是最高级用豪华表示，继豪华之后由高到低依次为 1、2、3、4，数字越大，档次越低。

还有一些等级分类方法，如价格表示法或以类代等，即用酒店的类别代替等级，并用文字表示出来。但这种等级划分比较模糊，比较起来也不是很科学和方便。

(三)酒店等级的评定

酒店等级的评定是一件十分严肃和重要的事情，一般由国家政府或权威的机构做出评定，但不同的国家评定酒店的机构不完全一样。国外比较多见的是国家政府部门和酒店企业或旅游业的协会共同评定。也有一些地方由几个国家的酒店协会联合制定统一的标准，共同评定。我国酒店等级的评定主要由国家主管旅游业的职能部门——国家旅游局和国内贸易部的中国酒店协会根据各自所管理和监督的范围进行评定。

无论用哪种方法评定等级，无论由谁来评定，必须按照等级划分的有关要求和标准来进行，还要有一套完备的申请、调查、复查与抽查的鉴定程序。定级单位也有权根据规定对已定级的酒店进行降级或除名处理。酒店有权自动要求进行升级的评定或取消已定的级别。

三、我国旅游酒店的星级评定

1989 年，中国国家旅游局在世界旅游组织专家、西班牙旅游企业司司长费雷罗先生的协助下制定了《中华人民共和国评定旅游涉外饭店星级的规定和标准》，于 1989 年 9 月 1 日开始执行。当时，同时使用的还有原商业部颁布的酒店定级标准，后经国家技术监督局批复，1993 年 9 月 1 日正式公布《旅游涉外饭店星级的划分及评定》为国家标准，自 1993 年 10 月 1 日起执行。1997 年 10 月，国家技术监督局批准国家旅游局重新修订的《旅游涉外饭店星级的划分与评定》为推荐性国家标准，代替 1993 年起执行的标准，于 1998 年 5 月 1 日起实施。

2003 年 6 月，经国家质量监督检验检疫总局批准，国家旅游局将重新修订的《旅游饭店星级划分与评定》(以下简称《第三标》)作为推荐性国家标准，代替 1998 年起执行的标准，于 2003 年 10月 1 日起实施。

(一)划分和依据

《第三标》规定，用星的数量和颜色表示酒店的等级。星级分为五个等级，即一星级、二星级、三星级、四星级、五星级(含白金五星级)。最低为一星级，最高为白金五星级。星级越多，表示旅游酒店的档次和等级越高。作为星级的补充，开业不足一年的酒店可以申请预备星级，其等级与星级相同。2007 年 8 月，北京中国大酒店、上海波特曼丽嘉酒店和广州花园酒店被正式授予“白金五星级酒店”称号。

2010 年 10 月国家质量监督检验检疫总局、国家标准化管理委员会发布公告，批准《旅游饭店星级的划分与评定》(GB/T 14308—2010)国家标准自 2011 年 1 月 1 日起实施。新版标准重点强调了星级饭店的必备项目、核心产品、绿色环保、应急管理、软件可衡量和特色经营六个方面的要求，对于引导和规范我国酒店业的发展将产生重要作用。

星级评定的目的是使我国的酒店既有中国特色，又符合国际标准，保护旅游经营者和消费者的利益。其依据是酒店的建筑装饰、设施设备及管理、 服务水平，具体评定方法按《第三标》颁布的设施设备评分标准、设施设备的维修保养评定标准、清洁卫生质量、服务质量等项标准执行。星级划分条件和检查评分细则相结合，全面考核、综合平衡，其中检查评分细则由国家旅游局制定并组织实施。酒店星级的取得表明该酒店所有建筑物、设施设备及服务项目均处于同一水准。

(二)适用范围

我国各种经济性质的旅游酒店在正式开业一年后都可以参加星级评定，正式开业不足一年的可以申请预备星级。政府鼓励酒店参加星级评定，但尊重酒店意愿，采用自愿报名的形式。

第三节　经济型酒店概述

一、经济型酒店的定义、分类及特点

(一)定义及分类

学术界对经济型酒店没有形成一个公认的定义，国外对经济型酒店的划分主要以价格为标准。例如，Powers(1995)认为，经济型酒店是指不提供全面服务(full service)的，房价在1991—1993 年期间维持在 33 美元以下的酒店。根据经济型酒店的特点和中国的实际情况，经济型酒店应该是以大众旅行者和中小商务者为主要服务对象，以客房为唯一或核心产品，价格低廉，服务标准，环境舒适，硬件上乘，性价比高的现代酒店业态。

经济型酒店的分类有两个角度：一是从供给角度讲，主要涉及酒店设施、功能、物品、服务项目的配置规模、数量和档次等感官形态因素，以及投资总额和单项指标平均额的资金财务指标；二是从需求和市场角度讲，主要涉及进入酒店的消费者的经济支付水平和消费满意度的主观评价，酒店的客房价是最重要的衡量指标。对于特定地点、时期、供求环境、经营模式的经济型酒店，供给角度的分类衡量标准与需求和市场角度的分类衡量标准是完全一致的。如果特定地点、时期、供求环境、经营模式中的条件不是同时成立，供给角度的分类衡量标准和需求与市场角度的分类衡量标准会出现局部的不完全一致。

例如，在北京支付 250 元人民币客房价入住的酒店可以基本划为经济型酒店，而在石家庄的同样的酒店的客房价可以是 150 元，或者，在石家庄支付同样的 250 元客房价可以入住三星级酒店中较好的酒店。所以，经济型酒店是个特定、动态、均衡的相对概念，绝不是简单、绝对、不变的概念。按更严格定义的解释，经济型酒店只提供小型餐厅等一些基本配套设施，但客房并不比星级酒店的标准配置差。为了便于把经济型酒店概念具体化，便于直观把握和比较，与人们平常熟悉的星级酒店档次对应，假设酒店按档次分为高档酒店(四五星级，一半多三星级)、经济型酒店(一二星级，约一半三星级)、普通旅馆(社会旅馆、个体旅馆)。中国经济型酒店标准间价格一般在 100～300 元/天。

(二)特点

经济型酒店作为一种新兴业态，是经济发展和社会生活的产物，它完全区别于面对社会上流阶层的全服务酒店，是服务大众阶层、满足一般平民的旅行住宿的产品设施。其基本特征有以下五点。

第一，产品的有限性。经济型酒店紧扣酒店的核心价值——住宿，以客房产品为灵魂，剪除了其他非必需的服务，从而大幅度削减了成本。一般来说，经济型酒店只提供客房和早餐(Bed & Breakfast)，一些有限服务酒店还提供简单的餐饮、健身和会议设施。

第二，产品和服务的优质性。与一般的社会旅馆不同的是，经济型酒店非常强调客房设施的舒适性和服务的标准化。其清洁卫生、舒适方便的特点是社会旅馆所不具备的。

第三，经济型酒店的价格适中。相对于高档酒店动辄上千元的房价，经济型酒店的价格一般在 300 元人民币以下，一些青年旅舍和汽车旅馆只收取几十至一百元。

第四，经济型酒店的目标市场是一般商务人士、工薪阶层、普通自费旅游者和学生群体等。而高档酒店往往以高级商务客人、高收入阶层、公费旅客为主要目标市场。

第五，从经济型酒店的外在表现来说，其一般采取连锁经营的方式，通过连锁经营达到规模经济，提高品牌价值。这种经营方式也是经济型酒店区别于其他星级酒店和社会旅馆的一个明显特征。

二、经济型酒店的发展历史

经济型酒店(Budget Hotel)是相对于传统的全服务酒店(Full Service Hotel)而存在的一种酒店业态。经济型酒店在全球的发展经历了四个历史阶段：萌芽与发展初期、蓬勃发展时期、品牌调整时期和重新发展时期。

(一)萌芽与发展初期

20 世纪 30 年代末期到 50 年代末期是经济型酒店的萌芽与发展初期，这一阶段的主要特点是汽车旅馆的出现与发展。20 世纪 30 年代，随着美国大众消费的兴起以及公路网络的发展，汽车旅馆开始出现，为平民的出游提供廉价的住宿服务。例如，早在 1939 年美国佛罗里达的几家汽车旅馆就自发形成了行业联合组织“品质庭院”(Quality Courts)，并于第二年改名为“品质庭院联合酒店”(Quality Courts United)，为单体汽车旅馆业主提供行业服务。

“二战”后，美国经济的繁荣带动了大众旅游发展，从而引发了对中低档住宿设施的大量需求；城际高速公路网络的建成则促进了汽车旅馆的风行。1952 年成立的假日汽车旅馆在吸收了过去汽车旅馆发展经验的基础上改善了服务质量，并且第一次尝试采取标准化方式复制产品和服务，在短短的十年间沿着美国的公路网络迅速发展。

(二)蓬勃发展时期

从 20 世纪 60 年代初到 80 年代末期，经济型酒店进入蓬勃发展时期。酒店数量迅速增长，而且产品形态呈现丰富的层次性，开始朝着多元化方向发展。连锁经营开始取代传统的分散经营模式，单体酒店开拓出快速发展的扩张途径，一些发展得比较成熟的经济型酒店开始并购整合单体酒店。同时，经济型酒店开始了国际化的发展，从美国传播到加拿大、中美洲、南美洲，以及欧洲。这种扩张同时刺激了本土经济型酒店的兴起，尤其是欧洲的经济型酒店开始快速发展。到 80 年代末期，经济型酒店已经成为欧美发达国家的成熟酒店业态。

(三)品牌调整时期

从 20 世纪 80 年代末期到 90 年代末，经济型酒店行业开始进行品牌调整。经过长期的快速发展，经济型酒店进入了市场的成熟时期，高速增长和大规模扩张的动力逐渐减弱。大型酒店集团的多元化战略和投资政策促使酒店集团更加倾向于通过资本运作来购买和整合原有行业内的品牌，而不是自创新的品牌。市场竞争淘汰了一些管理力量薄弱、资金运营不通畅的品牌，一些大而强的品牌则得益于资本实力和管理实力变得越发强大。竞争的加剧迫使企业转向服务质量管理和品牌建设。品牌建设、质量管理、市场细分、产品多元化等企业内部管理得到前所未有的重视。

(四)重新发展时期

进入 21 世纪，经济型酒店步入了又一轮快速发展时期。这主要表现在经济型酒店在发展中国家的市场开拓和本土品牌的发展。在中国、东南亚等地区，经济型酒店的扩张非常迅速。世界著名的经济型酒店品牌陆续进入，如雅高集团的宜必思(Ibis)、一级方程式(Formula 1)、温德姆集团的速 8(Super 8)、天天客栈(Days Inn)，洲际集团的假日快捷(Holiday Inn Express)等，都纷纷瞄准了亚洲市场。同时，一些亚洲本土的经济型酒店品牌也开始发展，例如中国的锦江之星、如家快捷、7 天等。

知识链接 8-3

速 8 酒店①

速 8 酒店(Super 8 Worldwide Inc.)(见图 8-4)是全球最大的经济型连锁酒店之一(超过 2300 家)，是全球酒店数量最多(约 7000 家)的温德姆酒店集团旗下品牌。速 8 酒店中国预订中心电话为 40018-40018。

美国速 8 酒店始终致力于为每一位客人提供干净的房间和友好的服务。2004 年速 8 酒店正式进入中国，同年第一家酒店在北京开业。

图 8-4 速 8 酒店

市场定位

速 8 酒店是经济型酒店中的高端品牌。

第一家速 8 酒店于 1974 年 10 月在美国南达科塔州的阿伯丁开业，每晚的住宿费是 8.88 美元。1993 年，胜腾公司——当时的 HFS 公司取得了这个品牌的所有权。

根据美国一家专业组织(史密斯旅游调查)的调查显示，美国速 8 酒店以酒店数量最多成为最大的经济型连锁酒店。2003 年，美国速 8 酒店被第 24 期《企业家》杂志排在年度 500 强特许经营者的榜首。

速 8 酒店(中国)提供多样化的酒店风格，及全球统一的干净(房间)和友好(服务)。

服务理念

1. 干净的房间。

---

① 资料来源：http://baike.baidu.com/view/1169362.htm?fromId=852708

2. 友好的服务。
3. 高性价比速 8 酒店房间。
4. 免费宽带上网。
5. 24 小时热水。
6. 更为便利的地理位置。
7. 24 小时网络预订服务。
8. 多样化的酒店装修。

三、中国经济型酒店的发展现状

我国经济型酒店最初的发展始于 1996 年，上海锦江集团下属的锦江之星是中国第一个经济型酒店品牌。进入 21 世纪，各种经济型品牌如雨后春笋破土而出，呈现以下几个特点。

首先，中国经济型酒店行业成长迅速，出现了一些影响颇广的民族自创品牌。具有全国影响力的有锦江集团于 1996 年创建的锦江之星，以及首都旅游国际酒店集团与携程旅行服务公司于 2002 年共同投资组建的如家酒店连锁。此外，还有一些地区品牌的经济型酒店，如上海地区的莫泰 168、华南地区的 7 天、北京地区的欣燕都等。这些品牌呈现蓬勃的发展趋势，在短短的几年时间里得到迅速扩张，一些地区品牌正在积极向着全国品牌的方向努力。

其次，中国经济型酒店市场需求旺盛，几个大型城市和几块区域成为热点。北京、上海、广州、成都等大型城市的经济型酒店需求非常突出，市场条件比较成熟。而长江三角洲、珠江三角洲、京津地区这三个地区较高的经济发展总体水平也决定了经济型酒店的需求水平。所以经济型酒店在中国的发展是呈现点面结合的局面，迅速在经济发达地区发展起来的。

再次，经济型酒店吸引了各种来源资本的大量涌入。由于经济型酒店的投资比较低，而投资回报率明显高于一般的酒店；同时，中国目前的投资环境比较好，资金供给充足，很多闲散资金一直在努力寻找适合的投资项目，这种结合了物业与酒店的优质项目格外吸引资本的涌入；另外，中国房地产的升值空间也导致了投资者对经济型酒店地产的升值预期，所以，来自社会各个行业的资金纷纷看好这类项目进行投资。

最后，经济型酒店市场外来品牌与民族品牌的竞争日益加剧。许多国外成熟的经济型酒店品牌看好中国的市场潜力高调进入，他们成熟的管理经验，雄厚的资金实力和人才储备，享誉世界的品牌，发达的营销网络，严格的质量控制都是无法比拟的优势，对本土发展起来，只有短短几年经验的中国民族品牌形成了强大的压力。拿江苏省来说，英国的国际青年旅馆在南京、无锡、苏州、扬州都有连锁店；美国速 8 连锁在无锡、苏州也有连锁店。

知识链接 8-4

如家酒店集团[1]

如家酒店集团创立于2002年，2006年10月在美国纳斯达克上市(股票代码：HMIN)。作为中国酒店业海外上市第一股，如家始终以顾客满意为基础，以成为“大众住宿业的卓越领导者”为愿景，向全世界展示着中华民族宾至如归的“家”文化服务理念和民族品牌形象，如图8-5所示。

图 8-5　如家酒店

如家酒店集团旗下拥有如家快捷酒店、和颐酒店两大品牌，截至2012年年末已在全国279座城市拥有连锁酒店2013家，形成了遥遥领先业内的国内最大的连锁酒店网络体系。

经济型连锁酒店品牌——如家快捷酒店，提供标准化、干净、温馨、舒适、贴心的酒店住宿产品，为海内外八方来客提供安心、便捷的旅行住宿服务，传递着适度生活的简约生活理念。

中高端商务酒店品牌——和颐酒店(Yitel)，旨在满足境内外中高级商务及休闲旅游人士的需要，以精致时尚的环境设计、舒适人性的客房设施、便捷高效的商务配套、恰到好处的热情款待，带领宾客体验前所未有的旅行新乐趣。自信而不张扬，和气但不平庸，环境与人融为一体，平衡之道，尽在魅力和颐。

如家成立至今，更以敏锐的市场洞察力、完善的人力资源体系、有力的管理执行力和

① 资料来源：http://baike.baidu.com/view/389176.htm?fromId=1062343

强大的资金优势迅速建立起了品牌、系统、技术、客源等多个核心竞争力。作为行业标杆企业，如家正用实际行动引领着中国大众住宿业市场走向成熟和完善。

四、经济型酒店与星级酒店

三星级以下酒店，大多由于“小而全”、费用居高不下，目标客户重叠、恶性竞争严重，导致企业效益低下。随着业内经济型酒店概念的强化，很多这个档次区间的酒店都有重新定位向经济型方向发展的想法，但在操作上也遇到了许多难点。

“中江之旅”，是以利用国内巨大酒店存量来发展经济型酒店连锁的酒店管理公司，就遇到很多这样的案例：酒店既想调整企业战略向“经济型”发展，获取低成本优势，又想兼顾“星级酒店”的商誉。

这个问题是酒店行业在发展经济型酒店道路上不可逾越的。如何解决这个矛盾？首先，我们要弄清这两个概念的渊源。

经济型酒店、星级酒店，这是由不同的分类依据造成的两类不同的概念。它们有交集的时候，但大多数是无法统一的。虽然，我们可以将一、二星级酒店，甚至三星级酒店划入经济型酒店的范畴，但两者的差异并不简单地是全部与部分(低端)的关系，它们最大的不同在于以下方面。

1. 两者的目标取向不同

星评标准作为一个酒店的等级评定制度，面向所有的酒店类型，目标是划定统一的最低标准，以便让公众很容易地识别各类酒店的综合档次。而经济型酒店是以顾客的基本需求为导向，为市场提供“价廉、方便、卫生、安全”的酒店产品，在满足顾客住宿过夜这一基本需求的前提下，着眼于从投资上降低造价、运营上降低成本，最终以较低的价格推出产品，赢得市场。

2、服务范围的定位不同

国内的星级酒店大多是全服务酒店，“吃、住、娱、购、行”都提供；而经济型酒店一般地理解为有限服务酒店，大多只提供“住宿+早餐”式的服务。

那么，如何调和这两个发展方向呢？

“经济型道路发展”、“上星”，对酒店来讲，都是一种企业战略的选择，都是以获取平均利润以上的利润为最终目的。但它们的实现途径有所不同：酒店上星，是从提升酒店知名度和稳定服务水平来获取竞争优势，扩大客源，赢得超常利润；而经济型酒店，是通过有限服务，尽力满足目标客户的最根本需求，实现低成本运营，最终以廉价来获取竞争优势和市场份额。

但在酒店业仍存在许多“非市场化”因素的今天，“上星级”，在评价经营者政绩、酒店档次提升等方面仍极具诱惑，也可能导致低星级酒店像“千军万马过独木桥”一样，继续挤上“上星”、“添星”的小道。

星评标准的修订原则，应促进酒店这种社会资源的利益最大化，顺应市场需求，兼顾“经济型酒店”的发展，在低星级标准中去除过多“非经济”的规定，使按经济型配置和服务的酒店能达到相应星级的及格线，同时让追求完全服务的酒店得到高分。这次星评标准的修订已经在硬件条件上有所降低，与这个方向正好吻合。

从星评标准的征求意见稿看，新的一、二星级酒店的必备条件规定已基本上符合“经济型酒店”的特征。如果在设施保养、卫生、服务软件等分值标准上作些合适的设计，不把这类酒店引导到不得不添置无太大实际意义的物品和服务上，修订后的，一、二星级酒店标准就与“经济型酒店”无多大冲突。所以，从这个意义上讲，笔者认为，三星级酒店不宜划入经济型酒店范畴，因为修订后的星评标准中的三星级酒店标准与经济型相差太远。

现在已挂一二颗星的酒店，要向“经济型”方向发展，应按照修订后下降的星评标准的硬件标准，充分利用自己酒店的更新改造期，逐步地“瘦身”，从齐全服务转向有限服务，向经济型酒店转化。既保持星级酒店带来的品牌效应，也逐渐实现“经济型”的成本领先战略。

三星级酒店如要向经济型酒店转化，是一定要有所取舍的。这就要判别“经济型”、“星级”哪一个对酒店的长远利益有更好的影响。

经济型酒店也并不是所有的设施都低于相应的星评标准，有些地方甚至较大地超过标准规定的要求，关键是：该设施的采用，在投资和运营成本最低。如在公共区域安装相对较贵的感应式水嘴，目的是减少运营时的维修和水的浪费，降低使用的总成本。

相关案例 8-1

国内游经济型酒店唱主角①

酒店预订是出游前的必做功课之一。

记者了解到，“五一”小长假前后的一周时间，游客出游热情达到了春节后的最高点。不少热门城市的酒店预订火爆，尤其是经济型连锁酒店。

酷讯旅游酒店事业部负责人告诉记者，由于目前经济型酒店在二三线城市迅速扩张，其高品质、低价位的服务理念越来越受到人们的关注，经济型酒店成为人们外出旅游期间下榻地点的首选。

据酷讯旅游运营数据监测，如家、7 天、汉庭、锦江之星、格林豪泰、速 8 等酒店品牌最受欢迎，150～200 元的经济型酒店的预订比例最高达到了 78.4%，北京、杭州、南京、上海、厦门、扬州、西安、成都、武汉等热门旅游城市的大部分门店均已经接近满房。

---

① 资料来源：http://www.cs.com.cn/ssgs/hyzx/201304/t20130422_3957338.html

虽然“五一”小长假只有3天，但提前预订已成游客的习惯。据该负责人介绍，“五一”假期酒店预订在4月初便迎来了高峰，甚至有游客在3月底就预订了“五一”期间的房间。按照以往经验，小长假期间，大部分经济型酒店门店将全线爆满，如若客人没有事先预订，基本上订不到当天的房。

与经济型酒店相比，商务和高星级酒店的预订情况则冷清了不少。

酷讯运营监测数据显示，目前，高端酒店“五一”期间的预订及关注率大幅下降。因此，各大商务城市的酒店价格大幅下降，不少酒店早就开始了促销活动，甚至出现了价格大跳水。

对此，有高端酒店运营负责人也承认，在没有大型活动的情况下，星级饭店反而没有经济实惠的商务酒店受欢迎。由于“五一”期间，很多外地游客主要是以家庭或团队为单位，这类客人入住酒店多数是自掏腰包，因而经济、实惠、干净、方便的酒店是他们的首选。而环境优美、装修豪华的酒店主要是一些单位用来招待贵宾的。

酷讯旅游CEO张海军也表示，经济型酒店由于价格便宜、预订手段也较多，大部分游客只要其能保证舒适方便即可，因此，经济型酒店成为“五一”假期酒店选择的主角，尤其受到背包客和白领阶层等大众游客的欢迎。

本章小结

酒店是经政府批准的，利用服务设施完善的建筑，除向宾客提供住宿和餐饮服务外，还提供购物、健身、娱乐、邮电、通信、交通等多方面服务的经营性企业。酒店企业的组织部门通常分为两大类：业务部门和职能部门。不同的酒店根据自身经营的需要对组织部门的设计会略有不同，但一般来说，酒店的业务部门主要包括前厅部、客房部、餐饮部、康乐部、商品部等；职能部门则主要包括人力资源部、财务部、营销部、采购部、工程部、安全部等。根据不同的标准，酒店可以划分为不同的类型。酒店一般用星的数量和颜色表示酒店的等级。星级分为五个等级，即一星级、二星级、三星级、四星级、五星级(含白金五星级)。最低为一星级，最高为白金五星级。星级越多，表示酒店的档次和等级越高。作为星级的补充，开业不足一年的酒店可以申请预备星级，其等级与星级相同。经济型酒店随着社会经济的发展规模不断壮大，根据经济型酒店的特点和中国的实际情况，经济型酒店应该是以大众旅行者和中小商务者为主要服务对象，以客房为唯一或核心产品，价格低廉，服务标准，环境舒适，硬件上乘，性价比高的现代酒店业态。随着经济型酒店规模的不断发展，经济型酒店的发展也出现了必须直面的问题。

课后练习

1. 酒店的概念是什么？
2. 酒店由哪些主要的组织部门构成？
3. 酒店根据市场及客人特点可以分为哪几类？
4. 根据酒店规模，酒店可划分为哪些类型？
5. 经济型酒店的定义是什么？
6. 中国经济型酒店的发展现状如何？

第九章

其他旅游业态

【学习目标】

通过本章的学习，要求学生理解旅游娱乐的概念，了解旅游娱乐的类型，包括自住型、表演型和经营型，了解最具代表性的旅游娱乐业；理解休闲旅游的概念、态势、类型；掌握旅游电子商务的内涵、类型和特点。

【关键词】

旅游娱乐　休闲旅游　旅游电子商务

案例导入

《印象·刘三姐》接待游客累计突破 900 万人次[1]

新年伊始，阳朔旅游传来好消息，桂林旅游与文化相结合的典范《印象·刘三姐》景区接待游客累计突破 900 万人次，年均接待游客超过百万人次。

2013 年的第一周，尽管天气寒冷，但是《印象·刘三姐》景区依然火热，游客接待量超过 1 万人次，实现新年开门红。《印象·刘三姐》作为目前世界上最大的山水实景剧场，以其美轮美奂的舞台效果和原生态的民族文化展示，倾倒无数观众，每年演出 500 余场，几乎场场座无虚席。2012 年该景区年接待游客数量进入快速增长阶段，全年接待游客超过 150 万人次，创下年游客接待量的最高纪录。另外，单月观众人数最多的历史纪录，也是在当年的 8 月份创下，当月景区共接待游客 21 万人次。

辩证性思考

1. 旅游娱乐项目在旅游业的发展中的作用是什么？
2. 饭店娱乐项目有哪些主要类型？

第一节 旅游娱乐

一、旅游娱乐的概念

旅游娱乐是指旅游者在旅游过程中，寻找精神愉悦、身体放松、内心满足和个性发展的旅游活动，以及旅游目的地融合这些需求的服务供给产业。

二、旅游娱乐的类型

(一)自助型

在城乡的宾馆、饭店、别墅等主要接待设施和多数景区点内，设有多种娱乐设施和娱乐服务项目，比如舞厅、酒吧、茶馆、卡拉 OK、棋牌室、健身房、野外烧烤、篝火晚会、燃放爆竹等，游客以自主形式自愿选择、自愿参加，自愿消费。

---

① 资料来源：http://www.gx.xinhuanet.com/dtzx/xingan/2013-01/17/c_114355440.htm

(二)表演型

为增加景区点的文化内涵，活跃景区点的旅游氛围，很多景区点以地方资源特色和文化特色为主题打造具有观赏性、参与性、知识性的娱乐表演项目，以提升景区的产品功能和效应、满足广大游客的需求。例如开封的清明上河园，游于园中旅游者可尽情欣赏如汴绣、木版年画、官瓷、茶道、纺织、面人、糖人等手工艺术的现场表演制作，以及曲艺、杂耍、神课、博彩、驯鸟、斗鸡、斗狗等民俗风情表演。

知识链接 9-1

清明上河园[①]

清明上河园(见图 9-1)是由开封市人民政府与海南置地集团公司合作建设的一座大型宋代文化实景主题公园，坐落在开封市风光秀丽的龙亭湖西岸，是国家首批 AAAA 级旅游景区，现在是国家 AAAAA 级风景区。清明上河园是中国、世界旅游著名品牌，全国文明旅游风景区示范点。它是依照北宋著名画家张择端的传世之作《清明上河图》为蓝本建造的。景区占地 600 余亩，其中水面 180 亩，大小古船 50 多艘，房屋 400 余间，景观建筑面积 30 000 多平方米，形成了中原地区最大的复原宋代古建筑群。整个景区内芳草如茵，古音萦绕，钟鼓阵阵，形成一派“丝柳欲拂面，鳞波映银帆，酒旗随风展，车轿绵如链”的栩栩如生的古风神韵。 2009 年，清明上河园荣膺世界纪录协会中国第一座以绘画作品为原型的仿古主题公园。它是中原大黄河郑、汴、洛黄金旅游线上的一个重要景区(点)。

图 9-1　清明上河园

清明上河园作为集历史文化旅游、民俗风情旅游、休闲度假旅游、趣味娱乐旅游和生

① 资料来源：http://baike.baidu.com/view/13952.htm?fromId=2240273

态环境旅游于一体的主题文化公园，突出体现了观赏性、知识性、娱乐性、参与性和情趣性等特点。

(三)经营型

随着一些景区旅游娱乐表演项目规模和艺术水平的提升，市场认知度和需求度也在提高。一些景区的娱乐表演已经升级为收费性演出项目。比如桂林阳朔景区的印象刘三姐、杭州的印象西湖、山海关景区的军事仿古表演等类型。

三、最具代表的旅游娱乐业

(一)美国拉斯维加斯

1. 博彩

拉斯维加斯是国际大都会，赌场 24 小时开放。为了吸引游客，这里的社会治安治理得非常好，对中了头奖的人，如果需要，由两名警察将其全程护送到在美国任何地方的家中。内华达州是美国唯一法律允许性交易合法的州，但唯独拉斯维加斯所在的县禁止性交易以便维持社会治安。

各个赌场的设计以金碧辉煌、奇形怪状的建筑物来吸引游客，所有赌场 24 小时开业，赌博玩法五花八门，赌场内从小赌怡情到一掷千金的赌客都有。机场的班机通往世界各地，任何私人飞机都很容易在拉斯维加斯降落。在赌场中，只要付款，招手就有人给你送饭，从普通热狗到豪华大餐应有尽有。虽然后来内华达州的其他城市如里诺也发展赌博业，但拉斯维加斯凭着交通便利和接近大城市洛杉矶的地理优势，仍然占据着美国赌博业的头把交椅。

2. 魔术及马戏表演

拉斯维加斯不断上演各类风格的魔术表演，场面有大有小。由大马戏酒店(Circus Circus)首开风气，许多饭店都跟进提供马戏及杂耍表演。马戏表演永远是小朋友的最爱。大变白虎、大变飞机、飞车等是一些较具代表性的表演，很受欢迎。常有魔术马戏表演的场所一般在大马戏饭店(Circus Circus)的 Midway、神剑酒店(Excalibur)的杂耍舞台、金银岛酒店(Treasure Island)的 Mystere 等。

3. 巨星秀

拉斯维加斯每天晚上都有各种各样的巨星演出。巨星秀常由国际巨星光临演出，地点通常在各饭店的主厅。表演者包括唱片发行量上亿的歌星、知名艺人和歌星，如芭芭拉·史翠姗、埃尔顿·约翰、席琳·迪翁等天王巨星级的大牌。艺人芭芭拉·史翠姗 20 年未有舞台表演，但她的复出秀选择在米高梅广场举行，票价竟然高达1000美金。除了欧美巨星之外，由于内华达州对华人市场的重视，在华人假期时也有台湾、香港的明星应邀前往作秀。刘德华、张信哲、张学友等华人巨星都曾经在拉斯维加斯登台表演。巨星秀的表演通常为三天到两个礼拜，表演者经常会更换。地点通常在希尔顿饭店、米高梅饭店等。越来越多的旅客只为欣赏巨星表演而来。

4. 激情歌舞秀

在内华达，能看到的最普遍的是激情歌舞秀。我们通常能看到秀场中头戴五颜六色羽毛饰品，穿着清凉，浓妆艳抹的歌舞女郎，这些女郎被统称为“Showgirls”。在繁华装束和绚丽舞台的背后，为了出名，或为了实现财富梦想，她们努力传承和发扬着拉斯维加斯的娱乐事业。

如图9-2所示是美国拉斯维加的图片展示。

图9-2 美国拉斯维加斯

(二)《印象·刘三姐》

大型桂林山水实景演出《印象·刘三姐》是中国·漓江山水剧场之核心工程，由桂林广维文华旅游文化产业有限公司投资建设，我国著名导演王潮歌、张艺谋、樊跃出任总导演，国家一级编剧、中国实景演出创始人、山水文化机构董事长梅帅元任总策划、制作人，历时五年半努力制作完成。它集漓江山水、广西少数民族文化及中国精英艺术家创作之大成，是全国第一部全新概念的“山水实景演出”。演出集唯一性、艺术性、震撼性、民族性、视觉性于一身，是一次演出的革命、一次视觉的革命。

《印象·刘三姐》是全球最大的山水实景剧场；全国第一部全新概念实景演出；艺术性、震撼性、民族性、视觉性的集合，历经5年零5个月；1.654平方公里水域，12座著名山峰，61位中外著名艺术家参与创作，109次修改演出方案，600多名演职人员参加演出。

这部作品于2004年3月20日正式公演，世界旅游组织官员看过演出后如是评价：“这是全世界看不到的演出，从地球上任何地方买张机票来看再飞回去都值得。”2004年11月以桂林山水实景演出《印象·刘三姐》为核心项目的中国·漓江山水剧场(原刘三姐歌圩)荣获国家首批文化产业示范基地。

刘三姐是中国壮族民间传说中一个美丽的歌仙，围绕她有许多优美动人、富于传奇色彩的故事。1961年，电影《刘三姐》诞生了，影片中美丽的桂林山水、美丽的刘三姐、美丽的山歌迅速风靡了全国及整个东南亚。从此，前来游览桂林山水，寻访刘三姐和广西山歌，便成了一代又一代的梦想。《印象·刘三姐》是一次与真相无关的艺术呈现，以山水圣地桂林山水美丽的阳朔风光实景作为舞台和观众席，以经典传说《刘三姐》为素材，以文化英雄张艺谋为总导演，国家一级编剧梅帅元任总策划、制作人，并有两位年轻导演——王潮歌、樊跃的加盟，数易其稿，历时三年半，努力制作而成。它集漓江山水风情、广西少数民族文化及中国精英艺术家创作之大成，是全世界第一部全新概念的“山水实景演出”，集唯一性、艺术性、震撼性、民族性、视觉性于一身，是一次演出的革命、一次视觉的革命，是桂林山水的美再一次与艺术相结合的升华表现。

在方圆两公里的阳朔风光美丽的漓江水域上以12座山峰为背景，广袤无际的天穹，构成了迄今为止世界上最大的山水剧场。传统演出是在剧院有限的空间里进行。这场演出则以自然造化为实景舞台，放眼望去，漓江的水，桂林的山，化为中心的舞台，给人宽广的视野和超人的感受，让游客完全沉溺在这美丽的阳朔风光里。传统的舞台演出，是人的创作，而“山水实景演出”是人与上帝的共同创作。山峰的隐现、水镜的倒影、烟雨的点缀、竹林的轻吟、月光的披洒随时都会加入演出，成为最美妙的插曲。晴天的漓江，清风倒影特别迷人；烟雨漓江赐给人们的都是另一种美的享受；细雨如纱，飘飘沥沥；云雾缭绕，似在仙宫，如入梦境……演出正是利用晴、烟、雨、雾、春、夏、秋、冬不同的自然气候，创造出无穷的神奇魅力，使那里的演出每场都是新的。演出以“印象·刘三姐”为主题，在红色、白色、银色、黄色四个“主题色彩的系列”里，大意地将刘三姐的经典山歌、民族风情、漓江渔火等元素创新组合，不着痕迹地融入山水，还原于自然，成功诠释了人与自然的和谐关系，创造出天人合一的境界，被称为“与上帝合作之杰作”。尤其是洗浴一场。身着白色纱巾的少女翩然起舞。水镜晨妆，风解罗衫，山水与袒露中的少女彼此呼应，似乎在告诉每一位观众，灵性就在大自然的深邃处，少女所有的美丽来自山水的赐予。演出把广西举世闻名的两个旅游文化资源——桂林山水和“刘三姐”的传说进行巧妙的嫁接和有机的融合，让阳朔风光与人文景观交相辉映。演出立足于广西，与广西的音乐资源、自然风光、民俗风情完美地结合，游客看演出的同时，也看漓江人的生活。

由于是山水实景演出，支撑这个超级实景舞台的最直观的是灯光。《印象·刘三姐》同样体现了一种淋漓尽致的豪华气派，利用目前国内最大规模的环境艺术灯光工程及独特的烟雾效果工程，创造出如诗如梦的视觉效果。自古以来，桂林山水头一回让人领略到华灯之下的优美、柔和、娇美、艳美和神秘的美。《印象·刘三姐》很大程度上说是一次真正豪华的灯会，构建了一个空前壮观的舞台灯光艺术圣堂，从一个新的角度升华了桂林山水。

刘三姐歌圩坐落在漓江与田家河交汇处，与闻名遐迩的书童山隔水相望。歌圩几乎全部被绿色覆盖，种植有茶树、凤尾竹、草皮等，绿化率达到 90%以上。其中灯光、音响系统均采用隐蔽式设计，与环境融为一体。水上舞台全部采用竹排而建，不演出时可以全部拆散、隐蔽，对漓江水体及河床不造成影响。100 多亩建设用地上，鼓楼、风雨桥及贵宾观众等建筑具有浓郁的民族特色，整个工程不用一颗铁钉，令人叹为观止。观众席由绿色梯田造型构成，180 度全景视觉，可观赏江上两公里范围的景物及演出，同时也考虑到了泄洪的安全。共设座位 2200 个，其中普通座位 2000 个，贵宾座 180 个，总统席 20 个。演员阵营强大，由 600 多名经过特殊训练的演员组成；演出服装多姿多彩，根据不同的场景选用了壮族、瑶族、苗族等不同的少数民族服装。

图 9-3 所示是《印象·刘三姐》。

图 9-3　《印象·刘三姐》

(三)杭州《印象·西湖》

《印象·西湖》以西湖浓厚的历史人文和秀丽的自然风光为创作源泉，深入挖掘杭州的古老民间传说、神话，将西湖人文历史的代表性元素得以重现，同时借助高科技手法再造“西湖雨”，从一个侧面反映雨中西湖和西湖之雨的自然神韵。整场山水实景演出，通过动态演绎、实景再现，将杭州城市内涵和自然山水浓缩成一场高水准的艺术盛宴，向世人推出。世界级的音乐巨匠喜多郎先生受邀出任音乐主创，其空灵悠远的乐章与西湖的神韵相得益彰。张靓颖将友情演唱主题歌，她那天籁般的声音也将给整场演出增色不少。届时观众将能看到一场高艺术水准的山水实景演出，同时还能享受到一场世界级的音乐会。

图 9-4 所示是杭州《印象·西湖》。

图 9-4　杭州《印象·西湖》

(四)宋城的《宋城千古情》

《宋城千古情》是杭州宋城旅游发展股份有限公司倾力打造的一台立体全景式大型歌舞，2009 年获得国家五个一工程奖、舞蹈最高奖荷花奖。该剧以杭州的历史典故、神话传说为基点，融世界歌舞、杂技艺术于一体，运用了现代高科技手段营造如梦似幻的意境，给人以强烈的视觉震撼。大型歌舞《宋城千古情》推出至今累计演出 13000 余场，接待观众 3000 万人次，每年 300 万游客争相观看；是目前世界上年演出场次最多和观众接待量最大的剧场演出，被海外媒体誉为与拉斯维加斯“O”秀、法国“红磨坊”比肩的“世界三大名秀”之一。

图 9-5 所示是《宋城千古情》。

图 9-5　《宋城千古情》

(五)泰山的封禅大典

《中华泰山·封禅大典》是山东省政府打造山东旅游精品的重点项目，由泰安市委、市政府招商引资，邀请中国大型山水实景演出创始人——梅帅元先生的制作团队精心打造的一台大型山水实景演出。2009 年 9 月开始在泰山东麓天地剧场隆重上演的《中华泰山·封禅大典》，精彩再现了泰山五朝帝王封禅场景，它以泰山历史文化为核心，以泰山自然山水为背景，充分展示泰山文化的独特价值与精深内涵。

图 9-6 所示是泰山的封禅大典。

图 9-6 泰山的封禅大典

(六)青岛的蓝色畅想

在“蓝色浪漫”章节中，一段长 8 分钟的 3D 视频，向观众讲述了一个如梦如幻的海底故事，完美的 3D 舞台表现使现场观众感到自己仿佛和调皮的海星一起在海底玩捉迷藏，美丽的水母在眼前舞动身姿。“崂山道士”章节采用舞台真人与虚拟特效结合的实景舞台演出方式，LED 幻影成像的制作手段结合舞台实景及灯光，观众们得以在海景舞台上欣赏云雾缭绕、若隐若现的崂山仙境，还可以“见证”崂山道士穿墙术的神奇一幕。

图 9-7 所示是青岛的《蓝色畅想》。

图 9-7 青岛的《蓝色畅想》

第二节 休闲旅游

休闲，是指在非工作时间内以各种“玩”的方式求得身心的调节与放松，达到生命保健、体能恢复、身心愉悦的目的的一种业余生活。科学文明的休闲方式，可以有效地促进人体能量的储蓄和释放，它包括对智能、体能的调节以及生理、心理机能的锻炼。

休闲之事古已有之。一般意义上的休闲是指两个方面：一是解除体力上的疲劳，恢复生理的平衡；二是获得精神上的慰藉，成为心灵的驿站，是完成社会必要劳动之后的自由时间，是人的生命状态的一种自我完善形式。因而，对于人之生命的意义来说，休闲是一种精神的态度，并在人类社会进步的历史进程中始终扮演着重要角色。

旅游是人们的物质生活发展起来之后的一种文化生活需要。旅游者的目的是求新、求知、求乐、求得一个美好的回忆，是现代社会中民众的一种短期性的特殊生活方式。自从劳动者被赋予休假的权利以来，旅游便从有闲阶层的有限范围进入社会经济生活的普遍范围内，从而有了广泛的社会性。但是，随着时代的发展，传统旅游的功能已难适应人们的需要。因此，应赋予旅游以更多的内涵。有的学者提出“旅游——旅游休闲——休闲旅游——休闲”的发展模式，更多的学者强调休闲旅游是人的一种文化经历、文化体验、文化传播、文化欣赏，可以满足人的心理和精神以及多方面发展自我的需要。随着经济的发展，选择旅游作为一种休闲方式已成为比较普遍的行为方式，然而关键问题是，如何在休闲过程中提高人的文化素养、审美情趣、感受能力和鉴赏眼光，让出门旅游成为人们感受文明、融于自然、理解文化、陶冶性情的一种综合的休闲方式，将休闲旅游变成社会文明的一份动力，需要有更多、更好、更合适的休闲旅游资源和产品提供给市场。

一、休闲旅游的概念

休闲旅游是指以休闲旅游资源为依托，以旅游设施为条件，以休闲为主要目的，以特定的文化景观和服务项目为内容，离开定居地而到异地逗留一定时期的游憩、娱乐和休息活动。休闲旅游与其他旅游，尤其是观光旅游的不同之处在于一个“闲”字，它是旅游者占据了较多的闲暇时间和可自由支配的经济收入，旅游地有了相当先进的服务设施条件下而逐渐形成的，是旅游得以高度发展的产物。在这里，传统旅游概念中“惯常环境”的范围几乎缩小到居家环境，即，休闲旅游的主体不仅仅是标准的“游客”，也包括当地(目的地)的，但同样符合旅游者三大必备条件的居民。

改革开放 30 年多来，我国的旅游业发展迅速，但休闲旅游还刚刚起步，并呈现出强劲的发展势头。如何构建有中国特色的休闲旅游业，使之健康发展，已成为旅游工作者的重要任务。其中，如何正确认识和充分利用休闲旅游资源，是发展休闲旅游的根本和基础。

二、休闲旅游的态势

随着经济的发展，我国休闲消费的需求迅速增长，休闲已不再是“少数人的特权”，而是大众化的普遍行为，国人会拥有越来越多的时间与金钱去享受各类丰富多彩的休闲生活，一个大众化的休闲时代正在到来。休闲将成为我国在21世纪休闲时代基本的社会需求。在这一时代背景下，尽管人们的休闲方式因个人的生活习惯、偏好和价值观而异，呈现多种形式，但毫无疑问，基于休闲目的在异地寻找精神的愉悦和内心满足的休闲旅游应是人们重要的、比较普遍的、积极的休闲方式。

如今，越来越多的居民出游已不满足于在各个旅游点之间长途跋涉、疲于奔命、赶鸭子一般的旅游方式。旅游目的也从传统的开阔视野、增长见识，转向通过旅游者能以自己喜爱的、相对自由的方式旅游，使身心得到休息放松，增添生活情趣、发展自我、充实精神，充分享受旅游过程中人与自然融合带来的思想的纯洁与安宁，以及内在的愉悦和幸福体验等。如以消闲和娱乐为主要目的城市居民，成群去大城市边缘的旅游小镇和乡村度周末成为非常普遍的现象。因此，我国旅游需求正经历着从浅层的观光旅游，到放松身心和参加各种娱乐活动式的休闲性旅游转变。以休闲为主要目的的旅游活动已经成为旅游业中的热点。在国外，休闲旅游已成为时尚。在欧洲和北美，旅游活动是重休闲轻游览，人们出门旅游不重视看景，而重视度假休闲，旅游的目的是使身心得到充分的休息和放松。有资料显示，欧洲和北美旅游客源输出的70%以上是旅游度假休闲。可见，可自由支配收入、闲暇时间和消费模式三大促进因素共同构成了休闲旅游市场发展的总体背景，催动了旅游市场需求的演变。休闲旅游在整个旅游市场结构中的比例不断提高，一个以休闲为主的旅游时代正在来临。

据世界旅游组织预测，到2020年，中国旅游业总产出将占国内生产总值的8.64%，旅游消费将占总消费的6.79%，旅游投资将占投资总额的8.16%，接近世界平均水平。据国家旅游局预测，2020年全国旅游业总收入将达33 000亿元人民币，相当于国内总产值的8 %，真正成为国民经济的支柱产业(见《财经时报》2000年5月17日第2版)。如果要实现旅游业在未来每年以8%的速度递增，仅靠传统的旅游业原有的内涵和外延，显然是无法实现的，且也不符合可持续发展的原则。传统的旅游业要发展，要顺应时代潮流，就必须拓展它的外延和丰富它的内涵，在此过程中，休闲旅游产业将大有作为。“旅游——旅游休闲——休闲旅游——休闲”是旅游业发展的客观规律。

从内涵上讲，旅游是休闲的一种方式；从主体来看，旅游主体是休闲主体的重要构成部分；从规模来看，休闲人群数量远远大于旅游人群数量；从方式看，休闲旅游比观光等旅游活动更加多样化；从时间择取看，休闲比旅游更具灵活性。

休闲旅游是建筑于一个相对发展比较高的旅游发展阶段——普遍的“有闲”和“有钱”

构成了它的物质基础。休闲旅游的表现形态，侧重人的体验、欣赏、情感表达等方式。随着中国经济水平的提高和公民闲暇时间的增多，正确理解休闲旅游的内涵，有助于人们科学、积极、合理、有益地分配旅游活动过程中的闲暇时间。对于大部分已经拥有丰富旅游经历的旅游者来说，休闲旅游不仅仅是一个如何增加旅游活动的“量”的问题，而是如何改变旅游活动的“质”的问题。

三、休闲旅游资源的类型

从目前发达国家休闲旅游的主要场所来看，休闲旅游资源主要包括以下几种类型。

1. 主题公园

主题公园是为了突出某个主题而制造的人造景观，它依靠当地的自然地理环境条件，采用现代科学技术，将自然风光、人文景观、民族风情以及文化艺术等各种可以突出主题的事物融会在一起，以满足旅游者和当地居民休闲、娱乐、观光等需求。

2. 文化休闲设施

文化休闲设施主要是指能满足人们了解历史、自然和科学，增长知识，获得美的艺术享受等精神生活需求的场所和设施。通过它们可达到陶冶情操，提高人们文化消费品位的作用。文化休闲设施主要包括：各种博物馆、展览馆、图书馆、书城、文化艺术宫、美术馆、影剧院以及大型影视拍摄基地等。

3. 休闲餐饮设施

人们来到这种场所的目的不仅在于果腹，而是必须与文化理念融合在一起。在西方文明进化史中，饮食文化也是重要的文化现象。休闲文化的兴起，也在一定程度上带动了餐饮产业的快速崛起。从欧洲中世纪的那不勒斯宫廷的酒会、舞会、社交活动，到18世纪以来文化启蒙运动中的各种沙龙、酒吧、咖啡屋、下午茶等，不仅满足了人们的消遣需要，促进了休闲经济的发展，而且对提升国民教养、激发国民创造灵感都发挥了重要的作用。其中被不少学者所引用的典型例子是英国剑桥大学保持了几个世纪的“下午茶”。这种由校方出资、安排，让教授们在安逸的氛围中一块吃点心、喝茶、聊天的形式，表面看来是“漫不经心”，却常常在宁静中看得高远，在漫谈中“茅塞顿开”，堪称该校的“神来之笔”。难怪亚历克·布罗厄斯校长不无骄傲地说：“瞧，下午茶我们就喝出了六十多位诺贝尔奖获得者。”与此相对应，更有普遍意义的是法国巴黎左岸——诗歌、哲学、艺术、新思想的发源地，著名的蒙巴纳斯地区的“圆顶”咖啡馆是思想家们、艺术家们云集的地方。存在主义大师萨特和他的女友西蒙娜·德·波伏娃当年几乎天天来到这里。许多大师的著作都是在这里获得了灵感和创造的激情。因此，有人说，左岸的故事肯定发生在群贤毕至、少长咸集的咖啡馆里。法国人有一句口头禅："我不是在咖啡馆里，就是在去咖啡馆的路上。"可见，咖啡馆在法国人的思想创造过程中是多么的重要。

4. 休闲娱乐设施

休闲娱乐设施主要是指能够让人们以轻松愉快的方式参与，从而放松精神，调节身心，寻找自我达到精神满足的环境设施。

5. 健身康体设施

健身康体设施主要是指通过人们的积极参与，从而达到锻炼身体、增强体质、放松精神、陶冶情操等目的的场所和设施。

6. 购物旅游地

购物旅游地是指以良好的购物环境，优质的服务功能，丰富的商品类型，浓郁的文化和购物氛围，满足人们购物观光等需求的地方。

商业街是城市的名片，通过构建和发展具有文化内涵特征、地域风情的商业街，让外来者和本地居民能够直接体验城市的魅力和风情。

中国最早商业街的形成是由于马车或有轨电车成为城市公共交通工具后，一些散落各处的店铺开始向交通便利、人们来往频繁的街道迁移，以便占据利于接待顾客、扩大经营的商业位置。商店的聚集引来大量顾客，众多的人群又给商店增加了利润，因此形成了在交通干道两旁店铺鳞次栉比的商业街。

作为有特色的商业街，首先要有主流店，其次要有特色店，最好要有名店。所谓主流店就是规模大的店；名店就是影响力很大的店；特色店是指过去名气也许不响，但经过一定时期的发展，形成了自己的特色，在商业市场脱颖而出。作为特色商业街，至少要占据三大要素中的一个，占据的要素越多，商业街就越有名，越有特色。有很多有规模、有影响力、有特色的店才能支撑成一条名街。在特色店和名店支撑的基础之上，对商业街进行市场细分和定位，应该根据不同的消费者和文化倾向来考虑。

商业休闲步行街区，是城市休闲中最普遍的集约化形式，也是旅游与房地产结合中最具备操作性的项目。休闲和商业一样，经历了"小型——中型——大型——超大型——街区集聚型"的发展过程，并出现了多种形态的多样化发展。但是，集约化的发展趋势(大型+扎堆的发展)成为最主要的趋势。北京的王府井、上海南京路、成都春熙路等步行商业街区是最典型的集约化商业休闲区；北京什刹海、三里屯，上海新天地，成都锦里等是纯休闲街区；北京金源 Mall、广州华南 Mall 是休闲商业超级商业场所。这些大型、超大型休闲主题街区的开发，使休闲集约化达到了相当的程度，使区域土地开发和大型商业房地产开发可以有效地实施。

休闲场所是完成休闲功能的经营场所，商业场所是完成购物交易的经营场所。这两者，本来有不同的经营模式和功能目标。随着小康社会的到来，购物和逛街成为人们最大的休闲生活，商业场所休闲化成为一种趋势，成为商业交易功能成功完成的最必需的补充，甚至成为商业交易的前提。以购买实体货物为目的的商业经营场所，逐步发展成为以购买实体货物与购买多样性服务相结合的混合经营场所，产生了以休闲性购买为特色的场所，以旅游纪念品购买为特色的场所，以休闲餐饮、休闲娱乐、休闲康体等为主题的大型商业化街区。这就是商业与休闲的现代整合。其中，步行街区、滨水休闲区、餐饮街区、娱乐街区、古文化古建街区、Shopping Mall 等购物商场，已经成为城市休闲餐饮娱乐及购物的主力消费场所。

四、休闲旅游产品

作为一种文化现象，休闲旅游强调的是人的一种文化经历、文化体验、文化传播、文化欣赏，以满足人的心理和精神以及多方面发展自我的需要。在传统的观光旅游中，人们大多追求在一次旅行中参观尽可能多的景点(上车睡觉、下车拍照)，这就是所谓的“最大效益原则”。显然，过去的游客主要是缺乏游览经验的大众消费者，标准化的旅游产品就能够满足他们的要求。而休闲时代的旅游者主要是为了使身心得到休息放松，增添生活情趣、发展自我、充实精神，充分享受旅游过程中人与自然融合带来的思想的纯洁与安宁以及内在的愉悦和幸福体验，寻求的是个性化、人性化与多样化的产品与服务。这就给休闲旅游资源的开发及产品设计提出了更高的要求。

按照西方休闲产业的一般布局格式，可以把休闲产品分为三层同心圆结构：城区休闲模式、城乡一体化休闲模式和远郊区休闲模式。

其中远郊区休闲产品的主要类型如下。

(1) 山水酒吧：是把城市内时尚的酒吧消费带入到乡村自然山水中的一种休闲方式，也是发展最快的山水休闲生活方式。

(2) 漂流：是这几年发展最快的休闲产品，是当今市场最受追捧的休闲方式。

(3) 温泉：已经成为休闲产业和休闲活动中的龙头，并带动区域休闲活动全面发展。

(4) 山泉：即山泉洗浴，我们称之为冷泉洗浴模式，是最具灵气和最聚人气的山水休闲方式。

(5) 亲水乐园：亲水主题的运动乐园是水休闲游乐中最重要的休闲方式，是比较受青少年市场青睐的休闲方式。

(6) 滑沙、滑草、滑道：沙漠中的滑沙、山坡上的滑草和主题公园中的急速滑道都是极富刺激性和娱乐性的郊野运动休闲方式。

(7) 越野、大型机械游乐：野外定向越野和大型机械游乐也是郊野运动休闲中的主要休闲方式，其中野外定向越野尤其受到学生市场的喜爱。

(8) 匹克博、镭战：匹克博和镭战等野战游戏是青年人市场比较热爱的郊野运动休闲方式，也是企业团队市场比较追捧的游乐项目。

(9) 露营地：以房车、帐篷、睡袋为主要露营方式的露营地是目前市场上比较火爆的郊野运动休闲方式。

(10) 森林浴：森林氧吧追求“原汁原味、返璞归真”的生态休闲理念，以森林、清泉、山石、溪涧、瀑布为基点，以高含量的对人体健康极为有益的森林空气负氧离子和植物精气等生态因子为特色，辅以各类简约、朴素且与环境格调相一致的游憩设施，将运动健身、休闲旅游与自然山水巧妙融合，强调人与自然的和谐。 其中露天风吕(森林汤浴)是最时尚的洗浴方式。

(11) 生态书吧、酒吧：是在自然山水间读书、品酒，追求一种自然山水间的静态休闲。

(12) 树屋生存：以树屋、森林木屋为主的生态住宿方式，也是一种以生态环境为基础的生态休闲类产品。这类时尚生态休闲方式已逐渐由欧美、非洲等地流行到国内生态环境比较好的山水类景区。

(13) 体检、健身运动：生态环境中的体检与健身运动也是新流行的生态休闲方式，追求的是生态环境作用下的康复理念。

(14) 休闲 Mall：即超级休闲购物中心，是 20 世纪 50 年代初兴起于美国，现在在欧、日、东南亚广为流传并开始风行世界的一种全新商业休闲模式，其定义为：以大型零售业为主体，众多专业店为辅助业态和多功能商业服务设施形成的综合性商业聚合体。生活节奏加快，假日休闲购物成为主流生活方式，休闲 Mall 便成为目前国际风行的时尚休闲方式。

知识拓展 9-1

山东旅游休闲主题周：各市优惠活动集锦①

济南市

推出寻访山野名泉、跟着名导游老街、曲水亭民俗休闲文化艺术节、泉城金秋采摘节、泉城金秋购物节、章丘“品味文化”旅游休闲周和景区惠民旅游休闲等 7 项活动，涵盖了绿色骑游、走访济南泉水老街、金秋采摘、购物、文化休闲等内容。

淄博市

策划举办“淄博陶瓷、当代国窑”、“淄博琉璃、明清官窑”精品旅游线路体验周，以“金秋游淄博，体验当代国窑”为活动主题，全面推出陶瓷、琉璃、陶琉三条旅游专线。举办中华大果园采摘节、中国有机金银花观光旅游节，在各区县有机农产品生产基地举办

① 资料来源：http://fashion.ifeng.com/travel/news/china/detail_2011_09/19/9299993_0.shtml?_from_ralated

有机果品、金银花、蔬菜、茶叶、有机杂粮采摘节，在采摘中穿插各种趣味比赛活动；开展“健康跟我行”环鲁山健步走活动周、第五届孝文化旅游节、潭溪山登山节、梦泉采摘节等活动。

枣庄市

以“天下朋友汇篷友、别样精彩在枣庄”为主题，以“篷客”为主要切入点，将休闲旅游、户外运动、文化娱乐融为一体，打造一个全民参与、创新时尚、精彩纷呈的户外休闲节庆活动。将举办首届中国城市休闲露营旅游国际交流会，提出标准化发展中国城市休闲露营旅游的枣庄宣言；开展青年美术年赛、中国枣庄“定格时·空”摄影大展、“篷·朋”主题曲征集以及乡村采摘游活动，在全市乡村旅游景区、有条件的农林牧渔产品基地开展乡村休闲旅游活动。

东营市

将于2011年9月23日至25日举办第三届黄河文化旅游博览会。举办全国双百(全国百强、沿黄百家)旅行社会盟黄河口活动，邀请沿黄38个城市及周边大旅行社共计200余家齐聚东营，全面宣传推介东营独具特色的生态旅游产品；举办第三届黄河口旅游休闲产业博览会，在展会上设立专区宣传全省“三个一百”，以旅游房车、游艇、旅游商品等招徕游客，促进旅游休闲产业快速发展；举办黄河三角洲(东营)重点文化旅游项目推介招商活动，对黄河口生态旅游区等一批重点文化旅游项目进行推介。

烟台市

9月24日，在开发区张裕国际葡萄酒城举办盛大的“烟台市中华名果采摘周启动仪式”，宣告采摘周精彩开幕。

9月23日至26日举办第五届烟台国际葡萄酒节，包括庆典活动、葡萄酒及相关产品展览、葡萄酒产业论坛、葡萄酒文化交流、经贸洽谈合作、葡萄酒旅游6个板块20多项活动。9月10日至10月20日，张裕酒城风情采摘节，游客可以携亲朋一起走进葡萄园，亲手采摘串串新鲜欲滴的晶莹果实，享受自然赋予的快乐。9月26日至10月10日，第三届莱阳梨文化节，以“中国梨乡，绿色莱阳”为主题，共策划开展24项文化和旅游经贸活动。9月23日至10月23日，蓬莱君顶酒庄葡萄采摘节。

潍坊市

以美食为主题，推出“美食·记忆”摄影大赛、“金秋佳节购物月”、“绝对经典”潍坊小吃品鉴、“潍坊美食挖掘之旅”、“秋之韵”浪漫之夜、“美食·潍坊”形象大使评选等活动。

第三节 旅游电子商务

一、旅游电子商务概念的界定

一般认为，互联网的产生促成了旅游电子商务的产生，事实上，在20世纪六七十年代航空公司和旅游饭店集团基于增值网络和电子数据交换技术构建的计算机预订系统可视为旅游电子商务的雏形。旅游电子商务的概念始于20世纪90年代，最初是瑞佛·卡兰克塔(Ravi Kala Kota)提出的，由约翰·海格尔(John Hagel)进一步发展。尽管各国研究这一领域的文献数量可观，却很少有对“旅游电子商务”这一概念做出充分解释的，目前学术界对它也还没有一个完整统一的定义。

在国际上沿用较广的是世界旅游组织对旅游电子商务的定义，它在其出版物《E-Business for Tourism》中指出：“旅游电子商务就是通过先进的信息技术手段改进旅游机构内部和对外的连通性(connectivity)，即改进旅游企业之间、旅游企业与供应商之间、旅游企业与旅游者之间的交流与交易，改进企业内部流程，增进知识共享。”这一定义概括了旅游电子商务的应用领域，侧重的是对其功效的描述，但并未凸显旅游电子商务自身的特征。

国内的研究文献中，王欣、陈禹、杨春宇等都对旅游电子商务有过不同的定义。最近两三年中，唐超将旅游电子商务定义为“在全球范围内通过各种现代信息技术尤其是信息化网络所进行并完成的各种旅游相关的商务活动、交易活动、金融活动和综合服务活动”。刘四青对旅游电子商务的定义是“买卖双方通过网络订单的方式进行网络和电子的服务产品交易，是一种没有物流配送的预约型电子商务”。刘笑诵给出的定义则是：“旅游电子商务则是指同旅游业相关的各行业，以网络为主体，以旅游信息库为基础，利用最先进的电子手段，开展旅游产品信息服务、产品交易等旅游商务活动的一种新型的旅游运营方式”。

旅游电子商务是指通过先进的网络信息技术手段实现旅游商务活动各环节的电子化，包括通过网络发布、交流旅游基本信息和商务信息，以电子手段进行旅游宣传营销、开展旅游售前售后服务；通过网络查询、预订旅游产品并进行支付；也包括旅游企业内部流程的电子化及管理信息系统的应用等。

二、旅游电子商务的内涵

首先，从技术基础角度来看，旅游电子商务是采用数字化电子方式进行旅游信息数据交换和开展旅游商务活动。如果将“现代信息技术”看成一个集合，“旅游商务活动”看成另一个集合，“旅游电子商务”无疑是这两个集合的交集，是现代信息技术与旅游商务过程的结合，是旅游商务流程的信息化和电子化。旅游电子商务开始于互联网诞生之前的 EDI

时代，并随着互联网的普及而飞速发展，近年来，移动网络、多媒体终端、语音电子商务等新技术的发展不断丰富和扩展着旅游电子商务的形式和应用领域。

其次，从应用层次来看，旅游电子商务可分为以下三个层次。

一是面向市场，以市场活动为中心，包括促成旅游交易实现的各种商业行为(网上发布旅游信息、网上公关促销、旅游市场调研)和实现旅游交易的电子贸易活动(网上旅游企业洽谈、售前咨询、网上旅游交易、网上支付、售后服务等)。

二是利用网络重组和整合旅游企业内部的经营管理活动，实现旅游企业内部电子商务，包括旅游企业建设内联网，利用饭店客户管理系统、旅行社业务管理系统、客户关系管理系统和财务管理系统等实现旅游企业内部管理信息化。

三是旅游经济活动能基于 Internet 开展还需要具有环境的支持，包括旅游电子商务的通行规范，旅游行业管理机构对旅游电子商务活动的引导、协调和管理，旅游电子商务的支付与安全环境等。第三个层次是第一个层次和第二个层次的支撑环境。只有三个层次的电子商务共同协同发展，才可能拥有旅游电子商务发展的良性循环。发展到成熟阶段的旅游电子商务，是旅游企业外部和内部电子商务的无缝对接，它将极大地提高旅游业运作效率。

第三，旅游电子商务与旅游电子政务各有侧重又相互关联，并构成旅游业信息化的主要内涵。旅游电子商务旨在利用现代信息技术手段宣传促销旅游目的地、旅游企业和旅游产品，加强旅游市场主体间的信息交流与沟通，整合旅游信息资源，提高市场运行效率，提高旅游服务水平。旅游电子商务旨在建立旅游管理业务网络，建立一个旅游系统内部信息上传下达的渠道和功能完善的业务管理平台，实现各项旅游管理业务处理的自动化。旅游电子政务的主要功能包括：旅游行业统计，即旅游统计数据的收集、上报、汇总、发布、查询、分析；旅游行业管理，如出国游实时监控、旅游企业年检管理、旅游质量监督管理、安全管理；旅游信息管理，如行业动态监测、假日旅游预报预警等。

旅游管理的网络化和电子化，把旅游管理部门从烦琐的手工程序中解脱出来，实现以更少的人力更方便地监督管理旅游企业，规范和治理旅游市场，提高效率。旅游电子商务与旅游电子政务之间的关联，一是市场需要管理，即旅游电子政务应当包括对旅游电子商务活动的引导、规范和管理，发展中的旅游电子商务实践为旅游电子政务提出了新的课题；二是业务的互利，即旅游商务的电子化使市场信息更为通达透明，为旅游管理部门对旅游市场信息的提取、统计提供了方便，旅游电子商务的发展促进了信息技术在旅游企业中普及，为旅游电子政务创造了技术基础环境；三是平台的共用，如一些政府性的旅游网同时是旅游电子政务平台和沟通旅游管理机构与旅游企业的业务管理网，在这里，旅游管理机构可发布政策法规及公告，旅游者可了解旅游信息并预订旅游产品，同时还处理旅游投诉等涉及旅游管理部门、旅游企业和旅游者三方的事务。总之，旅游电子商务和旅游电子政务的协同发展，正推动着旅游业这一信息密集型和信息依托型产业全面进入信息化时代。

三、旅游电子商务的类型

旅游电子商务按照不同的标准，有多种分类方法。这里重点介绍按照旅游电子商务的交易类型和按照实现旅游电子商务使用的终端类型两种标准的分类。

(一)旅游电子商务按交易形式的类型划分

1. B2B 交易形式

在旅游电子商务中，B2B 交易形式主要包括以下几种情况。

- 旅游企业之间的产品代理，如旅行社代订机票与饭店客房，旅游代理商代售旅游批发商组织的旅游线路产品。
- 组团社之间相互拼团。也就是当两家或多家组团旅行社经营同一条旅游线路，并且出团时间相近，而每家旅行社只拉到为数较少的客人，这时，旅行社征得游客同意后可将客源合并，交给其中一家旅行社操作，以实现规模运作的成本降低。
- 旅游地接社批量订购当地旅游饭店客房、景区门票。
- 客源地组团社与目的地地接社之间的委托、支付关系，等等。

旅游业是一个由众多子行业构成、需要各子行业协调配合的综合性产业，食、宿、行、游、购、娱各类旅游企业之间存在复杂的代理、交易、合作关系，旅游 B2B 电子商务有很大的发展空间。

旅游企业间的电子商务又分为以下两种形式。

一是非特定企业间的电子商务，它是在开放的网络中对每笔交易寻找最佳的合作伙伴。一些专业旅游网站的同业交易平台就提供了各类旅游企业之间查询、报价、询价直至交易的虚拟市场空间。

二是特定企业之间的电子商务。它是在过去一直有交易关系或者今后一定要继续进行交易的旅游企业之间，为了共同经济利益，共同进行设计、开发或全面进行市场和存量管理的信息网络，企业与交易伙伴间建立信息数据共享、信息交换和单证传输。如航空公司的计算机预订系统(CRS)就是一个旅游业内的机票分销系统，它连接航空公司与机票代理商(如航空售票处、旅行社、旅游饭店等)。机票代理商的服务器与航空公司的服务器是在线实时连接在一起的，当机票的优惠和折扣信息有变化时会实时地反映到代理商的数据库中。机票代理商每售出一张机票，航空公司数据库中的机票存量就会发生变化。B2B 电子商务的实现大大提高了旅游企业间的信息共享和对接运作效率，提高了整个旅游业的运作效率。

2. B2E 交易模式

此处，B2E(Business to Enterprise)中的 E，是指旅游企业与之有频繁业务联系，或为之提供商务旅行管理服务的非旅游类企业、机构、机关。大型企业经常需要处理大量的公务出差、会议展览、奖励旅游事务。它们常会选择和专业的旅行社合作，由旅行社提供专业的商务旅行预算和旅行方案咨询，开展商务旅行全程代理，从而节省时间和财务的成本。另一些企业则与特定机票代理商、旅游饭店保持比较固定的业务关系，由此享受优惠价格。

旅游 B2E 电子商务较先进的解决方案是企业商务旅行管理系统(Travel Management System，TMS)。它是一种安装在企业客户端的具有网络功能的应用软件系统，通过网络与旅行社电子商务系统相连。在客户端，企业差旅负责人可将企业特殊的出差政策、出差时间和目的地、结算方式、服务要求等输入 TMS，系统将这些要求传送到旅行社。旅行社通过电脑自动匹配或人工操作为企业客户设计最优的出差行程方案，并为企业预订机票及酒店，并将预定结果反馈给企业客户。通过 TMS 与旅行社建立长期业务关系的企业客户能享受到旅行社提供的便利服务和众多优惠，节省差旅成本。同时，TMS 还提供统计报表功能。用户企业的管理人员可以通过系统实时获得整个公司全面详细的出差费用报告，并可进行相应的财务分析，从而有效地控制成本，加强管理。

3. B2C 交易模式

B2C 旅游电子商务交易模式，也就是电子旅游零售。交易时，旅游散客先通过网络获取旅游目的地信息，然后在网上自主设计旅游活动日程表，预定旅游饭店客房、车船机票等，或报名参加旅行团。对旅游业这样一个旅客高度地域分散的行业来说，旅游 B2C 电子商务方便旅游者远程搜寻、预定旅游产品，克服距离带来的信息不对称。通过旅游电子商务网站订房、订票，是当今世界应用最为广泛的电子商务形式之一。另外，旅游 B2C 电子商务还包括旅游企业对旅游者拍卖旅游产品，由旅游电子商务网站提供中介服务等。

知识链接 9-2

携程旅行网[①]

公司简介

中国领先的在线旅行服务公司，创立于 1999 年，总部设在中国上海。携程旅行网向超过五千余万注册会员提供包括酒店预订、机票预订、度假预订、商旅管理、高铁代购以及旅游资讯在内的全方位旅行服务。目前，携程旅行网拥有国内外五千余家会员酒店可供预订，是中国领先的酒店预订服务中心，每月酒店预订量达到五十余万间夜。在机票预订方面，携程旅行网是中国领先的机票预订服务平台，覆盖国内外所有航线，并在 45 个大中城市提供免费送机票服务，每月出票量四十余万张。

① 资料来源：http://baike.baidu.com/view/937759.htm?fromId=174227

网站概况

携程旅行网目前已在北京、广州、深圳、成都、杭州、厦门、青岛、南京、武汉、沈阳、南通、三亚等 12 个城市设立分公司，员工超过 10 000 人。

作为中国领先的在线旅行服务公司，携程旅行网成功整合了高科技产业与传统旅行业，向超过 4000 万会员提供集酒店预订、机票预订、度假预订、商旅管理、特惠商户及旅游资讯在内的全方位旅行服务，被誉为互联网和传统旅游无缝结合的典范。

凭借稳定的业务发展和优异的盈利能力，携程旅行网于 2003 年 12 月在美国纳斯达克成功上市。

携程旅行网的度假超市提供近千条度假线路，覆盖海内外众多目的地，并且提供从北京、上海、广州、深圳、杭州、成都六地出发，是中国领先的度假旅行服务网络，每月为万余人次提供度假服务。携程旅行网的 VIP 会员还可在全国主要商旅城市的近三千家特惠商户享受低至六折的消费优惠。携程旅行网除了在自身网站上提供丰富的旅游资讯外，还委托出版了旅游丛书《携程走中国》，并委托发行旅游月刊杂志《携程自由行》。

行业竞争格局

携程目前占据中国在线旅游 50%以上的市场份额，是绝对的市场领导者。目前主要竞争对手有：目前已被全球第一大在线旅行公司 Expedia 控股的 e 龙，以及分别背靠大型国有控股旅游集团，拥有雄厚的资金保障和丰富的旅游资源的遨游网和芒果网。但三大竞争对手目前尚不具备足够的与携程正面对抗的实力。

企业公民

携程从白手起家到成为中国最成功的在线旅行服务公司的这十年间，一直与所处社区、与中国的旅游行业、与中国社会共同成长。本着“取之于社会，用之于社会”的理念，携程积极参与和大力支持各项公益事业，特别是在教育和环保方面，从设立携程阳光助学金到捐助希望小学再到支援四川地震灾后重建，从开展碳补偿活动提出低碳旅行概念到倡导只为地球留下绿色足迹的环保旅行理念。多年来，携程一直争做中国社会好公民，并鼓励越来越多的员工参与志愿者活动。

4. C2B 交易模式

C2B 交易模式是由旅游者提出需求，然后由企业通过竞争满足旅游者的需求，或者是由旅游者通过网络结成群体与旅游企业讨价还价。

旅游 C2B 电子商务主要通过电子中间商(专业旅游网站、门户网站旅游频道)进行。这类电子中间商提供一个虚拟开放的网上中介市场，提供一个信息交互的平台。上网的旅游者可以直接发布需求信息，旅游企业查询后双方通过交流自愿达成交易。

旅游 C2B 电子商务主要有两种形式。第一种形式是反向拍卖，是竞价拍卖的反向过程。由旅游者提供一个价格范围，求购某一旅游服务产品，由旅游企业出价，出价可以是公开的或是隐蔽的，旅游者将选择认为质价合适的旅游产品成交。这种形式，对于旅游企业来说吸引力不是很大，因为单个旅游者预订量较小。第二种形式是网上成团，即旅游者提出他设计的旅游线路，并在网上发布，吸引其他相同兴趣的旅游者。通过网络信息平台，愿意按同一条线路出行的旅游者汇聚到一定数量，这时，他们再请旅行社安排行程，或直接预订饭店客房等旅游产品，可增加与旅游企业议价和得到优惠的能力。

旅游 C2B 电子商务利用了信息技术带来的信息沟通面广和成本低廉的特点，特别是网上成团的运作模式，使传统条件下难以兼得的个性旅游需求满足与规模化组团降低成本有了很好的结合点。旅游 C2B 电子商务是一种需求方主导型的交易模式，它体现了旅游者在市场交易中的主体地位，对帮助旅游企业更加准确和及时地了解客户的需求，对实现旅游业向产品丰富和个性满足的方向发展起到了促进作用。

(二)旅游电子商务按信息终端的类型划分

旅游电子商务的网络信息系统中必须具备一些有交互功能的信息终端，使信息资源表现出来被人们利用，同时接受用户向电子商务体系反馈的信息。按信息终端形式划分的旅游电子商务包括网站电子商务(W-Commerce)、语音电子商务(V-Commerce)、移动电子商务(Mobile-Commerce)和多媒体电子商务(Multimedia-Commerce)。

1. 网站电子商务

用户通过与网络相连的个人电脑访问网站实现电子商务，是目前最通用的一种形式。Internet 是一个全球性媒体。它是宣传旅行和旅游产品的一个理想媒介，集合了宣传册的鲜艳色彩、多媒体技术的动态效果、实时更新的信息效率和检索查询的交互功能。它的平均成本和边际成本极为低廉。一个网站，无论是一万人还是一千人访问，其制作和维护的成本都是一样的。目的地营销组织在运用其他手段进行营销时，预算会随着地理覆盖范围的增加而增加。而互联网与地理因素毫无关系，在全球宣传、销售的成本与在本地销售的成本并无差别。互联网用户以年轻、高收入人群居多，是有潜力的旅游市场。

我国旅游网站的建设最早可以追溯到 1996 年。经过几年的摸索和积累，国内已经有相当一批具有一定资讯服务实力的旅游网站，这些网站可以提供比较全面的，涉及旅游中食、住、行、游、购、娱等方面的网上资讯服务。按照不同的侧重点这些网站可以分为以下六种类型。

- 由旅游产品(服务)的直接供应商所建。如北京昆仑饭店、上海青年会宾馆、上海龙柏饭店等所建的网站就属于此类型。
- 由旅游中介服务提供商，又叫作在线预订服务代理商所建。大致又可分为两类：一类由传统的旅行社所建，如云南丽江南方之旅(www.lijiansouth.com)、休闲中华(www.leisurechina.com)分别由丽江南方旅行社有限责任公司和广东省口岸旅行社推出；另一类是综合性旅游网站，如中国旅游资讯网(www.chinaholiday.com)、上海携程旅行(www.ctrip.com)等，它们一般有风险投资背景，将以其良好的个性服务和强大的交互功能抢占网上旅游市场份额。

- 地方性旅游网站。如金陵旅游专线(www.jltourism.com)、广西华光旅游网(www.gxbcts.com)等，它们以本地风光或本地旅游商务为主要内容。
- 政府背景类网站。如航空信息中心下属的以机票预订为主要服务内容的信天游网站(www.travelsky.com)，它依托于 GDS(Global Distribution System)。
- 旅游信息网站。它们为消费者提供大量丰富的、专业性旅游信息资源，有时也提供少量的旅游预订中介服务。如中华旅游报价(www.china-traveller.com)、网上旅游(www.travelcn.com)等。
- 在 ICP 门户网站中，几乎所有的网站都不同程度地涉及了旅游内容，如新浪网生活空间的旅游频道、搜狐和网易的旅游栏目、中华网的旅游网站等，显示出网上旅游的巨大生命力和市场空间。

从服务功能看，旅游网站的服务功能可以概括为以下三类。

- 旅游信息的汇集、传播、检索和导航。这些信息内容一般都涉及景点、饭店、交通旅游线路等方面的介绍；旅游常识、旅游注意事项、旅游新闻、货币兑换、旅游目的地天气、环境、人文等信息以及旅游观感等。
- 旅游产品(服务)的在线销售。网站提供旅游及其相关的产品(服务)的各种优惠、折扣，航空、饭店、游船、汽车租赁服务的检索和预订等。
- 个性化定制服务。从网上订车票、预订酒店、查阅电子地图到完全依靠网站的指导在陌生的环境中观光、购物。这种以自订行程、自助价格为主要特征的网络旅游在不久的将来会成为国人旅游的主导方式。那么能否提供个性化定制服务已成为旅游网站，特别是在线预定服务网站必备的功能。

2. 语音电子商务

所谓语音电子商务，是指人们可以利用声音识别和语音合成软件，通过任何固定或移动电话来获取信息和进行交易。这种方式速度快，而且还能使电话用户享受 Internet 的低廉费用服务。对于旅游企业或服务网站而言，语音电子商务将使电话中心实现自动化，降低成本，改善客户服务。

语音电子商务的一种模式是由企业建立单一的应用程序和数据库，用以作为现有的交互式语音应答系统的延伸，这种应用程序和数据库可以通过网站传送至浏览器，转送到采用无线应用协议(WAP)的小屏幕装置，也可以利用声音识别及合成技术，由语音来转送。语音电子商务的另一种模式是利用 VoiceXML 进行网上冲浪。VoiceXML 是一种新的把网页转变成语音的技术协议，该协议目前正由美国电话电报、IBM、朗讯和摩托罗拉等公司进行构思。专家断言：“虽然语音技术尚未完全准备好，但它将是下一次革命的内容。”

3. 移动电子商务

所谓移动电子商务，是指利用移动通信网和Internet的有机结合来进行的一种电子商务活动。网站电子商务以个人电脑为主要界面，是“有线的电子商务”；而移动电子商务，则是通过手机、PDA(个人数字助理)这些可以装在口袋里的终端来完成商务活动的，其功能将集金融交易、安全服务、购物、招投标、拍卖、娱乐和信息等多种服务功能于一体。随着移动通信、数据通信和Internet技术的发展，三者的融合也越来越紧密。目前移动数据业务仅占整个无线业务量的一小部分，有许多业内人士认为到2005年它将达到70%。2003年全球移动电话用户已经超过10亿，其中60%的客户有能力使用无线Internet服务。

旅游者是流动的，移动电子商务在旅游业中将会有广泛的应用。诺基亚公司已开发出一种基于“位置”的服务：“事先将个人的数据输入移动电话或是移动个人助理，那么我位于某一个点上的时候，它会告诉我，附近哪里有电影院，将放映什么电影可能是我感兴趣的，哪里有我喜欢的书，哪里有我喜欢吃的菜，我会知道去机场会不会晚点，如果已经晚了，那么下一班是几点，它不会把巴黎的时刻表，而是只把北京的时刻表给我。这些完全是由移动性带来的，固定Internet服务不是这样的。”

4. 多媒体电子商务

多媒体电子商务一般由网络中心、呼叫处理中心、营运中心和多媒体终端组成，它将遍布全城的多媒体终端通过高速数据通道与网络信息中心和呼叫处理中心相接，通过具备声音、图像、文字功能的电子触摸屏计算机、票据打印机、POS 机、电话机以及网络通信模块等，向范围广泛的用户群提供动态、24 小时不间断的多种商业和公众信息，可以通过POS 机实现基于现有金融网络的电子交易，可以提供交易后票据打印工作，还可以接自动售货机、大型广告显示屏等。

为旅游服务的多媒体电子商务，一般在火车站、飞机场、饭店大厅、大型商场(购物中心)重要的景区景点、旅游咨询中心等场所配置多媒体触摸屏电脑系统，根据不同场合咨询对象的需求来组织和定制应用系统。它以多媒体的信息方式，通过采用图像与声音等简单而人性化的界面，生动地向旅游者提供范围广泛的旅游公共信息和商业信息，包括城市旅游景区介绍、旅游设施和服务查询、电子地图、交通查询、天气预报等。有些多媒体电子商务终端还具有出售机票、车票、门票的功能，旅游者可通过信用卡、储值卡、IC 卡、借记卡等进行支付，得到打印输出的票据。

四、旅游电子商务的特点

(一)聚合性

旅游产品是一个纷繁复杂，多个部分组成的结构实体。旅游电子商务像一张大网，把众多的旅游供应商、旅游中介、旅游者联系在一起。景区、旅行社、旅游饭店及旅游相关行业，如租车业，可借助同一网站招徕更多的顾客。新兴的“网络旅游公司”即将成为旅游行业的多面手，它们将原来市场分散的利润点集中起来，提高了资源的利用效率。由此可见，旅游市场的规模将因导入电子商务而扩大。

(二)有形性

旅游产品具有无形性的特点，旅游者在购买这一产品之前，无法亲自了解，只能从别人的经历或介绍中寻求了解。随着信息技术的发展，网络旅游提供了大量的旅游信息和虚拟旅游产品，网络多媒体给旅游产品提供了“身临其境”的展示机会。这种全新的旅游体验，使足不出户畅游天下的梦想成真，并且培养和壮大了潜在的游客群。因此，旅游电子商务使无形的旅游产品慢慢变得“有形”起来。

(三)服务性

旅游业是典型的服务性行业，旅游电子商务也以服务为本。据 CNNIC 报告，用户选择网络服务商(ISP)最主要的因素，第一位是连线速度(占 43%)，第二位就是服务质量(占 24%)；用户认为一个成功网站须具备的最主要的因素，第一位就是信息量大，更新及时，有吸引人的服务(占 63.35%)。因此，旅游网站希望具有较高的访问量，能够产生大量的交易，必须能提供在线交易的平台，提供不同特色、多角度、多侧面、多种类、高质量的服务来吸引各种不同类型的消费者。在国外，像 travelsource.com、triplel.com、travelweb.com 等旅游网站，它们以提供大量的旅游信息资源，完善的在线预定，而为广大网民和游客所钟爱。

旅游电子商务，是指以网络为主体，以旅游信息库、电子化商务银行为基础，利用最先进的电子手段运作旅游业及其分销系统的商务体系。它集合了客户心理学、消费者心理学、商户心理学、计算机网络等多门学科，展现和提升了“网络”和“旅游”的价值，具有营运成本低、用户范围广、无时空限制以及能同用户直接交流等特点，提供了更加个性化、人性化的服务。它可由“三个元素、两个优势、三个特性”来简单描述。

五、旅游电子商务的影响

(一)改变旅游业传统经营模式

旅游电子商务从根本上改变了传统旅游业的经营模式。电子商务在旅游业的应用和普及，使旅游者可直接通过网络进行旅游活动的信息查询、线路安排、票务酒店预订等，足不出户即可获得关于旅游地的详细资料。可见，传统旅行社帮助游客设计线路、安排交通等职能在旅游电子商务中已非必需之物，旅行社将面临迷失于网络旅游营销中的困境，未来旅行社必将转化角色，由代表供应商利益向代表消费者利益转变。

(二)改变旅游消费结构和方式

旅游电子商务可以增强旅游企业之间的信息沟通和业务联系，旅行社直接面对旅游目的地企业和客源地的消费者，更有针对性的提供个性化、人性化服务，从而提高服务水平和效率，变被动营销为主动营销。

(三)改变旅游市场格局

旅游电子商务使传统旅游市场格局发生了巨大的变化，它打破了地区垄断，扩大了旅游消费者的选择范围，开拓了新的旅游客源市场。市场格局的变化，也使旅游业面临新的竞争，一方面市场准入门槛低了，市场范围大了，竞争的层次和深度必然加大；另一方面市场的开放性加强，要求合作的程度更高。因此，旅游电子商务将引发竞争中的合作与合作中的竞争，从而将传统旅游市场导入以网络为核心的旅游电子商务领域。

相关案例 9-1

去哪儿再动携程奶酪：打造垂直旅游“淘宝+百度”[①]

过去，去哪儿网(qunar.com)身上的标签是“垂直旅游行业的百度”，业务模式是 CPC(搜索比价)；现在，去哪儿网将标签换为“垂直旅游行业的百度+淘宝”，业务模式是 TTS(Total Solution，酒店在线交易系统)+CPC。

4 月 23 日，去哪儿网 CEO 庄辰超接受本报记者采访时表示：“这方便了消费者，过去需要学习、适应不同的 OTA 网站，现在不需要了，只需要面对去哪儿网，去哪儿网对于消费者而言，相当于‘一站式在线旅游服务平台’。”

今年 3 月，去哪儿网鼓励 OTA 合作伙伴加入酒店业务 TTS 平台，加入 TTS 平台可获得更多价格上的优惠。这一决定却引起轩然大波，4 月初，OTA(包括艺龙、同程网)等宣布从去哪儿网集体下线，俨然形成对抗去哪儿网联盟。集体下线事件不足半月，OTA 联盟内部分裂，如家宣布终止与同程合作，同程网则暗指行业老大携程背后操纵。

随后，除了艺龙之外，包括芒果在内的 OTA 纷纷回归去哪儿网并接入 TTS 平台。

这并不是战争的终结，去哪儿网的 CPC 模式是对携程“呼叫中心模式”的一次颠覆，过去数年，去哪儿网快速崛起，俨然挑战携程的统治地位，TTS 又一次动了携程的奶酪，携程作为在线旅游行业的老大无法坐视。

---

① 资料来源：http://www.21cbh.com/HTML/2013-4-27/wMNDE1XzY3MzIwMw.html

本章小结

旅游娱乐是指旅游者在旅游过程中，寻找精神愉悦、身体放松、内心满足和个性发展的旅游活动，以及旅游目的地融合这些需求的服务供给产业。旅游娱乐的类型包括自助型、表演型和经营型，其中最具代表的旅游娱乐业包括美国拉斯维加斯、印象刘三姐、杭州印象西湖、宋城的宋城千古情、泰山的封禅大典以及青岛的蓝色畅想。休闲旅游是指以休闲旅游资源为依托，以旅游设施为条件，以休闲为主要目的，以特定的文化景观和服务项目为内容，离开定居地而到异地逗留一定时期的游憩、娱乐和休息活动。休闲旅游与其他旅游，尤其是观光旅游的不同之处在于一个“闲”字，它是旅游者占据了较多的闲暇时间和可自由支配的经济收入，旅游地有了相当先进的服务设施条件下而逐渐形成的，是旅游得以高度发展的产物。旅游电子商务就是通过先进的信息技术手段改进旅游机构内部和对外的连通性(Connectivity)，即改进旅游企业之间、旅游企业与供应商之间、旅游企业与旅游者之间的交流与交易，改进企业内部流程，增进知识共享。旅游电子商务按交易形式的类型划分为 B2B 交易形式、B2E 交易模式、B2C 交易模式。旅游电子商务将改变旅游业传统经营模式，改变旅游消费结构和方式，改变旅游市场格局。

课后练习

1. 旅游娱乐的概念是什么？
2. 旅游娱乐主要包括哪些类型？
3. 休闲旅游资源的类型包括哪些？
4. 主要的休闲旅游产品包括哪些？
5. 旅游电子商务的概念是什么？
6. 旅游电子商务有哪些主要的类型？

旅游职业篇

第十章

旅游职业道德与职业精神

【学习目标】

通过本章的学习，要求学生理解旅游职业道德的含义、特点、基本要求；掌握旅游职业道德修养的内容和方法；了解我国旅游职业精神建设的现状及问题，掌握旅游职业道德精神建设途径。

【关键词】

旅游职业道德　旅游职业精神

案例导入

文花枝：用坚强支撑生活 用微笑面对人生[①]

曾几何时，导游这一职业在人们的心目中几乎与骗子等同。“欺骗挂嘴边，宰客不手软”。然而她的出现，让我们开始重新认识导游这一职业。“我是导游，我没事，请先救乘客！”。她在生死关头把生的希望让给游客，把死的威胁留给自己，危难时刻她所表现出来的非凡的勇气、敬业的操守和高尚的品德，重塑了导游这一职业群体应有的形象。

时至今日，她那句用生命践行的诺言依然清晰地回荡在我们耳畔。

她就是文花枝，如图 10-1。

图 10-1 文花枝

“我是导游，我没事，请先救乘客！”

2005 年 8 月 28 日下午，载着导游文花枝和 25 名游客的旅游大巴车正平稳地行驶在 210 国道前往延安的路上。

突然，一辆运煤的大货车超速改道超车，悲剧就在这一瞬间发生了。由于雨天路滑，加上运煤车超载，大货车失控与旅游车迎面相撞。

“车内惨不忍睹，所有座椅一下子都涌到车厢前部，人摞着人，车内不时传出微弱的救命声、呻吟声。”即使事情已过去多年，游客万众一回忆起当年的情形仍心有余悸。

车上噩梦一样的场景，混杂着浓烈血腥的气味，巨大的恐惧压迫着乘客们本已经敏感脆弱的神经，消磨着他们求生的意志。

这时，车内传来一阵微弱的声音“加油！加油！大家一定要坚持，等待救援，要活着

① 资料来源：http://gov.163.com/12/0919/11/8BOS4SAL00234IJG_all.html

出去!”

虽然声音很微弱，但是在那一刻，这微弱中透着沉稳、坚定的加油声就像黑暗中的一线光束，让车内的游客从死亡的噩梦里看到了生的希望。

救援人员很快赶来。由于瞬间猛烈地撞击，汽车已严重扭曲变形，而天又开始下雨，救援工作变得异常艰难。短暂的商讨后，救援人员决定按照伤势由重到轻进行抢救，就在他们要救治坐在前排一位伤势较重的女孩时，却意外遭到了拒绝——“我是导游，我没事，请先救游客!”

车内的乘客恍然大悟，那位一直给他们精神力量的人就是导游文花枝。然而谁都不会想到，此时的文花枝左腿胫骨已断裂，骨头外露……没人能想象这是一种怎样的剧痛，而眼前的文花枝却依然平静。

因为伤势太重，救援人员不顾她的请求，准备拿撬棍撬开卡住文花枝的椅背，救她出来。文花枝却再次拒绝道：“拜托你们先救他们，我年轻，挺得住!”

就这样，两个多小时过去了，当救援人员终于撬开文花枝的座位把几次陷入昏迷的她抱下车时，她已失血过多，危在旦夕。

文枝花被送到了附近最近的一家医院，但由于伤势严重、伤口感染，随即又被转送到西安市西京医院。

“左腿 9 处骨折，右腿大腿骨折，髋骨 3 处骨折，右胸第 4、5、6、7 根肋骨骨折，伤口已经严重感染。为了避免伤势进一步恶化，必须马上做左大腿截肢手术。”“太可惜了，若早点做清创处理，不耽误宝贵的抢救时间，她这条腿是能够保住的。”主治医生的话如刀割在每个在场人的心上。一位年轻美丽的姑娘就这样失去了自己的一条腿。

手术经历了 9 个小时终于完成。当得知手术结果后，母亲号啕大哭，觉得生活对女儿太残酷。父亲抱着女儿被截下来的左腿也失声痛哭，血迹染遍了父亲的全身。而“乘客怎么样了，你快去看看乘客!”却是文花枝在医院醒来见到同事文雷后说的第一句话。

英雄出自平凡

劫难之后，对于未来的憧憬和设想都被打乱。记者问文花枝“后悔吗？”她却说：“我只是做了自己应该做的。”在文花枝看来，自己只是做了一件很平凡的事，但在我们眼中，她那一瞬间的选择，无疑是一个英雄的壮举，震撼着许多人的心灵……

文花枝的事迹经过媒体报道后，她成了公众眼中的英雄。从普通人成为英雄，文花枝的成长经历其实并不复杂。

文花枝 1982 年出生在湖南省韶山市大坪乡一个普通农民家庭，下有一弟一妹。由于母亲长年患病，一家五口生活极为艰难。直至 2010 年，全家 5 口人仍住在四面透风的土坯房里。

虽然家庭贫困，但是在韶山这片红色土地上成长起来的文花枝却有着朴实、勤劳、敢于担当的性格。为了减轻家中的负担，文花枝中专毕业后选择了去浙江义乌打工。

工作3年，文花枝只回了两次家，不是因为不想念父母，也不是因为忘记了家乡父老，只是因为“春节不回家能有双薪还有红包”。

2003年，文花枝回到了家乡，成了湘潭市新天地旅行社的一名导游。也许正是从小对家庭的使命感，养成了文花枝认真负责的工作精神。一次，一位游客发现文花枝在解说时直冒冷汗，问她是不是身体不舒服，她说没事。游客很心疼，要她坐下来休息一下，但她硬是坚持带游客将所有的景点参观完后，才瘫坐在车里。

每带一个旅游团，文花枝都按事先的承诺服务。每到一个地方，她都提醒游客购物要谨慎。游客称赞她，“不仅是旅游线上的‘导游’，还是职业道德上的‘导游’”。

在家中，文花枝是个勤快懂事、吃苦耐劳的好孩子；在学校中，她是认真刻苦的学生；在工作中，她又是积极进取的员工……正是这样的日积月累，造就了文花枝强烈的责任感。

当车祸发生时，面对众人的惊慌，即使已身受重创，但她依然表现出惊人的冷静。鼓励游客，并在救援的时候把生的希望优先留给乘客，文花枝用生命兑现了诚实守信、服务游客的诺言。

“不想永远活在当年的光环里”

2006年8月31日，在党和国家领导人的亲切关怀和有关部门的支持帮助下，文花枝进入湘潭大学学习，文花枝的人生也从此翻开了新的篇章。

文花枝曾在自己的博客中写道：“文花枝还是原来的文花枝，不是英雄，也不是名人，只是亿万个普通人中的一个。”

在朝夕相处的师生眼中，文花枝是一个善良爽朗、充满韧性、上进好学、执着认真的大学生。文花枝的老师刘建平教授说：“每堂课，文花枝都提前到教室，而且总喜欢坐在教室的第一排，每堂课都认真听讲，课堂笔记也记得非常详细。”

同学李安然说：“生活中的花枝姐，永远都是那么乐观和开朗，无论在哪儿，只要有她在，就会有欢乐和笑声，她的乐观精神时时感染着我们。”

在各种校园活动中，大家都会看到文花枝的身影。篮球场上，你可以听到她热情的加油声；新生才艺大赛上，你可以领略她激情的歌声；开学时的迎新点上，你可以感受到她亲切的关心……

文花枝用微笑和真诚影响着身边的每一个人。当记者问到完成学业后的进一步计划时，文花枝的语气变得坚定而有力：“我希望毕业后能够为百姓做一点实事，真正实现自己的价值。希望无论什么时候大家想到我，不再是当年那个救游客的导游文花枝，而是一个更优秀的文花枝，我不想永远活在当年的光环里。”

“我会用微笑面对一切”

自车祸发生到今天，已整整过去了7年。这7年，文花枝说：“过得忙碌而充实。”

2008年2月，文花枝被湖南省推选为第十一届全国人大代表。今年8月，她又当选为党的十八大代表。

虽然平日还有繁重的课业负担，但是文花枝仍然努力抽空作调研、搞座谈、写议案。她说：“我不是很聪明的人。学生、党代表、人大代表之间的角色转换我还没有做到很好。但是既然大家信任我，推选了我，我就应该履行好代表的职责。”

作为人大代表，文花枝关注的领域很广泛。两年前的暑假，文花枝和朋友在湘潭县凤形村驻村调研时，看到当地农村生活污水直排到用于灌溉的水渠中，感到担忧。回来后，一份有关加强农村环境整治的建议，被她带到了全国两会。此后，农村环境整治一直是她重点关注的领域。

眼下，文花枝又在为残疾人奔走。她说，自己最近正在与一群社会爱心人士联合搞一个公益项目，打算成立一个“残疾人旅游服务联盟”，希望为有出行和旅游愿望的残疾人士提供帮助。

文花枝说：“一个好的提案前期要经过很长时间的准备和积累。我生长在农村，曾经是导游，现在学的又是旅游管理专业，所以我还是想立足自己的本职，在熟悉的领域做提案。”

从关注红色旅游产业、农村环境整治到打造“残疾人旅游服务联盟”……记者深深地感受到在文花枝瘦小柔弱的身体里，蕴藏着无比坚强的力量。如今，十八大召开在即，为了准备新的提案，文花枝又开始忙碌起来。

如果不认识文花枝，你一定不会相信，这位活泼美丽的姑娘，已失去一条左腿；如果不知道发生在她身上的动人故事，你也无法感受她的坚强。文花枝说：“我会用微笑面对一切。”

辩证性思考

1. 文花枝身上体现了一名优秀导游什么样的职业精神和职业素质？
2. 作为一名导游应具备什么样的基本要求？

第一节 旅游职业道德

一、旅游职业道德的含义

(一)职业和职业道德

职业道德的含义：从事一定职业的人们在工作、劳动过程中所应遵循的、与其职业活动紧密联系的行为规范和准则的总和。

职业道德包括：职业观念、职业情感、职业理想、职业态度、职业技能、职业纪律、职业良心、职业作风。

职业道德是一个社会精神文明发展程度的突出标志，是公民道德建设体系的重要组成部分。

社会主义职业道德建设的主要内容：爱岗敬业、诚实守信、办事公道、服务群众、奉献社会。

社会主义职业道德建设的基本精神：为人民服务。

(二)旅游职业道德

旅游职业道德是指旅游从业人员在履行本职工作过程中所应遵循的行为规范及准则的总和。

二、旅游职业道德的特点

职业道德的特点：适用范围上的特殊性、形式上的多样性和具体性、内容上的稳定性和继承性。

除具有以上特点外，社会主义旅游职业道德还有以下特点。

(一)进步性

旅游职业道德是在马列主义、毛泽东思想和邓小平理论指导下，在批判地继承了历史上优秀的道德遗产的基础上形成的，它反映了社会主义旅游业的特点和要求，最能代表旅游者、旅游工作者和广大人民群众的利益，是一种先进的职业道德。

(二)崇高的目的性

社会主义旅游业的根本宗旨——全心全意为旅游者服务——决定其职业目的——经济效益、社会效益。

(1) 社会主义旅游职业道德与职业目的完全一致。

(2) 道德规范与职业地位的一致性。

(3) 在社会主义社会，旅游从业人员是旅游企业的主人。从业者的主人翁精神，是社会主义旅游道德崇高目的性的表现。

(三)广泛的适应性

旅游业服务对象、服务内容、服务方式等三大多样性决定了社会主义旅游职业道德的广泛适应性。

(四)高度的自觉性和实践性

社会主义旅游职业道德是在旅游从业人员高度自觉的基础上建立起来的、共同遵守的道德规范。

其原则和规范是在旅游职业活动实践中，根据旅游职业责任和旅游职业纪律的要求总结、概括而成的具体可行的行为守则。

(五)多层次性

处在社会主义初级阶段的我国的经济结构是多层次的，这决定了社会主义旅游职业道德也必然表现为多层次性。

三、旅游职业道德的基本要求

(一)热爱旅游事业

包括以下三方面。

1. 正确认识旅游事业的性质和任务

旅游事业既是经济事业，又是文化事业；既要为国家建设积累资金、赚取外汇，又要扩大我国的对外影响，增进同各国人民之间的相互了解与友谊，开展民间性质的文化、科技交流。同时，伴随我国经济的快速发展，旅游已日益成为人们生活不可缺少的重要组成部分，成为进行社会主义精神文明建设以及提高国民素质的重要途径。

2. 培养敬业、乐业的道德情感

敬业——敬重我们自己所从事的旅游事业，有职业荣誉感。

乐业——以主人翁的姿态，热爱旅游事业，乐于为广大旅游者服务，并且以做好本职工作作为自己最大的快乐，即有职业幸福感。

3. 树立勤业、创业的精神

勤业——为发展我国的旅游事业刻苦钻研业务，勤学苦练过硬本领；在平凡而琐碎的旅游服务过程中兢兢业业，尽心尽责；在职业实践中养成忠于职守、克勤克俭的良好习惯。

创业——以高度的主人翁精神，进行创造性的劳动，并积极参与各方面的工作，使我国的旅游事业得到更大、更健康的发展。

(二)发扬爱国主义精神

1. 爱国主义的含义

爱国主义是指千百年来固定下来的对自己祖国的一种最深厚的感情。即人们对自己所出生的民族、民族的发祥地(即祖国的山河)、民族的优秀传统和文化等深深热爱的一种感情。

它是国家、民族自信心和自尊心在个人身上的集中体现。

2. 爱国主义的基本要求

爱国主义的基本要求有以下六点。

(1) 坚持祖国利益高于个人利益，在个人利益同祖国利益不一致时要无条件地服从祖国利益。

(2) 要自觉维护祖国的独立、完整、统一和尊严，反对一切叛卖祖国、玷污祖国的言论和行为。

(3) 要自觉维护各族人民的安定团结，一切言论和行为都要有利于安定团结局面的形成和巩固。

(4) 要自觉为祖国的繁荣昌盛奋发进取，努力工作，做出自己应有的贡献。

(5) 要有民族自尊心和自信心，在任何大国、强国、富国面前决不妄自菲薄、卑躬屈膝，更不崇洋媚外。

(6) 要尊重、关心和支持其他民族和国家的人民的正义斗争，坚持爱国主义和国际主义的统一。

3. 培养爱国主义情感

(1) 学习、了解祖国的历史。

(2) 树立民族自豪感、自尊心和自信心。

(3) 以实际行动报效祖国。

四、旅游职业道德规范

(一)爱岗敬业 忠于职守

1. 道德含义

爱岗敬业，干一行爱一行，是社会主义职业道德的最基本要求。

忠于职守，尽职尽责，严格遵守职业纪律，以崇高的使命感和责任感，恪守职责，兢兢业业地把自己职责范围内的工作做好，完成自己所承担的任务。

2. 具体要求

(1) 正确认识旅游事业，热爱旅游服务工作。

(2) 端正择业动机，树立高尚的职业道德。

(3) 积极努力工作，尽心竭力为旅游者服务。

(二)热情友好 宾客至上

我国旅游业的指导方针是“友谊为上，经济受益”。而“热情友好、宾客至上”则是旅游接待服务工作的精髓。

1. 道德含义

热情友好是一种道德情感——建立在旅游从业人员对旅游业的道德义务和道德价值的认识上，表现为在旅游接待与服务工作中倾注满腔热情，真诚友好地接待每一位旅游者。

热情友好是一种道德行为——表现为旅游从业人员有意识地做到对客人笑脸相迎，文明礼貌，热情周到，提供优质服务，使客人从中深切地感受到自己受到欢迎、得到尊重，从内心享受到轻松和快乐。

宾客至上——在旅游接待与服务工作中的一切要求都要以宾客为中心，宾客的任何一点需求，我们都有责任尽全力去做得最好。

2. 具体要求

(1) 主动招呼客人，为客人着想。

(2) 尽力满足客人的要求，不怕麻烦。

(3) 为客人服务，要注意礼仪。

(三)真诚公道 信誉第一

旅游职业道德的主要内容和基本原则如下。

1. 道德含义

真诚公道，要求旅游从业人员必须认真维护旅游者的实际利益，做到真诚相待，经营公道。

信誉第一，要求每个旅游从业人员必须把企业的声誉放在第一位，把它看做是企业的生命。

2. 具体要求

(1) 真诚待客，正确处理宾客投诉。

(2) 拾金不昧，发扬优良传统。

(3) 重合同，守信誉，严格履行承诺。

(4) 按质论价，收费合理。

(5) 广告宣传，实事求是。

(四)文明礼貌 优质服务

“文明礼貌 优质服务”是旅游业最重要、最具行业特色的道德规范和业务要求。

1. 道德含义

文明礼貌是旅游从业人员服务态度、服务规范和服务内容的重要组成部分。

优质服务是一切服务行业的共同规范，旅游业职业义务的集中体现，旅游从业人员最重要的道德义务和责任。优质服务的核心内容——礼貌服务。

2. 具体要求

(1) 真诚待人，尊重旅游者。

(2) 清洁端庄，礼貌待客。

(3) 实行标准化服务和个性化服务。

中华人民共和国国家标准《标准服务质量》GB/T 15971—1995是导游服务标准化服务的依据。

到家服务——根据程序与标准，不仅服务要到位，还要到家，即超出客人的期望值的额外服务。

延伸服务——满足宾客的服务标准需求之外，将服务内容延伸。如有些旅游企业组织的灵活服务、细致服务、癖好服务、意外服务、自选服务、庶务服务等。

微笑服务——旅游从业人员通过真诚的最直接的表达和流露的微笑形式，向宾客提供的礼貌服务。微笑服务与“素质服务”和“知识服务”相结合——真正的“超值服务”。

(五)不卑不亢 一视同仁

1. 道德含义

不卑不亢是爱国主义和国格、人格的体现。

一视同仁是社会主义人道主义的体现。

不卑不亢、一视同仁的核心是平等。

2. 具体要求

不卑不亢是自觉维护民族尊严，维护国格、人格的具体体现。

要做到不卑不亢，要求我们谦虚谨慎，但不妄自菲薄。

一视同仁有助于创造平等、团结、友爱、合作、互助的新型人际关系。

旅游接待服务工作中的一视同仁，重点体现在以下两个方面。

1) “六个一样”

(1) 高低一样，一样看待高消费和低消费客人。

(2) 内外一样，一样看待国内客人和国外客人。

(3) 华洋一样，一样看待华人客人和外国客人。

(4) 东西一样，一样看待东、西方国家的客人。

(5) 黑白一样，一样看待黑色与白色人种客人。

(6) 新老一样，一样看待新来的客人与老客人。

2) “六个照顾”

(1) 照顾先来的客人。

(2) 照顾外宾和华侨、外籍华人和港澳台客人。

(3) 照顾贵宾和高消费客人。

(4) 照顾黑人和少数民族客人。

(5) 照顾常住客人和老客人。

(6) 照顾妇女、儿童和老弱病残客人。

(六)遵纪守法 廉洁奉公

“遵纪守法 廉洁奉公”是正确处理个人、集体、国家等关系的一条重要原则。

1. 道德含义

遵纪守法——重视并遵守组织纪律和法律法规。旅游组织纪律既包括法律规定的有关纪律和制度，也包括行业本身的规章制度、规程和奖惩措施等，如员工守则、公约、服务规程、岗位责任制、奖罚细则、服务质量要求等。

廉洁奉公——不贪，不占，不损公肥私，不化公为己，不搞特殊化，更不能徇私枉法，即要以人民利益为最高利益，处处为国家和集体着想，全心全意地为人民办事。

作为行政和法律规范，它是一种强制性的要求；作为道德规范，它是一种自觉性的要求，是衡量一个人道德品质优劣的标准之一。

2. 具体要求

(1) 自觉遵守职业纪律，严格执行政策、法令。

(2) 自觉遵守社会公德。

社会主义社会公德基本要求——文明礼貌、助人为乐、爱护公物、保护环境、遵纪守法。

(3) 清正廉洁，自觉抵制行业不正之风。

(七)团结服从 顾全大局

“团结服从 顾全大局”是旅游业发展的可靠保证。

1. 道德含义

要求每个旅游从业人员为了旅游业发展的共同目标，自觉搞好同事之间、部门之间以及行业之间的团结，摆正个人、集体、国家三者之间的关系，自觉做到个人利益服从集体利益、局部利益服从整体利益、眼前利益服从长远利益，从而使旅游业健康发展。

2. 具体要求

(1) 团结友爱，相互尊重。
(2) 发扬主人翁精神，相互支持。
(3) 学习先进，勇于竞争。

(八)钻研业务 提高技能

1. 道德含义

自觉钻研业务，不断提高技能，不仅是一项业务要求，更是一种道德义务。

2. 具体要求

(1) 树立明确的学习目标，持之以恒。
(2) 认真学习文化基础知识，打下坚实的文化基础。
(3) 努力提高自己的语言表达能力，做到准确、生动、流畅。
(4) 努力学习礼节礼貌方面的知识，在接待服务过程中做到大方得体、彬彬有礼。
(5) 加强美学知识学习，不断提高审美能力。
(6) 关心时事政治，关心社会热点，关心世界形势。
(7) 掌握学习的规律和方法，不断进取。
(8) 掌握过硬的基本功，努力提高专业技能。

五、旅游职业道德修养的内容和方法

(一)内容

旅游职业道德的内容包括：职业道德认识、职业道德情感、职业道德意志、职业道德信念、职业道德行为。

以上五个方面的内在联系是：职业道德认识的提高是前提，职业道德情感的陶冶、职业道德意志的锻炼是两个必要的内在条件，职业道德信念的确立是保证，职业道德行为的形成则是最终结果。

(二)方法

(1) 学习理论和参加实践相结合。

(2) 开展自我职业道德评价，严于解剖自己。

(3) 培养自己的道德人格，向先进人物学习。

(4) 提高精神境界，努力做到“慎独”。

“慎独”作为一种修养方法，其基本特征是建立在人们高度自觉的基础上的。运用“慎独”的方法进行道德修养，必须在“隐”、“微”、“恒”上下功夫。

(5) 加强“自我控制”。

“自我控制”，是指一个人的自我调节能力，包括控制自己的情绪和行为。

相关案例 10-1

全国模范导游孙树伟

孙树伟，全国模范导游员、国家首批高级导游员。从事导游工作近二十年，有着丰富的带团和出国领队经验。拥有众多海内外回头客。是青岛旅游局首批外聘导游培训老师(1994年)。十几年来，讲课足迹遍及省内，为各地市旅游局培训导游人员三万余人(至 2007 年底止)。先后出任山东省首届(网络)导游大赛及多家地市旅游局和青岛市历届导游电视大赛点评员、评委。被数家高校聘为专家顾问、客座教授。2002 年被青岛市旅游局命名为“青岛旅游活字典”，2004 年 4 月创建了国内首个导游工作室——“孙树伟导游工作室”。2005 年建成工作室网站；2006 年 10 月 27 日，国家旅游局授予十一位导游员为“全国模范导游员”，孙树伟名列其中，山东省只有他一人获此殊荣。2007 年被青岛市职业技术学院旅游外事学院旅游管理专业聘为专业带头人。2007 年 12 月，孙树伟导游工作室荣获首批“青岛市旅游行业服务名牌”称号。

其主要事迹如下。

导游：导出新天地

他是青岛市目前仅有的三名高级导游中唯一仍“奔波”在一线者；他是个地道的工作狂，曾经创出一年带团 328 天不回家的纪录；他作为家中的长子，却曾经连续七年没有回家过年；惋惜于目前导游业的“后继无人”，他创办了山东省首个“导游工作室”……天道酬勤，2006 年 10 月 27 日，孙树伟被国家旅游局授予“全国模范导游员”称号，成为全国近 30 万导游的楷模。

创造一年在外带团 328 天的纪录

1989 年，孙树伟参加了全国导游考试，成为第一批拿到导游证的人。从此以后，他就和导游结下了不解之缘。由于 90 年代初期没有电话、传呼等通信工具，而工作又要求导游必须陪客人同吃同住，因此常常几个月家里都没有他的消息，而孙树伟也为工作“发了狂”：在1990年的时候创造了一年在外带团328天的纪录，当他回家看望父母时，由于旅途奔波劳累，父母竟然愣了足有一分钟没认出他，随后就抱着他大哭起来。

孙树伟说，到现在他仍然清晰记得1991年大年三十晚上，由于第二天要去南京接一个香港团，他坐上20:02的火车。当火车离开站台时，他清晰地听到四周响起了鞭炮声，站台上他的父母正躲在暗处抹泪。孙树伟说，“直到1997年我母亲突然离开，我才终于下定决心要尽长子的责任，好好在家里陪老人过个年。”据孙树伟回忆，在1995年以前普通老百姓出游很少，导游主要的工作是接待国外和香港、台湾地区的旅游团，由于自己的行为举止直接关系到中国内地的形象，因此他感到肩上的担子很重，在接待游客时格外小心。有一次，一个客人在吃饭时对孙树伟说：“你们导游为什么只说中国好的地方不说不好的地方呢？据我所知就是在青岛还有很多人吃不上饭呢。”对于这种明显的挑衅行为，孙树伟很礼貌地做出回答：“中国现在正处在改革开放的起步阶段，各方面的发展情况可能与发达国家相比还有差距。但是有一点我可以肯定地说，早在几年前青岛就已经解决了人民的吃饭问题。”这件事情过后，这位客人明显对孙树伟多了几分尊重，甚至在离开时还非要给孙树伟200元小费。孙树伟拒绝了，后来这位客人在机场对他说了一句话：“孙树伟你是好样的，下次我一定还要来，来了还要找你！”

1992年，仅仅工作三年的孙树伟由于表现出色被提议任命为国内部经理，这对所有人来说都是一个充满诱惑的机会，因为在导游界有个不成文的规矩，当导游是没有前途的，最终出路不是当经理就是改行。权衡再三，孙树伟放弃了提升做经理的机会，坚持工作在第一线，当时的他正在学习说粤语。天道酬勤。两年过后，孙树伟已经能用一口地道的广东话讲解山东各地的景点了。十几年后的今天，孙树伟已承担起青岛导游粤语的培训工作。

打破“游客一地不二游”的神话

“祖国山河美不美，全靠导游一张嘴”，可见导游工作的重要性。孙树伟说，游客到一个地方旅游，如果没有导游，他们看到的可能就是一棵树或者一块石头，导游的作用就是让树和石头有故事可循，带游客进入那个神话世界。

1998年，公司接到新加坡的一份传真，点名要孙树伟带28位新加坡老师游览山东各地，并且强调，如果孙树伟不上团，他们就不来青岛了。孙树伟接团后，发现超过大多数老师人手一部录音机，对他的讲解词边听边录。车到酒店，坐在前排的两个人对孙树伟说：“你还认识我们吗？”孙树伟疑惑地摇摇头。“3年前我们曾来过青岛，您是我们的导游。我们两人对您的讲解印象很深，回到新加坡后和同事说起您来，大家都很敬佩。这次我们20多位老师是特意组团向您观摩学习的，回国后我们要把录音放给上国语课的学生听。”

没有耐心就不要做导游

孙树伟说，导游讲解最大的特点是重复性非常强，没有新奇感，需要导游自己琢磨新东西。而每个城市都有自己的特点，游客由于来自不同的地区和城市，因此他们对一些可能导游认为很平常的东西也会产生兴趣，这就需要导游换位思考。

孙树伟有一个“释疑本”，上面都是游客不经意间透露的“问题”。之所以建立这个本子，源于一个香港客人的问题。有一次，一个香港客人在香港中路上游览，指着路边马路上的树说：“孙导，你们青岛也种荔枝啊？怎么还种在马路上？”孙树伟顺着他说的方向一看，原来他把法国梧桐当成荔枝树了。于是，孙树伟在纠正了客人的说法后，细心的他也发现了向客人介绍青岛特质的新途径：比如说青岛的车站都是港湾式的，生在青岛的名人都有哪些，青岛人最爱的休闲方式是什么……为了让客人更好地了解青岛，他把青岛的著名品牌用山东快书编成了顺口溜，把青岛的特产编成了相声，很多客人在走时都能背下来：“北京三件宝/景泰蓝/象牙雕/玉器玲珑精又巧/……山东三件宝/烟台苹果/莱阳梨/贝雕工艺属青岛……”在这段导游词里，他把全国 31 个省的特产都“串”了一遍。青岛的鞋业很有名，他就把 100 多种鞋的名字像相声里的“报菜名”一样一口气念完……每次孙树伟的这个“包袱”一抖，总能调动起全场游客的兴趣。孙树伟对此却说：“导游就像话剧演员，对所讲的‘台词’必须要一丝不苟，否则，你的讲解就不会流畅，同时，也达不到可以欣赏的要求。”

对于怎么做个好导游，孙树伟说要有积累，更要靠的是细心和耐心，不要怕麻烦。把游客不经意的疑问当成导游自己必须能解答的疑问，那么久而久之就会“炼”成一个好导游。为了扩展自己的知识面，他利用业余时间学习了天文地理、哲学、经济甚至中医等各方面的书籍，家里的藏书竟然达到了 8000 多册，并且对电影配音、诗朗诵、评书、山东快书、数来宝、天津时调和相声等都做过研究。为了保证不同层次客人的需要，他准备了三份导游词，一份是给专业性人士准备的，还有两份是给普通游客和文化水平较低的人准备的。在他从事导游工作的 18 年中，没有一个游客投诉，即使有的游客故意刁难，他也总从自身找问题：“导游本身就属于服务性行业，没有耐心就不要做导游。”

为导游事业“树”人

2003 年的“非典”对旅游业的打击很大，和很多人一样，孙树伟对当时旅游业何去何从也充满了迷茫。于是他决定到高校当一名老师。正当他下定决心退出旅游圈时，很多年轻的导游给他打电话、发短信问他自己该怎么办。权衡再三，考虑到有许多年轻人需要他的帮助，他决定留下。

笼罩在旅游业上空的“非典”阴霾扫过之后，怎么为旅游业保护好“苗子”的事情却在孙树伟的心中扎下了根。经过将近一年的筹备，2004 年 4 月，“孙树伟导游工作室”在国家工商总局正式注册成立，成为全国第一个由导游员自主成立的专业导游机构。

“如果别人说我是最好的导游，那么我感到很悲哀。应该有很多新人好苗子他们比我更有潜质，保护好他们，也就是保护好导游事业。可是现在由于导游业不规范，黑导游一方面使得年轻导游做好导游的信心受挫，而另一方面导游没有基本工资，使得很多苗子因缺乏安全感而中途退出，我感到很痛心。”孙树伟说，“我希望通过工作室，把优秀的苗子先召集起来，给他们一定的保障，然后再把他们培养成著名金牌导游，在游客中建立公信度，优秀金牌导游不会带着大家乱逛店，乱收回扣，但是导游一天的费用会相对高一些。这样年轻的导游既可以从事自己喜欢的导游事业，又可以在一定程度上让整个社会的导游业回归理性。”孙树伟的愿望很美好。

两年间，孙树伟免费培训的导游人数突破 2 万人。而在他的精心培养下，工作室先后“走出”三个青岛市导游大赛第一名和多名市“十佳导游”。最让孙树伟骄傲的是，与自己获得“全国模范导游员”的同日，“孙树伟导游工作室”导游王佳也喜获“全国优秀导游”称号。那天，孙树伟对王佳说：“记住，从今天起你就和黑导游彻底划清界限了。你不能对不起自己的良心。”

考虑到奥运旅游是青岛旅游业的主打牌，很多游客都是冲着奥运旅游来到青岛这一现状，孙树伟决定培养一批精通奥运、精通奥运景点的导游。他说，很多导游虽然意识到了奥运的重要性，也常常把“相约北京、扬帆青岛”挂在嘴边，但是由于缺乏奥帆赛的相关知识，常常会被游客问得哑口无言：青岛奥帆赛的具体举办位置在哪里？哪一座建筑是奥运村？现在为什么不带着我们去参观比赛场馆？…… “作为城市的推介者和奥帆赛的‘宣传者’，让导游员尽快掌握奥帆知识、扩大奥帆赛的影响显然已经迫在眉睫。”孙树伟表示出了自己的担忧。

当记者问及他为什么不收培训费时，孙树伟说：“我也想赚更多的钱，但是做一个人也必须要有良心，对于导游这个行业来说，如何让其回归理性，比赚钱重要得多。”

第二节　旅游职业精神

职业精神是在一定社会环境的影响下，基于一定的职业，所反映出的员工(或是群体)的特有价值观(宗旨)和精神面貌。职业精神包括职业理想、职业态度、职业责任、职业技能、职业纪律、职业良心、职业信誉和职业作风八方面，是超越物质的一种追求，是人格和性格的真、善、美在职业生涯中的体现。旅游职业精神是旅游职业道德的核心部分，是一个行业的灵魂，也是行业持续发展的动力所在。对旅游职业精神的研究，对旅游业的发展有着重要意义。

一、旅游职业精神概述

旅游职业精神是在旅游业环境的影响下，基于一定的专业、技能水平，所反映出的旅行社、旅游交通客运业和旅馆业等旅游直接企业从事旅游经营与服务的人员的全心全意服务旅游者的价值观(宗旨)和精神面貌。

旅游业是劳动密集型的服务性产业，旅游服务的对象是人，而且旅游活动是一项体验性很强的活动，旅游从业人员的服务和旅游者的消费是同步的，旅游者在旅游活动中获得的是一种体验，体验的好坏取决于服务质量的高低。所以“服务”可以说是旅游业的基础，是旅游业的核心。旅游从业人员尤其是一线旅游从业人员的服务质量是十分重要的。服务人员要为客人提供标准化加个性化的“满意加惊喜”服务，使客人体验最优，达到旅游企业增收和客人开心的“双赢”，旅游从业者的职业精神面貌直接影响了服务质量及水平，至关重要。

二、我国旅游职业精神建设的现状及问题

旅游职业道德是伴随着旅游而产生的，旅游职业道德随着旅游业的发展而发展变化。职业精神与职业道德有着密不可分的关系，可以说旅游职业精神也是伴随着旅游而产生的，随着旅游业的发展而发展变化的。1996 年 11 月 20 日，国家旅游局制定了《关于加强旅游业精神文明建设的意见》，其中提出了旅游企业一线工作人员的职业道德规范是：爱国爱企、自尊自强；遵纪守法、敬业爱岗；公私分明、诚实善良；克勤克俭、宾客至上；热情大度、清洁端庄；一视同仁、不卑不亢；耐心细致、文明礼貌；团结服从、大局不忘；优质服务、好学向上这 72 个字。这一规范的出台表明了国家政府对旅游职业道德建设的重视，同时，这一规范对旅游从业人员职业道德的规范、职业精神的塑造起了一定的作用。但是，我国在旅游职业精神建设方面也存在一些突出的问题，主要体现在以下方面。

(一)职业理想缺失

目前，不少旅游从业人员，尤其是导游以及饭店服务人员认为，导游和服务员只是个“青春饭”，现在从事这一职业的目的是存钱，以便以后转行。可以看出，这部分人员对这一行业职业忠诚度低，对其缺乏正确的认识，他们仅把所从事的职业作为赚钱的工具，而不是一职业，更谈不上热爱这一职业。没有职业理想，工作起来就不那么尽心尽力，大多有一种得过且过思想，这极不利于旅游业的健康发展。

(二)职业态度不正

树立正确的职业态度是从业者做好本职工作的前提。部分旅游从业人员的职业态度就比较不端正。在现实中不少旅游从业人员对本职工作存在着片面的认识，认为旅游工作就是伺候人，没有什么出息，因此不踏踏实实地做好本职工作。

(三)职业信誉不佳

诚信原则是旅游业经营之本，也是旅游从业人员必须遵守的职业道德规范。但有不少旅游从业人员不实事求是，对外促销宣传时任意扩大宾馆星级，对外组团时故意不签合同，

或是故意不讲清，旅客来了以后，住的不是事先约定的宾馆级别，玩的不是承诺的景点和路线，消费价格与承诺相差较大，造成游客不满意；又如旅游从业人员抓住游客一次性购物的特点，出售劣质、假冒或质价严重不符的商品，坑害游客等。

(四)职业作风不好

旅游从业人员在从事旅游活动过程中，不仅要追求经济效益，还要坚定正确的政治立场与舆论导向，宣传积极、健康、向上的优良文化，维护国家与地区的良好形象。时下，有一些旅游从业人员很是“开放”。他们虽然对旅游景点的知识介绍得结结巴巴，对当地的风土人情也知之甚少，但说起低级趣味的“黄段子”来却是一套一套的。不仅如此，有的旅游从业人员还缺乏政治意识，不负责任地信口开河，拿国家领导人或者国家形象开玩笑。这些现象不仅严重污染了旅游环境，有损国家与地区的形象，也影响了游客美好的心情。

三、旅游职业精神建设途径

旅游是一项综合性的活动，涉及到社会的方方面面，以上所阐述的旅游职业精神方面存在的突出问题，也要从多角度来进行解决，可采取以下措施。

(一)适当运用宏观调控，规范旅游市场经济

针对旅游市场上恶性竞争、坑客宰客的一些情况，我们可以通过以下途径进行适当的宏观调控：一是适当加强对旅游市场的行政管理力度，尤其是对导游人员市场的管理力度，规范导游人员的不良行为，同时坚决打击野导、黑导，以免他们扰乱旅游市场。二是加强相关基础设施的建设，如免费旅游信息查询处，这样可以减少旅游者和旅行社、导游之间的信息不对称，让游客了解更多当地的旅游信息，以防上当受骗。同时，这对旅游工作人员也起到了一定的规范作用。

(二)完善旅游行业监督机制

完善旅游行业的监督机制是加强旅游从业人员职业道德塑造良好职业精神的一个重要方面。针对目前我国旅游行业监督机制的现状，必须尽快完善旅游行业监督机制，形成一个良好的旅游市场氛围，为塑造良好的旅游职业精神创造健康的环境。这就要求各个部门齐抓共管、协同行动，充分发挥行政、社会、媒体三位一体的监督保障作用。

(三)完善旅游行业薪酬激励机制

目前，导游可以说是旅游业中职业道德、职业精神问题出现最多，受到社会关注、社会唾骂最多的职业，造成这种现象的很大一部分原因就是导游的工作报酬不合理，福利待

遇低，收入不稳定造成的。完善导游行业的薪酬激励机制，在一定程度上解决了导游群体工作报酬不合理的问题，有利于减少导游人员职业精神方面的问题。

(四)加强旅游职业精神教育与培训力度

1. 提高旅游院校职业精神教育水平

首先，要转变传统的职业道德教育观念和方法，在专业教育中渗透职业道德、职业精神的教育。通过专业教育渗透职业道德、职业精神的观念，理论联系实际，使学生对其有更加全面深刻的理解，有利于学生形成良好的职业精神。

其次，重视教师的精神引导作用。发挥专业教师的引导作用，给学生充分的指导，提出建议，答疑解惑。让旅游专业学生在这一十字路口找到正确的方向，不至于迷失自我。

2. 加强在职旅游从业人员职业精神培训

要高度重视旅游从业人员职业道德、职业精神培训的意义。各级旅游行政部门、各旅游企业以及负责人要高度重视、充分认识到旅游从业人员职业道德的重要性。同时，各级、各类旅游培训部门与机构也要把旅游从业人员职业精神作为重要的内容纳入培训计划，并抓好落实与实施。

(五)旅游企业塑造良好的企业文化

在我国旅游业中，酒店行业的管理模式较为规范，但旅行社的情况就不容乐观，承包经营大行其道，“挂羊头卖狗肉”，不利于规范管理，更别说企业文化的形成。要改善这种局面首先要加强行政管理，尽量杜绝承包经营。此外，企业要贯穿“以人为本”理念。人才是企业发展的根本，企业的一切都要从人出发。以人为本就是要尊重企业里的每一个人。要塑造员工良好的职业精神就要从精神层面去关心员工、体谅员工、引导员工。

总而言之，旅游职业精神是旅游业发展的灵魂，对旅游业的发展起着至关重要的作用。目前我国旅游业的职业道德、职业精神确实存在一些问题，这需要每一位旅游从业人员弘扬职业精神，恪守职业道德，提升社会声誉，树立良好的形象，明确自我责任，这样才能塑造旅游业良好的精神风貌，促进旅游业不断健康发展。

本章小结

旅游职业道德是旅游从业人员在履行本职工作过程中所应遵循的行为规范及准则的总和。旅游职业道德的基本要求是热爱旅游事业、发扬爱国主义精神。旅游职业道德规范是爱岗敬业忠于职守、热情友好宾客至上、真诚公道信誉第一、文明礼貌优质服务、不卑不亢一视同仁、遵纪守法廉洁奉公、团结服从顾全大局、钻研业务提高技能。旅游职业精神是在旅游业环境的影响下，基于一定的专业、技能水平，所反映出的旅行社、旅游交通客运业和旅馆业等旅游直接企业从事旅游经营与服务的人员的全心全意服务旅游者的价值观(宗旨)和精神面貌。旅游职业精神建设途径有：适当运用宏观调控，规范旅游市场经济；完善旅游行业监督机制；完善旅游行业薪酬激励机制；加强旅游职业精神教育与培训力度；旅游企业塑造良好的企业文化。

课后练习

1. 旅游职业道德的基本要求是什么？
2. 旅游职业道德规范有哪些？
3. 我国旅游职业道德精神建设的现状及问题有哪些？
4. 旅游职业道德精神建设的途径有哪些？

第十一章

旅游行业相关证书

【学习目标】

通过本章的学习，要求学生掌握导游人员的概念、导游人员资格考试的相关程序和内容；了解导游证版式、种类以及颁发导游证的程序；掌握领队证的概念，理解领队证的申请条件、程序等问题。

【关键词】

导游人员　资格考试　导游证　领队证

案例导入

烟台导游年审制度改革年审3次不过注销导游证[1]

今年烟台市导游年审首次正式实行“网络在线培训”+现场培训认证制度，对持有导游IC卡的全市专职、兼职导游员，开通网上培训方式。培训时间将从即日起，持续到3月22日。

据悉，本次导游年审，凡是在2012年12月31日前持有导游IC卡的全市专职、兼职导游员，均须参加2012年度导游人员年审及培训。特别是2012年出现扣分情况的导游员，将进行更加严格的培训和考核。年审三次未通过者或取得导游证三年(含)以上不参加年审的，直接注销导游证。

辩证性思考

1. 导游证的年审制度如何？
2. 如何考取导游证？

第一节 导 游 证

一、导游人员

旅行社是旅游业的龙头和纽带，在旅行社基本业务之中，以导游服务为主体的接待业务无疑是其中关键的环节。

从服务管理理论来看，导游人员处于旅行社企业与旅游消费者之间的互动层面，既是旅行社服务产品价值的直接传递者，也是旅行社服务产品的组成部分。导游服务质量的高低，很大程度上影响甚至决定着顾客对服务体验的最终评价。

在实际业务中，我们经常将导游人员简称为导游。从一般意义上讲，导游是指那些为旅游者引路并作讲解、帮助旅游者参观游览，必要时还为旅游者提供旅途生活照料的人员。

鉴于导游工作的重要性，许多国家对于从事导游工作人员的资格都有着严格的规定。

(一)导游人员的概念

在我国，《导游人员管理条例》(以下简称《条例》)对导游人员的定义是：导游人员，是指依照本条例的规定取得导游证，接受旅行社委派，为旅游者提供向导、讲解及相关旅游服务的人员。

---

① 资源来源：http://www.sd.xinhuanet.com

(二)导游人员的分类

1. 以使用的语言为标准

以使用的语言为标准，导游人员可分为外国语导游员和中文导游员。

中文导游包括普通话、方言、少数民族语导游，外文导游常用语种主要有英语、法语、韩语、日语、俄语、德语。

2. 以职业性质为标准

以职业性质为标准，导游人员可分为专职导游员、业余导游员和自由职业导游员。

3. 以持有的证书为标准

以持有的证书为标准，导游人员可分为正式导游员和临时导游员。

4. 以所具备的技术等级为标准

以所具备的技术等级为标准，导游人员可分为以下几类。

初级导游员：取得导游人员资格证书后工作满一年，经考核合格。

中级导游员：取得初级导游员资格工作两年以上。

高级导游员：取得中级导游员资格工作四年以上。

特级导游员：取得高级导游员资格工作五年以上。

5. 按导游人员工作任务的范围划分

按导游人员工作任务的范围划分，导游人员可分为全陪(全程陪同导游人员)、地陪(地方陪同导游人员)、点陪(景点陪同导游人员)。

二、导游人员资格考试制度

《条例》规定，通过导游资格考试并获得导游证是从事导游工作的先决条件，考试工作由国家旅游局授权的全国各省、自治区、直辖市旅游行政主管机关相关部门负责具体组织实施。

(一)导游人员资格考试报名条件

(1) 国籍规定：参加导游人员资格考试的人必须是具有中华人民共和国国籍的公民。

(2) 学历条件：报考者必须具有高中、中专或者以上的学历。

(3) 身体条件：报考者须具有良好的身体素质，能适应导游工作的需要。

(4) 知识、语言条件：参加考试者必须具有适应导游工作需要的基本知识和语言表达能力。

(二)考试内容

考试内容：笔试+口试

(三)导游人员资格证书的颁发

印制机关：国家旅游局。
颁发机关：国家和省级旅游局。
适用范围：全国。
取得条件：考试合格。
取得时间：考试结束之日起 30 个工作日内。
自动失效：3 年未从业。

三、导游证版式

新版导游证(2002 版)为 IC 卡形式，可借助读卡机查阅卡中储存的导游基本情况和违规积分情况等内容。

证的正面设置中英文对照的 “导游证(中国籍的导游)”，导游证等级、编号、姓名、 语种等项目以及持证人近期免冠 2 寸正面照片。

证的背面印有注意事项和卡号。导游证编号规则为“ D-0000-000000”，英文字母“D”为“导”字的拼音字母的缩写，代表导游，前 4 位数字为省、城市、地区的标准国际代码，后 6 位数字为计数编码。不同等级的导游证卡号依各自顺序编号。

导游证等级以四种不同的颜色加以区分：初级为灰色，中级为粉米色，高级为淡黄色，特级为金黄色。

四、导游证的种类

(一)正式导游证

正式导游证亦即导游证。它是指参加导游人员资格考试并合格，取得导游人员资格证书的人员，经与旅行社订立劳动合同或者在导游服务公司登记，由省、自治区、直辖市人民政府旅游行政部门颁发的导游证。持有正式导游证的人员，可以是专职的导游人员，也可以是兼职的导游人员；可以是旅行社的正式员工，也可以是某旅行社聘用人员。但是，持有正式导游证的人员，都必须是经过导游人员资格考试并合格，取得导游人员资格证书的人员。

(二)临时导游证

所谓临时导游证，是指具有特定语种语言能力的人员，虽未取得导游人员资格证书，但因旅行社需要聘请其临时从事导游活动，由旅行社向省、自治区、直辖市人民政府旅游行政部门申请领取的导游证。临时导游证的最长有效期是 3 个月。由此可见，领取临时导游证的条件一是具有某种特定语种语言能力；二是旅行社需要聘请其临时从事导游活动。

正式导游证与临时导游证的区别主要如下。

1. 有无取得导游人员资格证书

即正式导游证持有者是经过导游人员资格考试并合格、取得导游人员资格证书者；而临时导游证的持有者是没有经过导游人员资格考试、没有取得导游人员资格证书者。

2. 有无语种语言能力限制

即正式导游证的持有者无语种语言能力的限制，正式导游证的持有者可以是具有特定语种语言能力的人员，也可以是不具有特定语种语言能力的人员；而临时导游证的持有者必须是具有特定语种语言能力的人员，否则便不具备领取临时导游证的条件。

3. 领取导游证的程序不同

申请领取正式导游证是由申请领取者个人向旅游行政部门领取；而临时导游证则是由旅行社根据需要向旅游行政部门申请领取。

4. 有效期限不同

根据《导游人员管理条例》第八条第二、三款的规定，导游证的有效期限为 3 年，也就是说在这 3 年内不参加每年的导游年审，导游证的资格取消。临时导游证的有效期限最长不超过 3 个月，即既可以是数天，也可以是 1 个月或 2 个月，但最长不得超过 3 个月。此外，导游证有效期满后，可以申请办理换发导游证手续，而临时导游证有效期限届满后，不得延期。如需继续聘请，则必须由旅行社重新向旅游行政部门申请领取。根据《导游人员管理条例》规定，颁发导游证和临时导游证的部门是省、自治区、直辖市人民政府旅游行政部门，亦即省、自治区、直辖市旅游局，而导游证和临时导游证的样式规格，由国务院旅游行政部门规定，亦即由国家旅游局规定。应当明确的是，导游证和临时导游证的样式规格由国务院旅游行政部门规定，并不意味着导游证和临时导游证必须由国务院旅游部门制作，而是可以由国务院旅游行政部门规定样式规格并统一制作，也可以由国务院旅游行政部门规定样式规格，由省、自治区、直辖市旅游行政部门制作并颁发。

相关案例 11-1

象山选拔金牌导游培养行业精英[①]

为推进导游人员岗位练兵和业务培训活动，全面提升导游队伍整体素质，象山于近日在海洋酒店举办了 2013 年金牌导游选拔赛。评选出的 10 名金牌导游将在赛后由行业专家和院校教授进行集中强化培训，并从中选派优秀代表参加 2013 年宁波市导游大赛。

本次选拔赛由各旅行社、旅游景区、导服中心等单位经过层层选拔推荐的 20 名持国导证和省导证人员报名参加。比赛设置景点讲解、知识问答和才艺展示三个环节，邀请旅游院校老师、资深旅游专家、才艺老师等担任评委，坚持好中选优、优中选强原则，综合考核选手的综合素质、业务知识、讲解水平和才艺等方面的能力。此次评选出金牌导游 10 名，设一等奖 2 名，奖金 3000 元；二等奖 3 名，各奖 2000 元；三等奖 5 名，各奖 1000 元，获奖者颁发“象山县金牌导游”荣誉证书，列入县旅游人才队伍重点培养对象，推荐参加导游评佳评优活动、导游大赛和政府重大活动接待，拥有金牌导游数量作为旅游企业评优评先评星依据之一。

近年来，象山大力实施“名导培养”工程，始终把提高导游队伍素质作为重点工作来抓，加大导游人员培训、培养的经费投入，完善导游人才的政策奖励制度，为导游人员创造和谐的从业、成长和社会环境，发现、培养和锻炼了一批优秀的导游人才。目前，全县共有导游人员 120 余名，其中全国优秀导游 1 名，高级导游 2 名，中级导游 19 名。象山导游人才队伍的不断壮大，有力地推进了全县旅游人才队伍建设，提升了旅游业整体水平和旅游形象。

五、颁发导游证的程序

(1) 获得资格证后与旅行社订立劳动合同或在导服登记。

(2) 持证明向所在地旅游行政管理部门申请。

(3) 参加岗前培训考核。

(4) 省级旅游行政部门应当自收到申请领取导游证之日起 15 日内颁发导游证，不予颁发的，应书面通知申请人。

相关案例 11-2

云南旅游界热议《旅游法》：云南旅游盼来及时雨[②]

酝酿了 30 年的中国首部《旅游法》前天出台，让旅游有法可依。这一举措不仅让广大

① 资料来源：http://tour.jschina.com.cn/system/2013/04/26/017045798.shtml

② 资料来源：http://www.ce.cn/celt/wyry/201304/27/t20130427_24331006.shtml

游客拍手叫好，而且很多旅行社和导游也表示十分欣慰。

也有旅行社预测，随着《旅游法》的出台和实施，旅游业将面临“大洗牌”，旅游产品的价格也将有可能上涨。

旅行社：旅行社将面临大洗牌

“我们这些旅游从业人员很希望通过立法来规范旅游市场，能在更规范的环境中经营，让大家都能参加纯玩团、品质团。”昆明市旅行社行业协会会长段庆元说，旅游业是一个长链产业，涉及吃、住、行、游、购、娱六大环节，涉及 110 多个产业，但现在的旅游业行政管理体制却落后于市场的发展，已经不足以引导和管理旅游市场的发展，面临着“小马拉大车”的问题，急需提高和规范。因此，《旅游法》的出台，对市场和从业人员而言，是场及时雨。

至于《旅游法》将给旅行社带来哪些变化，段庆元说，绝大多数旅行社对此当然是拍手叫好，但对于做“零负团费”旅行社而言，无疑是灭顶之灾。从现在起，旅游市场将“大洗牌”，那些资金和服务能力不足的小社，和以“零负团费”来冲击市场的旅行社，将失去竞争能力，逐渐被淘汰出局。而服务能力强、资金充足、信誉良好的旅行社，将迎来良性发展的好时机。

“明白消费”将刺激旅游价格上涨

《旅游法》中规定的“明白消费”，将使旅游业中那些“潜规则”和隐性消费难以为继，同时，将刺激旅游市场价格上扬。

一位不愿意透露姓名的旅行社老总称，现在旅游市场价格确实有点乱，同样的一条线路，价格却天差地别，低价里隐藏着各种“消费”，等行程结束时，客人才会发现“低价游”其实是“陷阱游”。过去旅游市场玩的是“口袋里卖猫”，相信《旅游法》实施后，大家就是“把猫拿出来卖”。让旅游消费者、旅游企业、从业人员按公平公正的市场行为来进行旅游活动。

抛弃那些“旅游潜规则”后，成本明确、消费明确，不仅让游客放心，旅行社也将挣明白钱，游客敢出门旅行了，市场情况也将走好。

导游：希望保障导游收入

旅行社不发工资，导游只能靠带客人进店挣“人头费”和回扣，碰到“优质团”就能放个“卫星”，碰到“劣质团”只能自认倒霉甚至赔本。这是很多云南导游的遭遇。

其实很多导游并不愿意带团进店，但不这样做就没收入，甚至倒贴。于是，越是低价团进店就越频繁，随之发生的冲突和矛盾就越多。

做了 10 多年导游的施琼说，关于旅行社和导游的一些“罪行”，有时候并不只是旅行社一方的责任。一些游客喜欢旅游的价格能便宜再便宜，但旅行社不愿意做亏本生意，于是一些购物团出现了。旅行社和地接社为了收回成本，就在旅游过程中通过安排游客进购物店、增加收费项目等来收回成本，赚取利润，这已经不是秘密，同时，因进店太频繁，客人投诉也随之而来。

"面对《旅游法》，我们很期待，我们也会认真地学习。"施琼说，同时，她也希望《旅游法》颁布后导游的收入能有保证，希望能建立导游绩效工资制度，建立旅游从业人员基本权益保护制度，明确规定导游人员的人格、人身安全不受侵犯。

不进店不购物，与所服务的旅行社共同分享利润，让生活有保障，是很多导游的期望。

旅游执法部门：《旅游法》可调动整个社会综合管理

昆明市旅游局监察支队工作人员接受采访时表示，《旅游法》从法律高度详细规定了旅游包价合同、旅游代订合同、旅游咨询合同等范本。目前我国旅游市场的不正当竞争较为严重，如果从法律层面遏制旅行社的不正当竞争，将直接利好于旅游市场。

这位工作人员说，现在我国旅游行业主要依靠行政及地方法规约束，旅游市场监管存在多头执法，旅游者在旅游过程中遇到问题常常投诉无门。《旅游法》的出台，将有助于逐步改善旅游中存在的问题，使中国的旅游业健康发展。在强调旅游行政管理部门的职能的同时，有法可依也将可以调动整个社会综合管理。

旅游法解读 "零负团费"可以休矣

昨天，云南凌云律师事务所孙文杰律师就新法相关内容的亮点进行了解读。

有6点内容值得一提。

1. 建立健全了旅游综合协调机制，对多头监管进行规范

法规第七条："国务院建立健全旅游综合协调机制，对旅游业发展进行综合协调，县级以上地方人民政府应当加强对旅游工作的组织和领导，明确相关部门或者机构，对本行政区域内的旅游业发展和监督管理进行统筹协调。"

法规解读：新法的规定，有助于加强政府对旅游发展的综合协调，加强对旅游市场的管理及监督，规范旅游行业行为准则，提高旅游业的服务质量，从而促使旅游行业自然的优胜劣汰，最终净化旅游行业，实现做大做强。

2. 明确了旅游者的知情权、平等交易权

法规第九条："旅游者有权自主选择旅游产品和服务，有权拒绝旅游经营者的强制交易行为。旅游者有权知悉其购买的旅游产品和服务的真实情况。旅游者有权要求旅游经营者按照约定提供产品和服务。"

法规解读：新法通过以上明文规定的形式，明确了旅游者在旅游过程中对相应产品的知情权、平等交易权等相关权益。

3. 旅游者不得隐瞒个人健康信息

法规第十五条："旅游者购买、接受旅游服务时，应当向旅游经营者如实告知与旅游活动相关的个人健康信息，遵守旅游活动中的安全警示规定。"

法规解读：新法明确规定了旅游者的相应义务，旅游者应将自己的健康状况及时告知旅行社，如确因旅游者故意隐瞒病情，导致在旅行过程中突发疾病产生相应的损害，而旅

游经营方已经尽到相应照管及救助义务的，相关损伤及死亡结果，应由旅游者自行承担相应责任。

4. 服务质量保证金为发生突发事件救助旅游者提供了保障

法规第三十一条："旅行社应当按照规定交纳旅游服务质量保证金，用于旅游者权益损害赔偿和垫付旅游者人身安全遇有危险时紧急救助的费用。"

法规解读：此规定，既有利于旅游者在遭遇权益损害后向旅游经营者索赔，防止经营者以没钱或转移资产来拒绝理赔，也为发生突发事件，第一时间救助旅游者提供了保障。

5. "零负团费"将被遏制

法规第三十五条："旅行社不得以不合理的低价组织旅游活动，诱骗旅游者，并通过安排购物或者另行付费旅游项目获取回扣等不正当利益。"

法规解读：长期以来，以"零负团费"或以低价招徕，通过诱骗、欺骗的方式强迫消费者购物、强迫消费的情况时有发生，旅游法明确规定了低价招徕、强迫购物等不恰当的途径获取利益的一系列经营行为为非法行为，对旅游市场和旅游经营者的行为，起到规范作用，如消费者以后再遇以上行为，就可以拿起法律武器，要求赔偿或承担责任。

6. 景区门票涨价问题将得以解决

法规第四十四条："景区应当在醒目位置公示门票价格、另行收费项目的价格及团体收费价格。景区提高门票价格应当提前六个月公布。"

法规解读：此规定为类似凤凰古城收费等情况，起到一定的规范和监督作用，然而要从根本上处理好此种情况，应处理好听证程序和听证规范，增强门票价格变动的透明性，在群众监督下进行。

第二节　领　队　证

一、领队的概念

出境旅游的领队，是指依照《出境旅游领队人员管理办法》(以下简称《领队人员管理法》)的规定，取得出境旅游领队证(以下简称"领队证")，接受具有出境旅游业务经营权的国际旅行社(以下简称"组团社")委派，从事出境旅游领队工作的人员。

二、领队证的申请条件

申请领队证的人员应当符合下列条件：热爱祖国、遵纪守法；有完全民事行为能力的中国公民；可切实负起领队责任的旅行社人员；熟悉掌握旅游目的地国家或地区的有关情况。

被取消领队资格的人员，不得再次申请领队证登记。

三、申请领队证的程序

(1) 递交以下申请材料：申请领队证人员登记表；组团社出具的胜任领队工作的证明；申请领队证人员业务培训证明。

(2) 申请程序：领队证由组团社向所在地的省级或经授权的地、市级以上旅游行政管理部门申请；旅游行政管理部门应当自收到申请材料之日起 15 个工作日内，对符合条件的申请领队证的人员颁发领队证，并予以登记备案。旅游行政管理部门要根据组团社的正当业务需要依法发放领队证。

四、报考领队证总体要求

须拥有全国导游人员资格证；身体健康；与具备出境组团资格的旅行社订有劳动合同；无重大服务质量投诉；持有效导游证，具有两年以上导游带团经验，有些地方规定要有三年以上带团经验，有本科以上学历的放宽到两年。

五、考试科目

考试科目：主要客源国概况、领队业务、口试。

考试程序如下。

(1) 国家旅游局下发考试通知和名额。

(2) 各地旅游局制定实施办法并通知具备出境组团资格的旅行社和相关单位。

(3) 具备出境组团资格的旅行社组织报名，并将符合报考条件的人员上报各地旅游局。

(4) 各地旅游局审查报名人员后组织培训学习。

(5) 考试。

(6) 根据考试成绩颁发领队证。

(7) 报考人员要口齿伶俐，要有一颗善良的心。

六、报名

(1) 填写报名表，提交身份证、学历证明原件、导游资格证原件及导游证复印件。

(2) 五张一寸同底免冠彩色照片。

(3) 英语免试和加分人员的相关证书的原件、复印件(获得英语、日语导游证或持有英语六级以上证书者可免试外语；获得其他外语导游证者需参加英语测试，但可另加 20 分)。

本章小结

导游人员，是指依照本条例的规定取得导游证，接受旅行社委派，为旅游者提供向导、讲解及相关旅游服务的人员。导游人员资格考试报名条件有：①国籍规定：参加导游人员资格考试的人必须是具有中华人民共和国国籍的公民；②学历条件：报考者必须具有高中、中专或者以上的学历；③身体条件：报考者须具有良好的身体素质，能适应导游工作的需要；④知识、语言条件：参加考试者必须具有适应导游工作需要的基本知识和语言表达能力。导游证可分为正式导游证和临时导游证。领队是指依照《出境旅游领队人员管理办法》(以下简称《领队人员管理法》)的规定，取得出旅游领队证(以下简称“领队证”)，接受具有出境旅游业务经营权的国际旅行社(以下简称“组团社)委派，从事出境旅游领队工作的人员。

课后练习

1. 领队的概念是什么？
2. 领队证的申请条件是什么？
3. 导游人员资格考试报名条件有哪些？
4. 导游证的种类的有哪些？

附录 1　旅行社条例

《旅行社条例》已经 2009 年 1 月 21 日国务院第 47 次常务会议通过，现予公布，自 2009 年 5 月 1 日起施行。

《旅行社条例》所称旅行社，是指从事招徕、组织、接待旅游者活动，为旅游者提供相关的旅游服务，开展国内旅游业务、入境旅游业务和出境旅游业务的企业法人。

第一章　总　　则

第一条

为了加强对旅行社的管理，保障旅游者和旅行社的合法权益，维护旅游市场秩序，促进旅游业的健康发展，制定本条例。

第二条

本条例适用于中华人民共和国境内旅行社的设立及经营活动。

本条例所称旅行社，是指从事招徕、组织、接待旅游者等活动，为旅游者提供相关旅游服务，开展国内旅游业务、入境旅游业务或者出境旅游业务的企业法人。

第三条

国务院旅游行政主管部门负责全国旅行社的监督管理工作。

县级以上地方人民政府管理旅游工作的部门按照职责负责本行政区域内旅行社的监督管理工作。

县级以上各级人民政府工商、价格、商务、外汇等有关部门，应当按照职责分工，依法对旅行社进行监督管理。

第四条

旅行社在经营活动中应当遵循自愿、平等、公平、诚信的原则，提高服务质量，维护旅游者的合法权益。

第五条

旅行社行业组织应当按照章程为旅行社提供服务，发挥协调和自律作用，引导旅行社合法、公平竞争和诚信经营。

第二章　旅行社的设立

第六条

申请设立旅行社，经营国内旅游业务和入境旅游业务的，应当具备下列条件。

(一)有固定的经营场所。

(二)有必要的营业设施。

(三)有不少于30万元的注册资本。

第七条

申请设立旅行社，经营国内旅游业务和入境旅游业务的，应当向所在地省、自治区、直辖市旅游行政管理部门或者其委托的设区的市级旅游行政管理部门提出申请，并提交符合本条例第六条规定的相关证明文件。受理申请的旅游行政管理部门应当自受理申请之日起20个工作日内做出许可或者不予许可的决定。予以许可的，向申请人颁发旅行社业务经营许可证，申请人持旅行社业务经营许可证向工商行政管理部门办理设立登记；不予许可的，书面通知申请人并说明理由。

第八条

旅行社取得经营许可满两年，且未因侵害旅游者合法权益受到行政机关罚款以上处罚的，可以申请经营出境旅游业务。

第九条

申请经营出境旅游业务的，应当向国务院旅游行政主管部门或者其委托的省、自治区、直辖市旅游行政管理部门提出申请，受理申请的旅游行政管理部门应当自受理申请之日起20个工作日内做出许可或者不予许可的决定。予以许可的，向申请人换发旅行社业务经营许可证，旅行社应当持换发的旅行社业务经营许可证到工商行政管理部门办理变更登记；不予许可的，书面通知申请人并说明理由。

第十条

旅行社设立分社的，应当持旅行社业务经营许可证副本向分社所在地的工商行政管理部门办理设立登记，并自设立登记之日起3个工作日内向分社所在地的旅游行政管理部门备案。

旅行社分社的设立不受地域限制。分社的经营范围不得超出设立分社的旅行社的经营范围。

第十一条

旅行社设立专门招徕旅游者、提供旅游咨询的服务网点(以下简称旅行社服务网点)应当依法向工商行政管理部门办理设立登记手续，并向所在地的旅游行政管理部门备案。

旅行社服务网点应当接受旅行社的统一管理，不得从事招徕、咨询以外的活动。

第十二条

旅行社变更名称、经营场所、法定代表人等登记事项或者终止经营的，应当到工商行政管理部门办理相应的变更登记或者注销登记，并在登记办理完毕之日起10个工作日内，向原许可的旅游行政管理部门备案，换领或者交回旅行社业务经营许可证。

第十三条

旅行社应当自取得旅行社业务经营许可证之日起3个工作日内，在国务院旅游行政主管部门指定的银行开设专门的质量保证金账户，存入质量保证金，或者向做出许可的旅游行政管理部门提交依法取得的担保额度不低于相应质量保证金数额的银行担保。

经营国内旅游业务和入境旅游业务的旅行社，应当存入质量保证金 20 万元；经营出境旅游业务的旅行社，应当增存质量保证金 120 万元。

质量保证金的利息属于旅行社所有。

第十四条

旅行社每设立一个经营国内旅游业务和入境旅游业务的分社，应当向其质量保证金账户增存 5 万元；每设立一个经营出境旅游业务的分社，应当向其质量保证金账户增存 30 万元。

第十五条

有下列情形之一的，旅游行政管理部门可以使用旅行社的质量保证金。

(一)旅行社违反旅游合同约定，侵害旅游者合法权益，经旅游行政管理部门查证属实的。

(二)旅行社因解散、破产或者其他原因造成旅游者预交旅游费用损失的。

第十六条

人民法院判决、裁定及其他生效法律文书认定旅行社损害旅游者合法权益，旅行社拒绝或者无力赔偿的，人民法院可以从旅行社的质量保证金账户上划拨赔偿款。

第十七条

旅行社自交纳或者补足质量保证金之日起三年内未因侵害旅游者合法权益受到行政机关罚款以上处罚的，旅游行政管理部门应当将旅行社质量保证金的交存数额降低 50%，并向社会公告。旅行社可凭省、自治区、直辖市旅游行政管理部门出具的凭证减少其质量保证金。

第十八条

旅行社在旅游行政管理部门使用质量保证金赔偿旅游者的损失，或者依法减少质量保证金后，因侵害旅游者合法权益受到行政机关罚款以上处罚的，应当在收到旅游行政管理部门补交质量保证金的通知之日起 5 个工作日内补足质量保证金。

第十九条

旅行社不再从事旅游业务的，凭旅游行政管理部门出具的凭证，向银行取回质量保证金。

第二十条

质量保证金存缴、使用的具体管理办法由国务院旅游行政主管部门和国务院财政部门会同有关部门另行制定。

第三章 外商投资旅行社

第二十一条

外商投资旅行社适用本章规定；本章没有规定的，适用本条例其他有关规定。

前款所称外商投资旅行社，包括中外合资经营旅行社、中外合作经营旅行社和外资旅行社。

第二十二条

设立外商投资旅行社，由投资者向国务院旅游行政主管部门提出申请，并提交符合本条例第六条规定条件的相关证明文件。国务院旅游行政主管部门应当自受理申请之日起 30 个工作日内审查完毕。同意设立的，出具外商投资旅行社业务许可审定意见书；不同意设立的，书面通知申请人并说明理由。

申请人持外商投资旅行社业务许可审定意见书、章程，合资、合作双方签订的合同向国务院商务主管部门提出设立外商投资企业的申请。国务院商务主管部门应当依照有关法律、法规的规定，做出批准或者不予批准的决定。予以批准的，颁发外商投资企业批准证书，并通知申请人向国务院旅游行政主管部门领取旅行社业务经营许可证，申请人持旅行社业务经营许可证和外商投资企业批准证书向工商行政管理部门办理设立登记；不予批准的，书面通知申请人并说明理由。

第二十三条

外商投资旅行社不得经营中国内地居民出国旅游业务以及赴香港特别行政区、澳门特别行政区和台湾地区旅游的业务，但是国务院决定或者我国签署的自由贸易协定和内地与香港、澳门关于建立更紧密经贸关系的安排另有规定的除外。

第四章　旅行社经营

第二十四条

旅行社向旅游者提供的旅游服务信息必须真实可靠，不得作虚假宣传。

第二十五条

经营出境旅游业务的旅行社不得组织旅游者到国务院旅游行政主管部门公布的中国公民出境旅游目的地之外的国家和地区旅游。

第二十六条

旅行社为旅游者安排或者介绍的旅游活动不得含有违反有关法律、法规规定的内容。

第二十七条

旅行社不得以低于旅游成本的报价招徕旅游者。未经旅游者同意，旅行社不得在旅游合同约定之外提供其他有偿服务。

第二十八条

旅行社为旅游者提供服务，应当与旅游者签订旅游合同并载明下列事项。

(一)旅行社的名称及其经营范围、地址、联系电话和旅行社业务经营许可证编号。

(二)旅行社经办人的姓名、联系电话。

(三)签约地点和日期。

(四)旅游行程的出发地、途经地和目的地。

(五)旅游行程中交通、住宿、餐饮服务安排及其标准。

(六)旅行社统一安排的游览项目的具体内容及时间。

(七)旅游者自由活动的时间和次数。

(八)旅游者应当交纳的旅游费用及交纳方式。

(九)旅行社安排的购物次数、停留时间及购物场所的名称。

(十)需要旅游者另行付费的游览项目及价格。

(十一)解除或者变更合同的条件和提前通知的期限。

(十二)违反合同的纠纷解决机制及应当承担的责任。

(十三)旅游服务监督、投诉电话。

(十四)双方协商一致的其他内容。

第二十九条

旅行社在与旅游者签订旅游合同时，应当对旅游合同的具体内容做出真实、准确、完整的说明。

旅行社和旅游者签订的旅游合同约定不明确或者对格式条款的理解发生争议的，应当按照通常理解予以解释；对格式条款有两种以上解释的，应当做出有利于旅游者的解释；格式条款和非格式条款不一致的，应当采用非格式条款。

第三十条

旅行社组织中国内地居民出境旅游的，应当为旅游团队安排领队全程陪同。

第三十一条

旅行社为接待旅游者委派的导游人员或者为组织旅游者出境旅游委派的领队人员，应当持有国家规定的导游证、领队证。

第三十二条

旅行社聘用导游人员、领队人员应当依法签订劳动合同，并向其支付不低于当地最低工资标准的报酬。

第三十三条

旅行社及其委派的导游人员和领队人员不得有下列行为。

(一)拒绝履行旅游合同约定的义务。

(二)非因不可抗力改变旅游合同安排的行程。

(三)欺骗、胁迫旅游者购物或者参加需要另行付费的游览项目。

第三十四条

旅行社不得要求导游人员和领队人员接待不支付接待和服务费用或者支付的费用低于接待和服务成本的旅游团队，不得要求导游人员和领队人员承担接待旅游团队的相关费用。

第三十五条

旅行社违反旅游合同约定，造成旅游者合法权益受到损害的，应当采取必要的补救措施，并及时报告旅游行政管理部门。

第三十六条

旅行社需要对旅游业务做出委托的，应当委托给具有相应资质的旅行社，征得旅游者的同意，并与接受委托的旅行社就接待旅游者的事宜签订委托合同，确定接待旅游者的各项服务安排及其标准，约定双方的权利、义务。

第三十七条

旅行社将旅游业务委托给其他旅行社的，应当向接受委托的旅行社支付不低于接待和服务成本的费用；接受委托的旅行社不得接待不支付或者不足额支付接待和服务费用的旅游团队。

接受委托的旅行社违约，造成旅游者合法权益受到损害的，做出委托的旅行社应当承担相应的赔偿责任。做出委托的旅行社赔偿后，可以向接受委托的旅行社追偿。

接受委托的旅行社故意或者重大过失造成旅游者合法权益受到损害的，应当承担连带责任。

第三十八条

旅行社应当投保旅行社责任险。旅行社责任险的具体方案由国务院旅游行政主管部门会同国务院保险监督管理机构另行制定。

第三十九条

旅行社对可能危及旅游者人身、财产安全的事项，应当向旅游者做出真实的说明和明确的警示，并采取防止危害发生的必要措施。

发生危及旅游者人身安全的情形的，旅行社及其委派的导游人员、领队人员应当采取必要的处置措施并及时报告旅游行政管理部门；在境外发生的，还应当及时报告中华人民共和国驻该国使领馆、相关驻外机构、当地警方。

第四十条

旅游者在境外滞留不归的，旅行社委派的领队人员应当及时向旅行社和中华人民共和国驻该国使领馆、相关驻外机构报告。旅行社接到报告后应当及时向旅游行政管理部门和公安机关报告，并协助提供非法滞留者的信息。

旅行社接待入境旅游发生旅游者非法滞留我国境内的，应当及时向旅游行政管理部门、公安机关和外事部门报告，并协助提供非法滞留者的信息。

第五章 监督检查

第四十一条

旅游、工商、价格、商务、外汇等有关部门应当依法加强对旅行社的监督管理，发现违法行为，应当及时予以处理。

第四十二条

旅游、工商、价格等行政管理部门应当及时向社会公告监督检查的情况。公告的内容包括旅行社业务经营许可证的颁发、变更、吊销、注销情况，旅行社的违法经营行为以及旅行社的诚信记录、旅游者投诉信息等。

第四十三条

旅行社损害旅游者合法权益的，旅游者可以向旅游行政管理部门、工商行政管理部门、价格主管部门、商务主管部门或者外汇管理部门投诉，接到投诉的部门应当按照其职责权限及时调查处理，并将调查处理的有关情况告知旅游者。

第四十四条

旅行社及其分社应当接受旅游行政管理部门对其旅游合同、服务质量、旅游安全、财务账簿等情况的监督检查，并按照国家有关规定向旅游行政管理部门报送经营和财务信息等统计资料。

第四十五条

旅游、工商、价格、商务、外汇等有关部门的工作人员不得接受旅行社的任何馈赠，不得参加由旅行社支付费用的购物活动或者游览项目，不得通过旅行社为自己、亲友或者其他个人、组织牟取私利。

第六章 法律责任

第四十六条

违反本条例的规定，有下列情形之一的，由旅游行政管理部门或者工商行政管理部门责令改正，没收违法所得，违法所得 10 万元以上的，并处违法所得 1 倍以上 5 倍以下的罚款；违法所得不足 10 万元或者没有违法所得的，并处 10 万元以上 50 万元以下的罚款。

(一)未取得相应的旅行社业务经营许可，经营国内旅游业务、入境旅游业务、出境旅游业务的。

(二)分社的经营范围超出设立分社的旅行社的经营范围的。

(三)旅行社服务网点从事招徕、咨询以外的活动的。

第四十七条

旅行社转让、出租、出借旅行社业务经营许可证的，由旅游行政管理部门责令停业整顿 1 个月至 3 个月，并没收违法所得；情节严重的，吊销旅行社业务经营许可证。受让或者租借旅行社业务经营许可证的，由旅游行政管理部门或者工商行政管理部门责令停止非法经营，没收违法所得，并处 10 万元以上 50 万元以下的罚款。

第四十八条

违反本条例的规定，旅行社未在规定期限内向其质量保证金账户存入、增存、补足质量保证金或者提交相应的银行担保的，由旅游行政管理部门责令改正；拒不改正的，吊销旅行社业务经营许可证。

第四十九条

违反本条例的规定，旅行社不投保旅行社责任险的，由旅游行政管理部门责令改正；拒不改正的，吊销旅行社业务经营许可证。

第五十条

违反本条例的规定，旅行社有下列情形之一的，由旅游行政管理部门责令改正；拒不改正的，处1万元以下的罚款。

(一)变更名称、经营场所、法定代表人等登记事项或者终止经营，未在规定期限内向原许可的旅游行政管理部门备案，换领或者交回旅行社业务经营许可证的。

(二)设立分社未在规定期限内向分社所在地旅游行政管理部门备案的。

(三)不按照国家有关规定向旅游行政管理部门报送经营和财务信息等统计资料的。

第五十一条 违反本条例的规定，外商投资旅行社经营中国内地居民出国旅游业务以及赴香港特别行政区、澳门特别行政区和台湾地区旅游业务，或者经营出境旅游业务的旅行社组织旅游者到国务院旅游行政主管部门公布的中国公民出境旅游目的地之外的国家和地区旅游的，由旅游行政管理部门责令改正，没收违法所得，违法所得10万元以上的，并处违法所得1倍以上5倍以下的罚款；违法所得不足10万元或者没有违法所得的，并处10万元以上50万元以下的罚款；情节严重的，吊销旅行社业务经营许可证。

第五十二条

违反本条例的规定，旅行社为旅游者安排或者介绍的旅游活动含有违反有关法律、法规规定的内容的，由旅游行政管理部门责令改正，没收违法所得，并处2万元以上10万元以下的罚款；情节严重的，吊销旅行社业务经营许可证。

第五十三条

违反本条例的规定，旅行社向旅游者提供的旅游服务信息含有虚假内容或者作虚假宣传的，由工商行政管理部门依法给予处罚。

违反本条例的规定，旅行社以低于旅游成本的报价招徕旅游者的，由价格主管部门依法给予处罚。

第五十四条

违反本条例的规定，旅行社未经旅游者同意在旅游合同约定之外提供其他有偿服务的，由旅游行政管理部门责令改正，处1万元以上5万元以下的罚款。

第五十五条

违反本条例的规定，旅行社有下列情形之一的，由旅游行政管理部门责令改正，处2万元以上10万元以下的罚款；情节严重的，责令停业整顿1个月至3个月。

(一)未与旅游者签订旅游合同。

(二)与旅游者签订的旅游合同未载明本条例第二十八条规定的事项。

(三)未取得旅游者同意，将旅游业务委托给其他旅行社。

(四)将旅游业务委托给不具有相应资质的旅行社。

(五)未与接受委托的旅行社就接待旅游者的事宜签订委托合同。

第五十六条

违反本条例的规定，旅行社组织中国内地居民出境旅游，不为旅游团队安排领队全程陪同的，由旅游行政管理部门责令改正，处 1 万元以上 5 万元以下的罚款；拒不改正的，责令停业整顿 1 个月至 3 个月。

第五十七条

违反本条例的规定，旅行社委派的导游人员和领队人员未持有国家规定的导游证或者领队证的，由旅游行政管理部门责令改正，对旅行社处 2 万元以上 10 万元以下的罚款。

第五十八条

违反本条例的规定，旅行社不向其聘用的导游人员、领队人员支付报酬，或者所支付的报酬低于当地最低工资标准的，按照《中华人民共和国劳动合同法》的有关规定处理。

第五十九条

违反本条例的规定，有下列情形之一的，对旅行社，由旅游行政管理部门或者工商行政管理部门责令改正，处 10 万元以上 50 万元以下的罚款；对导游人员、领队人员，由旅游行政管理部门责令改正，处 1 万元以上 5 万元以下的罚款；情节严重的，吊销旅行社业务经营许可证、导游证或者领队证。

(一)拒不履行旅游合同约定的义务的。

(二)非因不可抗力改变旅游合同安排的行程的。

(三)欺骗、胁迫旅游者购物或者参加需要另行付费的游览项目的。

第六十条

违反本条例的规定，旅行社要求导游人员和领队人员接待不支付接待和服务费用、支付的费用低于接待和服务成本的旅游团队，或者要求导游人员和领队人员承担接待旅游团队的相关费用的，由旅游行政管理部门责令改正，处 2 万元以上 10 万元以下的罚款。

第六十一条

旅行社违反旅游合同约定，造成旅游者合法权益受到损害，不采取必要的补救措施的，由旅游行政管理部门或者工商行政管理部门责令改正，处 1 万元以上 5 万元以下的罚款；情节严重的，由旅游行政管理部门吊销旅行社业务经营许可证。

第六十二条

违反本条例的规定，有下列情形之一的，由旅游行政管理部门责令改正，停业整顿 1 个月至 3 个月；情节严重的，吊销旅行社业务经营许可证。

(一)旅行社不向接受委托的旅行社支付接待和服务费用的。

(二)旅行社向接受委托的旅行社支付的费用低于接待和服务成本的。

(三)接受委托的旅行社接待不支付或者不足额支付接待和服务费用的旅游团队的。

第六十三条 违反本条例的规定，旅行社及其委派的导游人员、领队人员有下列情形之一的，由旅游行政管理部门责令改正，对旅行社处2万元以上10万元以下的罚款；对导游人员、领队人员处4000元以上2万元以下的罚款；情节严重的，责令旅行社停业整顿1个月至3个月，或者吊销旅行社业务经营许可证、导游证、领队证。

(一)发生危及旅游者人身安全的情形，未采取必要的处置措施并及时报告的。

(二)旅行社组织出境旅游的旅游者非法滞留境外，旅行社未及时报告并协助提供非法滞留者信息的。

(三)旅行社接待入境旅游的旅游者非法滞留境内，旅行社未及时报告并协助提供非法滞留者信息的。

第六十四条

因妨害国(边)境管理受到刑事处罚的，在刑罚执行完毕之日起五年内不得从事旅行社业务经营活动；旅行社被吊销旅行社业务经营许可的，其主要负责人在旅行社业务经营许可被吊销之日起五年内不得担任任何旅行社的主要负责人。

第六十五条

旅行社违反本条例的规定，损害旅游者合法权益的，应当承担相应的民事责任；构成犯罪的，依法追究刑事责任。

第六十六条

违反本条例的规定，旅游行政管理部门或者其他有关部门及其工作人员有下列情形之一的，对直接负责的主管人员和其他直接责任人员依法给予处分。

(一)发现违法行为不及时予以处理的。

(二)未及时公告对旅行社的监督检查情况的。

(三)未及时处理旅游者投诉并将调查处理的有关情况告知旅游者的。

(四)接受旅行社的馈赠的。

(五)参加由旅行社支付费用的购物活动或者游览项目的。

(六)通过旅行社为自己、亲友或者其他个人、组织牟取私利的。

第七章 附 则

第六十七条

香港特别行政区、澳门特别行政区和台湾地区的投资者在内地投资设立的旅行社，参照适用本条例。

第六十八条

本条例自2009年5月1日起施行。1996年10月15日国务院发布的《旅行社管理条例》同时废止。

附录 2 《旅游景区质量等级的划分与评定》(修订)(GB/T17775－2003)

前　　言

本标准从实施之日起，代替 GB/T 17775—1999《旅游景区质量等级的划分与评定》。本标准与 GB/T 17775—1999 相比，主要修改如下。

——在划分等级中增加了 AAAAA 级旅游景区。新增的 AAAAA 级主要从细节方面、景区的文化性和特色性等方面做更高要求。

——对原 AAAAA 级旅游景区的划分条件均进行了修订，强化以人为本的服务宗旨，AAAA 级旅游景区增加细节性、文化性和特色性要求。

——细化了关于资源吸引力和市场影响力方面的划分条件。

本标准由国家旅游局提出。

本标准由全国旅游标准化技术委员会归口并负责解释。

本标准起草单位：国家旅游局规划发展与财务司。

本标准主要起草人：魏小安、汪黎明、彭德成、潘肖澎、周梅。

引　　言

本标准的制定旨在加强对旅游景区的管理，提高旅游景区服务质量，维护旅游景区和旅游者的合法权益，促进我国旅游资源开发、利用和环境保护。

本标准在制定过程中，总结了国内旅游景区的管理经验，借鉴了国内外有关资料和技术规程，并直接引用了部分国家标准或标准条文。同时，根据 GB/T 17775—1999《旅游景区质量等级的划分与评定》自 1999 年至今近三年时间的实施情况，在原标准基础上对一些内容进行了修订，使其更加符合旅游景区的发展实际。

旅游景区质量等级的划分与评定

1. 范围

本标准规定了旅游景区质量等级划分的依据、条件及评定的基本要求。

本标准适用于接待海内外旅游者的各种类型的旅游景区，包括以自然景观及人文景观为主的旅游景区。

2. 规范性引用文件

下列文件中的条款通过本标准的引用而成为本标准的条款。凡是注日期的引用文件，其随后所有的修改单(不包括勘误的内容)或修订版均不适用于本标准，然而，鼓励根据本标准达成协议的各方研究是否可使用这些文件的最新版本。凡是不注日期的引用文件，其最新版本适用于本标准。

GB 3095—1996 环境空气质量标准

GB 3096—1993 城市区域环境噪声标准

GB 3838 地表水环境质量标准

GB 8978 污水综合排放标准

GB 9664 文化娱乐场所卫生标准

GB 9667 游泳场所卫生标准

GB/T 10001.1 标志用公共信息图形符号第 1 部分：通用符号<GB/T 10001.1-2000，neq ISO7001：1990)

GB/T 15971—1995 导游服务质量

GB 16153 饭馆(餐厅)卫生标准

GB/T 16767 游乐园(场)安全和服务质

3. 术语和定义

下列术语和定义适用于本标准。

3.1 旅游景区 tourist attraction

旅游景区是以旅游及其相关活动为主要功能或主要功能之一的空间或地域。本标准中旅游景区是指具有参观游览、休闲度假、康乐健身等功能，具备相应旅游服务设施并提供相应旅游服务的独立管理区。该管理区应有统一的经营管理机构和明确的地域范围。包括风景区、文博院馆、寺庙观堂、旅游度假区、自然保护区、主题公园、森林公园、地质公园、游乐园、动物园、植物园及工业、农业、经贸、科教、军事、体育、文化艺术等各类旅游景区。

3.2 旅游资源 tourism resources

自然界和人类社会凡能对旅游者产生吸引力，可以为旅游业开发利用，并可产生经济效益、社会效益和环境效益的各种事物和因素。

3.3 游客中心 tourist center

旅游景区设立的为游客提供信息、咨询、游程安排、讲解、教育、休息等旅游设施和服务功能的专门场所。

4. 旅游景区质量等级及标志

4.1 旅游景区质量等级划分为五级，从高到低依次为 AAAAA、AAAA、AAA、AA、A 级旅游景区。

4.2 旅游景区质量等级的标牌、证书由全国旅游景区质量等级评定机构统一规定。

5. 旅游景区质量等级划分条件

5.1 AAAAA 级旅游景区

5.1.1 旅游交通

a) 可进入性好。交通设施完善，进出便捷。或具有一级公路或高等级航道、航线直达；或具有旅游专线交通工具。

b) 有与景观环境相协调的专用停车场或船舶码头。管理完善，布局合理，容量能充分满足游客接待量要求。场地平整坚实、绿化美观或水域畅通、清洁。标志规范、醒目、美观。

c) 区内游览(参观)路线或航道布局合理、顺畅，与观赏内容联结度高，兴奋感强。路面特色突出，或航道水体清澈。

d) 区内应使用清洁能源的交通工具。

5.1.2 游览

a) 游客中心位置合理，规模适度，设施齐全，功能体现充分。咨询服务人员配备齐全，业务熟练，服务热情。

b) 各种引导标识(包括导游全景图、导览图、标识牌、景物介绍牌等)造型特色突出，艺术感和文化气息浓厚，能烘托总体环境。标识牌和景物介绍牌设置合理。

c) 公众信息资料(如研究论著、科普读物、综合画册、音像制品、导游图和导游材料等)特色突出，品种齐全，内容丰富，文字优美，制作精美，适时更新。

d) 导游员(讲解员)持证上岗，人数及语种能满足游客需要。普通话达标率 100%。导游员(讲解员)均应具备大专以上文化程度，其中本科以上不少于 30%。

e) 导游(讲解)词科学、准确、有文采。导游服务具有针对性，强调个性化，服务质量达到 GB/T 15971—1995 中 4.5.3 和第 5 章的要求。

f) 公共信息图形符号的设置合理，设计精美，特色突出，有艺术感和文化气息，符合 GB/T 10001.1 的规定。

g) 游客公共休息设施布局合理，数量充足，设计精美，特色突出，有艺术感和文化气息。

5.1.3 旅游安全

a) 认真执行公安、交通、劳动、质量监督、旅游等有关部门制定和颁布的安全法规，建立完善的安全保卫制度，工作全面落实。

b) 消防、防盗、救护等设备齐全、完好、有效，交通、机电、游览、娱乐等设备完好，运行正常，无安全隐患。游乐园达到 GB/T 16767 规定的安全和服务标准。危险地段标志明显，防护设施齐备、有效，特殊地段有专人看守。

c) 建立紧急救援机制，设立医务室，并配备专职医务人员。设有突发事件处理预案，应急处理能力强，事故处理及时、妥当，档案记录准确、齐全。

5.1.4 卫生

a) 环境整洁，无污水、污物，无乱建、乱堆、乱放现象，建筑物及各种设施设备无剥落、无污垢，空气清新、无异味。

b) 各类场所全部达到 GB 9664 规定的要求，餐饮场所达到 GB 16153 规定的要求，游泳场所达到 GB 9667 规定的要求。

c) 公共厕所布局合理，数量能满足需要，标识醒目美观，建筑造型景观化。所有厕所具备水冲、盥洗、通风设备，并保持完好或使用免水冲生态厕所。厕所设专人服务，洁具洁净、无污垢、无堵塞。室内整洁，有文化气息。

d) 垃圾箱布局合理，标识明显，造型美观独特，与环境相协调。垃圾箱分类设置，垃圾清扫及时，日产日清。

e) 食品卫生符合国家规定，餐饮服务配备消毒设施，不应使用对环境造成污染的一次性餐具。

5.1.5 邮电服务

a) 提供邮政及邮政纪念服务。

b) 通讯设施布局合理。出入口及游人集中场所设有公用电话，具备国际、国内直拨功能。

c) 公用电话亭与环境相协调，标志美观醒目。

d) 通讯方便，线路畅通，服务亲切，收费合理。

e) 能接收手提电话信号。

5.1.6 旅游购物

a) 购物场所布局合理，建筑造型、色彩、材质有特色，与环境协调。

b) 对购物场所进行集中管理，环境整洁，秩序良好，无围追兜售、强买强卖现象。

c) 对商品从业人员有统一管理措施和手段。

d) 旅游商品种类丰富，本地区及本旅游区特色突出。

5.1.7 经营管理

a) 管理体制健全，经营机制有效。

b) 旅游质量、旅游安全、旅游统计等各项经营管理制度健全有效，贯彻措施得力，定期监督检查，有完整的书面记录和总结。

c) 管理人员配备合理，中高级以上管理人员均具备大学以上文化程度。

d) 具有独特的产品形象、良好的质量形象、鲜明的视觉形象和文明的员工形象，确立自身的品牌标志，并全面、恰当地使用。

e) 有正式批准的旅游总体规划，开发建设项目符合规划要求。

f) 培训机构、制度明确，人员、经费落实，业务培训全面，效果良好，上岗人员培训合格率达 100%。

g) 投诉制度健全，人员落实、设备专用，投诉处理及时、妥善，档案记录完整。

h) 为特定人群(老年人、儿童、残疾人等)配备旅游工具、用品，提供特殊服务。

5.1.8 资源和环境的保护

a) 空气质量达到 GB 3095—1996 的一级标准。

b) 噪声质量达到 GB 3096—1993 的一类标准。

c) 地面水环境质量达到 GB 3838 的规定。

d) 污水排放达到 GB 8978 的规定。

e) 自然景观和文物古迹保护手段科学，措施先进，能有效预防自然和人为破坏，保持自然景观和文物古迹的真实性和完整性。

f) 科学管理游客容量。

g) 建筑布局合理，建筑物体量、高度、色彩、造型与景观相协调。出入口主体建筑格调突出，并烘托景观及环境。周边建筑物与景观格调协调，或具有一定的缓冲区域。

h) 环境氛围优良。绿化覆盖率高，植物与景观配置得当，景观与环境美化措施多样，效果好。

i) 区内各项设施设备符合国家关于环境保护的要求，不造成环境污染和其他公害，不破坏旅游资源和游览气氛。

5.1.9 旅游资源吸引力

a) 观赏游憩价值极高。

b) 同时具有极高的历史价值、文化价值、科学价值，或其中一类价值具世界意义。

c) 有大量珍贵物种，或景观异常奇特，或有世界级资源实体。

d) 资源实体体量巨大，或资源类型多，或资源实体疏密度极优。

e) 资源实体完整无缺，保持原来形态与结构。

5.1.10 市场吸引力

a) 世界知名。

b) 美誉度极高。

c) 市场辐射力很强。

d) 主题鲜明，特色突出，独创性强。

5.1.11 年接待海内外旅游者 60 万人次以上，其中海外旅游者 5 万人次以上。

5.1.12 游客抽样调查满意率很高。

5.2 AAAA 级旅游景区

5.2.1 旅游交通

a) 可进入性良好。交通设施完善，进出便捷。或具有一级公路或高等级航道、航线直达；或具有旅游专线交通工具。

b) 有与景观环境相协调的专用停车场或船舶码头。且管理完善，布局合理，容量能满足游客接待量要求。场地平整坚实或水域畅通。标志规范、醒目。

c) 区内游览(参观)路线或航道布局合理、顺畅，观赏面大。路面有特色，或航道水质良好。

d) 区内使用低排放的交通工具，或鼓励使用清洁能源的交通工具。

5.2.2 游览

a) 游客中心位置合理，规模适度，设施齐全，功能完善。咨询服务人员配备齐全，业务熟练，服务热情。

b) 各种引导标识(包括导游全景图、导览图、标识牌、景物介绍牌等)造型有特色，与景观环境相协调。标识牌和景物介绍牌设置合理。

c) 公众信息资料(如研究论著、科普读物、综合画册、音像制品、导游图和导游材料等)特色突出，品种齐全，内容丰富，制作良好，适时更新。

d) 导游员(讲解员)持证上岗，人数及语种能满足游客需要。普通话达标率 100%。导游员(讲解员)均应具备高中以上文化程度，其中大专以上不少于 40%。

e) 导游(讲解)词科学、准确、生动。导游服务质量达到 GB/T 15971—1995 中 4.5.3 和第 5 章的要求。

f) 公共信息图形符号的设置合理，设计精美，有特色，有艺术感，符合 GB/T 10001.1 的规定。

g) 游客公共休息设施布局合理，数量充足，设计精美，有特色，有艺术感。

5.2.3 旅游安全

a) 认真执行公安、交通、劳动、质量监督、旅游等有关部门制定和颁布的安全法规，建立完善的安全保卫制度，工作全面落实。

b) 消防、防盗、救护等设备齐全、完好、有效，交通、机电、游览、娱乐等设备完好，运行正常，无安全隐患。游乐园达到 GB/T 16767 规定的安全和服务标准。危险地段标志明显，防护设施齐备、有效，高峰期有专人看守。

c) 建立紧急救援机制，设立医务室，并配备医务人员。设有突发事件处理预案，应急处理能力强，事故处理及时、妥当，档案记录准确、齐全。

5.2.4 卫生

a) 环境整洁，无污水、污物，无乱建、乱堆、乱放现象，建筑物及各种设施设备无剥落、无污垢，空气清新、无异味。

b) 各类场所全部达到 GB 9664 规定的要求，餐饮场所达到 GB 16153 规定的要求，游泳场所达到 GB 9667 规定的要求。

c) 公共厕所布局合理，数量能满足需要，标识醒目美观，建筑造型与景观环境相协调。所有厕所具备水冲、盥洗、通风设备，并保持完好或使用免水冲生态厕所。厕所管理完善，洁具洁净、无污垢、无堵塞。室内整洁。

d) 垃圾箱布局合理，标识明显，数量能满足需要，造型美观，与环境相协调。垃圾分类收集，清扫及时，日产日清。

e) 食品卫生符合国家规定，餐饮服务配备消毒设施，不使用对环境造成污染的一次性餐具。

5.2.5 邮电服务

a) 提供邮政及邮政纪念服务。

b) 通讯设施布局合理。出入口及游人集中场所设有公用电话，具备国际、国内直拨功能。

c) 公用电话亭与环境相协调，标志美观醒目。

d) 通讯方便，线路畅通，服务亲切，收费合理。

e) 能接收手提电话信号。

5.2.6 旅游购物

a) 购物场所布局合理，建筑造型、色彩、材质有特色，与环境协调。

b) 对购物场所进行集中管理，环境整洁，秩序良好，无围追兜售、强买强卖现象。

c) 对商品从业人员有统一管理措施和手段。

d) 旅游商品种类丰富，具有本地区特色。

5.2.7 经营管理

a) 管理体制健全，经营机制有效。

b) 旅游质量、旅游安全、旅游统计等各项经营管理制度健全有效，贯彻措施得力，定期监督检查，有完整的书面记录和总结。

c) 管理人员配备合理，高级管理人员均应具备大学以上文化程度。

d) 具有独特的产品形象、良好的质量形象、鲜明的视觉形象和文明的员工形象，确立自身的品牌标志，并全面、恰当地使用。

e) 有正式批准的旅游总体规划，开发建设项目符合规划要求。

f) 培训机构、制度明确，人员、经费落实，业务培训全面，效果良好，上岗人员培训合格率达 100%。

g) 投诉制度健全，人员、设备落实，投诉处理及时、妥善，档案记录完整。

h) 为特定人群(老年人、儿童、残疾人等)配备旅游工具、用品，提供特殊服务。

5.2.8 资源和环境的保护

a) 空气质量达到 GB 3095—1996 的一级标准。

b) 噪声质量达到 GB 3096—1993 的一类标准。

c) 地面水环境质量达到 GB 3838 的规定。

d) 污水排放达到 GB 8978 的规定。

e) 自然景观和文物古迹保护手段科学，措施先进，能有效预防自然和人为破坏，保持自然景观和文物古迹的真实性和完整性。

f) 科学管理游客容量。

g) 建筑布局合理，建筑物体量、高度、色彩、造型与景观相协调。出入口主体建筑有格调，与景观环境相协调。周边建筑物与景观格调协调，或具有一定的缓冲区域或隔离带。

h) 环境氛围良好。绿化覆盖率高，植物与景观配置得当，景观与环境美化措施多样，效果良好。

i) 区内各项设施设备符合国家关于环境保护的要求，不造成环境污染和其他公害，不破坏旅游资源和游览气氛。

5.2.9 旅游资源吸引力

a) 观赏游憩价值很高。

b) 同时具有很高的历史价值、文化价值、科学价值，或其中一类价值具全国意义。

c) 有很多珍贵物种，或景观非常奇特，或有国家级资源实体。

d) 资源实体体量很大，或资源类型多，或资源实体疏密度优良。

e) 资源实体完整，保持原来形态与结构。

5.2.10 市场吸引力

a) 全国知名。

b) 美誉度高。

c) 市场辐射力强。

d) 形成特色主题，有一定独创性。

5.2.11 年接待海内外旅游者 50 万人次以上，其中海外旅游者 3 万人次以上。

5.2.12 游客抽样调查满意率高。

5.3 AAA 级旅游景区

5.3.1 旅游交通

a) 可进入性较好。交通设施完备，进出便捷。或具有至少二级以上公路或高等级航道、航线直达；或具有旅游专线等便捷交通工具。

b) 有与景观环境相协调的专用停车场或船舶码头。且布局合理，容量能满足需求。场地平整坚实或水域畅通。标志规范、醒目。

c) 区内游览(参观)路线或航道布局合理、顺畅，观赏面大。路面有特色，或航道水质良好。

d) 区内使用低排放的交通工具，或鼓励使用清洁能源的交通工具。

5.3.2 游览

a) 游客中心位置合理，规模适度，设施、功能齐备。游客中心有服务人员，业务熟悉，服务热情。

b) 各种引导标识(包括导游全景图、导览图、标识牌、景物介绍牌等)造型有特色，与景观环境相协调。标识牌和景物介绍牌设置合理。

c) 公众信息资料(如研究论著、科普读物、综合画册、音像制品、导游图和导游材料等)有特色，品种全，内容丰富，制作良好，适时更新。

d) 导游员(讲解员)持证上岗，人数及语种能满足游客需要。普通话达标率 100%。导游员(讲解员)均应具备高中以上文化程度，其中大专以上不少于 20%。

e) 导游(讲解)词科学、准确、生动、导游服务质量达到 GB/T 15971—1995 中 4.5.3 和第 5 章的要求。

f) 公共信息图形符号的设置合理，设计有特色，符合 GB/T 10001. 1 的规定。

g) 游客公共休息设施布局合理，数量满足需要，设计有特色。

5.3.3 旅游安全

a) 认真执行公安、交通、劳动、质量监督、旅游等有关部门制定和颁布的安全法规，建立完善的安全保卫制度，工作全面落实。

b) 消防、防盗、救护等设备齐全、完好、有效，交通、机电、游览、娱乐等设备完好，运行正常，无安全隐患。游乐园达到 GB/T 16767 规定的安全和服务标准。危险地段标志明显，防护设施齐备、有效，高峰期有专人看守。

c) 建立紧急救援机制，设立医务室，至少配备兼职医务人员。设有突发事件处理预案，应急处理能力强，事故处理及时、妥当，档案记录准确、齐全。

5.3.4 卫生

a) 环境整洁，无污水、污物，无乱建、乱堆、乱放现象，建筑物及各种设施设备无剥落、无污垢，空气清新、无异味。

b) 各类场所全部达到 GB 9664 规定的要求，餐饮场所达到 GB 16153 规定的要求，游泳场所达到 GB 9667 规定的要求。

c) 公共厕所布局合理，数量满足需要，标识醒目，建筑造型与景观环境协调。全部厕所具备水冲、通风设备，并保持完好或使用免水冲生态厕所。厕所整洁，洁具洁净、无污垢、无堵塞。

d) 垃圾箱布局合理，标识明显，数量满足需要，造型美观，与环境协调。垃圾清扫及时，日产日清。

e) 食品卫生符合国家规定，餐饮服务配备消毒设施，不使用造成污染的一次性餐具。

5.3.5 邮电服务

a) 提供邮政及邮政纪念服务。

b) 通讯设施布局合理。游人集中场所设有公用电话，具备国际、国内直拨功能。

c) 公用电话亭与环境基本协调，标志醒目。

d) 通讯方便，线路畅通，服务亲切，收费合理。

e) 能接收手提电话信号。

5.3.6 旅游购物

a) 购物场所布局合理，建筑造型、色彩、材质与环境协调。

b) 对购物场所进行集中管理，环境整洁，秩序良好，无围追兜售、强买强卖现象。

c) 对商品从业人员有统一管理措施和手段。

d) 旅游商品种类丰富，具有本地区特色。

5.3.7 经营管理

a) 管理体制健全，经营机制有效。

b) 旅游质量、旅游安全、旅游统计等各项经营管理制度健全有效，贯彻措施得力，定期监督检查，有完整的书面记录和总结。

c) 管理人员配备合理，80%以上中高级管理人员具备大专以上文化程度。

d) 具有独特的产品形象、良好的质量形象、鲜明的视觉形象和文明的员工形象，确立自身的品牌标志，并全面、恰当地使用。

e) 有正式批准的总体规划，开发建设项目符合规划要求。

f) 培训机构、制度明确，人员、经费落实，业务培训全面，效果良好，上岗人员培训合格率达 100%。

g) 投诉制度健全，人员、设备落实，投诉处理及时、妥善，档案记录完整。

h) 能为特定人群(老年人、儿童、残疾人等)提供特殊服务。

5 3.8 资源及环境的保护

a) 空气质量达到 GB 3095—1996 的一级标准。

b) 噪声质量达到 GB 3096—1993 的一类标准。

c) 地面水环境质量达到 GB 3838 的规定。

d) 污水排放达到 GB 8978 的规定。

e) 自然景观和文物古迹保护手段科学，措施得力，能有效预防自然和人为破坏，保持自然景观和文物古迹的真实性和完整性。

f) 科学管理游客容量。

g) 建筑布局合理，建筑物体量、高度、色彩、造型与景观相协调。出入口主体建筑有格调，与景观环境相协调。周边建筑物与景观格调协调，或具有一定的缓冲区或隔离带。

h) 环境氛围良好。绿化覆盖率较高，植物与景观配置得当，景观与环境美化效果良好。

i) 区内各项设施设备符合国家关于环境保护的要求，不造成环境污染和其他公害，不破坏旅游资源和游览气氛。

5.3.9 旅游资源吸引力

a) 观赏游憩价值较高。

b) 同时具有很高的历史价值、文化价值、科学价值，或其中一类价值具省级意义。

c) 有较多珍贵物种，或景观奇特，或有省级资源实体。

d) 资源实体体量大，或资源类型较多，或资源实体疏密度良好。

e) 资源实体完整，基本保持原来形态与结构。

5.3.10 市场吸引力

a) 周边省市知名。

b) 美誉度较高。

c) 市场辐射力较强。

d) 有一定特色，并初步形成主题。

5.3.11 年接待海内外旅游者 30 万人次以上。

5.3.12 游客抽样调查满意率较高。

5.4 AA 级旅游景区

5.4.1 旅游交通

a) 可进入性较好。进出方便，道路通畅。

b) 有专用停车船场所，布局较合理，容量能基本满足需求，场地平整坚实或水域畅通，标志规范、醒目。

c) 区内游览(参观)路线或航道布局基本合理、顺畅。

d) 区内使用低排放的交通工具，或鼓励使用清洁能源的交通工具。区内无对环境造成污染的交通工具。

5.4.2 游览

a) 有为游客提供咨询服务的游客中心或相应场所，咨询服务人员业务熟悉，服务热情。

b) 各种引导标识(包括导游全景图、导览图、标识牌、景物介绍牌等)清晰美观，与景观环境基本协调。标识牌和景物介绍牌设置合理。

c) 公众信息资料(如研究论著、科普读物、综合画册、音像制品、导游图和导游材料等)品种多，内容丰富，制作较好。

d) 导游员(讲解员)持证上岗，人数及语种能满足游客需要。普通话达标率 100%。导游员(讲解员)均应具备高中以上文化程度。

e) 导游(讲解)词科学、准确、生动。导游服务质量达到 GB/T 15971—1995 中 4.5.3 和第 5 章的要求。

f) 公共信息图形符号的设置合理，规范醒目，符合 GB/T 10001.1 的规定。

g) 游客公共休息设施布局合理，数量基本满足需要，造型与环境基本协调。

5.4.3 旅游安全

a) 认真执行公安、交通、劳动、质量监督、旅游等有关部门制定和颁布的安全法规，建立完善的安全保卫制度，工作全面落实。

b) 消防、防盗、救护等设备齐全、完好、有效，交通、机电、游览、娱乐等设备完好，运行正常，无安全隐患。游乐园达到 GB/T 16767 规定的安全和服务标准。危险地段标志明显，防护设施齐备、有效。

c) 建立紧急救援机制。配备游客常用药品。事故处理及时、妥当，档案记录完整。

5.4.4 卫生

a) 环境比较整洁，无污水、污物，无乱建、乱堆、乱放现象，建筑物及各种设施设备无剥落、无污垢，空气清新、无异味。

b) 各类场所全部达到 GB 9664 规定的要求，餐饮场所达到 GB 16153 规定的要求，游泳场所达到 GB 9667 规定的要求。

c) 公共厕所布局合理，数量基本满足需要，标识醒目，建筑造型与景观环境协调。70%以上厕所具备水冲设备，并保持完好或使用免水冲生态厕所。厕所整洁，洁具洁净、无污垢、无堵塞。

d) 垃圾箱布局合理，标识明显，数量基本满足需要，造型美观，与环境基本协调。垃圾清扫及时，日产日清。

e) 食品卫生符合国家规定，餐饮服务配备消毒设施，不使用对环境造成污染的一次性餐具。

5.4.5 邮电服务

a) 提供邮政或邮政纪念服务。

b) 通讯设施布局合理。游人集中场所设有公用电话，具备国内直拨功能。

c) 公用电话亭与环境基本协调，标志醒目。

d) 通讯方便，线路畅通，服务亲切，收费合理。

e) 能接收手提电话信号。

5.4.6 旅游购物

a) 购物场所布局基本合理，建筑造型、色彩、材质与环境基本协调。

b) 对购物场所进行集中管理，环境整洁，秩序良好，无围追兜售、强买强卖现象。

c) 对商品从业人员有统一管理措施和手段。

d) 旅游商品种类较多，具有本地区特色。

5.4.7 经营管理

a) 管理体制健全，经营机制有效。

b) 旅游质量、旅游安全、旅游统计等各项经营管理制度健全有效，贯彻措施得力，定期监督检查，有完整的书面记录和总结。

c) 管理人员配备合理，70%以上中高级管理人员具备大专以上文化程度。

d) 具有独特的产品形象、良好的质量形象、鲜明的视觉形象和文明的员工形象。

e) 有正式批准的总体规划，开发建设项目符合规划要求。

f) 培训机构、制度明确，人员、经费落实，业务培训全面，效果良好，上岗人员培训合格率达 100%。

g) 投诉制度健全，人员、设备落实，投诉处理及时、妥善，档案记录基本完整。

h) 能为特定人群(老年人、儿童、残疾人等)提供特殊服务。

5.4.8 资源和环境的保护

a) 空气质量达到 GB 3095—1996 的一级标准。

b) 噪声质量达到 GB 3096—1993 的一类标准。

c) 地面水环境质量达到 GB 3838 的规定。

d) 污水排放达到 GB 8978 的规定。

e) 自然景观和文物古迹保护手段科学，措施得力，能有效预防自然和人为破坏，基本保持自然景观和文物古迹的真实性和完整性。

f) 科学管理游客容量。

g) 建筑布局基本合理，建筑物体量、高度、色彩、造型与景观基本协调。出入口主体建筑有格调，与景观环境相协调。周边建筑物与景观格调基本协调，或具有一定的缓冲区或隔离带。

h) 环境氛围良好。绿化覆盖率较高，植物与景观配置得当，景观与环境美化效果较好。

i) 区内各项设施设备符合国家关于环境保护的要求，不造成环境污染和其他公害，不破坏旅游资源和游览气氛。

5.4.9 旅游资源吸引力

a) 观赏游憩价值一般。

b) 同时具有较高的历史价值、文化价值、科学价值，或其中一类价值具地区意义。

c) 有少量珍贵物种，或景观突出，或有地区级资源实体。

d) 资源实体体量较大，或资源类型较多，或资源实体疏密度较好。

e) 资源实体基本完整。

5.4.10 市场吸引力

a) 全省知名。

b) 有一定美誉度。

c) 有一定市场辐射力。

d) 有一定特色。

5.4.11 年接待海内外旅游者 10 万人次以上。

5.4.12 游客抽样调查满意率较高。

5.5 A 级旅游景区

5.5.1 旅游交通

a) 通往旅游景区的交通基本通畅，有较好的可进入性。

b) 具有停车(船)场所，容量能基本满足需求，场地较平整坚实或水域较畅通，有相应标志。

c) 区内游览(参观)路线或航道布局基本合理、顺畅。

d) 区内使用低排放的交通工具，或鼓励使用清洁能源的交通工具。

5.5.2 游览

a) 有为游客提供咨询服务的场所，服务人员业务熟悉，服务热情。

b) 各种公众信息资料(包括导游全景图、标识牌、景物介绍牌等)与景观环境基本协调。标识牌和景物介绍牌设置基本合理。

c) 宣传教育材料(如研究论著、科普读物、综合画册、音像制品、导游图和导游材料等)品种多，内容丰富，制作较好。

d) 导游员(讲解员)持证上岗，人数及语种能基本满足游客需要。普通话达标率 100%。导游员(讲解员)均应具备高中以上文化程度。

e) 导游(讲解)词科学、准确、生动。导游服务质量达到 GB/T 15971—1995 中 4.5.3 和第 5 章的要求。

f) 公共信息图形符号的设置基本合理，基本符合 GB/T 10001.1 的规定。

g) 游客公共休息设施布局基本合理，数量基本满足需要。

5.5.3 旅游安全

a) 认真执行公安、交通、劳动、质量监督、旅游等有关部门制定和颁布的安全法规，安全保卫制度健全，工作落实。

b) 消防、防盗、救护等设备齐全、完好、有效，交通、机电、游览、娱乐等设备完好，运行正常，无安全隐患。游乐园达到 GB/T 16767 规定的安全和服务标准。危险地段标志明显，防护设施齐备、有效。

c) 事故处理及时、妥当，档案记录完整，配备游客常用药品。

5.5.4 卫生

a) 环境比较整洁，无污水、污物，无乱建、乱堆、乱放现象，建筑物及各种设施设备无剥落、无污垢，空气清新、无异味。

b) 各类场所全部达到 GB 9664 规定的要求，餐饮场所达到 GB 16153 规定的要求，游泳场所达到 GB 9667 规定的要求。

c) 公共厕所布局较合理，数量基本满足需要，建筑造型与景观环境比较协调。50%以上厕所具备水冲设备，并保持完好或使用免水冲生态厕所。厕所较整洁，洁具洁净、无污垢、无堵塞。

d) 垃圾箱布局较合理，标识明显，数量基本满足需要，造型与环境比较协调。垃圾清扫及时，日产日清。

e) 食品卫生符合国家规定，餐饮服务配备消毒设施，不使用对环境造成污染的一次性餐具。

5.5.5 邮电服务

a) 提供邮政或邮政纪念服务。

b) 通讯设施布局较合理。游人集中场所设有公用电话，具备国内直拨功能。

c) 通讯方便，线路畅通，收费合理。

d) 能接收手提电话信号。

5.5.6 旅游购物

a) 购物场所布局基本合理，建筑造型、色彩、材质与环境较协调。

b) 对购物场所进行集中管理，环境整洁，秩序良好，无围追兜售、强买强卖现象。

c) 对商品从业人员有统一管理措施和手段。

d) 旅游商品有本地区特色。

5.5.7 经营管理

a) 管理体制健全，经营机制有效。

b) 旅游质量、旅游安全、旅游统计等各项经营管理制度健全有效，贯彻措施得力，定期监督检查，有比较完整的书面记录和总结。

c) 管理人员配备合理，60%以上中高级管理人员具大专以上文化程度。

d) 具有一定的产品形象、质量形象和文明的员工形象。

e) 有正式批准的总体规划，开发建设项目符合规划要求。

f) 培训机构、制度明确，人员、经费落实，业务培训全面，效果良好，上岗人员培训合格率达 100%。

g) 投诉制度健全，人员、设备落实，投诉处理及时，档案记录基本完整。

h) 能为特定人群(老年人、儿童、残疾人等)提供特殊服务。

5.5.8 资源和环境的保护

a) 空气质量达到 GB 3095-1996 的一级标准。

b) 噪声质量达到 GB 3096-1993 的一类标准。

c) 地面水环境质量达到 GB 3838 的规定。

d) 污水排放达到 GB 8978 的规定。

e) 自然景观和文物古迹保护手段科学，措施得力，能有效预防自然和人为破坏，基本保持自然景观和文物古迹的真实性和完整性。

f) 科学管理游客容量。

g) 建筑布局较合理，建筑物造型与景观基本协调。出入口主体建筑与景观环境基本协调。周边建筑物与景观格调较协调，或具有一定的缓冲区或隔离带。

h) 环境氛围较好。绿化覆盖率较高，景观与环境美化效果较好。

i) 区内各项设施设备符合国家关于环境保护的要求，不造成环境污染和其他公害，不破坏旅游资源和游览气氛。

5.5.9 旅游资源吸引力

a) 观赏游憩价值较小。

b) 同时具有一定的历史价值、文化价值、科学价值，或其中一类价值具地区意义。

c) 有个别珍贵物种，或景观比较突出，或有地区级资源实体。

d) 资源实体体量中等，或有一定资源类型，或资源实体疏密度一般。

e) 资源实体较完整。

5.5.10 市场吸引力

a) 本地区知名。

b) 有一定美誉度。

c) 有一定市场辐射力。

d) 有一定特色。

5.5.11 年接待海内外游客 3 万人次以上。

5.5.12 游客抽样调查基本满意。

6. 旅游景区质量等级的划分依据与方法

6.1 根据旅游景区质量等级划分条件确定旅游景区质量等级，按照《服务质量与环境质量评分细则》、《景观质量评分细则》的评价得分，并结合《游客意见评分细则》的得分综合进行。

6.2 经评定合格的各质量等级旅游景区，由全国旅游景区质量等级评定机构向社会统一公告。

来源：国家旅游局信息中心

附录 3　国家 5A 级旅游景区列表

(截止到 2013 年 1 月)

北京：故宫博物院、天坛公园、颐和园、八达岭—慕田峪长城、明十三陵、恭王府景区。

天津：天津古文化街旅游区(津门故里)、天津盘山风景名胜区。

河北：秦皇岛市山海关景区、保定市安新白洋淀景区、承德避暑山庄及周围寺庙景区、保定市野三坡景区、石家庄市西柏坡景区。

山西：大同市云冈石窟、忻州市五台山风景名胜区、晋城市皇城相府生态文化旅游区。

内蒙古：鄂尔多斯市响沙湾旅游景区、鄂尔多斯市成吉思汗陵旅游区。

辽宁：沈阳市植物园、大连老虎滩海洋公园·老虎滩极地馆、大连市金石滩景区。

吉林：长春市伪满皇宫博物院、长白山景区、长春市净月潭景区。

黑龙江：哈尔滨市太阳岛公园、黑河市五大连池景区、牡丹江市镜泊湖景区。

上海：上海东方明珠广播电视塔、上海野生动物园、上海科技馆。

江苏：南京市钟山风景名胜区—中山陵园风景区、苏州园林(拙政园、留园、虎丘山)、苏州市同里古镇风景区、苏州市周庄古镇景区、苏州市金鸡湖国家商务旅游示范景区、中央电视台无锡影视基地三国水浒景区、无锡市灵山大佛景区、南京市夫子庙—秦淮风光带景区、扬州市瘦西湖风景区、镇江市金山焦山北固山景区、常州市环球恐龙城休闲旅游区、南通市濠河景区、姜堰市溱湖旅游景区、苏州市吴中太湖旅游区。

浙江：杭州市西湖风景名胜区、温州市雁荡山风景名胜区、舟山市普陀山风景名胜区、杭州市千岛湖风景名胜区、宁波市奉化溪口—滕头旅游景区、嘉兴市桐乡乌镇古镇旅游区、金华市东阳横店影视城景区、嘉兴市南湖旅游区、杭州市西溪湿地旅游区。

安徽：黄山市黄山风景区、池州市九华山风景区、安庆市天柱山风景区、黄山市皖南古村落—西递·宏村。

福建：厦门市鼓浪屿风景名胜区、南平市武夷山风景名胜区、福建土楼(永定·南靖)旅游景区、三明市泰宁风景旅游区、泉州市清源山、宁德屏南白水洋鸳鸯溪旅游景区。

江西：九江市庐山风景旅游区、吉安市井冈山风景旅游区、上饶市三清山旅游景区、鹰潭市龙虎山旅游景区。

山东：烟台市蓬莱阁旅游区、济宁市曲阜明故城(三孔)旅游区、泰安市泰山景区、青岛市崂山景区、烟台市龙口南山景区、威海市刘公岛景区。

河南：登封市嵩山少林寺景区、洛阳市龙门石窟景区、焦作云台山—神农山—博爱青天河风景名胜区、开封市清明上河园、洛阳市白云山景区、安阳市殷墟景区、平顶山市尧山—中原大佛景区、洛阳市栾川老君山·鸡冠洞旅游区景区、洛阳龙潭大峡谷景区。

湖南：衡阳市南岳衡山旅游区、张家界武陵源—天门山旅游区、岳阳市岳阳楼—君山岛景区、湘潭市韶山旅游区、长沙市岳麓山·橘子洲旅游区。

湖北：武汉市黄鹤楼公园、宜昌市三峡大坝旅游区、宜昌市三峡人家风景区、十堰市武当山风景区、恩施巴东神龙溪纤夫文化旅游区、神农架生态旅游区。

广东：广州市长隆旅游度假区、深圳华侨城旅游度假区、广州市白云山风景区、梅州市雁南飞茶田景区、清远市连州地下河旅游景区、深圳观澜湖休闲旅游度假区、韶关丹霞山景区。

广西：桂林市漓江景区、桂林市乐满地度假世界。

海南：三亚市南山文化旅游区、三亚市南山大小洞天旅游区、呀诺达雨林文化旅游区。

重庆：重庆大足石刻景区、重庆巫山小三峡—小小三峡、武隆喀斯特旅游区(天生三桥、仙女山、芙蓉洞)、重庆酉阳桃花源景区。

四川：成都市青城山—都江堰旅游景区、乐山市峨眉山景区、阿坝藏族羌族自治州九寨沟旅游景区、乐山市乐山大佛景区、阿坝藏族羌族自治州黄龙景区。

贵州：安顺市黄果树瀑布景区、安顺龙宫景区。

云南：昆明市石林风景区、丽江市玉龙雪山景区、大理崇圣寺三塔文化旅游区、中科院西双版纳热带植物园、丽江古城景区。

陕西：西安市秦始皇陵兵马俑博物馆、西安市华清池景区、延安市黄帝陵景区、西安大雁塔·大唐芙蓉园景区、渭南市华山景区。

甘肃：嘉峪关市嘉峪关文物景区、平凉市崆峒山风景名胜区、天水市麦积山景区。

青海：青海湖景区。

宁夏：石嘴山市沙湖旅游景区、中卫市沙坡头旅游景区、银川市镇北堡西部影视城。

新疆：乌鲁木齐市天山天池风景名胜区、吐鲁番市葡萄沟风景区、阿勒泰地区喀纳斯湖景区、伊犁哈萨克自治州那拉提旅游风景区、富蕴县可可托海景区。

附录4　中国世界遗产名录

截至2012年7月，中国已有43处自然文化遗址和自然景观列入《世界遗产名录》，其中文化遗产27项，自然遗产8项，自然景观1项，文化和自然双重遗产4项，文化景观3项。

1. 山东泰山：泰山(山东泰安市)、岱庙(山东泰安市)、灵岩寺(山东济南市)1987.12 文化与自然双重遗产(世界首个双重遗产)
2. 甘肃敦煌莫高窟 1987.12 文化遗产
3. 周口店北京人遗址 1987.12 文化遗产
4. 长城 1987.12 文化遗产
5. 陕西秦始皇陵及兵马俑 1987.12 文化遗产
6. 明清皇宫：北京故宫(北京)1987.12 文化遗产、沈阳故宫(辽宁) 2004.7 文化遗产
7. 安徽黄山 1990.12 文化与自然双重遗产
8. 四川黄龙国家级名胜区 1992.12 自然遗产
9. 湖南武陵源国家级名胜区 1992.12 自然遗产
10. 四川九寨沟国家级名胜区 1992.12 自然遗产
11. 湖北武当山古建筑群 1994.12 文化遗产
12. 山东曲阜的孔庙、孔府及孔林 1994.12 文化遗产
13. 河北承德避暑山庄及周围寺庙 1994.12 文化遗产
14. 西藏布达拉宫(大昭寺、罗布林卡) 1994.12 文化遗产
15. 四川峨眉山—乐山风景名胜区 1996.12 文化与自然双重遗产
16. 江西庐山风景名胜区 1996.12 文化景观
17. 苏州古典园林 1997.12 文化遗产
18. 山西平遥古城 1997.12 文化遗产
19. 云南丽江古城 1997.12 文化遗产
20. 北京天坛 1998.11 文化遗产
21. 北京颐和园 1998.11 文化遗产
22. 福建省武夷山 1999.12 文化与自然双重遗产
23. 重庆大足石刻 1999.12 文化遗产
24. 安徽古村落：西递、宏村 2000.11 文化遗产
25. 明清皇家陵寝：明显陵(湖北钟祥市)、清东陵(河北遵化市)、清西陵(河北易县) 2000.11、明孝陵(江苏南京市)、明十三陵(北京昌平区) 2003.7、盛京三陵(辽宁沈阳市)2004.7

文化遗产

26. 河南洛阳龙门石窟 2000.11 文化遗产
27. 四川青城山和都江堰 2000.11 文化遗产
28. 云冈石窟 2001.12 文化遗产
29. 云南“三江并流”自然景观 2003.7 自然遗产
30. 吉林高句丽王城、王陵及贵族墓葬 2004.7.1 文化遗产
31. 澳门历史城区 2005 文化遗产
32. 四川大熊猫栖息地 2006.7.12 自然遗产
33. 中国安阳殷墟 2006.7.13 文化遗产
34. 中国南方喀斯特 2007.6.27 自然遗产
35. 开平碉楼与古村落 2007.6.28 文化遗产
36. 福建土楼 2008.7.7 文化遗产
37. 江西三清山 2008.7.8 自然遗产
38. 山西五台山 2009.6.26 文化景观
39. 嵩山“天地之中”古建筑群 2010.7.30 文化景观
40. “中国丹霞”2010.8.1 自然遗产
41. 杭州西湖文化景观 2011.6.24 文化景观
42. 元上都遗址 2012.6.29 文化遗产
43. 澄江化石地 2012.7.1 自然遗产

附录 5 《旅游饭店星级的划分与评定》(GB/T14308—2010)实施办法

一、总则

第一条 为适应中国旅游饭店业发展的需要，增强饭店星级评定与复核工作的规范性和科学性，依据中华人民共和国国家标准《旅游饭店星级的划分及评定》(GB/T 14308—2010)，特制定本办法。

第二条 各级旅游饭店星级评定机构应严格按照本办法的相关要求，开展饭店星级评定与复核工作。

第三条 星级饭店应按照《统计法》和《旅游统计调查制度》的要求，按时向旅游行政管理部门报送相关统计数据。

二、星级评定的组织机构和责任

第四条 国家旅游局设全国旅游星级饭店评定委员会(以下简称为“全国星评委”)。全国星评委是负责全国星评工作的最高机构。

(一)职能：统筹负责全国旅游饭店星评工作；聘任与管理国家级星评员；组织五星级饭店的评定和复核工作；授权并监管地方旅游饭店星级评定机构开展工作。

(二)组成人员：全国星评委由中国旅游协会领导、中国旅游饭店业协会领导、国家旅游局监督管理司领导、政策法规司领导、监察局领导、中国旅游协会和中国旅游饭店业协会秘书处相关负责人及各省、自治区、直辖市旅游星级饭店评定委员会主任组成。

(三)办事机构：全国星评委下设办公室，作为全国星评委的办事机构，设在中国旅游饭店业协会秘书处。

(四)饭店星级评定职责和权限如下。

1. 执行饭店星级评定工作的实施办法。
2. 授权和督导地方旅游饭店星级评定机构的星级评定和复核工作。
3. 对地方旅游饭店星级评定机构违反规定所评定和复核的结果拥有否决权。
4. 实施或组织实施对五星级饭店的星级评定和复核工作。
5. 统一制作和核发星级饭店的证书、标志牌。
6. 按照《饭店星评员章程》(附件 1)要求聘任国家级星评员，监管其工作。
7. 负责国家级星评员的培训工作。

第五条 各省、自治区、直辖市旅游局设省级旅游星级饭店评定委员会(简称“省级星评委”)。省级星评委报全国星评委备案后，根据全国星评委的授权开展星评和复核工作。

(一)组成人员：省级星评委的组建，根据本地实际情况确定，由地方旅游行业管理部门负责人和旅游饭店协会负责人等组成。

(二)办事机构：省级星评委下设办公室为办事机构，可设在当地旅游局行业管理处或旅游饭店协会。

(三)饭店星级评定职责和权限如下。

省级星评委依照全国星评委的授权开展以下工作。

1. 贯彻执行并保证质量完成全国星评委部署的各项工作任务。

2. 负责并督导本省内各级旅游饭店星级评定机构的工作。

3. 对本省副省级城市、地级市(地区、州、盟)及下一级星级评定机构违反规定所评定的结果拥有否决权。

4. 实施或组织实施本省四星级饭店的星级评定和复核工作。

5. 向全国星评委推荐五星级饭店并严格把关。

6. 按照《饭店星评员章程》要求聘任省级星评员。

7. 负责副省级城市、地级市(地区、州、盟)星评员的培训工作。

第六条　副省级城市、地级市(地区、州、盟)旅游局设地区旅游星级饭店评定委员会(简称“地区星评委”)。地区星评委在省级星评委的指导下，参照省级星评委的模式组建。

(一)组成人员：地区星评委可由地方旅游行业管理部门负责人和旅游饭店协会负责人等组成。

(二)办事机构：地区星评委的办事机构可设在当地旅游局行业管理处(科)或旅游饭店协会。

(三)地区星评委依照省级星评委的授权开展以下工作。

1. 贯彻执行并保证质量完成全国星评委和省级星评委布置的各项工作任务。

2. 负责本地区星级评定机构的工作。

3. 按照《饭店星评员章程》要求聘任地市级星评员，实施或组织实施本地区三星级及以下饭店的星级评定和复核工作。

4. 向省级星评委推荐四、五星级饭店。

三、星级申报及标志使用要求

第七条　饭店星级评定遵循企业自愿申报的原则。

第八条　凡在中华人民共和国境内正式营业一年以上的旅游饭店，均可申请星级评定。经评定达到相应星级标准的饭店，由全国旅游饭店星级评定机构颁发相应的星级证书和标志牌。星级标志的有效期为三年。

第九条　饭店星级标志应置于饭店前厅最明显位置，接受公众监督。饭店星级标志已在国家工商行政管理总局商标局登记注册为证明商标的，其使用要求必须严格按照《星级饭店图形证明商标使用管理规则》执行。任何单位或个人未经授权或认可，不得擅自制作和使用。同时，任何饭店以“准×星”、“超×星”或者“相当于×星”等作为宣传手段的行为均属违法行为。

第十条 饭店星级证书和标志牌由全国星评委统一制作、核发。标志牌工本费按照国家相关部门批准的标准收取。

第十一条 每块星级标志牌上的编号，与相应的星级饭店证书号一致。每家星级饭店原则上只可申领一块星级标志牌。如星级标志牌破损或丢失，应及时报告，经所在省级星评委查明属实后，可向全国星评委申请补发。

星级饭店如因更名需更换星级证书，可凭工商部门有关文件证明进行更换，同时必须交还原星级证书。

四、星级评定的标准和基本要求

第十二条 饭店星级评定依据《旅游饭店星级的划分及评定》(GB/T14308—2010)进行，具体要求如下。

(一)《旅游饭店星级的划分及评定》附录 A“必备项目检查表”。该表规定了各星级必须具备的硬件设施和服务项目。要求相应星级的每个项目都必须达标，缺一不可。

(二)《旅游饭店星级的划分及评定》附录 B“设施设备评分表” (硬件表，共 600 分)。该表主要是对饭店硬件设施的档次进行评价打分。三、四、五星级规定最低得分线：三星 220 分、四星 320 分、五星 420 分，一、二星级不作要求。

(三)《旅游饭店星级的划分及评定》附录 C“饭店运营质量评价表” (软件表，共 600 分)。该表主要是评价饭店的“软件”，包括对饭店各项服务的基本流程、设施维护保养和清洁卫生方面的评价。三、四、五星级规定最低得分率：三星 70%、四星 80%、五星 85%，一、二星级不作要求。

第十三条 申请星级评定的饭店，如达不到本办法第十二条要求及最低分数或得分率，则不能取得所申请的星级。

第十四条 星级饭店强调整体性，评定星级时不能因为某一区域所有权或经营权的分离，或因为建筑物的分隔而区别对待。饭店内所有区域应达到同一星级的质量标准和管理要求。否则，星评委对饭店所申请星级不予批准。

第十五条 饭店取得星级后，因改造发生建筑规格、设施设备和服务项目的变化，关闭或取消原有设施设备、服务功能或项目，导致达不到原星级标准的，必须向相应级别星评委申报，接受复核或重新评定。否则，相应级别星评委应收回该饭店的星级证书和标志牌。

五、星级评定程序和执行

第十六条　五星级按照以下程序评定。

1. 申请。申请评定五星级的饭店应在对照《旅游饭店星级的划分及评定》(GB/T14308—2010)充分准备的基础上，按属地原则向地区星评委和省级星评委逐级递交星级申请材料。申请材料包括：饭店星级申请报告、自查打分表、消防验收合格证(复印件)、卫生许可证(复印件)、工商营业执照(复印件)、饭店装修设计说明等。

2. 推荐。省级星评委收到饭店申请材料后，应严格按照《旅游饭店星级的划分及评定》(GB/T14308—2010)的要求，于一个月内对申报饭店进行星评工作指导。对符合申报要求的饭店，以省级星评委名义向全国星评委递交推荐报告。

3. 审查与公示。全国星评委在接到省级星评委推荐报告和饭店星级申请材料后，应在一个月内完成察定申请资格、核实申请报告等工作，并对通过资格审查的饭店，在中国旅游网和中国旅游饭店业协会网站上同时公示。对未通过资格审查的饭店，全国星评委应下发正式文件通知省级星评委。

4. 宾客满意度调查。对通过五星级资格审查的饭店，全国星评委可根据工作需要安排宾客满意度调查，并形成专业调查报告，作为星评工作的参考意见。

5. 国家级星评员检查。全国星评委发出《星级评定检查通知书》，委派二到三名国家级星评员，以明察或暗访的形式对申请五星级的饭店进行评定检查。评定检查工作应在 36～48 小时内完成。检查未予通过的饭店，应根据全国星评委反馈的有关意见进行整改。全国星评委待接到饭店整改完成并申请重新检查的报告后，于一个月内再次安排评定检查。

6. 审核。检查结束后一个月内，全国星评委应根据检查结果对申请五星级的饭店进行审核。审核的主要内容及材料有：国家级星评员检查报告(须有国家级星评员签名)、星级评定检查反馈会原始记录材料(须有国家级星评员及饭店负责人签名)、依据《旅游饭店星级的划分及评定》(GB/T14308—2010)打分情况(打分总表须有国家级星评员签名)等。

7. 批复。对于经审核认定达到标准的饭店，全国星评委应做出批准其为五星级旅游饭店的批复，并授予五星级证书和标志牌。对于经审核认定达不到标准的饭店，全国星评委应做出不批准其为五星级饭店的批复。批复结果在中国旅游网和中国旅游饭店业协会网站上同时公示，公示内容包括饭店名称、全国星评委受理时间、国家级星评员评定检查时间、国家级星评员姓名、批复时间。

8. 申诉。申请星级评定的饭店对星评过程及其结果如有异议，可直接向国家旅游局申诉。国家旅游局根据调查结果予以答复，并保留最终裁定权。

9. 抽查。国家旅游局根据《国家级星评监督员管理规则》(附件 2)，派出国家级星评监督员随机抽查星级评定情况，对星评工作进行监督。一旦发现星评过程中存在不符合程序的现象或检查结果不符合标准要求的情况，国家旅游局可对星级评定结果予以否决，并对执行该任务的国家级星评员进行处理。

第十七条　一星级到四星级饭店的评定程序，各级星评委应严格按照相应职责和权限，参照五星级饭店评定程序执行。一、二、三星级饭店的评定检查工作应在 24 小时内完成，四星级饭店的评定检查工作应在 36 小时内完成。全国星评委保留对一星级到四星级饭店评定结果的否决权。

第十八条　对于以住宿为主营业务，建筑与装修风格独特，拥有独特客户群体，管理和服务特色鲜明，且业内知名度较高旅游饭店的星级评定，可按照本办法第十六条要求的程序申请评定五星级饭店。

第十九条　白金五星级饭店的评定标准和检查办法另行制定。

第二十条　星级评定工作由相应级别星评委委派饭店星评员承担。各级星评委在委派饭店星评员执行工作时，应尽量按照不同地区、不同职业(行业管理人员、院校专家、企业管理人员)的原则进行搭配。

第二十一条　各级星评委应按照《饭店星评员章程》组建相应的星评员队伍，并将名单在其辖区范围内公布。每届星评员任期两年，到期后根据实际情况进行换届。省级星评员名单须报全国星评委备案。

第二十二条　在五星级饭店星评工作中，相关单位和个人应严格遵守《饭店星评工作“十不准”》(附件 3)。一旦违反“十不准”规定，全国星评委将给予以下相应处理：对国家级星评员给予通报批评或取消资格；对地方星级评定机构给予通报批评；对受评饭店给予通报批评或取消星评资格并于五年内不接受星评申请。四星级及以下星级饭店评定工作应参照执行。

第二十三条　星级评定检查工作暂不收费。星评员往返受检饭店的交通费以及评定期间在饭店内所发生的合理费用，均由受检饭店据实核销。

六、星级复核及处理制度

第二十四条　星级复核是星级评定工作的重要组成部分，其目的是督促已取得星级的饭店持续达标，其组织和责任划分完全依照星级评定的责任分工。星级复核分为年度复核和三年期满的评定性复核。

第二十五条　年度复核工作由饭店对照星级标准自查自纠，并将自查结果报告相应级别星评委，相应级别星评委根据自查结果进行抽查。

评定性复核工作由各级星评委委派星评员以明察或暗访的方式进行。

各级星评委应于本地区复核工作结束后进行认真总结，并逐级上报复核结果。

第二十六条　全国星评委委派二至三名国家级星评员同行，以明察或暗访的方式对饭店进行评定性复核检查。全国星评委可根据工作需要，对满三期的五星级饭店进行宾客满意度调查，并形成专业调查报告，作为评定性复核的参考意见。

第二十七条　对复核结果达不到相应标准的星级饭店，相应级别星评委根据情节轻重给予限期整改、取消星级的处理，并公布处理结果。对于取消星级的饭店，应将其星级证书和星级标志牌收回。

第二十八条　对星级饭店的复核结果进行处理的具体依据如下。

(一)凡被复核饭店出现以下情况，相应级别星评委应做出“限期整改”的处理意见。

五星级：“必备项目检查表”达标，但附录B“设施设备评分表”得分低于420分但高于380分，或附录C“饭店运营质量评价表”得分率低于85%但高于75%。

四星级：“必备项目检查表”达标，但附录B“设施设备评分表”得分低于320分但高于280分，或附录C“饭店运营质量评价表”得分率低于80%但高于70%。

三星级：“必备项目检查表”达标，但附录B“设施设备评分表”得分低于220分但高于180分，或附录C“饭店运营质量评价表”得分率低于70%但高于60%。

(二)凡被复核饭店出现以下任何一种情况，相应级别星评委应做出“取消星级”的处理意见。

五星级：(1)“必备项目检查表”不达标；(2)“必备项目检查表”达标，但附录B“设施设备评分表”得分低于380分；(3)“必备项目检查表”达标，但附录C“饭店运营质量评价表”得分率低于75%；(4)发生重大事故，或遭遇重大投诉事件并被查实，造成恶劣影响；(5)停止饭店经营业务或停业装修改造一年以上。

四星级：(1)“必备项目检查表”不达标；(2)“必备项目检查表”达标，但附录B“设施设备评分表”得分低于280分；(3)“必备项目检查表”达标，但附录C“饭店运营质量评价表”得分率低于70%；(4)发生重大事故，或遭遇重大投诉事件并被查实，造成恶劣影响；(5)停止饭店经营业务或停业装修改造一年以上。

三星级：(1)“必备项目检查表”不达标；(2)“必备项目检查表”达标，但附录B“设施设备评分表”得分低于180分；(3)“必备项目检查表”达标，但附录C“饭店运营质量评价表”得分率低于60%；(4)发生重大事故，或遭遇重大投诉事件并被查实，造成恶劣影响；(5)停止饭店经营业务或停业装修改造一年以上。

二星级：(1)“必备项目检查表”不达标；(2)发生重大事故，或遭遇重大投诉事件并被查实，造成恶劣影响；(3)停止饭店经营业务或停业装修改造一年以上。

一星级：(1)“必备项目检查表”不达标；(2)发生重大事故，或遭遇重大投诉事件并被查实，造成恶劣影响；(3)停止饭店经营业务或停业装修改造一年以上。

第二十九条　整改期限原则上不能超过一年。被取消星级的饭店，自取消星级之日起一年后，方可重新申请星级评定。

第三十条　各级星评委对星级饭店做出处理的责任划分依照星级评定的责任分工执行。全国星评委保留对各星级饭店复核结果的最终处理权。

第三十一条　接受评定性复核的星级饭店，如其正在进行大规模装修改造，或者其他适当原因而致使暂停营业，可以在评定性复核当年年前提出延期申请。经查属实后，相应级别星评委可以酌情批准其延期一次。延期复核的最长时限不应超过一年，如延期超过一年，须重新申请星级评定。

第三十二条　国家旅游局根据《国家级星评监督员管理规则》，派出国家级星评监督员随机抽查年度复核和评定性复核情况，对复核工作进行监督。一旦发现复核过程中存在不符合程序的现象或检查结果不符合标准要求的情况，国家旅游局可对星级复核结果予以否决。

七、附则

第三十三条　本办法由国家旅游局负责解释。

第三十四条　本办法于 2011 年 1 月 1 日起开始实施。

附录6　导游人员管理条例

《导游人员管理实施办法》已经2001年12月26日国家旅游局局长办公会议讨论通过，现予公布，自2002年1月1日起施行。

第一章　总则

第一条　为了规范导游活动，保障旅游者和导游人员的合法权益，促进旅游业的健康发展，制定本条例。

第二条　本条例所称导游人员，是指依照本条例的规定取得导游证，接受旅行社委派，为旅游者提供向导、讲解及相关旅游服务的人员。

第三条　国家实行全国统一的导游人员资格考试制度。

具有高级中学、中等专业学校或者以上学历，身体健康，具有适应导游需要的基本知识和语言表达能力的中华人民共和国公民，可以参加导游人员资格考试；经考试合格的，由国务院旅游行政部门或者国务院旅游行政部门委托省、自治区、直辖市人民政府旅游行政部门颁发导游人员资格证书。

第四条　在中华人民共和国境内从事导游活动，必须取得导游证。

取得导游人员资格证书的，经与旅行社订立劳动合同或者在导游服务公司登记，方可持所订立的劳动合同或者登记证明材料，向省、自治区、直辖市人民政府旅游行政部门申请领取导游证。

具有特定语种语言能力的人员，虽未取得导游人员资格证书，旅行社需要聘请临时从事导游活动的，由旅行社向省、自治区、直辖市人民政府旅游行政部门申请领取临时导游证。

导游证和临时导游证的样式规格，由国务院旅游行政部门规定。

第五条　有下列情形之一的，不得颁发导游证。

(一)无民事行为能力或者限制民事行为能力的。

(二)患有传染性疾病的。

(三)受过刑事处罚的，过失犯罪的除外。

(四)被吊销导游证的。

第六条　省、自治区、直辖市人民政府旅游行政部门应当自收到申请领取导游证之日起15日内，颁发导游证；发现有本条例第五条规定情形，不予颁发导游证的，应当书面通知申请人。

第七条　导游人员应当不断提高自身业务素质和职业技能。

国家对导游人员实行等级考核制度。导游人员等级考核标准和考核办法，由国务院旅游行政部门制定。

第八条　导游人员进行导游活动时，应当佩戴导游证。

导游证的有效期限为 3 年。导游证持有人需要在有效期满后继续从事导游活动的，应当在有效期限届满 3 个月前，向省、自治区、直辖市人民政府旅游行政部门申请办理换发导游证手续。

临时导游证的有效期限最长不超过 3 个月，并不得展期。

第九条　导游人员进行导游活动，必须经旅行社委派。

导游人员不得私自承揽或者以其他任何方式直接承揽导游业务，进行导游活动。

第十条　导游人员进行导游活动时，其人格尊严应当受到尊重，其人身安全不受侵犯。

导游人员有权拒绝旅游者提出的侮辱其人格尊严或者违反其职业道德的不合理要求。

第十一条　导游人员进行导游活动时，应当自觉维护国家利益和民族尊严，不得有损害国家利益和民族尊严的言行。

第十二条　导游人员进行导游活动时，应当遵守职业道德，着装整洁，礼貌待人，尊重旅游者的宗教信仰、民族风俗和生活习惯。

导游人员进行导游活动时，应当向旅游者讲解旅游地点的人文和自然情况，介绍风土人情和习俗；但是，不得迎合个别旅游者的低级趣味，在讲解、介绍中掺杂庸俗下流的内容。

第十三条　导游人员应当严格按照旅行社确定的接待计划，安排旅游者的旅行、游览活动，不得擅自增加、减少旅游项目或者中止导游活动。

导游人员在引导旅游者旅行、游览过程中，遇有可能危及旅游者人身安全的紧急情形时，经征得多数旅游者的同意，可以调整或者变更接待计划，但是应当立即报告旅行社。

第十四条　导游人员在引导旅游者旅行、游览过程中，应当就可能发生危及旅游者人身、财物安全的情况，向旅游者做出真实说明和明确警示，并按照旅行社的要求采取防止危害发生的措施。

第十五条　导游人员进行导游活动，不得向旅游者兜售物品或者购买旅游者的物品，不得以明示或者暗示的方式向旅游者索要小费。

第十六条　导游人员进行导游活动，不得欺骗、胁迫旅游者消费或者与经营者串通欺骗、胁迫旅游者消费。

第十七条　旅游者对导游人员违反本条例规定的行为，有权向旅游行政部门投诉。

第十八条　无导游证进行导游活动的，由旅游行政部门责令改正并予以公告，处 1000 元以上 3 万元以下的罚款；有违法所得的，并处没收违法所得。

第十九条　导游人员未经旅行社委派，私自承揽或者以其他任何方式直接承揽导游业务，进行导游活动的，由旅游行政部门责令改正，处 1000 元以上 3 万元以下的罚款；有违法所得的，并处没收违法所得；情节严重的，由省、自治区、直辖市人民政府旅游行政部门吊销导游证并予以公告。

第二十条 导游人员进行导游活动时，有损害国家利益和民族尊严的言行的，由旅游行政部门责令改正；情节严重的，由省、自治区、直辖市人民政府旅游行政部门吊销导游证并予以公告；对该导游人员所在的旅行社给予警告直至责令停业整顿。

第二十一条 导游人员进行导游活动时未佩戴导游证的， 由旅游行政部门责令改正；拒不改正的，处500元以下的罚款。

第二十二条 导游人员有下列情形之一的，由旅游行政部门责令改正，暂扣导游证 3 至 6 个月；情节严重的，由省、自治区、直辖市人民政府旅游行政部门吊销导游证并予以公告。

(一)擅自增加或者减少旅游项目的。

(二)擅自变更接待计划的。

(三)擅自中止导游活动的。

第二十三条 导游人员进行导游活动，向旅游者兜售物品或者购买旅游者的物品的，或者以明示或者暗示的方式向旅游者索要小费的，由旅游行政部门责令改正，处1000元以上 3 万元以下的罚款；有违法所得的，并处没收违法所得；情节严重的，由省、自治区、直辖市人民政府旅游行政部门吊销导游证并予以公告；对委派该导游人员的旅行社给予警告直至责令停业整顿。

第二十四条 导游人员进行导游活动，欺骗、胁迫旅游者消费或者与经营者串通欺骗、胁迫旅游者消费的，由旅游行政部门责令改正，处1000元以上3万元以下的罚款；有违法所得的，并处没收违法所得；情节严重的，由省、自治区、直辖市人民政府旅游行政部门吊销导游证并予以公告；对委派该导游人员的旅行社给予警告直至责令停业整顿；构成犯罪的，依法追究刑事责任。

第二十五条 旅游行政部门工作人员玩忽职守、滥用职权、徇私舞弊，构成犯罪的，依法追究刑事责任；尚不构成犯罪的，依法给予行政处分。

第二十六条 景点景区的导游人员管理办法，由省、自治区、直辖市人民政府参照本条例制定。

第二十七条 本条例自1999年10月1日起施行。1987年11月14日国务院批准、1987年12月1日国家旅游局发布的《导游人员管理暂行规定》同时废止。

第二章 导游资格证和导游证

第二十八条 国家实行统一的导游人员资格考试制度。经考试合格者，方可取得导游资格证。

第二十九条 国务院旅游行政管理部门负责制定全国导游人员资格考试的政策、标准和对各地考试工作的监督管理。省级旅游行政管理部门负责组织、实施本行政区域内导游人员资格考试工作。直辖市、计划单列市、副省级城市负责本地区导游人员的考试工作。

第三十条　坚持考试和培训分开、培训自愿的原则，不得强迫考生参加培训。

第三十一条　经考试合格的，由组织考试的旅游行政管理部门在考试结束之日起 30 个工作日内颁发《导游人员资格证》。获得资格证 3 年未从业的，资格证自动失效。

第三十二条　获得导游人员资格证，并在一家旅行社或导游管理服务机构注册的，持劳动合同或导游管理服务机构登记证明材料向所在地旅游行政管理部门申请办理导游证。所在地旅游行政管理部门是指直辖市、计划单列市、副省级旅游行政管理部门以及有相应的导游规模、有相应的导游管理服务机构、有稳定的执法队伍的地市级以上旅游行政管理部门。

第三十三条　取得《导游人员资格证》的人员申请办理导游证，须参加颁发导游证的旅游行政管理部门举办的岗前培训考核。

第三十四条　《导游人员资格证》和导游证由国务院旅游行政管理部门统一印制，在中华人民共和国全国范围内使用。任何单位不得另行颁发其他形式的导游证。

第三章　导游人员的计分管理

第三十五条　国家对导游人员实行计分管理。国务院旅游行政管理部门负责制定全国导游人员计分管理政策并组织实施、监督检查。省级旅游行政管理部门负责本行政区域内导游人员计分管理的组织实施和监督检查。所在地旅游行政管理部门在本行政区域内负责导游人员计分管理的具体执行。

第三十六条　导游人员计分办法实行年度 10 分制。

第三十七条　导游人员在导游活动中有下列情形之一的，扣除 10 分。

(一)有损害国家利益和民族尊严的言行的。

(二)诱导或安排旅游者参加黄、赌、毒活动项目的。

(三)有殴打或谩骂旅游者行为的。

(四)欺骗、胁迫旅游者消费的。

(五)未通过年审继续从事导游业务的。

(六)因自身原因造成旅游团重大危害和损失的。

第三十八条　导游人员在导游活动中有下列情形之一的，扣除 8 分。

(一)拒绝、逃避检查，或者欺骗检查人员的。

(二)擅自增加或者减少旅游项目的。

(三)擅自终止导游活动的。

(四)讲解中掺杂庸俗、下流、迷信内容的。

(五)未经旅行社委派私自承揽或者以其他任何方式直接承揽导游业务的。

第三十九条　导游人员在导游活动中有下列情形之一的，扣除 6 分。

(一)向旅游者兜售物品或者购买旅游者物品的。

(二)以明示或者暗示的方式向旅游者索要小费的。

(三)因自身原因漏接送或误接误送旅游团的。

(四)讲解质量差或不讲解的。

(五)私自转借导游证供他人使用的。

(六)发生重大安全事故不积极配合有关部门救助的。

第四十条　导游人员在导游活动中有下列情形之一的，扣除 4 分。

(一)私自带人随团游览的。

(二)无故不随团活动的。

(三)在导游活动中未佩戴导游证或未携带计分卡的。

(四)不尊重旅游者宗教信仰和民族风俗的。

第四十一条　导游人员在导游活动中有下列情形之一的，扣除 2 分。

(一)未按规定时间到岗的。

(二)10 人以上团队未打接待社社旗的。

(三)未携带正规接待计划的。

(四)接站未出示旅行社标识的。

(五)仪表、着装不整洁的。

(六)讲解中吸烟、吃东西的。

第四十二条　导游人员 10 分分值被扣完后，由最后扣分的旅游行政执法单位暂时保留其导游证，并出具保留导游证证明，并于 10 日内通报导游人员所在地旅游行政管理部门和登记注册单位。正在带团过程中的导游人员，可持旅游执法单位出具的保留证明完成团队剩余行程。

第四十三条　对导游人员的违法、违规行为除扣减其相应分值外，依法应予处罚的，依据有关法律给予处罚。导游人员通过年审后，年审单位应核消其遗留分值，重新输入初始分值。

第四十四条　旅游行政执法人员玩忽职守、不按照规定随意进行扣分或处罚的，由上级旅游行政管理部门提出批评和通报，本级旅游行政管理部门给予行政处分。

第四章　导游人员的年审管理

第四十五条　国家对导游人员实行年度审核制度。导游人员必须参加年审。国务院旅游行政管理部门负责制定全国导游人员年审工作政策，组织实施并监督检查。省级旅游行政管理部门负责组织、指导本行政区域内导游人员年审工作并监督检查。所在地旅游行政管理部门具体负责组织实施对导游人员的年审工作。

第四十六条　年审以考评为主，考评的内容应包括：当年从事导游业务情况、扣分情况、接受行政处罚情况、游客反映情况等。考评等级分为通过年审、暂缓通过年审和不予通过年审三种。

第四十七条　一次扣分达到 10 分，不予通过年审。累计扣分达到 10 分的，暂缓通过年审。一次被扣 8 分的，全行业通报。一次被扣 6 分的，警告批评。　暂缓通过年审的，通过培训和整改后，方可重新上岗。

第四十八条　导游人员必须参加所在地旅游行政管理部门举办的年审培训。培训时间应根据导游业务需要灵活安排。每年累计培训时间不得少于 56 小时。

第四十九条　旅行社或导游管理机构应为注册的导游人员建立档案，对导游人员进行工作培训和指导，建立对导游人员工作情况的检查、考核和奖惩的内部管理机制，接受并处理对导游人员的投诉，负责对导游人员年审的初评。

第五章　导游人员的等级考核

第五十条　国家对导游人员实行等级考核制度。导游人员分为初级、中级、高级、特级四个等级。

第五十一条　初级导游和中级导游考核由省级旅游行政管理部门或者委托的地市级旅游行政管理部门组织评定；高级导游和特级导游由国务院旅游行政管理部门组织评定。

第五十二条　由省部级以上单位组织导游评比或竞赛获得最佳称号的导游人员，报国务院旅游行政管理部门批准后，可晋升一级导游等级。导游等级评定标准和办法由国务院旅游行政管理部门另行制定。

第六章　附　　则

第五十三条　本办法自 2002 年 1 月 1 日起施行。

第五十四条　本办法由国家旅游局负责解释。

参 考 文 献

1. 禹贡，胡丽芳. 旅游景区景点营销. 北京：旅游教育出版社，2005
2. 马勇，李玺. 旅游景区管理. 北京：中国旅游出版社，2006
3. 王昆欣. 旅游景区管理. 大连：东北财经大学出版社，2003
4. 马勇立，谈俊忠. 风景名胜区管理学. 北京：中国旅游出版社，2003
5. 邹统钎. 旅游景区开发与经营经典案例. 北京：旅游教育出版社，2003
6. 陈瑛. 旅游风景区管理. 西安：陕西旅游出版社，1997
7. 谢彦君. 基础旅游学. 大连：东北财经大学出版社，1999
8. 张晓萍，李伟. 旅游人类学. 天津：南开大学出版社，2008
9. 李天元. 旅游学(第 2 版). 北京：高等教育出版社，2006
10. 尹德涛等. 旅游社会学研究. 天津：南开大学出版社，2006
11. 谢彦君. 基础旅游学. 北京：中国旅游出版社，1999
12. 王健民. 旅行社产品经营智慧. 天津：南开大学出版社，2008
13. 宋子千. 旅行社经济分析. 北京：中国旅游出版社，2008
14. 戴斌等. 饭店品牌建设. 北京：旅游教育出版社，2005
15. 保继刚等. 旅游景区规划与策划案例. 广州：广东旅游出版社，2005
16. 李俊清，石金莲. 生态旅游资源. 北京：中国林业出版社，2007
17. 马耀峰，李天顺， 刘新平. 旅游者行为. 北京：北京出版社，2008
18. 黄翔. 旅游节庆策划与营销研究. 天津：南开大学出版社，2008
19. 李志刚. 旅游市场监管与品质保障. 北京：中国旅游出版社，2007
20. 郭英之. 旅游市场营销. 大连：东北财经大学出版社，2006
21. 薛群慧. 旅游心理学理论・案例. 天津：南开大学出版社，2008
22. 潘建民. 旅游城市产业结构优化研究：理论和方法创新及其对中国旅游城市应用分析. 北京：中国旅游出版社，2008
23. 刘筱秋. 实践与思考：中国旅游业散论. 北京：中国旅游出版社，2007
24. 国家旅游局规划发展与财务司. 中国旅游投资报告 2007. 北京：中国旅游出版社，2007
25. 张文. 旅游影响. 北京：社会科学文献出版社，2007
26. 柳振万. 旅游产业发展的理论思考与实践探索. 大连：大连出版社，2007
27. 刘纯. 旅游者行为与旅游业组织行为. 北京：高等教育出版社，2007
28. 杨路明，巫宁等. 现代旅游电子商务教程. 北京：电子工业出版社，2007
29. 崔凤军. 旅游宣传促销绩效评估方法与案例. 北京：中国旅游出版社，2006
30. 杨富斌，王天星， 韩玉灵. 旅游景区经营管理中的法律问题. 北京：中国旅游出版社，2006